中國社會福利概論

(第二版)

胡務 主編
張澤勻 副主編

財經錢線

內容簡介

　　近年來，社會保障和社會工作發展方興未艾，對處於兩者交叉領域的社會福利的研究卻相當滯后或者說混亂。本書作者站在世界社會福利發展的前沿，結合中國的現實，追蹤社會福利的熱點，深入洞悉問題的根源，希望找出中國社會福利發展的方向。本書共分14章，全面介紹了社會福利的歷史與現狀、問題與出路。本書的特點如下：

　　第一，概念明晰，條理清楚。目前學術界和實務界對社會福利的概念仍混淆不清。本書開宗明義地解釋相關概念，然后以此為綱，組織材料，展開陳述。

　　第二，資料鮮活，觀點新穎。中國社會福利事業的發展日新月異，需要學者不斷總結，而現有社會福利類圖書不僅鳳毛麟角，而且資料陳舊，遠不能適應現有社會福利迅速發展之需。本書採用了截至書稿殺青時最新的資料和觀點。

　　第三，從統籌城鄉社會福利發展的角度組織全書，關注農民社會福利。本書專門設立農民經濟合作組織一章，對農村剛剛出現的該組織進行了全面論述，以吸引社會各界的關注，呵護其成長。

　　第四，以人為本，關注民生。醫療、教育、住房關乎人民的生計，是當今社會的熱點話題。本書對這三個領域分別進行專章討論，重點凸顯。

　　第五，強調對弱勢群體的關愛。老年人、殘疾人、婦女和兒童屬於社會的特殊群體，其福利水平的高低往往是一個國家或地區社會發展甚至社會文明的標志。「老有所終，幼有所長，鰥寡孤獨廢疾者皆有所養」是儒

家筆下的美談，而今正逐步走進現實生活。本書對這三個特殊群體的社會福利也分別進行專章介紹。

第六，把握全球社會福利發展的脈絡，密切註視社區社會福利的動向。中國社會福利建設雖起步較晚，卻可以借鑑別國已經走過的道路，明辨世界社會福利的潮流。全書的思路是「洋為中用」。同時，社區養老和社區醫療代表了世界社區福利發展的潮流，在中國已初現端倪，理應進一步實踐和完善。

第七，首次將社會福利基金的管理納入書中並進行探討。社會福利說到底需要錢。離開社會福利基金，或者說社會基金管理不善，都會直接影響社會福利的水平。以往社會福利的教材一般都未觸及社會福利基金，而本書作者希望通過對基金會和彩票業的論述來扭轉該局面，呼籲社會各界重視並監督社會福利基金的管理。

第八，試圖破解社會福利提供者的難題。社會文化、法律環境等的重大差異導致中國與西方世界不同。如何真正實現「社會福利社會化」是中國社會福利發展面臨的一道難題。在新形勢下，中國社會團體、行業協會、志願者等非營利組織的發育和成長將最終決定中國社會福利水平的高低。為此，本書作者傾註了大量的筆墨和心血。

目前中國學術界關於社會福利的定義較為混亂，大致有廣義、狹義、廣義與狹義之間的層次之分。本書所謂的社會福利即針對其狹義而言，將其作為社會保障內容體系之一加以處理，既有對弱勢群體的服務與保障，又有為全民提供的普遍福利設施和資金保障。這是首先需要交代清楚的。

1997年筆者負笈海外，可謂「顛沛流離」，不過也曾親身體驗外界的福利。2003年，筆者被「引入」西南財經大學保險學院，受命講授社會福利與社會救助。那時候，筆者便深感中國學術界與實務界的脫節，常為沒有一本合適的教材而苦惱。近年來，民生問題日顯炙手，社會福利事業的發展被提至新的高度，更覺高校社會福利教材建設滯后，由此萌發編寫該書的念頭。斷斷續續，歷經數載，終了夙願！

與傳統城鄉分割的二元經濟體制相適應，中國社會福利制度呈現出制度性供給與補缺型福利並存的二元格局。這種福利模式的特點體現在：

第一，城鄉社會福利完全分離，水平相差懸殊。新中國成立初期，中國社會福利的很大一部分內容包含在企事業單位和政府機關的職工福利中。城市社會福利與充分就業的就業制度緊密相連，屬於制度化再分配型福利，是保障程度和福利水平很高的國家福利模式。絕大多數城市居民通過自己就業的單位得到全面而優厚的社會福利待遇。從衣食住行到生老病死，人們生活中幾乎一切方面都得到了單位的關懷與保障。而在廣大的農村地區，由於當時農村的經濟發展十分落后，國家不對農村的社會福利承擔責任，而是由人民公社、生產隊等農村集體組織承擔有限的責任，即對

農村的孤老殘幼等「三無」人員實行「五保」（保證其衣、食、住、醫、葬）供養。可見，農村福利待遇處於社會救濟層次，並無真正意義上的福利可言。

第二，企業提供的職業福利在社會福利中所占比重過大，福利水平形成兩極分化。源於計劃經濟體制的單位辦社會的局面持續了幾十年，事實上單位是社會福利的主要提供者。職業福利的待遇水平與企業效益緊密聯繫。即使在市場經濟改革多年之後的今天，有著壟斷利潤的國有企業的福利待遇水平仍然很高，而沒有工作的人卻難以享受到職業福利的待遇，職業福利水平兩極化局勢形成。

第三，由政府和社會提供的社會福利項目少，水平低。新中國成立以來，中國的非政府組織一直未能發育起來，社會福利主要依靠政府提供。以往經濟的長期落後致使由政府提供的社會福利項目較少，其對象僅僅包括「五保戶」、殘疾人和孤兒等。方式有院內服務、經濟補貼等。但是其進入的條件比較苛刻，受益人少，且福利水平並不高，只能保障其基本生存需求。

第四，在社會上，社會福利是和社會救濟結合在一起的，統稱救濟福利事業。城市中人數不多的非就業人口如孤老殘幼等「三無」對象，接受著國家民政部門的收養和救濟。從理論上講，社會福利與社會救濟的區別是顯而易見的：社會救濟是保證最基本的生存需求，而社會福利則是在此基礎之上的一種「享受」，處於更高的層次。不過，直到現在，要完全劃分清楚兩者的界限仍然很困難，尤其是關於特殊群體的社會福利與社會救助。例如，廉租房和經濟適用房究竟是住房領域的社會福利還是社會救助，恐怕難以歸類。

改革開放以來，政府加大了對社會福利的投入，完善社會福利的項目，提高待遇水平，並擴大社會福利的覆蓋範圍。社會福利水平的適當提高，有助於全民共享社會發展成果，縮小社會的貧富差距，拉近與西方發達國家的距離，促進經濟的發展。近年來，隨著中國經濟的發展，一些社會福利項目從無到有，如公園逐漸免費對群眾開放、博物館基本對外免費、老年人遊覽景區不用門票、部分城市老年人乘公交車不用買票、一些省市對某些疾病患者免費治療、帶薪休假制度的推行等。不難預計，將會有越來越多的福利項目走進國人的生活。隨著中國工業反哺農業，社會福利的範圍亦正在並將進一步擴大到農村。

不可否認的是，制度和環境的因素制約了中國社會福利的進一步發

展，如非政府組織發育不夠充分、社會福利社會化僅停留於口號、市場和政府介入社會福利的分水嶺難以劃定，等等。在考察國外社會福利發展軌跡的同時，發展中國的社會福利還需走出自己的道路。

　　本書第一章通過介紹國外社會福利的改革，找到當今世界社會福利的發展方向，以使中國的社會福利建設避免重蹈覆轍。第二章、第三章、第四章、第五章和第七章介紹國內外社會福利的重要供給者——非政府組織的狀況。社會團體、農民專業合作社、基金會等都是目前和今後若干時期內應重點完善的領域。老年人福利、婦女兒童福利和殘疾人福利是針對特殊群體的福利，是中國社會福利發展迅速的領域。住房、教育、醫療都是如今百姓關心的頭號事情。社區福利必將是社會福利發展的大趨勢。社會福利基金的管理有待加強。余下的幾章對這些內容均有專門介紹。

　　感謝眾多的同行。本書在編寫過程中參考了大量的相關文獻。如果沒有眾多同行的學術成果，本書不可能完成。正是在此意義上，可以說該書集當今學術之大成，是眾多同仁長期研究成果的結晶。本書在每頁下面將這些成果都已一一註明，恕不贅述。

　　筆者組織了該書的編寫工作。從構思到統稿以及第一章、第六章、第十一章、第十三章、第十四章由筆者完成。第二章、第三章、第四章、第五章、第七章由呂雙翠、張譯勻撰寫，第八章、第九章、第十章由葉博撰寫，第十二章由武麗撰寫。葉博同學當年曾在筆者的指導下順利完成研究生學業，不料工作后因一次交通意外遠離人世，終止了短暫的生命歷程。願他在天堂安息！

　　本書編纂的宗旨是瞭解現實，把握方向。在知曉正在演進中的中國社會福利現狀後，通過分析其問題，找到改進的方式，從而促進中國社會福利制度的完善。國外社會福利的介紹也是基於該原則的。從事社會工作和社會保障教學、科研和實務的人，均需將意識上升到此高度。何況搞好社會福利，人人有責，人人都須參與。但願本書能對此有所貢獻。

胡　務

目 錄

第一章 國外社會福利改革

第一節 基本概念 …………………………………………… (1)
第二節 國外社會福利改革的方向 ………………………… (5)
第三節 日本社會福利基礎結構改革 ……………………… (13)

第二章 非政府組織概述

第一節 非政府組織 ………………………………………… (19)
第二節 非政府組織在國外的發展 ………………………… (23)
第三節 中國非政府組織的發展 …………………………… (25)
第四節 中國非政府組織存在的問題及改進建議 ………… (29)

第三章 社會團體

第一節 社會團體概況 ……………………………………… (33)
第二節 社會團體的發展與未來 …………………………… (36)
第三節 行業協會 …………………………………………… (43)

第四章 志願者

第一節 志願者概述 ………………………………………… (56)
第二節 國外志願者組織活動 ……………………………… (61)
第三節 中國志願者組織活動 ……………………………… (64)
第四節 幾大志願組織簡介 ………………………………… (66)

第五章 基金會

第一節 基金會概述 ……………………………………… (71)
第二節 國外基金會的發展 ……………………………… (76)
第三節 中國基金會的發展 ……………………………… (79)
第四節 典型世界基金會簡介 …………………………… (81)

第六章 彩票業

第一節 彩票業在中國的發展歷程及其作用 …………… (85)
第二節 彩票業的問題及其前景 ………………………… (90)

第七章 農民專業合作經濟組織

第一節 概述 ……………………………………………… (98)
第二節 國外農民專業合作組織的發展 ………………… (105)
第三節 中國農民合作組織的發展現狀與改革方向 …… (110)

第八章 老年人社會福利

第一節 老年人社會福利概述 …………………………… (119)
第二節 外國的老年人社會福利 ………………………… (125)
第三節 中國的老年人社會福利 ………………………… (130)

第九章 婦女兒童社會福利

第一節 婦女兒童社會福利概述 ………………………… (143)
第二節 婦女兒童社會福利的產生與發展 ……………… (152)
第三節 中國婦女兒童社會福利 ………………………… (155)

第十章 殘疾人社會福利

第一節 殘疾人社會福利概述 …………………………… (164)
第二節 國外的殘疾人社會福利 ………………………… (172)
第三節 中國殘疾人社會福利 …………………………… (180)

第十一章 住房福利

第一節 住房公積金 …………………………………… (189)
第二節 經濟適用房 …………………………………… (206)
第三節 廉租房 ………………………………………… (218)

第十二章 社區養老

第一節 社區養老的基本範疇與社會嵌入理論 ……… (229)
第二節 城市社區養老的組織結構與經濟文化基礎 … (232)
第三節 中國城市社區養老發展的需求分析 ………… (240)
第四節 中國城市社區養老的試點探索 ……………… (249)
第五節 中國城市社區養老發展的對策 ……………… (254)

第十三章 社區衛生服務

第一節 社區衛生服務的基本概念 …………………… (266)
第二節 社區衛生服務的發展 ………………………… (270)
第三節 社區首診制、雙向轉診制與首席醫師制 …… (281)
第四節 藥品採購制度的改革 ………………………… (287)

第十四章 教育福利

第一節 國外的教育福利 ……………………………… (301)
第二節 中國中小學校的「兩免一補」 ……………… (307)
第三節 中國高等院校的「獎貸助補減」 …………… (316)

參考文獻 ……………………………………………… (330)

第一章 國外社會福利改革

第一節 基本概念

一、社會福利的概念

社會福利有廣義和狹義之分。

廣義的社會福利是指由政府開展和出資的一切旨在改善人民物質和文化、衛生、教育等方面的社會措施，包括政府大力發展的文化、教育和醫療衛生事業，城市住房事業和各種服務業以及政府發放的各項福利性財政補貼。

狹義的社會福利僅指由國家出資或給予稅收優惠照顧而興辦的、以低收費或免費形式向一部分需要特殊照顧的社會成員提供物質幫助或服務的制度，通常包括老人、婦女、兒童等特殊群體的福利津貼或福利設施。

歐美國家一般從廣義上理解社會福利，即相當於我們常說的社會保障甚至更寬的範疇。而中國的社會福利通常是指整個社會保障的一個組成部分，大體介於廣義和狹義之間的中間層次，即既有對弱勢群體的服務與保障，又有為全民提供的普遍福利設施和資金保障。本書所述社會福利的範疇即屬於中間層次的社會福利。

二、社會福利的基本特徵

與社會保險和社會救助相比,社會福利有以下特徵:
(1) 保障對象的全民性。
(2) 保障對象的福利性。
(3) 權利與義務的不對等性。
(4) 保障對象的公平性和高層次性。

三、社會福利與公共福利的區別

公共福利(public welfare)是社會福利的主幹內容。從廣義上講,它是指一個政府為其公民提供的所有商品和服務,尤其是那些旨在提高其公民生活質量的商品和服務,如對教育、房產抵押和收入等的補貼,公共建築以及其他改進大多數國民生活質量的活動等,都是公共福利的形式;從狹義上講,它是指那些為無力支付的窮人提供商品和服務的政府計劃。

公共福利和社會福利有明顯的不同:公共福利的實施主體是國家和政府,而社會福利的實施主體是政府、社會團體、宗教機構、私人等,其發展日益多元化、多支柱化;公共福利的主要內容是反貧困、教育等,社會福利還有提高全民生活水平和質量的含義。

四、社會福利的劃分

根據不同的標準,可對社會福利進行不同的劃分。

按照福利的具體內容,可分為:教育福利、住房福利、衛生福利、個人生活福利、各種社會津貼等。

按照享受福利的對象,可分為:婦嬰福利、老年福利、殘疾人福利、兒童福利、青少年福利和單位職工福利。

按照福利的給付形式,可分為:貨幣形式,如直接補助貧困者一筆資金;實物形式,如提供貧困者大米、食用油等生活必需品,或對殘疾人免費提供假肢、助聽器等。

按照福利服務的形式,可分為:對貧困家庭子女的免費義務教育、失業人員的免費培訓、帶薪假期,等等。

按照供給方的不同,可分為:個人、家庭、鄰里和社區。個人為增進社會福利,履行文化和道德責任所承擔的各種活動,如個人幫助周圍需要幫助的人的活動;志願部門或稱第三部門(即在市場和政府之外的第三

種承擔一定社會功能的社會組織機構）有組織的、宗教的和非宗教的慈善活動，如個人和家庭出於宗教信仰從事的慈善活動，宗教組織進行的有組織的慈善救助活動和各種提供照顧與服務的活動，非宗教的慈善活動，非營利組織、志願組織提供的社會福利活動；國家直接承擔的社會福利責任、開展的社會福利服務以及國家通過稅收如減免、累進、特種稅等可以影響社會福利狀態的活動。

按照是否對服務的接受者進行經濟調查，可將社會福利劃分為普遍性（universal）福利和選擇性（selective）福利。普遍性福利供給是根據年齡、家庭中未成年的子女數、患有某種疾病的標準來確定供給對象。只要符合這些標準，一個人就有受益的權利，而不管其收入或經濟狀況。選擇性福利供給採用雙重標準，一是同普遍性福利一樣，根據一些標準確定目標群體。此外，還要根據收入標準，只有收入低於某一標準的人才能接受社會供給。由於加上了經濟狀況的標準，只有貧窮的人才能接受社會供給，接受者也就不得不承受某種污名。①

中國民政部門一般將社會福利分為：

（1）職工集體福利。其走勢是社會（社區）化。

（2）特殊社會福利。其走勢是多元化。

（3）社區社會福利服務。其走勢是從城市延伸到農村，成為社會福利的主幹。

五、世界社會福利的發展里程

按照時間順序，世界社會福利的發展大致經歷了以下幾個階段：

1. 剩餘型社會福利（residual social welfare）

剩餘型社會福利首先在英國建立。其標誌是1601年英國女王伊麗莎白一世頒布的舊《濟貧法》，1834年的新《濟貧法》。其特徵是慈善、濟貧，保障貧困成員的最低生活水平。

2. 制度型社會福利（institutional social welfare）

1883年、1884年、1889年德國政府分別在疾病、工傷、養老和殘疾等方面出抬了一系列的社會保險法律。從此，社會福利開始制度化、立法化。

3. 福利國家（welfare state）

---

① 楊偉民. 社會政策導論 [M]. 北京：中國人民大學出版社，2005：108.

1948 年英國第一個宣布自己為福利國家，隨后其他歐美等資本主義國家紛紛效仿。社會福利項目全、範圍廣、標準高。與此同時，社會主義國家實行更為徹底的福利模式，即結構性福利（structural social welfare）。

4. 福利國家危機

福利國家危機體現在以下五方面：

(1) 政府辦的服務素質欠佳，效率低；
(2) 國民依賴心理；
(3) 削弱家庭和社區責任；
(4) 人口老齡化和失業人數激增，加之政客的承諾，政府負擔過重；
(5) 公營部門規模太大，浪費社會資源，降低競爭力。

5. 福利多元化（welfare pluralism）和福利市場化（marketization）

福利多元化亦稱混合福利經濟（mixed economy of welfare），主張福利產品應來自國家、家庭、商營部門和志願機構，來源越多越好。而福利市場化則通過走市場化路線來推進社會福利的發展。

六、發展社會福利的核心問題

發展社會福利，無論過分肯定市場能量抑或過分依賴政府調控都不行。

社會福利比較完備的國家一般通過以下三種途徑向全體社會成員提供社會福利：專業化的社會福利、職業化的職業福利和社區化的社會福利服務。其中專業化的社會福利是由一些非政府的社會福利團體負責向有關社會成員提供服務的。這些社會福利團體又被稱為志願組織。它們在遵守法律的前提下，自行決定其服務內容和方式。團體的主要經濟來源是政府的資助。政府除扮演「后臺老板」的角色外，經常處於監督和評判的位置。由非政府組織組成的專業化的社會福利服務團體，在很多市場經濟國家已是一個為社會所普遍認同的行業或職業，即「社會工作」。在香港，2000 年就有慈善團體 600 多個，工作人員近萬人，承擔了全港 80% 的社會福利服務。到 2010 年，慈善組織發展到 6,380 個。其福利經費 80% 由香港政府提供。在 20 世紀 90 年代初，香港政府每年用於社會保障制度的經費僅 32 億港元，占總支出的 3%；而在 1994—1995 年，福利事業開支為 143 億港元，占政府總支出的 8.4%，其中撥給福利團體 32 億港元。2014 年香港政府用於社會福利的開支為 569 億港元，占整體政府總支出的 18.5%，僅次於教育。

第二節 國外社會福利改革的方向

一、家庭福利的變化

在過去的 30 多年間，隨著結婚率下降、非婚生子女數量增加、離婚和獨身人數上升、重組家庭大量湧現，家庭的組織形式種類繁多。同時，單親家庭數量急遽攀升，單親家庭收入與雙親家庭相比進一步下降。許多西方國家單親父母（母親居多）難以進入勞動力市場，加之兒童護理設施昂貴，致使技能低、工作經驗少的婦女無法兼顧家庭責任和職業。為此，這些國家採取了一系列措施。[1]

（一）協調職業生涯和家庭責任

1. 產假：權利的延伸和男女平等原則

在產假方面，產假權不僅在西方國家擴大了覆蓋範圍，而且在許多發展中國家如柬埔寨和巴基斯坦也得到了擴展。例如，美國過去的產假權由各州的法律規定確定。新的《聯邦家庭和產假條例》規定，規模在 50 人以上的企業的男女職工有權享受 12 周的無薪產假。該假期是選擇性的，休假人員享有法律賦予的回到原有工作崗位的權利。

產假期延長、產假待遇提高是新興工業化國家和地區一直不斷的趨勢。這些國家和地區包括佛得角、圭亞那、中國香港、印度、伊朗、韓國、土耳其、西班牙、英國等。一些國家採取更加靈活的產假模式，如英國將整個假期分為產前和產後兩個部分。1992 年歐洲婦女產期保護指導綱要規定，各國應為產婦提供 14 周的假期和多於疾病福利的產假福利金，並保障其就業安全和身體健康。

一些國家如丹麥、挪威、瑞典、西班牙、葡萄牙、以色列等都允許將產假的身體恢復期以外部分由父母雙方分擔。

2. 撫養幼兒、照顧家屬假期：核心趨勢

該做法萌芽於 20 世紀 70 年代，是在中東歐和北歐國家實行的基礎上逐漸推廣的。在一些傳統上政府對家庭事務關注較少的國家（如澳大利

---

[1] Dalmer D. Hoskins, et al. 21 世紀初的社會保障 [M]. 侯寶琴, 譯. 北京：中國勞動社會保障出版社，2004：228—247.

亞、新西蘭、英國、美國），此類假期通常以產假的延伸形式出現，休假人的報酬很少或沒有。南歐國家情況與此類似。而在政府對家庭事務積極干預的國家（如法國、德國、北歐），假期的形式和休假人與勞動力市場的關係，因兒童教育責任在父母和社區間不同的分工而不同。如法國和北歐國家公共部門投資的兒童護理機構和設施發展完善，婦女同時集職業和家庭責任於一身；而在德國和荷蘭，婦女通常必須在育兒早期減少工時或者完全放棄工作。

1996年歐盟發布撫養幼兒、照顧家庭假期指導綱要，規定成員國國民有權享受3個月撫養幼兒、照顧家庭的假期（產假不計算在內），而且休假人應在小孩8歲前休完該假期。休假期間休假人的社會保障不應中斷，休假后的復職應得到保障。具體津貼待遇由各國制定。

（二）家庭收入扶持政策

由於經濟困難和部分人口缺乏保障，不少國家對以前普遍實行的家庭福利項目進行改革，通過財產驗證程序集中幫助特困人群。例如，法國在1998年、阿根廷在1996年、匈牙利在1996年開始對超過規定線的家庭停發家庭福利。葡萄牙於1997年規定，隨著家庭收入增加按比例降低福利水平。新西蘭1996年僅對中低收入的有子女家庭收入補助一個項目進行了福利金上調。

一些國家在擔心依賴社會福利的家庭尤其是單親家庭不斷上升的情況下，採取措施鼓勵、促使貧困人群重返勞動力市場。如法國在1998年、英國在1997—1998年、美國在1997年、南非在1996年撥出專款，改善就業服務，並為福利金依賴者提供「過渡」崗位。美國、新西蘭、英國及挪威等將承擔工作義務作為領取福利金的條件。同時改革福利發放方式，包括根據就業狀況調整福利金水平、消除單親家庭和雙親家庭福利金的差別、允許有工作收入的人繼續領取福利金直到收入達到一定的限制等，以此保證從福利走向工作崗位的人不受經濟上的損失。

針對原有「缺席父母」不履行支付撫養費、最終由國家代為償付的情況，一些國家採取措施強化家庭內部贍養機制，提高現行規定的執行力度。加拿大從1996年起規定更加嚴格的到期償付程序。愛爾蘭將償付撫養費的責任擴大到未婚父母。

（三）婦女福利權利的獨立

近年來，婦女個人權利不斷得到承認。在瑞士和列支敦士登，夫妻養老金制度被取消，取而代之的是夫妻雙方各自獨立的權利。以色列老年保障項目下的無工作妻子的養老金補助已被婦女的個人福利權利所代替。加拿大的

普通養老金、澳大利亞的收入補助等項目均採用福利權利個性化的原則。

以前，最低福利保障、無保險費繳納史人群的福利保障，使婦女加倍受益。但是，在以職業為基礎的保障制度中，強化保險費和福利金之間的關係以增加儲蓄是發展的一種趨勢。該做法損害了婦女的既得利益。為強制維持一定水平的婦女養老金，奧地利、比利時、德國和義大利等國均將婦女花在養育孩子上的時間算作工齡計入養老金。

（四）重新審核派生權益

派生權益是指被保障人的無職業配偶所享受到的保障權益。隨著社會的發展，傳統觀念上為家庭婦女提供風險保護的理念逐漸被為無工作能力的存活一方提供風險保護的思想所替代。基於男女平等的原則，一些國家開始修改法律，在同等條件下給予鰥夫相同的撫恤金權利。同時福利金發放條件更為嚴格，如必須履行財產驗證、子女申報以及提供無工作能力證明程序等。

20世紀90年代初，一些國家採取「按需求發放福利」的原則，除老代婦女外，廢除了對寡婦和鰥夫的特殊規定。對獨身、離婚、分居以及一方死亡等獨居的風險不加區別地綜合考慮。只要當事人經過財產驗證並申報子女狀況，領取福利金的權利相同。

另有一些國家如日本、法國、比利時、奧地利等國的改革完全不同。它們在發展婦女以職業活動為基礎的個人權益的同時，並未廢除派生權益，而是對其做出適當調整。如法國設定福利權益最高限額，在此條件下維持現有的個人權益和派生權益並存的格局。

二、社會福利五邊形（社會福利社會化）

社會福利五邊形如圖1-1所示：

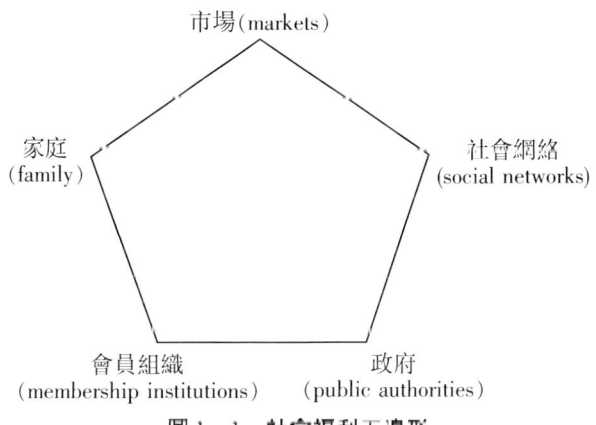

圖1-1　社會福利五邊形

當眾多社會個體成員不得不應對基本需求時，他們可以求助於圖1－1中所示五邊形的每一角所代表的主體或這些主體的組合。雖然存在單純依靠簡單一角的情況，如滿足兒童基本需求，完全依靠市場的個體保障。因為孩童主要依靠家庭中的代際支持，而個人的市場行為似乎只依賴於市場一方。然而用五邊形進行決策比單獨依靠一方更容易被接受。即使在上述兩種簡單依靠情形下，其他因素同樣起著不容忽視的作用。舉例說，如果沒有政府的干預，沒有法規調整和保障產權，甚至在依賴家庭的孩童中，有一些項目如教育等也經常得到政府的資助和會員組織的幫助。因此個體為解決其福利問題，可以在福利五邊形中尋求一角加以解決，亦可尋求福利五邊形各角的有機組合。可見福利五邊形的本質是社會性，五邊形的五個角要求相應的社會維度，以便單個個體做出的選擇切實可行且具有意義。此理同樣適用於社會網路、會員組織和政府。即使探討單純的市場選擇和家庭選擇，也不可缺少市場行為的另一方或家庭成員的另一方。假如個人決定提供勞動力以換取工資，則隱含著勞動力市場上存在另一方準備雇傭前者並將協議償付薪酬。市場和家庭決策的社會性內在要求當事人之間是互惠的。[1]

　　世界社會福利的發展歷程催生了社會福利社會化（多元化）的到來。1601年英國女王伊麗莎白一世頒布舊《濟貧法》，1834年英國政府出抬新《濟貧法》，從而建立起世界上最早的剩餘型社會福利（residual social welfare）。其特徵是慈善、濟貧，保障貧困成員的最低生活水平。1883年、1884年、1889年德國在疾病、工傷、養老和殘疾方面的一系列法律，確立起了制度型社會福利（institutional social welfare），從此社會福利制度化、立法化。1948年英國第一個宣布自己為福利國家（welfare state），隨後其他歐美等資本主義國家紛紛效仿。社會福利項目全、範圍廣、標準高。與此同時，社會主義國家實行更為徹底的福利模式即結構性福利（structural social welfare）。然而，從20世紀70年代后期由中東石油危機引發資本主義世界經濟滯脹開始，福利國家危機出現。在此背景下，產生了社會福利多元化（welfare pluralism）的訴求。福利多元化亦稱混合福利經濟（mixed economy of welfare），主張福利產品應來自國家、家庭、商營部門和志願機構，來源越多越好。社會福利社會化包括服務對象、福利資

---

[1] Roland Sigg, et al. 地球村的社會保障——全球化和社會保障面臨的挑戰 [M]. 華迎放，等，譯. 北京：中國勞動社會保障出版社，2004：306－307.

源、福利事業管理、服務設施、服務隊伍的社會化。

三、福利市場化

社會福利市場化（marketization）就是將某些社會福利項目需要的資金由國家負擔轉變為私人負擔；某些福利服務由國家提供轉變為私人提供；有些營利性福利服務機構和設施可以交給企業經營運作，在保證社會效益的同時兼顧企業經濟效益。隨著全球化的到來，私營福利機構能在全球範圍內或在許多國家開展業務，其開展業務的機會越來越多，從而不斷動搖國家公共福利服務的基礎，削弱了國家福利政策的影響力。國際保險市場正蓄勢待發。一旦社會保障稅高到人們開始結成政治聯盟以對抗不斷加重的公共養老金負擔時，則保險公司乘機向歐洲低風險人群出售其保險產品。按照世界服務貿易總協定的規定，社會照顧、健康服務和其他社會福利項目的全球化市場規模已經並將不斷擴大。[1] 如 1994 年瑞典社會民主黨冉次執掌政權後，政府開始根據自由主義原則對國家進行改革。為了降低失業率，瑞典政府允許從前屬於政府經營的產業向私人開放，如兒童和老年人醫療衛生和服務業。[2] 2000 年 4 月開始實施的日本老年看護保險制度即通過市場提供老年護理服務。

福利市場化后亦帶來一些新的問題。以日本的護理保險為例，在成倍增長的護理市場中，因為大量民間經營者參與，服務質量令人擔憂。另外，老人對護理人員不信任的呼聲與日俱增，要求限定護理收費的最高額度。

四、非正規護理的發展

作為應對病殘老人護理困境的對策，20 世紀 80 年代非正規護理開始受到人們的關注。20 世紀 90 年代，由於社會保障系統覆蓋面的擴大、申請條件的控制以及預防詐欺，健康保障、長期護理的審核標準變得日益嚴格，許多國家降低了先前的公共護理水平。因此非正規護理有關的政策開

---

[1] Roland Sigg, et al. 地球村的社會保障——全球化和社會保障面臨的挑戰 [M]. 華迎放，等，譯. 北京：中國勞動社會保障出版社，2004：5.
[2] Roland Sigg, et al. 地球村的社會保障——全球化和社會保障面臨的挑戰 [M]. 華迎放，等，譯. 北京：中國勞動社會保障出版社，2004：188.

發特別具有活力和更加引人注目，其發展呈現以下趨勢①：

（1）護理人現金福利政策的鞏固和加強。用現金支付護理報酬在許多國家都是一種較新的做法，尤其是當護理費不與社會保障體系的收入保障項目掛勾時。

（2）向直接償付制度邁進的趨勢。由於絕大多數處於就業年齡階段的護理人是婦女，護理工作一直是這些女性的生活保障，因此支付報酬是對性別不平等的解決方法之一。報酬支付包括三種模式：①直接支付給護理人報酬屬於普通保障金的範疇，只需提供從事護理工作的證明即可，而無須通過財產、收入驗證。另一些國家將其歸入收入補貼項目，領取時需要經過收入、財產驗證。還有一些國家對護理報酬的領取有加以限制的措施，如僅限於處於就業年齡階段且無正式工作的護理人，配偶之間的護理被排除在外。②在「準工資方法」模式的國家，護理報酬的一部分可以直接付給被護理人，然後再轉到非正規護理人員手中。③ 20 世紀 90 年代，一些以保險為基礎的國家如奧地利、德國、法國在社會保障系統中引進了病殘老人福利項目。考慮到用護理津貼幫助病殘老人購買護理服務和應對與殘疾有關的額外生活費，這些國家一般直接支付給病殘人護理金。

（3）護理人支持服務範圍的擴大。對護理人員的服務支持包括傳統服務如家務和日托服務，旨在減輕護理人員壓力的新形式服務如臨時替代性護理服務。護理人員本身對服務的需求日益得到承認。

（4）將非正規護理人員的需求納入項目評估內容。各國的共同趨勢是注重護理人的權利和需求，對非正規護理安排做出專業的評估，並在分配幫助組合時將其考慮進去。

（5）信息、培訓機構的出現。1993 年，歐洲改善生活和工作條件基金會在其家庭護理報告中提出的中心政策建議便是輿論宣傳和培訓，包括在地方一級開展認識活動，開發和改進支持性服務結構；在國家一級建立護理人規章、護理人組織網路，以在較高層次上代表護理人利益。根據 1992 年《公共管理法令》，美國在縣市一級成立了公共管理委員會，其作用是將獨立的護理提供者組織起來，幫助其就業，向殘疾人和護理人提供角色培訓，並代表護理人和被護理人進行報酬協商。

根據不同國家的做法，非正規護理政策大致可以劃分為以下三類：

---

① Dalmer D. Hoskins, et al. 21 世紀初的社會保障 [M]. 侯寶琴, 譯. 北京：中國勞動社會保障出版社, 2004：33 - 54.

第一類國家包括以非正規護理人現金津貼國家項目為特點的英語系國家。其項目的管理、津貼的發放大都通過國家社會保障系統。此外，由於這些國家其他社會救助體系較為發達，護理人現金津貼隨收入和財產驗證而定（奧地利實行護理人與被護理人雙重財產驗證）。英國例外。它設有無須財產驗證的護理人和護理依賴人雙份現金津貼。

第二類是北歐國家。北歐高福利國家有著全面、廣泛的護理人社會保護協調機制和護理人就業政策。北歐諸國都以「準工資」制為基礎，由地方政府掌管，由地方決策，報酬數量的地區差異很大。丹麥是一個特例，不為護理人提供報酬。丹麥屬於絕無僅有的純粹福利國家，培育發展廣泛的公共福利。該做法和觀念長期以來排斥非正規護理的存在。

第三類國家全部在歐洲大陸。這些國家殘疾人現金津貼制度大致相同，供其購買護理服務。奧地利、德國和法國均於1993—1997年在全國實施該種津貼制度。這些國家不通過財產驗證來取得申領資格，同時護理人沒有以自己名義領取現金津貼的權利，而且有關項目沒有為護理人考慮到向社會保障系統繳納保險費的問題（德國除外）。與澳大利亞相似，奧地利制定了幫助停止護理、另行就業的非正規護理人員解決過渡時期困難的規定。

五、普享性社會福利向選擇性社會福利的轉變

堅持普享性（universal）社會福利者認為，正如英國的國民健康保健，社會福利應該為全體國民享有，不必進行家庭財產調查。社會福利的定義本來就包括將福利資源分配給總人口中某些較弱勢的群體，如老年人和兒童津貼；主張將福利作為一種權利賦予所有公民或主要群體的所有人，以此避免社會分化為施予者和受施者兩個獨立階層，增進社會團結，消除受辱感。而在堅持選擇型（selective）社會福利的人看來，受益資格應通過對個人需要的調查（如家庭財產調查、人口或人群身分標準）來確定。選擇性社會福利政策優越於普享性，前者既可以減少總支出，同時又可確保將有限的社會福利資源分配給最需要者，有利於資源的再分配。公共援助主要針對那些處於社會邊緣的人，不應要求納稅人去補貼那些能夠滿足自己需要的人。

20世紀80年代以來，許多國家尤其是高福利國家制定目標定位（targeting）政策，出現由普享性社會福利向選擇性社會福利過渡的趨勢。以新西蘭為例，第二次世界大戰結束伊始，由於政府希望盡快恢復正常的

家庭生活，提高出生率，並把婦女為支援戰事所從事的工作讓位給復員軍人，政府建立起普享性家庭津貼。隨著時間的推移，這些目標已經實現，普享性家庭津貼的價值漸漸消失。1991年，該家庭津貼被廢除，取而代之的是針對低收入家庭的選擇性家庭援助項目包括家庭扶助（family support）、家庭最低收入保障（Guaranteed Minimum Family Income，GMFI）、非福利家庭稅收抵免計劃（Independent Family Tax Credit，IFTC）。這些援助項目不僅定位於低收入家庭，而且從更高程度上講，還定位於低收入工薪家庭，尤其是全職工薪家庭。又如1997年瑞典政府立法規定，寡婦的津貼要經過家計調查后才能享受。

全球選擇性社會福利日益流行的原因主要有以下三個方面：

（1）社會福利資源的稀缺。福利計劃是一項社會再分配政策，是一種優效型公共產品，用以幫助特定人群。福利政策的問題不在於是否需要選擇性或目標定位，而在於如何制定令人滿意的政策，並通過它最有效地實現各種政策目標。

（2）福利國家的財政危機。1973年石油輸出國組織（Organization of Petroleum Exporting Countries，OPEC）宣布大幅減產，導致國際市場油價猛增。中東石油危機使西方福利國家幾乎都不同程度地陷入財政危機之中。這些西方國家不得不削減福利支出，降低福利水平，收縮福利國家規模。選擇性和目標定位便成為西方國家擺脫困境、「福利瘦身」的急切手法。

（3）新保守主義的崛起。新保守主義又稱新自由主義。20世紀90年代開始，新保守主義在政治學、經濟學和社會學等領域活躍起來。該主義強調個人、家庭、市場的重要作用，重申「國家失靈」可以滿足社會改革的自身需要。新保守主義意識形態的形成是對福利國家的一種反動，推動福利國家由普享性向選擇性轉變。新保守主義為福利改革提供理論指導。[1]

---

[1] Neil Gilbert. 社會福利的目標定位——全球發展趨勢與展望［M］. 鄭秉文，等，譯. 北京：中國勞動社會保障出版社，2004：2-4.

第三節　日本社會福利基礎結構改革[①]

一、改革背景

1998年日本社會福利界醞釀多年的「社會福利基礎結構改革」拉開了序幕。改革主要基於以下幾方面原因：

（1）解決財政困難。一方面，近十年經濟持續蕭條，中小企業大量破產，失業率居高不下；另一方面，福利費用開支逐年增長，人口老齡化急遽發展。日本由於社會生活、醫療水平的不斷提高，已經成為世界上平均壽命最高的國家。男性平均壽命為77.01歲，女性平均壽命為83.59歲，加上嬰兒出生率逐年下降，由20世紀50年代至20世紀70年代每年160萬~200萬的出生人口，跌落到121萬人（1996年），1995年14歲以下的人口比1985年減少了600萬。現在，人口的高齡化已經成為日本社會面臨的最大難題。1995年65歲以上的高齡者占人口的14.5%，1997年達到15.5%。在當時的日本社會中，平均7個人當中就有1個人達到65歲。

（2）梳理和革新二戰后50年福利發展遵循的理論、價值觀念。第二次世界大戰后，出現了眾多的戰爭受害者和被遣送回國的戰俘及家屬，他們居無定所、生無所依。政府開始制定、實施以救貧、扶貧為中心的社會福利保障制度。這一制度沿襲多年。

二、改革的主要內容

此次日本社會福利基礎結構改革的主要措施有：

1. 追求新的社會福利理念

日本此次改革中，在重申社會福利應尊重人權的基本原則時，還提出應超越傳統道德觀念的束縛，尊重個性和個人選擇的權利。比如，對那些未婚而同居的男女以及他們的子女應該給予同等的福利待遇。同時強調福利服務要避免一律化，提倡個性化。

[①] 沈潔. 本世紀末福利改革的主要動向及其啟示 [J]. 華中師範大學學報：人文社科版，1999（6）.

2. 建立老人看護保險體制

針對在老齡化過程中出現的護理難的社會問題，1998年日本政府頒布《看護保險法》，在全民範圍內強制推行看護保險制度。這項新制度是與國民年金保險相配套的保障體系。這項制度的推行可以使老人在取得退休金的經濟保障之外，同時可以依法獲得老後護理的保障，解除老後無人護理之憂。2005年、2008年和2012年日本又對護理保險制度進行了三次改革。

在65歲的人口當中，平均兩個人當中就有一個人在去世前半年需要看護照顧，其中又有一半的人臥床三年以上。對於這些生活不能自理的老人的看護，當時有一半是由家人負責的。根據調查，在看護老人的人當中有35%的人抱有厭惡感，50%的人存在對老人的虐待行為，46%的人感到精神疲勞。隨著人們對年老後生活不安感的增加，家庭看護負擔的加劇以及當時執行的高齡者看護制度中存在的醫療與福利分離、費用負擔的不公平、自由選擇服務的局限性等問題，創建新的社會看護保險制度大勢所趨，有80%的國民贊成新的看護保險制度的創建。

新的看護保險制度能夠給日本國民帶來的好處首先表現在實現老人福利與老人醫療的綜合利用。將過去實行的全額公費的老人福利和由醫療保險、公費負擔的老人保健制度一體化，改變為由看護保險費加公費負擔的看護保險。這樣不僅可以做到使用者享有選擇權，而且可以解決由高齡住院帶來的醫療難題。而且，在新的制度下，除了公共團體提供看護服務以外，民間事業團體也可以參與提供服務，有利於提高看護服務的效率和質量。看護保險的對象分為兩種：一是65歲以上的人可以成為一等被保險者；二是加入醫療保險的40歲至65歲的人可以成為二等被保險者。被保險者可以享受以下方面的保險服務：家訪看護，服務人員定期家訪；幫助料理家務等；幫助清潔，服務人員定期到家幫助被保險者洗澡等；家庭理療，醫務人員定期到家服務，幫助被保險者進行身體機能恢復運動等；醫務人員家訪，進行身體檢查和營養指導等；全天看護，在看護設施內為被保險者提供當天的各項服務；短期設施內看護，需要24小時看護的被保險者可以搬入看護設施內享受24小時的看護服務；痴呆病人的集體設施看護；自費老人設施內的看護；輪椅等醫療器材的使用及特殊器材的費用補助；醫療需要進行的住宅改修費用補助；對在家看護的支援，根據被保險者的身心狀況以及被保險者提出的服務要求計劃，通過與服務提供團體協商解決。另外，被保險者還可以享有進入特別老人養老設施、老人保健

设施、療養治療型看護設施的權利。同時，各地區的市、鎮、村可以利用一等被保險者的保險費，自主地向被保險者提供必要的送飯服務、洗滌服務等。需要說明的是，看護保險制度的實施並不影響高齡者因為病患享受醫療保險的待遇，這需要由醫生的診斷進行判斷。

看護保險制度中契約方式的導入。在看護保險中，需要者首先向所在的市、鎮、村提出看護申請，然后由市、鎮、村的專門機關審查申請者是否符合需要看護的標準，確定申請者應該受到何種程度的看護。政府組織專門的評估機構對老年人需要照顧的程度予以界定，分為部分護理、輕度護理、中度護理、重度護理、最重度護理和特重度護理6種。如果使用者對市、鎮、村的安排意見不滿意可以向都、道、府、縣的審查機關提出個人要求。根據需要看護的審查結果，使用者本人或家屬可以直接向提供看護服務的事業團體申請服務，選擇適合自己的看護服務，也可以通過專業機關與提供服務社會團體交涉。

看護保險費的支付。護理保險的財源來自交納的保險金和接受服務時收取的（相當於10%的保險金）服務費。40歲以上的所有日本國民都要交納護理保險費。40～64歲年紀還不算老的人，每月交納2,500日元（個人和所在工作單位各負擔一半）。該年齡段的人除極少數年輕痴呆症患者和有特殊疾病的人需護理之外，無須接受護理服務。對65歲以上的老人，無論身體健康程度如何，每月均須交納護理服務費，他們平均交納3,000日元保險金。儘管日本政府採取了減少低收入老人保險金的措施，但是對於依靠退休金生活的老年人而言，這仍是相當大的負擔。原有對老人護理制度的收費，是按照享受服務的老人收入的多少來確定交付服務費標準的。因為高齡老人基本上多數屬低收入者，所以約有70%接受護理的老人免交服務費。但是，參加護理保險的人在接受護理服務時，原則上需要交付實際護理服務費用10%的服務費，最多每月需要交付3萬日元。①

在日本看護保險制度實施之後，隨著需要看護的高齡者的增加以及看護服務項目的充實，社會整體的看護費用逐步增大。到2000年，日本需要看護的高齡者達到218萬人，2005年達到411萬人，2012年達到533萬人。但是，看護保險制度的實施不會加大國民個人的負擔，因為看護保險的服務費用，現在是通過老人福利制度和老人保健制度來負擔的。隨著

---

① 張愷，王霞．日本護理保險制度的現狀 [J]．編譯參考，2000（11）．

新制度的建立，老人保健制度中的醫療保險轉移到看護保險中，相應地減少了醫療保險的負擔。另外，通過看護保險制度，可以減輕需要看護的本人及家屬的費用支出。同時，民間事業部門的參與，起到了促進提供服務團體之間競爭、提高服務效率的作用。此外，由於看護保險費用80%以上是由公費和醫療保險費支付的，各市、鎮、村徵收的高齡者保險費占全體費用的比例不足20%，因此看護保險制度的實施不會增大地方財政的負擔。①

3. 社會福利產業化

日本原有的社會福利設施經營採取的是政府包攬財政、以行政為主導的計劃經濟管理的國家福利型經營方式。但是，看護保險推行之後，國家財政的大部分養老福利補貼將由發放給福利設施的法人團體轉向發放給投保的個人，形成由個人用保險金買福利的格局，促進老人福利逐漸向產業化的方向發展。

4. 運用競爭原理，提高福利質量和效率

以往，政府對福利設施的財政補貼、個人利用福利設施交納的費用等都是在政府嚴格的規制下非公開地進行的。利用者自由選擇服務項目和福利設施的余地小，經營者缺乏自由經營的權限，其結果是形成了經營者的惰性和利用者的浪費，犧牲了效率和質量。利用市場經濟規律，給經營者和利用者雙向選擇的自由，費用負擔與利用項目掛勾，通過合理運用市場競爭原理，提高社會福利服務的質量和效率。

5. 新設置福利經紀人制度

保護弱者是社會福利的根本宗旨，而市場競爭的必然結果是弱肉強食。如何解決兩者之間的矛盾，這是各國都在探索的問題。日本在這次改革中推行的一項新措施，是在社區普遍設立福利經紀人事務所，引進福利經紀人制度。福利經紀人事務所根據社區人口比例設置，負責提供有關社會福利問題的諮詢，實地考核需要接受福利服務者的生活狀況和對福利服務的需求度，根據每個人的實際狀況和要求設計實施方案，並與各福利設施所有者協商，依法協調，直到雙方的條件獲得滿足為止。

6. 實行家庭護理員制度

這是家庭護理社會化的措施。家庭護理員的主要職責是遵循互助的原則，對居家養老的老人、殘疾人等進行定期訪問、護理。以前這項活動作

---

① ［日］合津文雄．日本社會福利政策變革的新趨勢［J］．北京大學學報：哲社版，1999 (6).

為志願者活動加以提倡，在這次改革中將其職業化、制度化、有償化。每個人在經過一定的職業訓練後，都可以獲得家庭護理員的資格。憑藉這種資格可以申請參與家庭護理的工作，同時也可以獲得一定的報酬。即使是照顧自己的親生父母，也可以依法獲取報酬。

7. 設置社會福利情報管理中心，提高社會福利管理的透明度

此乃為對在自由競爭過程中出現的弊端進行監督而設置的市民監督體系。其主要功能是一方面為市民提供福利政策信息和利用信息，供其在自由選擇中參考，另一方面吸引市民參與對社會福利的管理，對服務質量進行監督評估。

三、改革趨向特徵

從日本的社會福利基礎結構改革中，可以看到它在很多趨向上比較接近歐洲諸國的改革，但是它的社會福利畢竟是基於東方社會文化的基礎之上，因此它表現出了自身的特點。

在日本的改革中，表現最明顯的一個趨向特徵是，社會福利由以家庭為單位轉向以個人為單位，重視個人的自我決定權，即「幫助個人自立」「尊重個人需求」。迄今為止，日本的社會福利是以家庭為計量單位的。例如：妻子沒有正式參加工作的話，其妻子的退休金和孩子的各種社會福利補貼都計算在丈夫的名下；即使妻子正式就職，其納稅以及交納保險金也都與丈夫的收入相聯繫。事實上這是一種擴大了的家庭福利和企業福利。它在很大程度上限制了福利社會化的發展。這是日本社會福利結構體系制度中的一個最大特點。

隨著日本現代社會逐步走向成熟以及女性走向社會等因素，個人權利意識逐步強化，個人與個人之間、個人與社會之間的依賴關係也逐漸強化。相對而言，家庭以及社會集團對調節個人與社會之間關係的功能則逐漸削弱。在這種社會變動中，個人、家庭、社會三者關係中，作為中間環節的家庭在調節社會關係中的作用逐步弱化。以往通過家庭和鄰里集團可以解決的生活福利問題，已經不可能在家庭、鄰里集團中獲得解決，個人必須直接面向社會，依靠社會的力量解決。在此基礎上社會福利的對象將由以家庭或者集團為單位轉向以個人為單位，形成社會對個人、個人直接與社會相聯繫的一種結構關係。個人的風險和困難並不是理所當然地由個人和家庭承擔，而應該是社會。日本政府在 1998 年頒布，2000 年 4 月起實施的《看護保險法》中明確表明了這一原則：護理照顧老人的責任在

於社會，而不在於家庭。由此規定子女照顧臥床的父母，可以依法領取一定的報酬。在東方社會被認為最為重要的血緣、親情紐帶被法律化之後變得冰冷和僵硬。這與近年中國、韓國和新加坡頒布的強調家庭扶養老人責任的「孝行」法律格格不入。從日本改革中反應出來的東方與西方文化意識的衝突，對亞洲地區的改革具有一定的借鑑意義。

趨向特徵之二是強化市場經濟在福利領域中的調節作用，即提高服務效率。在護理保險以及志願者活動有償化、法人化制度中，都突出了市場經濟的原則。這也是日本試圖吸取歐洲各國的經驗，及早修正以避免走彎路的一種表現。但是，日本並不像歐洲諸國那樣，即國家對福利的投資比重偏高，迫切需要矯正。日本的國民收入與瑞典相比高出一倍。而國家對社會保障的投資僅為瑞典的1/3。在這種狀況下依然強調市場經濟在社會福利領域中的作用，是否會獲取預想的效果，還有待時日驗證。護理保險在實施不到一年的時間，獲得了日本社會85%的民眾支持率，中央財政節省資金達4萬億日元。不過，從最初實施的幾年來看，服務質量成為突出問題，如有些企業為了降低成本而使用外國勞動力，這就在照顧老人的過程中出現諸如語言障礙、文化衝突等問題。[1] 很多老人投訴那些不道德的護理行業的經營者，因為經營者們拒絕從事獲利少的護理行業。經常看到老人躲在病床上傾訴，要求政府有關部門限定護理收費的最高額度，採取措施，積極保護老年人。[2]

思考題：

1. 何為社會福利？
2. 社會福利是如何劃分的？
3. 發展社會福利的核心問題是什麼？
4. 社會福利與公共福利、社會救助的區別何在？
5. 當今世界社會福利改革的方向有哪些？
6. 近年日本為何要進行社會福利基礎結構改革？改革的內容及特徵分別有哪些？
7. 日本是如何對看護保險制度進行完善的？
8. 中國在不久的將來是否可以引進日本的護理保險制度？為什麼？

---

[1] 席恒，王滿倉. 日本「介護保險」對中國養老保險制度的啟示 [J]. 社會保障制度，2002（1）.

[2] 張愷，王霞. 日本護理保險制度的現狀 [J]. 編譯參考，2000（11）.

第二章　非政府組織概述

「非政府組織」（Non-governmental Organizations，NGO）一詞最初是在1945年6月簽訂的《聯合國憲章》第七十一款中正式使用的。該條款授權聯合國經濟和社會理事會「為同那些與該理事會所管理的事務有關的非政府組織進行磋商做出適當安排」。1952年經社理事會在其288(x)號決議中將非政府組織定義為「凡不是根據政府間協議建立的國際組織都可被看成非政府組織」。當時，這主要是指國際性的民間組織。此後還有很多類似的稱謂，如非營利組織（non-profit organizations）、志願組織（voluntary organizations）、公民社會組織（civil society organizations）、民間組織（civil groups）等。后來，由於不同國家、不同學者對政府與私營部門之間的制度空間關注的焦點不同，因此對非政府組織的叫法也多種多樣。比較常見的稱謂有：第三部門、非營利組織、志願者組織、免稅組織、公民社會組織、獨立部門、民間組織，等等。儘管這些概念之間有著一定的差別，但是其所涵蓋的範圍基本一致，都試圖從不同角度來描述那些政府與私營部門之外的組織形態。

第一節　非政府組織

一、NGO 的特點及其作用

目前，世界上對非政府組織還沒有一致的、普遍認可的定義。不同學

者根據所處的角度，對其的定義也有所不同。

有的學者根據組織在各國的法律地位進行界定。這種方法的優點是外延明確，其缺陷是內涵模糊，使得非政府組織與其他組織的界限也不清晰。

世界銀行把任何以援貧濟困、維護窮人利益、保護環境、提供基本社會服務或促進社區發展為目的的民間組織都稱為非政府組織。因此，國家體系的不同導致的一個后果就是，在一國被認為非政府組織的機構，在他國則不一定屬於該範疇。

有的學者根據組織的經費來源進行界定，其問題是把非政府組織的外延大大縮小，過於機械化、簡單化。還有的學者根據非政府組織的目的和發揮的職能進行界定。這樣界定使得非政府組織很難與其他公共部門區分開來。

鑒於此，通過結合各個國家、學者的定義，再結合非政府組織的特點，給非政府組織一個比較寬泛的定義。凡滿足以下五個特點的組織則為非政府組織：①組織性。組織性意味著有內部規章制度，有負責人，有經常性活動。純粹的、非正規的、臨時積聚在一起的人不能被認為是NGO。②民間性。NGO不是政府的一部分，也不是由政府官員主導的董事會領導。但這不意味著NGO不能接受政府的資金支持。③非營利性。NGO的非營利性並不是指該組織不能營利，而是指營利所得必須繼續用於組織的使命，而不是在組織締造者中進行分配。④自治性。NGO能控制自己的活動，有不受外部控制的內部管理程序。⑤志願性。無論是實際開展活動，還是在管理組織的事物中均有顯著程度的志願參與。特別是形成由志願者組成的董事會和廣泛使用志願工作人員。

概而言之，定義NGO需要滿足的基本條件是在特定法律系統下，不以營利為目的且具有正式的組織形式、屬於非政府體系的社會組織。它們具有一定的自治性、志願性、公益性或互益性，但並非面面俱到，需要客觀而動態地加以觀察和理解。

非政府組織由興趣相同的人們推動。它們提供各種各樣的服務和發揮人道主義作用，向政府反應公民關心的問題、監督政策和鼓勵在社區水平上的政治參與。它們提供專門的知識，充當早期預警機制，幫助監督和執行國際協議。有些非政府組織是圍繞諸如人權、環境或健康等具體問題組織起來的。它們與聯合國系統各辦事處和機構的關係會因其目標、地點和任務不同而有所差異。

在西方國家，特別是美國，NGO已經發揮了很大的作用，可以說是現代文明社會不可缺少的一部分。而NGO在中國只是剛剛起步，也沒有受到重視。中國在過去採取受國家控制的計劃經濟體制，沒有市場經濟，甚至沒有社會。到了20世紀90年代以後，雖然有了一定的市場經濟，也不能否認它積極的一面，但是在很大程度上還是政府的市場，政府干預太多，非政府組織不能發揮出它的作用，很難建立健全的市場經濟。對於任何一個國家，如果他的市場缺乏民間力量的扶助，僅僅依靠政府的力量，未來的發展阻礙都會非常大。

同時，在有的西方國家，例如美國，NGO算正規部門，工作人員可以拿薪水，但是普遍比較低；也有的可以拿到上百萬美元，但是會受到譴責。而在中國差別就很大，主要包括三類非政府組織：第一類是政府創辦的社會組織，如共青團組織、婦聯、工會，其工作人員的工資按公務員水平發放，也可以算是事業單位。第二類是民間自己成立的，數量較多，但是沒有穩定的資金來源，主要靠贊助，基本屬於業餘的、自願的。第三類是在財政上比較獨立的，包括兩種，一種是通過工商註冊的，有資助和營業收入，另一種則是掛在政府機構上的，但是有很大的自主權，營利性也比較強。

NGO在中國的目的遠遠背離了它的原意。最主要的一個問題是政府參與太多。另外，相關法律法規也不健全，目前還正處於摸索階段。

二、非政府組織的資金來源

隨著中國非政府組織的發展，資金不足已成為制約非政府組織進一步發展的屏障。資金是非政府組織開展工作的基礎。解決這一問題，可借鑑國外非政府組織資金籌集的方式。目前，國外非政府組織資金籌集方式主要有以下四種：

（1）政府補貼，包括政府直接撥款、合約和補償。直接撥款就是政府直接撥出部分稅收收入用於資助非政府組織活動。合約即非政府組織向有資格享受某些政府項目的人提供服務，而由公共機構向非政府組織支付服務費。補償即政府向那些有資格享受政府項目並從非政府組織那裡購買服務的人支付補償費。這種方式中，非政府組織是通過收取服務費而獲得資金的。在歐洲一些發達國家，政府補貼是非政府組織資金的主要來源，如德國、法國。在美國，政府對非政府組織的資助分為直接資助和間接資助。直接資助就是政府直接向非政府組織撥款。間接資助包括豁免非政府

組織的各種稅收和對向非政府組織捐款的私人和企業進行減稅。

就中國非政府組織的資金來源看，政府直接撥款也是一些官辦色彩較濃的非政府組織資金的主要來源，這種方式應盡量減少。一方面，對非政府組織來說，直接撥款使其容易受政府的控制或干涉太多，失去自主性；另一方面，直接撥款也會導致腐敗，使公共資金不能有效利用。根據中國的實際情況，採取合約、補償和間接資助的方式更有利於中國非政府組織的發展。合約和補償實際上就是通過政府發包的方式由非政府組織向社會提供一定的公共產品而由政府向非政府組織付費。由非政府組織承擔部分政府職能，這既減輕了政府負擔又能提高公共資金的使用效率。對非政府組織來說，這既開通了財源，又可在服務中得到鍛煉並發展壯大。間接資助對捐助者來說可以獲得熱心公益的美名，又有利於打造樂善好施的社會風氣，但政府應制定嚴格科學的稅收政策。

（2）服務性收費，是指非政府組織通過提供服務而收取一定費用。在美國、義大利、日本的非政府組織中，服務性收費占總收入的一半以上。在中國服務性收費也可作為籌集資金的一條重要渠道：一是解決了組織的「自養」問題，保證了非政府組織的獨立性和可持續發展。二是減輕了政府的負擔。三是在公共物品的提供上呈現多樣化，公眾有了更多的選擇餘地。但政府必須嚴格規範收費標準，並且所收費用應全部用做組織的經營和運作而不能被組織成員個人佔有。這需要政府嚴格監督。

（3）民間捐贈，包括來自個人、基金會和企業的捐款。民間捐贈不是非政府組織資金的主要來源。即使在民間捐贈比例最高的美國，民間捐贈僅占資金總量的19%，其餘國家則更為有限。在中國，雖然近年來公益事業有很大的發展，但是全社會還未形成社會福利和社會救濟捐贈的機制和氛圍。一方面，這與人們的生活狀況有關，更主要的是沒有形成鼓勵捐贈的良好制度；另一方面，非政府組織資金使用的透明度不夠，公眾對組織信任不足也成為「捐贈不足」的一個原因。政府應通過制度創新鼓勵民間捐贈。

（4）外國援助。這主要是來自發達國家政府機構基金會和其他非政府組織的撥款和捐款。目前外國援助是一些發展中國家非政府組織收入的重要來源。但必須看到一些國外援助往往有一定的附加條件，這不利於非政府組織保持獨立性。在中國不宜過多依賴外國捐助以免造成仰人鼻息、受人左右甚至淪為外國機構在中國代理人的局面，這背離了非政府組織的宗旨。

第二節　非政府組織在國外的發展

一、國際幾大非政府組織

NGO 不是政府，不靠權力驅動；也不是經濟體，不靠經濟利益驅動。NGO 的原動力是志願精神。

根據統計，美國非政府組織總數超過 200 萬個，經費總數超過 5,000 億，工作人員超過 900 萬人。如此龐大和活躍的非政府機構（NGO），是與美國「大社會，小政府」的制度結構相配套的。這種制度的來源，與美國建國之初移民互助自助的傳統有關。其經濟來源主要是社會及私人的捐贈。美國有力量極其強大的各種私人基金會支撐美國的各種 NGO。國家從稅收上確立部分捐贈可以抵稅的制度，以鼓勵捐贈。

NGO 是政府有效的「減壓閥」和「穩定器」，還有著不可忽視的精神功能。目前為止，國際上已經有幾大具有影響力的 NGO 正在有效、有序地開展著，無論在社會經濟發展、環境保護方面，還是在世界和平方面都起到舉足輕重的作用。例如：

（1）綠色和平組織：當今國際上影響最大的環保 NGO 之一。自 1971 年在美國反對阿拉斯加州的核試驗基地以來，綠色和平組織以其激進、頑強、堅定而聞名於世。

（2）無國界衛生組織：1971 年成立於法國，主要由一些醫療救助志願者組成，其目的在於向人們提供醫療救助，特別是賑災援助。

（3）國際愛護動物基金會：成立於 1969 年，其宗旨是防止對動物的虐待行為。

（4）美國福特基金會：1936 年創立，全球最大的私人基金會之一。1988 年，福特基金會成為第一批被中國政府允許在中國設立辦事機構的國際非政府組織之一。

（5）英國救助兒童會：英國最大的國際非政府組織之一，成立於 1919 年，是救助兒童會國際聯盟的重要成員。英國救助兒童會以倫敦為總部，在全球 60 多個發展中國家開展項目。

（6）日本笹川和平財團：成立於 1986 年。為了進一步促進中日友好關係，笹川和平財團與中國國際友好聯絡會共同設立了中日友好交流基

金。該基金總額為一百億日元（約6.5億元人民幣），是迄今中日間數額最大的民間友好交流專項基金。

二、非政府組織在國際事務中的作用與影響

從20世紀70年代開始，非政府組織就日益廣泛地參與國際事務。它們在聯合國體系內外的作用和影響不斷增大，在各個領域裡也得到了不同程度的認可。1997年9月初，聯合國秘書長安南在向第52屆聯合國大會提交的工作報告中，列舉和闡述了影響當時全球發展的八大因素。其中的第五大因素是：跨國性的民間社會組織迅速發展，非政府組織的作用越來越大。其在國際事務中所發揮的作用和影響主要有：

（1）從事諮詢和信息活動，提供和宣傳非政府組織的觀點與思想。聯合國吸收非政府組織參與其活動並建立起制度性的聯繫機制時，首先考慮的是發揮非政府組織在諮詢和信息處理方面的作用。像經社理事會和公共信息部對非政府組織參與所做的安排，也是著眼於既能發揮非政府組織的諮詢與信息處理的作用，又能限制它們在其他方面的影響。在聯合國的會議場所，特別是會議的準備過程中，各國政府可以從非政府組織那裡，得到有關特定專業領域的、技術的、法律的以及政治等方面的專門知識。

（2）對政府和政府間國際組織的行為進行監督。非政府組織可以對政府間國際組織的條約、承諾、計劃和項目的落實進行監督，還可以對各政府間國際組織所通過的決議和條約的實施情況進行監督，促使各國政府遵守其在國際上做出的承諾。

（3）參與執行國際組織的項目，協助政府間國際組織提供特定的產品與服務。近十幾年來，聯合國各機構一直在鼓勵非政府組織參與各發展項目的實施。聯合國體系通過分包合同等方式，將操作性的責任轉移到非政府組織身上。非政府組織通過締結協議和簽訂合同的方式承擔提供特定產品和服務的工作。

（4）影響政府間國際組織的決策過程。第二次世界大戰以後至今，在全球發展決策過程中起決定性作用的，一直是政府間國際組織，特別是聯合國體系內的各組織。以往非政府組織在聯合國體系中的主要作用是促進決議和條約的實施。而近十多年來，非政府組織不再僅滿足於在聯合國體系中提供信息和服務，而是試圖對決策過程施加影響。它們積極爭取參與決策的制定，對國際決策過程發揮著越來越大的影響。進入20世紀90年代后，聯合國體系在確立議程、制定政策以及執行政策等方面越來越多

地讓非政府組織參與。

（5）在不同的利益衝突角色之間促成協調和妥協。在許多國際事務中，當事國政府往往會由於經濟、政治、文化以及意識形態等方面的原因而爭執不下，互不相讓，有時甚至兵戎相見。在這種場合，非政府組織可以利用其民間的身分，在當事國政府之間進行斡旋，緩和緊張氣氛，促進相互溝通與理解，打破僵局，推動問題的解決。

總體來說，聯合國體系與非政府組織兩方面相互吸引、相互支持，目前已形成了較密切的合作關係。從聯合國方面看，它試圖通過與非政府組織的合作去實現其在各個領域裡的目標。非政府組織則通過聯合國體系爭取較多的發言權，力求對國際上的重大決策有較大的影響力，同時謀求從聯合國體系中獲得盡可能多的資助。但是，非政府組織同政府間國際組織有時也會出現很嚴重的衝突。有些政府間國際組織並不總是歡迎和支持非政府組織的活動。例如，1999年，非政府組織在其中起了很大作用的民間抗議活動導致西雅圖世界貿易組織會議的失敗。2001年在義大利熱那亞召開的八國集團首腦會議所遭遇到的大規模街頭示威中，非政府組織也是重要參與者。非政府組織已成為全球治理體制演變進程中不容忽視的重要因素。不過，儘管非政府組織已進入了現存的全球治理體制，已經能夠對一些重大的決策過程施加影響，但是總體看來，非政府組織仍處於現存國際體制的邊緣，對決策的影響是有限的。

在可以預見的將來，政府仍然是全球治理體制的主要角色。儘管如此，非政府組織的興起打破了長期以來一直由政府獨佔國際治理領域的局面。為了使全球發展和全球治理體制的變革能夠朝著健康的方向演變，有必要重視對非政府組織及其在全球治理體制中所引發的各種關係的研究。

進入20世紀90年代以來，發展中國家中從事管理與發展的非政府組織相當活躍。根據估計，發展中國家的非政府組織所服務的人數，在20世紀80年代初約有1億人，其中6,000萬在亞洲，2,500萬在拉丁美洲，1,200萬在非洲。而聯合國開發計劃署在1993年《人文發展報告》中估計，20世紀90年代初發展中國家非政府機構服務的對象達到2.5億人。

第二節　中國非政府組織的發展

NGO在中國還是比較新穎的名詞。它才剛剛起步。中國的第一個非

政府環保組織名為「綠色文化研究院」，於 1994 年 3 月 31 日正式註冊。現在名為「自然之友」（簡稱 FON），是一家附屬於中國文化研究院的非政府組織，現在已經擁有 500～600 名積極成員，其成員主要是學者和商人。可在西方國家，NGO 已經有了很長的發展歷程，各類配套規章制度和法律也較為健全，它們所從事的經濟活動往往僅限於同其宗旨有關的方面。而中國本土 NGO 尚處於初級階段。中國並未制定相應的法律法規，而且 NGO 本身也帶有摸索的性質，缺乏一系列完整健全的相關內部規章制度。

一、中國 NGO 的發展歷程[①]

20 世紀中國民間組織的發展主要經過了三個大的階段。

第一階段：從 20 世紀初至 1949 年新中國建立。由於中國處在各種勢力相互爭奪的半殖民地半封建的特殊歷史時期，因此中國社會出現了大量的民間組織。當時最為活躍的民間組織至少包括如下 6 類：商會與行業協會、互助與慈善組織、學術性組織、政治性組織、文藝性組織以及被蒙上神祕面紗的「會黨」或秘密結社。1932 年 10 月，國民黨政府頒布了旨在從行政上加強對民間組織規範管理的《修正民眾團體組織方案》。這大約是中國歷史上第一個與 NGO 有關的專門法規。

第二階段：從新中國成立後至「文化大革命」結束。新中國成立初期，新中國政府對民間結社進行了一次徹底的清理和整頓。一大批「封建組織」和「反動組織」被取締；一部分民間組織政治化，轉化為政黨組織，如中國民主同盟、九三學社等。1950 年 9 月，政務院頒布《社會團體登記暫行辦法》，使用「社會團體」的概念來定義民間組織，並從國家政權的角度初步建立了規範民間社團的管理體系。從那時到 20 世紀 60 年代中期，社會團體總的來說得到了一定的發展。根據統計，到 1965 年，全國性社團由新中國成立初期的 44 個增長到近 100 個，地方性社會團體發展到 6,000 多個（王名等，2002）。從 1966 年「文化大革命」開始，在法制基礎上社會團體的健康發展中斷了。

第三階段：從改革開放至今。改革開放以來，中國經濟、政治、社會生活以及文化觀念的巨大變化很快反應到民間組織的發展上來，民間社團得到了迅速發展。在整個 20 世紀 80 年代，社會團體的數量增長呈現出空

---

① 王名，賈西津. 中國 NGO 的發展分析 [J]. 管理世界，2002（8）.

前的勢頭。王穎等（1993）曾對浙江省杭州市蕭山區社會團體20世紀80年代發展情況進行過統計調查。結果顯示，從1978年到1990年的12年間，該市的社會團體數量增長了近24倍。蕭山區的情況從局部反應了20世紀80年代中國社會團體的發展。這說明在這一時期，經濟發展和社會政治環境較為寬鬆，中國的社會團體得到了長足的發展。

進入20世紀90年代，中國政府逐漸認同市場經濟體制，確立了「小政府、大社會」的改革目標。經濟體制的轉軌和政府職能的轉變為民間組織的發展提供了較為廣闊的空間。在經過一段時間的調整以後，社會團體的發展在20世紀90年代中期出現了一個新的高潮。到1998年新的條例頒布之前，各級各類社會團體的總數達到近17萬家（吳忠澤，1999）。這一期間民間組織發展中另一個重要的方面是民辦非企業單位的迅速崛起。到2002年年底，民政部門在全國範圍內對各級民辦非企業單位進行統一登記確認，獲得通過的有近9.3萬家。2014年已經達到28.9萬家，比上年增長13.3%。

在這個時期，中國社會對NGO的態度由忽視轉向默認，進而重視。中國政府對NGO採取了「監督管理，培育發展」並重的方針。1988年和1989年，國務院先後發布了《基金會管理辦法》和《外國商會管理暫行規定》，1989年10月又發布了《社會團體登記管理條例》。1998年10月，國務院在對原有條例作了大幅度修訂的基礎上頒布了新的《社會團體登記管理條例》，同時發布了《民辦非企業單位登記管理暫行條例》。1999年8月，中國歷史上第一個有關NGO的專門法案《公益事業捐贈法》出抬。2004年6月1日起開始實施修訂后的《基金會管理條例》。隨著一系列法律法規的發布和執行，中國NGO的宏觀管理逐步走上了法制化的軌道。

需要說明的是，20世紀中國民間組織的上述三個發展階段並不是前后相繼、彼此連接的，在很大程度上呈現為截然不同的三個歷史斷面。這無疑與20世紀中國社會所走過的不同尋常的發展道路有關。因此，我們在思考今天中國NGO的時候，特別是關乎那些宏觀的、帶有趨勢性的根本問題時，就很難找到相應的歷史坐標。當然，回顧出現在中國現代歷史上民間組織的繁榮景象，不僅令人感慨和神往，而且對於觀察今天中國的NGO，仍具有重大的參考和借鑑意義。

二、中國非政府組織的組織形式

關於中國非政府組織的組織形式，目前主要有以下幾種觀點：

第一種觀點認為非政府組織主要包括兩大類：一類是社會團體，它是中國公民自願組成，為實現會員共同意願，按照其章程開展活動的非營利性社會組織。這主要包括學術性社團、專業性社團、聯合性社團、行業性社團。另一類是民辦非企業單位，即民辦事業單位。主要包括：各種民辦學校、民辦醫院、民辦科學研究院、民辦職業介紹所、民辦福利院、民辦婚姻介紹所、民辦評估諮詢服務中心等。[1]

第二種觀點把中國非政府組織分為四大團體：一是學術性團體，是指從事自然科學、社會科學以及交叉科學研究的團體；二是行業性團體，是指由同行業的企業組織的團體；三是專業性團體，是指由專業人員組成或依靠專業技術、專門資金從事某項事業而成立的社會團體；四是聯合性團體，是指人群的聯合體或團體的聯合體，如工會。[2]

第三種觀點引入了主體加功能的分類標準，把目前中國的全國性社團分為17類：產業部門、社會服務與社會福利、公共事務；信息與技術服務、衛生、體育、教育、文化藝術、新聞出版、科學技術會、人文社會科學、環境能源、特殊性質企業行業協會、職業組織、地區組織、個人聯誼和其他組織。[3]

第四種觀點根據目前已經出現的各種組織的主要特徵，將其分為以下幾類：同業組織，即相同行業的專業性協會；行業管理組織；慈善性機構；學術團體，即學者的同人組織；社區組織，其主要特徵是從事社區性的管理和服務工作；職業性利益團體；公民的自治組織；興趣組織；非營利性諮詢服務組織。[4]

我們通常理解的非政府組織，包括公民的志願性社團、協會、社區組織、利益團體、仲介組織等各種獨立於政府的公民社會組織或民間組織。它們是處於「國家和家庭之間的一個仲介性的社團領域」「在同國家的關係上享有自主權並由社會成員自願結合而形成」，通過參與社會公共事務

---

[1] 張繼紅. 中國非政府組織法律規制問題研究 [J]. 政法論叢, 2004 (4).
[2] 吳忠澤. 社團管理工作 [M]. 北京：中國社會出版社, 1996.
[3] 王穎, 孫炳耀. 中國民間社會組織發展狀況 [M] //俞可平, 等. 中國公民社會的興起與治理的變遷. 北京：社會科學文獻出版社, 2002.
[4] 俞可平. 中國農村的民間組織與治理的變遷 [J]. 中國社會科學季刊, 2000 (夏季號).

的管理「保護或增進他們的利益或價值」。① 它們是社會自我管理、協調和服務功能的承擔者。它們的大量產生與活躍，標志著社會自身走向成熟。

第四節　中國非政府組織存在的問題及改進建議

一、中國NGO存在的問題

中國非政府組織除了具備有組織的、民間的、非營利分配的、自治的、自願的等普遍特徵，還具有區別於西方國家非政府組織的一些特徵。

（1）官民雙重性。首先，從中國非政府組織創建來看，非政府組織絕大多數是由政府創建的，並受政府主導。一方面，任何民間組織的登記註冊，都必須掛靠某一個黨政機關並作為它的主管部門。主管部門對非政府組織負政治領導責任。例如，中國青少年基金會是由共青團中央創立並主管的，其主要領導成員必須由共青團機關任命或調配，其重大的活動須經過共青團領導機關的批准。另一方面，中國絕大多數有重要影響的民間組織都是政府自己創立的。儘管其最后從組織上脫離了其創辦者，但是兩者之間依然有極為緊密的聯繫。其次，從非政府組織領導人來看，雖然中國文件明確規定黨政機關幹部不得擔任民間組織的主要領導，但是幾乎所有重要的社會團體組織的主要領導都是由從現職領導職位退下來或由政府機構改革后分流出來的原政府黨政官員擔任的。最后，從經費籌集來看，中國民間組織經費原則上是自己籌集，但事實上仍有一些重要的非政府組織的活動經費由政府財政撥款，其他的也享有部分的政府資助。以上原因決定了中國目前的非政府組織是政府主導型的，其自主程度低於西方社會。

（2）過渡性。中國絕大多數非政府組織是在20世紀80年代后期成長起來的，歷史較短。再加上社會的急遽變化，非政府組織無論是結構上還是功能上都還沒有定型，處於一個變化發展期。因此，與西方國家相比，中國非政府組織還很不成熟，其典型特徵如自主性、自願性、非政府性等還不十分明顯。這與中國目前的社會特徵是吻合的，是社會轉軌過程在民

---

① 何增科. 公民社會與第三部門 [M]. 北京：社會科學文獻出版社，2000.

間組織中的具體體現。例如，第一，按照最新的政府規定，所有民間組織都必須與黨政機關脫鈎；第二，政府通過民間組織的掛靠機關主導著它們的重要活動。又如，一方面，一些民間組織基本上受政府的主導和控制，缺乏應有的獨立性、志願性和非政府性；另一方面，民間組織則完全是公民自發組建的，甚至根本沒有向政府部門登記，也不接受政府部門的領導和指導。這些組織享有極高的自主性和自願性，走向另一個極端。民間組織的這種過渡性，是與包括公民社會在內的整個中國社會目前正處於轉軌時期這種宏觀背景相一致的，是社會轉軌過程在民間組織中的具體體現。

（3）體系上的不規範性。雖然1998年中國民政部修訂並頒布了試圖規範民間組織的新的管理條例，但是這一規範過程才剛剛開始，遠沒有結束。從組織體制上看，目前至少有這樣幾類非政府組織：①高度行政化的社團。如工會、共青團和婦聯。它們實際上與行政機關沒有什麼實質性差別。它們不受社團登記管理條例的約束，直接接受各級黨政機關的領導，享受一定的行政級別，其領導人的任免由同級黨委決定。②相當行政化的社團組織。如工商聯、消費者協會等各種行業管理協會。它們有一定的編製並享有一定的級別，承擔部分行政管理職能，其主要領導人實際上也由各級黨政部門任免，享受幹部待遇。③基本上民間化的學術社團。如各種學會、研究會等。它們中的絕大多數沒有專職的人員編製，其主要領導中也有極少數享有人員編製和行政級別的待遇。④民辦非企業單位。它們沒有行政級別，除了進行專業研究和交流外，還為社會提供某種專業性的服務，如中國管理研究院、中國開發研究院、中國文化研究院等。從經濟來源看，中國非政府組織也分為三種情況：所有經費完全由國家財政撥款；部分經費由政府撥款，部分由其自籌；完全自籌資金，如多數學會、研究會、商會、同業組織和所有民辦非企業單位。但政府對這些完全自籌資金的民間組織往往給予政策上的優惠，並且給予其可以享受部分或全部免稅的特惠。

（4）發展中的不平衡性。不同的民間組織之間在社會政治經濟影響和地位方面差距很大。在基層的農村和街道，影響最大、威信最高的民間組織是村委會、居委會和某些社區組織如老年協會等，傳統上影響很大的團支部、婦代會、民兵營現在的影響和作用非常微弱；在中央和省市層面上，行業協會、管理協會、慈善組織、職業性組織和民辦非企業單位相對說來影響正在日益增大。造成這種差距的主要原因是：①法律地位不同。一些民間組織的地位是由國家的法律加以明確規定的，如《憲法》《村民

委員會組織法》《居民委員會組織法》和中共中央的有關文件，對村委會、居委會的職能、地位和性質等有專門規定，而一般民間組織沒有這樣特殊的法律地位。②傳統文化基礎不同。例如，中華民族有尊敬老人的傳統，老年協會的威信即來源於此。③經濟實力不同。中國青少年基金會和中華慈善總會之所以擁有這麼大的影響力，基本原因就在於他們募捐到了巨額資金，並且這些資金幫助貧困者和兒童。④領導威望不同。無論是基層的民間組織還是全國性的協會，多數有影響力的組織的主要領導人往往擁有很高的個人威望。

二、對中國非政府組織管理體制改革的建議

非政府組織的管理體制問題關係著非政府組織的發展，其核心是處理好政府與非政府組織的關係。中國目前對非政府組織的管理體制是雙重管理。各級民政部門負責登記和年檢，主管單位負責業務方面的管理和監督。這種體制是在中國計劃經濟剛剛向市場經濟轉變的階段建立的，且這一時期許多非政府組織是由政府出面建立或是從黨政機構轉變過來的，對政府有一定的依賴性。改革非政府組織的管理體制，總的原則是政府應放鬆規制，給非政府組織更大的發展空間。具體措施如下：

（1）正確定位政府與非政府組織的關係。傳統體制下非政府組織對政府有一定的依賴性，發揮著拾遺補缺的作用。隨著中國行政改革的推進和政府職能的轉變，政府權力逐漸從社會的許多領域撤出，由全能型政府朝治理型政府轉變。非政府組織將有效地承載政府職能轉變所分離出來的部分職能，甚至可以解決那些僅靠政府行為難以解決的問題。非政府組織應真正體現出獨立性、自治性、非政府性。政府和非政府組織的關係應是合作的夥伴關係。

（2）改革准入規制。政府由「業務主管」變為服務、協調、指導、監督。中國對非政府組織實行「分級登記，雙重管理」的准入規制。這種規制相對來說是較嚴格的，往往造成政府管得過多過寬。可以借鑑其他國家的管理經驗，政府不直接參與非政府組織的管理而是對非政府組織進行業務指導、協調非政府組織與其他機構或組織的關係，並通過各種法律法規對非政府組織加以監督。

（3）健全法律法規，實現對非政府組織的法制化管理。目前，中國對非政府組織管理的法律法規不夠健全。現有的若干關於非政府組織的管理主要是一些行政法規，有的甚至是行政部門的內部工作指導性文件，主

要依靠行政主管單位的管理而缺乏完善的立法。這種管理方式已與建立法治國家的目標嚴重不符，因此中國應加快對非政府組織管理的立法，以法律手段對非政府組織加以管理，減少行政干預，從而構建更加科學合理的非政府組織管理體制。

思考題：

1. 何謂非政府組織？其有何特徵？
2. 非政府組織的資金來源有哪些？
3. 國際非政府組織有哪些作用？請舉例說明。
4. 中國非政府組織的發展經歷了哪幾個重要階段？
5. 中國非政府組織的組織形式有哪些？
6. 分析中國非政府組織目前存在的問題及改進的方向。
7. 中國應如何加強對境外非政府組織的管理？

第三章　社會團體

　　社會團體是當代中國政治生活的重要組成部分。中國目前的社會團體都帶有準官方性質。《社會團體登記管理條例》規定，成立社會團體必須提交業務主管部門的批准文件。業務主管部門是指縣級以上各級人民政府有關部門及其授權的組織。社會團體實際上附屬在業務主管部門之下。

　　中國有全國性社會團體近 2,000 個。其中使用行政編製或事業編製，由國家財政撥款的社會團體約 200 個。在這近 200 個團體中，中華全國總工會、共青團、全國婦聯的政治地位特殊，社會影響廣泛。還有 16 個社會團體的政治地位雖然不及上述三個社會團體，但是也比較特殊。它們分別是：中國文聯、中國科協、全國僑聯、中國作協、中國法學會、對外友協、貿促會、中國殘聯、宋慶齡基金會、中國記協、全國臺聯、黃埔軍校同學會、外交學會、中國紅十字總會、中國職工思想政治工作研究會、歐美同學會。以上 19 個社會團體的主要任務、機構編製和領導職數由中央機構編製管理部門直接確定。它們雖然是非政府性的組織，但是在很大程度上行使著部分政府職能。

第一節　社會團體概況

　　根據中國現行法規，社會團體（簡稱「社團」）是由中國公民自願組成，為實現會員的共同意願，按照其章程開展活動的非營利性民間組織

（民政部，1998）。

社會團體主要包括協會、學會、聯合會、研究會、基金會、聯誼會、促進會、商會等社會組織（民政部社團管理司，1996）；民辦非企業單位（簡稱「民非」）是由企業事業單位、社會團體和其他社會力量以及公民個人利用非國有資產舉辦的從事公益性社會服務活動的非營利民間組織（民政部，1998），其目的是提供政府和企業不能提供的服務。在市場經濟條件下，社團作為政府、企業之外的「第三種力量」（或稱「第三部門」）登上舞臺，為社會提供了一種重要的制約力量和平衡機制。

一、社會團體的特點

（1）自願性：社團入會、退會自由，但對於有些需要繳納會費的社團，如果在一定時期內不繳會費，會被社團理事會勒令退會。

（2）民間性：社會團體最初都由有成立社團意向的人組織成立，並非政府行為。

（3）由一定數量的自然人或法人組成。

（4）在一定時期內活動，為持續性組合。

（5）有一定的宗旨和目標。

（6）不以營利為目的：社團不能進行營利活動。如果有收入，如捐贈、政府資助等，資金必須用於社團的日常運作，而不能作為員工福利進行發放。

（7）依法登記：一般社團都需要依法登記。但是在中國，也存在一些不需要登記的社團。

二、成立社會團體所要辦理的手續

國務院1989年10月25日頒布的《社會團體登記管理條例》第二條規定：「在中華人民共和國境內組織的協會、學會、聯合會、研究會、基金會、聯誼會、促進會、商會等社會團體，均應依照本條例的規定申請登記。社會團體經核准登記后，方可進行活動。」該條例還同時規定，申請成立社會團體，應當經過有關業務主管部門審查同意后，向登記管理機關申請登記。申請成立社會團體，應當向登記管理機關提交下列材料：①負責人簽署的登記申請書；②有關業務主管部門的審查文件；③社會團體的章程；④辦事機構的地址或者聯絡地址；⑤負責人的姓名、年齡、住址、職業及簡歷；⑥成員數額。社會團體的登記管理機關是中華人民共和國民

政部和縣級以上地方各級民政部門。成立全國性的社會團體，向民政部申請登記。成立地方性的社會團體，向其辦事機構所在地相應的民政部門申請登記。成立跨行政區域的社會團體，向所跨行政區域的共同上一級民政部門申請登記。經核准登記的社會團體，發給社會團體登記證書。社會團體憑社會團體登記證書，可以按照有關規定刻制印章和開立銀行帳戶。

社會團體種類很多，有協會、學會、研究會、聯合會、基金會、聯誼會、商會等。它們在各個領域都發揮著各自的作用。

三、國外的華人社團

在美國，20世紀八九十年代以來成立了大量經濟、學業型華人社團。其中包括中國留美經濟學會、中國旅美科技協會、中國旅美學生商業協會、美國中國留學生企業家協會、美國大中華中美總商會、美國硅谷華人半導體協會、美國華源科學技術協會、美國愛荷華州華人協會、美國美中商社、美國大底特律地區中國人協會。加拿大新型留學生社團也十分活躍，如加拿大中國商會、加拿大專業人士協會、加拿大北京旅加聯誼會、加中經濟促進會、加拿大溫哥華大專校友會、多倫多中國商業俱樂部等就很有代表性。為了更好更多地聯合改革開放以來更多出國和往來東西方的高層次人才，團結廣大在美國、加拿大和南美的新僑和留學人員，成立了美洲新華僑華人聯合總會。這代表了幾十家年輕一代在美國、加拿大和南美洲的主流新華僑華人團體，反應了新一代華人迎接全球化的挑戰，形成了更廣泛的國際聯盟。德、英、法是在歐洲中國內地留學人員較為集中的國家。主要新型社團有全英中國學生聯誼會所辦的商務中心、旅英中國材料協會、旅英工業與發展協會、旅英中國土木工程協會和在法中國科技工作者協會。在日本，1992年以來先後成立了旅日學人團體150餘個，其中較為活躍的有日本新華僑華人聯合會、在日中國科學技術者聯盟、在日中國社會科學研究會、全日本博士協會、日本關西在職中國人交流協會等50多個團體。

四、中國的主要社團

中國全國性的社會團體如中華全國工商業聯合會（All-China Federation of Industry and Commerce）、中華全國總工會（All-China Federation of Trade Unions）、中國共產主義青年團（Communist Youth League of China）、中華全國婦女聯合會（All-China Women's Fedcration）、中華全國青年聯

合會（All－China Youth Federation）、中華全國學生聯合會（All－China Studies' Federation）、中華全國歸國華僑聯合會（All－China Federation of Returned Overseas Chinese）、中華全國臺灣同胞聯誼會（All－China Federation of Taiwan Compatriots）、中國科學技術協會（China Association for Science and Technology）、中國文學藝術界聯合會（China Federation of Literary and Art Circles）、中華全國新聞工作者協會（All－China Journalists Association）、中國殘疾人聯合會（China Disabled Persons' Federation）、中國國際貿易促進委員會（China Council for the Promotion of International Trade）、中華全國供銷合作總社理事會（Chinese Supply and Marketing Cooperatives）

　　目前，中國專門從事公益事業活動的機構有中華慈善總會、中國扶貧基金會和中國青少年發展基金會。

　　中華慈善總會是由熱心慈善事業的公民、法人及其他社會組織志願參加的全國性非營利公益社會團體，成立於1994年。其宗旨是：幫助社會上不幸的個人和困難群體。中華慈善總會主要實施救災救助、扶貧救濟、助醫助殘、助孤（幼）安老、助學助教五大方面的慈善項目。

　　中國扶貧基金會成立於1989年。其使命是通過項目援助、受援人參與及培訓等方式，幫助貧困社區的窮人提升自我發展能力，改善基本生產條件，促進受援人脫貧和自立。主要扶貧項目有小額信貸扶貧、母嬰平安120等。

　　中國青少年發展基金會由共青團中央、全國青聯、全國學聯和全國少工委於1989年聯合創辦。其使命是：幫助青少年提高能力，改善青少年成長環境。所實施的希望工程是一項旨在幫助中國貧困地區家庭困難的學生繼續學業、資助貧困地區發展基礎教育的社會公益事業。

第二節　社會團體的發展與未來

　　歷史上出現過許多社會團體，有益的比如興中會（孫中山）、華興會、光復會、同盟會等；另有一些團體倒行逆施，妄圖阻止歷史的車輪前進，如1915年袁世凱復闢帝制時，由楊度出面聯絡一批御用文人而成立的御用團體「籌安會」。

　　中國最早在1950年政務院頒布了《社會團體登記暫行辦法》。這是新中國第一個有關社團的法規，之後中國如雨後春筍般出現很多社團，但

是由於審批混亂、管理不嚴等原因，社團組織存在一些問題：①有名無實、有少數社團在個別人的操縱把持下，成立時轟轟烈烈，成立後冷冷清清，既不開會討論，又無學術成果，只達到個人沽名釣譽的目的。②經營商業，從中牟利。③變相攤派經費，有的社團利用人際關係拉攏一些企業領導人掛一些榮譽性職務，從而索取大量贊助費。④向社會行騙。以舉辦大賽、發獎、辦函授學校等為幌子，從中收取大量報名費、學雜費，出版牟利等。⑤缺乏民主管理，制度不健全，帳務混亂，大量經費供少數不法分子吃喝玩樂。

一、中國社會團體存在的主要問題

（1）行政色彩較濃。首先，很多社會團體領導都是由在職的黨政機關處以上領導兼任，有的還兼任不止一個社會團體領導職務，由此產生許多政社不分的現象。在管理方式上存在很多弊端，如應該下放給社團的權力仍留在政府手中。其次，社團和企業之間不是單純的領導與被領導關係，而是引導—合作—夥伴關係。社團應該作為政府和企業之間的橋樑，代表企業就相關利益跟政府談判。目前中國社團的這種政社不分的現狀，使得社團的這個最主要的功能難以發揮，有的甚至出現社會團體作為政府的附屬機構的現象。

（2）相關立法滯后。任何類型的社會團體都需要一定的規章制度對其進行規範、管理和約束。而中國仍缺乏完整的法律來對社會團體的性質、地位、作用、結構、功能以及權益等進行全面定位。另外，現有社團管理法規把經濟類社團協會組織與其他社團組織混同管理，忽略了經濟類社團組織對建立新的市場秩序的獨特作用，從而也延緩了經濟類社團組織的專門立法進程。因此需要加快制定有關法律法規，立法時應該兼顧保護、鼓勵和管制，三者並重，而不能僅僅著眼於管制。

（3）人員結構單一、老化。社團人員老化、觀念老化、知識結構老化，運作方式不能適應市場化的環境和大社會治理方式。

從規模看，大多數社團的工作人員主要以兼職為主。社團大多雇用一些下崗或退休人員，人員的觀念跟不上社會的需求，這不利於創新，在一定程度上影響了社團的運作能力和活力。從社團工作人員的文化程度來看，研究生以上學歷的僅占很少的一部分。社團本身是為企業的發展服務的。要創新就需要內部有不同知識背景、不同年齡層次和不同觀念的成員，才能對社團的發展有幫助。如果按部就班，一味地等著有狀況了才來

應付，社團的工作就會陷入被動的境地。另外中國社團目前並沒有受到重視，對高學歷的年輕人還缺乏吸引力。

從外部來講，政府有必要也有義務承擔積極培養非營利性組織的責任，為其發育和發展創造一個良好的環境。從內部來講，非營利性組織則要提升自身的能力，如增強組織的透明度；遵守一定的倫理價值觀和原則；建立並執行一套完善的行為準則，提升公信力；提升組織的管理和運作能力；要善於利用和開發各種資源，特別是社會上的資源；借鑑企業的管理方式；提高運行效率；爭取社會公眾的理解、支持和參與，等等。

因此，中國對社會團體進行了一系列的分化與整合，包括三方面的整合：①社團與政府的關係。中國社會團體帶有準官方的性質。很多社會團體最初創建時是作為政府的附屬單位，或者根本就是由政府創建的。社團組織如何從政府行政部門中剝離出來、公民如何參與社會生活並實現民主和自治管理的問題是實際機制運行中的難題。②社會團體與企業間的關係整合，即社會組織如何為企業服務。一方面，社會團體提供信息諮詢、科技成果轉化和促進民間投資等經濟服務；另一方面，社會團體在行業指導、服務、協調、監督、評價方面能夠真正具備權威性。③社團組織與社會的關係。作為非營利性的社會組織，一方面，社團如何籌集資金為社會公共福利和公益事業提供服務，如何培養社會成員的平等互助意識，取得社會的認同，解決政府因財政不足出現的困難，促進社會團結等；另一方面，控制非法組織和違法組織的問題也非常重要。目前，中國在法律法規方面已經在進一步健全。相關的配套法規如雨後春筍般湧現，對中國占比較大比重的社會團體的發展起到關鍵的作用。

二、改善社會團體管理的對策

1. 外部條件

（1）實行政社分開。嚴格執行中央和國家關於黨政領導幹部不得兼任社會團體領導職務的規定；特殊情況確需兼任的，必須按相關規定進行審批。兼任社會團體領導職務的成員，不得領取社會團體的任何報酬。社會團體應圍繞自己的宗旨開展各種活動，不應以營利為目的從事營利性活動。

（2）強化換屆和離任審計。社會團體領導權力集中，有的法制觀念、民主觀念淡化，在財務上常常個人說了算。因此，社會團體換屆或更換法人代表，必須接受業務主管單位和登記管理機關的財務審計，確保社會團

體資產安全完整，增強社會團體領導管財的責任感和民主理財、按章理財的自覺性。

（3）加強資產管理。社會團體資產管理必須執行國家有關法律、法規和政策，建立健全內部財務管理制度。資產來源必須合法，資產使用必須符合社會團體的宗旨，用於社會團體業務活動的開展，不得在會員中分配，接受會員大會或會員代表大會和財政部門的監督。

（4）加強會計核算和財務管理。社會團體要加強對財務人員的選用、教育，按照事業單位會計制度和財務規則，正確組織核算，保證會計資料真實、完整；建立健全內控制度，強化財務管理。登記管理機關和業務主管單位在實施年度檢查中加強監督，促進社會團體提高會計核算和財務管理水平。

2. 改善內部條件[1]

行業協會能否充分發揮作用，其內在素質也極其重要。因此，在為行業協會的發展創造良好的外部環境的同時，行業協會也要努力練好「內功」，為自身的發展贏得機遇。

（1）樹立自立意識，明確自我定位。目前，中國行業協會地位的不明確不能僅僅歸咎於政府，而與行業協會自身的認識也有著相當的關係。在政府希望把行業協會作為行業管理的輔助工具，通過部分轉移其原有職能，使自己對行業管理的權利得到「合法」延伸之外，大多數行業協會也願意成為「二政府」，積極爭取組織和管理其會員企業的種種「權力」，而往往忽視了它們應該首先代表企業的利益。因此，行業協會必須把注意力轉移到企業上來，並且要認識到只有企業的利益才是與協會自身利益緊密相連的。由於企業在市場經濟中運行，因而企業與行業協會之間的這種利益關係是要靠服務而不是管制來維持。因此，行業協會必須拋開政府依賴，自立自強，盡快適應市場規律，真正成為企業的利益代表。

（2）加強服務功能。在企業逐漸成為行業協會資源獲取的主渠道後，行業協會的利益偏向也發生了逆轉。但是，從企業那裡獲取資源是要在市場經濟規律的作用下進行的，這種獲取方式不同於政府，行業協會只有用優質、貼切的服務，才能向企業換取所需的資源。

因此，在政府轉移職能的同時，行業協會也要健全功能，為企業乃至全行業提供更全面、慢貫的服務。在這方面，國外的行業協會或許能夠為

---

[1] 出品．中國行業協會資源獲取機制研究［J］．華東理工大學學報，2002（3）．

我們提供一些思路。以日本為例，他們的行業協會一方面通過參加審議會或協議會，反應企業界的實際情況和呼聲，參與制訂國民經濟發展計劃；另一方面，根據確定的計劃，配合政府對本行業的企業結構、生產計劃等進行組織與協調。在某些重要的發展計劃執行過程中，行業協會還具體參與政策制定、補助金交付、稅率的減輕、貸款撥給等一系列經濟協調工作，從而大大改善了產業政策的實施效果。

（3）積極吸納人才。隨著行業協會越來越多地承擔職責，能否形成對人才的向心力成為行業協會可持續發展的關鍵所在。行業協會不應再是政府冗員的分流渠道，也不應再是「老弱病殘」的代名詞，而應該是各專業精英的集合體。

在對人員的招納中，行業協會必須具備兩類人才。一類是本行業的專業人才。行業協會要為企業服務，首先應該具有本行業的專業知識。這樣，才能夠為企業提供適合其需要的服務。另一類是專業外人才。這類人才能夠擴大行業協會的服務範圍，提高行業協會的服務能力。其中，精通法律的人才對於行業協會來說必不可少。這類人才不僅在維護行業秩序、解決行業糾紛時能發揮積極作用。更重要的是，中國加入WTO後，行業協會要代表全行業的企業與國外的行業協會打交道，為本國的企業爭取商機。在此之中，就需要熟知國際貿易經濟法規相關規定的人員，使行業協會的行為能夠遵循國際法的規定，而一旦涉及對外貿易中的糾紛，也能夠運用法律來有效地保護國內企業的合法權益。與此同時，社會學專業的人才、具有現代高科技信息技術的人才以及新聞人才等都應是行業協會重點吸納的對象。

（4）擴大對外交流。目前中國行業協會的社會交往還相當不夠，跨地區同行業組織之間的聯繫較少，而建立了對外交流的協會則更是鳳毛麟角。隨著中國加入WTO，與國內外同行業組織及其他相關組織建立聯繫，已經成為行業協會發展的迫切需要。

一方面，現代社會分工的專業化使得各個行業的劃分越來越精細，因而對行業與行業間合作的需求也越來越多。因此，行業協會要與國內的其他行業組織建立聯繫。其中，即包括同行業、同地區的組織，也包括跨行業、跨地區的有關組織。

另一方面，行業協會要把觸角伸到國際領域中，與國外的同行業組織及其他組織建立交流合作關係。行業協會通過交流與合作，收集國外同行業技術經濟的最新動態，運用國際標準來分析評價本行業已經引進技術設

備的性質、質量和價格，組織消化引進技術和設備配件國產化的攻關活動。

三、社會團體與社會福利

社會團體發展的立足點應該是：協助政府培育新型社會經濟環境；幫助那些無法依靠自身力量擺脫目前困境的人群；引導那些受社會變遷影響而失意、落伍的人迴歸健康人群；滿足人們的物質、精神生活的需求。為了突出社會團體的社會福利作用，各國都對社會團體實行了一些優惠政策。如：香港《稅務條例》第112章第24條規定，對於任何會社（也稱作社會團體）、行業協會或者相類似機構，其會計收益表中有一半以上的總收入（包括入會費及會費）來自（在會員大會上有投票權的）會員，則該組織不被香港稅務局當作經營可課稅業務，並批准其收益不必課稅。在該財政年度，該組織可以稱為非營利組織。相反任何組織的某財政年度的總收入一半以上非來自會員，其所得利潤（包括會員及其他交易所得的全部收入）均須依從《稅務條例》第112章進行報稅及課稅。在該財政年度，該組織可以不被稱為非營利組織。

四、典型社會團體

1. 宗教團體[①]

宗教機構是通過形成崇拜體系的宗教儀式來展示人類社會的精神信仰的。除此以外，教會也主辦了精心策劃的社會福利項目，其範圍包括從非正式的支出和輔導到數百萬美元的醫療、教育和社會服務項目。例如，後期聖徒教會（摩門教）（The Church of Latter Day Saints）開展了600個以上的窮人食品生產項目，包括20個罐頭工廠和由教會福利農場提供的奶肉製品供應。根據估算，20萬教徒每年從摩門教會中領取約3,200萬磅的日用品。摩門教還開展了德塞萊特產業（Deseret Industries）計劃，為老人和殘障人士提供就業機會和庇護所，通過教會資助的就業辦公室安排工作以及組織廣泛的兒童福利、撫養和領養服務計劃（San Francisco Examiner，1982年12月19日，A16版）。與此類似，激進東正教（ultra-orthodox）的猶太人也在布魯克林市區公園開創了他們自己的福利安排，集中資源支持教會學校和一系列社會服務，包括提供食品、集體宿舍、家庭

[①] 徐永祥. 社會福利政策導論［M］. 上海：華東理工大學出版社，2003：7-8.

輔導和自願救護車服務等。

當然，天主教、猶太教和新教的福利組織皆有明確的社會福利目標，既有專業機構如天主教慈善機構（Catholic Charities），又有牧師的輔導。近年來，由於「家庭協會①（Family Ministries）」和「家庭生活教育」（family life education）活動的開展，教會服務範圍大為擴展。這些活動主要面向已婚夫婦和子女、未婚和單身人士以及特殊困難人士如酗酒者和離婚人士（Kamerman & Kahn n. d）。

1996年福利改革頒布了「慈善方向」條款，允許政府同宗教團體訂和約，共同提供反貧困服務，這極大地提高了宗教服務計劃的潛力。這種「以信仰為基礎」的服務，自那時起流行至今，據說是利用了教會和教徒對貧困問題的熱心及其資源和道德特徵。這些計劃的數量增長迅速。獨立部門（Independent Sector）②的數據顯示，在20世紀90年代早期，宗教團體為貧困人士提供了40億美元的援助。時至今日，該數據可能不止翻一番。例如，目前有近500家宗教團體加入了基督教社區發展協會（Christian Community Development Association）發起的解決中心城市貧困問題的活動。許多其他宗教團體則對吸毒者、酗酒者以及性行為障礙者提供幫助，並進行職業培訓，為人們提供物質和精神資源，幫助人們克服生活困難。

2. 慈善團體

慈善事業被經濟學家譽為「社會的第三次分配」，特別是在社會保障制度不太健全、貧富差距日益擴大的中國，慈善事業肩負了更多的責任。慈善團體是最典型的公益型團體。在全世界範圍內，已經有一批又一批的慈善團體誕生並在火熱運行中。慈善團體主要對弱勢群體進行救助，包括貧困群體、殘疾人群體。救助的方式有設立基金會，對困難群體進行經濟救助，設立慈善總會、慈善雜誌、慈善網站等，呼籲全國人民對需要幫助的人群進行救助，以增加救助力量。

但不可否認的是，中國現在的慈善事業處於初級階段，慈善事業水平還比較低，缺乏相應的慈善文化。與美國、日本等發達國家的慈善捐贈

---

① 這是由教堂組織的定期家庭聚會，以幫助「家庭在靈性和家庭問題上有所成長」。
② 獨立部門是一個全國性的領導論壇，致力於鼓勵公益、志願、非營利項目工作及公民行動，期使人民及社會能得到更高品質的服務。獨立部門集合了基金會、非營利機構及對美國固有的捐贈、志願服務、公民參與等傳統提供贊助的企業體，其宗旨要反應了所有非營利組織的共同價值，即達成最佳的公共利益。

80%來自民間相比，中國慈善業的捐贈只有10%來自普通百姓。這與中國的國情是分不開的。中國崇尚家的概念，一般情況下，上輩人都是把財產遺傳給下代人，而不捐贈給慈善機構。慈善團體在國外辦得如此火爆，估計與其嚴厲的稅收制度有關。

中國主要的慈善團體有中華慈善總會、扶貧基金會、中國青少年基金會、中國兒童基金會、宋慶齡基金會等。我們呼籲越來越多的慈善機構出現，所有需要救助的群體都得到救助。

3. 工會、共青團、婦聯

工會、共青團和婦聯總稱工青婦，是比其他非政府組織更特殊的一種團體，是黨領導下的群眾組織，是國家政府和人民的橋樑和紐帶，是國家政權的重要社會支柱。介於政府和人民大眾之間，工青婦是為職工、青年、婦女兒童服務的公益性團體。由於在群團組織中代表最廣大、最基層的群體，工青婦具有許多的共性。第一，都是群眾組織。第二，都要發揮橋樑紐帶作用，把黨委、部的決策落實到各自組織，把群眾組織起來，同時把群眾的意見反饋給黨委、政府。第三，都是社會支柱。要維護穩定，維護大局，構建和諧社會，工青婦的作用更加突出。把占人口一半以上的工人、青年、婦女的工作做好了，社會穩定也就有了堅實的基礎。第四，都是維權部門。工青婦是各自群體的利益代表，一是維護長遠利益，從大的方面與黨委、政府保持一致；二是維護眼前利益，維護好工人、青年、婦女的實際利益。因此工青婦這三個組織有旺盛的生命力，不但維護長遠利益、根本利益，也要維護現實利益。

在新世紀新階段，以「四個全向」重要思想為指導，更好地發揮工青婦組織的橋樑和紐帶作用，對於改革完善黨的領導方式和執政方式，鞏固黨的執政基礎，具有重要的現實意義。

第三節　行業協會

一、行業協會的定義及分類

行業協會是指在市場經濟條件下，通過生產專業分工形成的，在某一行業或某一專業內的生產經營者自願組織起來的非官方組織。在市場經濟背景下，行業協會扮演著非常重要的角色。它介於政府和企業之間以及商

品生產者與經營者之間。它維護行業的整體利益，對內為協會成員服務，規範行業內部的競爭行為，制定行業的統一標準，提升行業的競爭力；對外作為本行業的代言人，同立法機構、政府以及外部同業等進行博弈，以保護、謀取和增進協會成員合法合理的利益，具有民間性、公益性、中間組織性和特殊利益保護性。顯然，行業協會是市場經濟體系中不可或缺的主體之一，在保證市場有序競爭、協調市場各主體之間的關係等方面發揮著積極的作用，也是連接政府和企業的橋樑和紐帶。

按其不同的性質和作用，行業協會可劃分為行業類、綜合類、商會類以及專業、職業類協會等。

根據形成途徑，可分為體制外途徑形成的行業協會、體制內途徑形成的行業協會、體制內外結合型的行業協會和法律授權形成的行業協會。體制外途徑形成的行業協會如溫州燈具行業協會、鞋革工業協會、服裝商會、菸具協會和眼鏡商會等具有很強的地域性，都是由行業內企業自發自願組建並依據《社會團體登記管理條例》取得社團法人資格的民辦協會。體制內途徑形成的行業協會是政府機構改革、轉變職能的過程中通過分解和剝離政府主管部門，自上而下地培育起來的。體制內外結合型的行業協會受到了政府的直接倡導和大力培育，又得到各類相關主體的自願加入。該類行業協會同時具備了行政合法性和社會合法性，在建立公平競爭環境、維護經濟個體利益和促進區域經濟發展中發揮了極大的作用。較為典型的例子是義烏市個體勞動者協會、義烏市保護名牌產品聯合會。這得益於義烏發展「中國小商品城」之初，針對市場培育、成長中的難題，義烏市政府、工商行政管理部門培育和發展的結果。這類協會是目前中國行業協會發展最完美的模式。它同時取得行政、社會和法律的合法性，在運作過程中與政府和會員企業間的摩擦是所有行業協會中最小的。法律授權產生的行業協會如律師協會（《律師法》）、註冊會計師協會（《註冊會計師法》）是通過相關法律授權或確認形成的協會組織。這些協會大多在法律出抬前就已存在，和體制內形成的協會一樣，也是先取得行政合法性（政府主管部門同意），然后再通過立法和社團登記取得法律合法性的。協會合法性雖然具備了廣泛覆蓋的基礎，但最終取決於政府干預程度的變化和組織本身的運作水準。[1]

---

[1] 陳晶瑩，蔡建敏，肖繼東．中德行業協會之比較及中國行業協會的法律框架［M］．上海：德國阿登納基金會系列叢書，2007：71．

二、行業協會的模式

（1）以美國行業協會為代表的英美型協會組織——完全自由分散的行業自律管理模式。特點：美國社會崇尚個人主義，強調個人自由。政府主張市場調節，保護競爭。因此，政府對經濟的干預較少。除了自然壟斷行業和國防工業部門以外，主要集中於財政、金融宏觀領域，而較少涉及行業管理的中觀層次。同時美國又是法制十分嚴厲的國家，企業必須在法律允許的範圍內經營，政府也只能依法對經濟和企業實行干預或管理。這就造就了設立自願、活動獨立、經費自理的美國商會組織，以服務會員為目的，旨在促進民間的商業活動。由於商會反對政府的干預，企業之間、政企之間又缺乏協商合作的傳統，因此，美國的商會組織很難通過協商解決矛盾。

活動方式：他們熱衷於參與立法、政治和司法活動，通過院外遊說對議會討論、法律甚至政府政策產生影響。

（2）以法國行業協會為代表的大陸型協會組織——公立公益性法人組織，具有政府公共管理機構性質，採取政府和協會緊密結合的模式。特點：法國的文化傳統側重於強調維護社會利益、發揮政府作用和強調家庭，因此，法國商人最初聯合起來建立了現代商會。商會願意和政府合作溝通，政府也認為有監督商業活動的義務。於是，法國行業協會就具有公共管理機構性質，讓企業有更多的經營自主權，又通過政府的計劃和產業政策實現國民經濟和產業發展的戰略目標。

管理方式：由政府委託給商會組織部分管理職能，通過商會組織進行靈活的行業自律管理，就經濟政策和行業發展的重大問題廣泛徵求企業意見並形成對話渠道，為政府進行宏觀調控提供可靠的依據，實行自律管理和部門管理相結合。

（3）日本行業協會為代表的介於上述二者之間的日本型協會組織——政府積極推進的行業自律管理模式。受中國傳入的儒家思想的影響，加上地域狹窄、自然資源匱乏，日本人培養了團體合作的精神，善於消除內部分歧。因此，日本各產業之間能夠互相協調，政企之間能夠相互合作。

管理方式：日本政府通過計劃指導和產業政策來促進國民經濟各行各業的發展。屬於誘導式的計劃經濟，之所以會取得成功，主要是有日本商會的支持。日本的經濟團體之間分工有序、職責明確、相互協調、共同發

展，對日本戰后經濟的迅速發展起到了其他機構無法替代的作用。日本商會的最大特點就是協商。

（4）中國的行業模式。中國行業協會目前出現了籌集資金困難、自我生存能力較弱的問題。特點：中國也受儒家思想的影響。儒家思想以大統一、中央集權、集體精神和服務意識為核心，社會權利的界限十分清晰。幾千年的封建集權統治中，政府作為唯一的經濟治理機制對社會進行絕對的控制，而民眾只有被動地服從統治。這樣的歷史背景使得行業協會有如下特點：①把握不好自律、自治——協會很可能把自己置於政府下級的位置而非平等地位；②能夠與政府協同合作而且會做得很好；③在代表會員企業與政府對話、討論行業政策方面可能缺乏魄力。因此，中國政府應認識到存在政府以外的經濟治理機制是社會進步的表現，應鼓勵自我管理行為。繼而實現行業協會能夠在做好行業內部管理的同時，以與政府平等的姿態輔助政府做好行業指導工作。

運作方式：行業協會應利用自身對行業的熟悉情況，向政府提供信息，幫政府合理規劃；同時向政府反應會員企業的政策要求；就行業發展問題提出意見和建議。

中國應盡快出抬相關法律，對行業協會從法律的角度進行界定和規範，這樣既可以表明政府對企業管理改革的決心，又有助於增強企業對加入本行業協會進行自我管理的信心，對行業的發展將大有裨益。[1]

三、國外行業協會的發展[2]

一般來說，行業協會是一種集生產指導、市場調研、行業管理、仲介服務四位一體的行業性組織，分為「水平式」和「垂直式」兩種。

「水平式」行業協會的典型代表國家是美國。該類行業協會主要由企業自發組織，政府不進行干預也不給予資金扶持。只要存在相同利益的企業就可以建立一個行業協會。「垂直式」行業協會主要存在於日本和德國。該類行業協會由大型企業發起成立，並發揮主導作用，中小企業廣泛參與，政府起到一定的推動作用，與企業協會是一種合作協調的關係。

發達國家的行業協會通常是自發建立的，具有廣泛的代表性。政府一般不干預行業協會，在法律允許的範圍內，具有相同利益的企業可以自願

---

[1] 何靜. 中外行業協會的比較研究［J］. 管理科學文摘，2003（12）.
[2] 張漢林. 國外行業協會發展的啟示［J］. 人民論壇，2007（16）.

成立行業協會，幾乎對於每個產品每個企業都有屬於自己的行業協會。同時企業也可以同時選擇加入一個或多個組織，從不同的協會獲取不同的利益。例如，日本各行業的「工業會」（其實就是行業協會）都包含本行業內企業的90%以上。可見其行業協會具有很廣泛的代表性，能夠反應本行業內大多數企業的利益和訴求，同時也反過來促進了行業的健康和可持續發展。

行業協會的職能比較完善，對內為企業提供生產指導、市場調研、行業管理、仲介服務、貿易摩擦預警等，對外則發揮著聯繫企業與政府以及國內外市場之間橋樑的作用。

它們還具有政策建議的職能。發達國家行業協會注重對本行業和國外相關行業發展狀況的研究，定期發布權威研究報告，給政府提供支持行業發展的意見和建議；組成行業利益集團對國會進行遊說，直接影響政策制定。在對外貿易方面，它們代表本行業企業收集、提供有關國內產業損害的翔實證據，向政府提請採取臨時限制措施。例如，日本「經濟團體聯合會」通過與政府溝通，徵集會員企業意見，發揮整體交涉力量，影響政府宏觀經濟政策。在美國幾乎每一個行業都有自己的利益集團，通過遊說影響政策的制定。

四、中國行業協會的發展歷程

（1）1979—1983年是中國行業協會的起步時期。當時，中國經濟體制改革的重心在農村，城市經濟體制改革還未全面展開，企業改革處於試點階段，行業協會普遍產生的條件尚不成熟，全國性的行業協會在當時僅有十幾家。這一時期，即便是已經成立的行業協會，也同企業一樣是在政府的體制內生活的，自主性極差。因此，作為構成網路的基本單位，自主的行業協會和企業都還未形成，網路建構的條件仍不完備，因而尚不存在三者（政府、企業和行業協會）之間的網路結構。

（2）1984—1988年是行業協會蓬勃發展的時期。從1984年起，經濟體制改革的重心由農村轉向城市，以增強企業活力為中心的城市經濟體制改革全面展開。政府權力下放，企業具有了一定的經營自主性。同時，行業協會擁有了部分行業管理的職能，在政府的委託下對行業內的企業行使少量的管理權。政府、企業和行業協會之間的網路結構初具雛形。在這個網路中，政府是中心位置的絕對占據者。

（3）1989年以後，中國行業協會的發展進入了相對停滯的階段。這

一階段一直延續到1992年十四大召開前。1989年，國家在全國範圍內開展了社會團體清理整頓工作。同時，由於企業經濟效益下降，政府部門為了阻止經濟滑坡，相對強化了行政職權，使得行業協會的活動空間相對狹小，作用難以發揮。行業協會與企業間原本並不緊密的聯繫幾乎被割斷，行業協會基本處於「虛置」地位，整個網路呈現一種松弛狀態。

（4）1992年至今，中國的行業協會逐漸步入了穩定發展的新時期。政府職能的轉變、多元利益主體的出現，尤其是加入WTO以後全球化的影響，使得行業協會的獨特作用再次凸顯，重新加入與政府、企業間的交流中。與以往不同的是，政府開始逐漸弱化在這個網路裡的中心地位，而行業協會的地位則不斷優化，整個網路呈現穩定的結構走向。

五、中國主要行業協會介紹

1. 社會工作協會

中國社會工作協會是經過中國社會團體登記機關核准登記、國家民政部直屬主管的全國性專業社會團體，是中國唯一代表從事社會工作的單位和社會工作專業人員的權威組織。

該協會成立於1991年7月，1992年7月加入國際社會工作者聯合會，成為正式會員。目前該協會下設16個工作（行業）委員會、5支專項基金、8個職能部門、2個直屬單位。中國社會工作協會在民政部的領導下，堅持科學發展觀，促進和諧社會構建，開展了一系列有影響的社會活動，2004年被民政部授予「全國先進民間組織」。

社會工作是政府主導社會力量廣泛參與的、以為民解困和助人自助為宗旨的、以科學的理論和方法為手段的專業性、職業化的社會服務工作。

社會工作的指導思想：以人為本的科學發展觀。

社會工作的道德準則：公正、愛心、守信、奉獻。

社會工作的服務對象：有困難的（貧的、弱的、病的、殘的、心智失常的）個人、家庭、社區、群體。

社會工作的職責：提供專業社會服務，參與社會管理，推進社會政策，維護受助者的合法權益。

社會工作的範圍：社會救助、社會福利服務、就業服務、社區管理與服務、家庭婚姻服務、醫療康復服務、社會行為矯正、心理道德輔導、基本權益維護等。

社會工作的方法：通過個案工作、小組工作、社區工作、行政工作等

方法，使受助群體和個人擺脫精神上和物質上的障礙和困境，提高社會活動能力，實現自我發展。

社會工作的功能：解決社會問題，維護社會公平，促進社會和諧，推動社會進步。

中國社會工作協會的任務：

在政府的指導下，推動社會工作的專業化、職業化建設；

整合社會資源，開展以社會福利服務及社會公益活動為主體的專業性社會服務，加速社會工作社會化進程；

加強理論研究與實踐創新，開展社會工作教育，不斷優化社會工作效能；倡導社會工作理念，維護社會公平，促進社會和諧，推動社會進步。

2. 黑龍江大豆協會

黑龍江省大豆協會（Heilongjiang Soybean Association，縮寫 HSA，以下簡稱協會），是由黑龍江省內從事大豆生產、加工、交流、科研、服務、管理等企事業單位和個人，依照國家有關法律、法規自願組成的具備社會團體法人資格的行業性、地方性、非營利性的社會組織。協會以保護黑龍江非轉基因大豆、推動大豆產業發展為宗旨，遵守憲法、法律、法規和國家政策，遵守社會道德風尚，認真履行服務、協調、自律、維權的職責，為國家和黑龍江省實施大豆產業政策服務、為企業和農戶生產經營服務，協調利益關係，規範經營行為，維護大豆產業經濟組織和個人的合法權益，推動該省的大豆產業持續、健康發展。協會接受黑龍江省農業委員會和黑龍江省民政廳的業務指導與監督管理。

協會的業務範圍主要有：①宣傳貫徹國家和黑龍江省大豆產業發展政策；②分析大豆產業及相關行業動態和發展趨勢，接受政府委託，對大豆生產、加工、流通、科研現狀和大豆產業發展中存在的問題進行專項調研，提出意見建議，為政府制定大豆產業發展規劃，出抬政策措施，提供決策依據；③制定大豆產業行規行約，規範行業行為，加強行業自律，維護行業內公平競爭，推動大豆產業健康發展；④接受政府委託，參與制定、修訂大豆行業標準，並組織實施；⑤建立產業信息平臺，設立網站，創辦刊物，向會員及時提供市場信息和諮詢服務；⑥積極開展與國內外同行業組織的交流與合作，幫助會員開拓國內外市場；⑦積極推動現貨與期貨相結合的大豆定價機制的建立，引進開發先進的交易模式，降低交易成本，充分發揮期貨市場價格發現、規避風險的功能，防範化解市場風險，穩定生產，促進流通；⑧宣傳國產非轉基因大豆的優勢，倡議建立非轉基

因大豆保護區，實施標示認證制度，保護黑龍江省非轉基因大豆資源，提升非轉基因大豆品牌價值及其在國內外市場的競爭力；⑨組織業務培訓、政策諮詢、技術交流、會展招商、產品推介活動，參與組織科技成果推廣應用，促進生產、加工、流通和科研之間的良性互動，積極發展與大豆產業相關的公益事業；⑩反應會員訴求，協調會員關係，維護會員合法權益；向政府有關部門提出反傾銷、反補貼、反壟斷的調查申請，代表會員進行反傾銷、反補貼、反壟斷的調查應訴工作；⑪接受會員單位或政府有關部門委託的其他事務。

協會會員分單位會員和個人會員。凡在黑龍江省內從事大豆生產、加工、經營、期貨、信息諮詢、管理、科研、教育、推廣等相關業務的具有法人資格的企事業單位、社會團體和合法公民，承認和遵守協會章程，按照規定程序提出申請，經協會批准後均可成為會員。單位會員是具有一定生產、經營規模和良好業績，具有獨立法人資格的企業或者具有一定代表性的區域性大豆協會、豆農合作社、科研、教學、推廣單位及其他涉農組織。個人會員是從事大豆生產且不具有法人資格的農民或者大豆行業的專家學者和管理人員。

大豆協會的入會和其他團體一樣需要一系列的申請以及審批手續。入會後的會員按照章程依法享有自身的權利和義務，如維護協會的合法權益，完成協會交給的工作，參加代表大會和協會的相關活動，為協會提供相關的信息，反應情況，等等。

協會的經費一般有以下六個來源：①會費；②政府、企業、事業單位資助；③社會捐贈；④在核准的業務範圍內開展活動或服務的收益；⑤利息；⑥其他合法收入。

協會屬於社會團體的一種，屬於非營利部門，並不是說不能進行融資，而是所得的收益必須用於協會內部必要的日常運作以及為協會的發展前景進行投資，而不是用於協會內部人員的福利，即協會可以通過正常手段進行營利。

3. 中國農村專業技術協會

中國農村專業技術協會 CRSTA（China Rural Special Technology Association）簡稱中國農技協。該協會是由全國從事農業、農村專業技術研究和科學普及推廣的科技工作者、專業技術能手以及全國各地農村專業技術協會（聯合會）自願組成並依法登記成立的社會公益性科普社團，是黨和政府聯繫農業、農村專業技術研究和科學普及工作者的橋樑和紐帶，是發

展中國農業和農村科普事業、推進農業和農村科技進步和經濟發展的重要社會力量。

該協會的宗旨是團結、組織全國農村專業技術協會（研究會）和熱心於發展農村專業技術協會事業的科技工作者和專業技術能手，遵守國家憲法、法律、法規和國家政策，遵守社會道德風尚，以經濟建設為中心，實施科教興國和可持續發展戰略，努力開展農業和農村科學技術普及活動，促進科技與經濟的結合，加速科技成果轉化，推進農村社會化科技服務組織的發展，推進農業產業化經營，為促進農民科技文化素質的提高、促進中國農村兩個文明建設做出貢獻。該協會並接受業務主管單位——中國科學技術協會和社團登記管理機關——國家民政部的業務指導和監督管理。

該協會和其他協會一樣，本著入會自願、退會自由的原則，由有加入本會意願的人或者團體提交申請，由協會常務理事討論通過並發給會員證，即可入會。會員根據章程參加活動，享受協會服務，對協會提出意見以及對協會的工作進行監督。協會的經費來源一般為會員的會費、政府資助、慈善捐贈等，但常務理事可以勒令一年不繳會費的會員退會。

幾千年以來，中國一直是農業大國。農業的發展與否，直接關係到農民們的切身利益，也關係到全國人民的物質水平高低。農業的發展也越來越受到政府的重視。從成立農業協會到制定相關法律法規，這些成績都是有目共睹的。

六、中國企業、行業協會和政府之間的矛盾

1 從企業方面分析

中國的企業曾經被稱為「單位」。在國家將幾乎所有的稀缺資源集於一身時，單位是個人獲得資源的唯一組織，而國家正是通過對單位組織的資源分配和權力授予，擁有了直接控制單位和個人的權力，並使二者緊緊依附於國家。在這種關係下運行的企業，大到生產規模，小到人事調整，全部由政府統一調令。有了政府的全權包辦，企業生產什麼、生產多少、有無銷路等全不用操心；一旦出現問題，首先想到的就是「找政府」。長此以往，造成企業之間的橫向聯繫極度貧乏，聯合、合作意識嚴重不足。這種「獨立」精神一直延續至今。儘管經濟體制改革已經給企業帶來了相當的自主權，但是面對瞬息萬變的市場，不少企業仍然在單槍匹馬地衝殺，而沒有意識到與同行們的親密合作可能更能夠為自己帶來長遠的效益。

2. 從協會方面分析

體制內生成的機制限制了行業協會自主性的發揮，不少行業協會把自己看做政府的一部分，逐漸形成適應政府需要的運作方式。同時，把政府視為其服務的主要對象，努力爭取更多的政府支持，而不是向社會提供更多更優質的服務。當改革的觸角伸及社會領域時，一些行業協會在對政府支持還戀戀不捨的同時，驚然發現自己已經難以應付新的挑戰。

3. 從政府角度分析

多年來，政府對社團一直保持著十分謹慎的態度。近幾年，政府逐漸減少了對行業協會的財政支持，但這並不意味著政府對行業協會控制的減弱。相反，政府部門往往通過從行政權力上加強對行業協會的控制，來彌補其在經濟方面失去的控制力。

4. 行業協會和政府之間的關係[1]

行業協會是同業競爭者的聯合組織，其在維護協會成員的利益並實現行業利益最大化時，在理念上就存在某種接近於公共利益而非私人利益的價值理念。因此，行業協會也可以很好地促進並維護自由、公平的競爭。

（1）行業協會是政府和企業之間的橋樑，可以承擔部分原應由政府履行的維護競爭的職能。當市場經濟中的經營者為了謀求個體利益的最大化而採用傳統民商法容許的方法進行交易時，會不可避免地從事限制競爭的行為，如競爭對手之間簽訂「不競爭」協議或串通定價等。由於這些行為是在平等、自願的基礎上進行的，因此市場交易的一般規則和法律就無法禁止這種行為。這也就意味著限制競爭或消除競爭的「市場失靈」問題在市場體制內不可能尋求到解決的辦法。而這時政府就需要為了實現社會整體利益的最大化對這些行為進行規範。需要注意的是，政府並不是唯一可以實現這一目的的主體，行業協會實際上也可以承擔部分的職能，甚至有可能做得更好。

（2）政府不是萬能的。行業協會在維護競爭的同時也會對政府維護競爭並干預微觀經濟活動的行為進行有效的制約。當市場出現失靈，市場主體有意識地聯合起來限制競爭的時候，並不意味著政府對市場行為的干預就是完美無缺的。由於政府腐敗、尋租行為和信息不對稱等固有的缺陷也會導致「政府失靈」的后果，因此，行業協會能夠承擔的維護競爭的職能就應該盡量避免授權給政府。這樣可以在一定程度上制約政府的權

---

[1] 孟雁北. 反壟斷法視野中的行業協會 [J]. 雲南大學學報：法學版，2004（3）.

力，抵禦政府對經濟事務的過度干預和任意行政，也會使政府在維護競爭的過程中自身的行為無形中受到制約。

（3）行業協會維護競爭、規範市場主體的行為更容易被市場經營者所認同。對市場經營者而言，行業協會為分散的市場主體的自由結社提供了自我組織的空間。作為組織化利益的代表，行業協會在通過自律和協調機制規範協會成員的經營行為時，也在利用自我保障機制維護協會成員的合法權益，並通過與政府的溝通、交流與互動來維護行業的利益。因此當行業協會在維護、代表協會成員利益的同時又要求協會成員遵守其制定的維護競爭的規則時，市場經營者在心理上更願意接受。

（4）行業協會在維護競爭的過程中在行業內部也具有一定的權威性。行業協會作為獨立的社團法人，有權也能夠在章程規定的範圍內，按照章程規定的情形與方式，約束協會成員的行為。例如，行業協會對違反自律規則或不執行協會決議的成員實行市場禁入、撤銷行業協會授予的專業資格或取消協會成員資格等舉措都體現了行業協會的權威性。實踐證明，行業協會的這些約束行為有時對協會成員會更有效，因為所有的協會成員尤其是會員企業都不能脫離市場，脫離其所屬的行業。

隨著行業協會在中國越來越受到重視，相關法律法規也在逐漸完善。2007年，國務院辦公廳下發了《關於加快推進行業協會商會改革和發展的若干意見》（以下簡稱「36號文件」）。文件對如何加快推進行業協會、商會的改革和發展，提出了指導性意見。「36號文件」內容包括行業協會改革發展的指導思想和總體要求、積極拓展行業協會的職能、大力推進行業協會的體制機制改革、加強行業協會的自身建設和規範管理、完善促進行業協會發展的政策措施等方面。

行業協會改革與發展的總體要求：一是堅持市場化方向。通過健全體制機制和完善政策，創造良好的發展環境，優化結構和佈局，提高行業協會素質，提高服務能力。二是堅持政會分開。理順政府與行業協會之間的關係，明確界定行業協會職能，改進和規範管理方式。三是堅持統籌協調。做到培育發展與規範管理並重，行業協會改革與政府職能轉變相協調。四是堅持依法監管。加快行業協會立法步伐，健全規章制度，實現依法設立、民主管理、行為規範、自律發展。

七、中國行業協會的改革前景

近年來，諸如中國棉花協會、義烏襪業協會等行業協會在處理對外貿易

摩擦中均發揮了積極的作用,取得了一些成功的經驗。行業協會的改革和發展涉及保護企業利益和行業安全、促進行業自律和行業發展、維護市場規則和市場秩序、提高社會自我管理水平等重大問題。行業協會是行業企業利益的代表,是市場經濟體制中政府和企業之間的中間環節,是市場經濟條件下不可或缺的社會團體。社會各方面都應該促進行業協會的改革和健康發展。

如前所述,行業協會存在一些缺點。這些缺點成為行業協會發展的瓶頸,嚴重地制約了行業協會的健康發展。當前,中國的行業協會正逐漸步入國際化發展階段。為了順利地實現行業協會與國際接軌,我們有必要在以下六個方面進行努力:

(1) 進行政會分離。只有具備相對獨立的地位,才能使行業協會擺脫政府部門的種種羈絆,切實發揮好服務職能。首先,在隸屬關係上,行業協會應當逐漸脫離政府系統,不能再掛靠現在的委、辦、局系統。一個城市的行業協會可以集中歸屬或掛靠統一的經濟聯合會組織。其次,在行業協會的主要領導安排上,必須改變由政府官員任職或兼職的現狀。會長要由行業公認的龍頭企業領導人擔任,增加企業會員在領導層中的比例,淡化行政色彩,體現行業色彩。

(2) 轉變政府職能。政府應該給予行業協會相應的職能和權力,才能使之提高自身威望,打開工作局面,更好地服務於社會。因此,相關政府部門必須切實轉變觀念,將行業協會視為行業管理的必備助手,把各種職責、權利明確下放到位。該委託的職能要做到徹底轉移,讓協會充分發揮仲介組織作用,參與行業管理和協調工作。在轉移職能的同時,相關政府部門還要對行業協會的成立、運作等承擔起監督與指導的職責,促使行業協會走上規範發展的道路。

(3) 政府對行業協會必要的監督和管理。行業協會一方面要避免成為政府的分支機構,另一方面要警惕成為某些大企業的代言人和操縱市場價格、進行壟斷的工具。如某地選舉行業協會的條件是出資30萬、提供活動場所等。這些條件解決了協會經費和場所的問題,但可能使協會成為本行業大企業的壟斷工具。上海市、鞍山市等地現已著手行業協會管理的改革,如上海成立專門的行業協會發展署。

(4) 健全相關法律法規。針對目前行業管理的法制不健全、合法性不足等問題,政府部門要給行業協會立法,呼籲相關部門通力合作盡快制定相關法律法規,為行業協會的界定、性質、宗旨、管理體制、監督機制等提供充足的法律依據,同時也對各委、辦、局的相關職能轉移起到規範

指導和促進作用。

（5）拓寬協會服務範圍。行業覆蓋面的大小決定了行業協會能否真正成為本行業企業的利益代表，切實發揮本行業內部以及與外部主體之間的利益平衡與協調功能。應該在某一個範圍內確定行業的種類，以確定行業協會的個數，提高行業協會的利用率。對於地廣人稀的地方協會，可以分片區設置，然後再在一個較大的範圍統一管理，這樣不僅節約人力、物力，還拓寬了範圍。

（6）確定資金來源。很多非政府組織的經費來源都是很不穩定的，比如依靠政府的資助或者捐贈，這樣很不利於協會的發展，使非政府組織在開展工作時很被動。行業協會是依據自願原則設立的。交納會費是每個會員單位應盡的義務。對於拖欠、滯納會費的會員單位，行業協會有權予以懲罰，這樣才能體現出行業協會的權威性。會費標準不能由國家統一規定，應該由會員大會討論決定，參照國際經驗，實行級差制，對理事長（會長）、副理事長（副會長）、常務理事、理事單位分別收取不同標準的會費。行業協會還可以通過培訓、諮詢、信息等服務收取必要的服務費用，以保持其穩定的收入來源，真正做到自立、自主、自養。

思考題：

1. 何謂社會團體？它有哪些特徵？
2. 成立社會團體需要如何登記？
3. 舉例說明國內外的主要社會團體及其活動。
4. 目前中國社會團體存在哪些主要問題？
5. 改善中國社會團體的管理需要哪些對策？
6. 舉例說明各種類型的社會團體及其活動。
7. 何謂行業協會？它有哪些特徵？
8. 行業協會有哪些不同模式？
9. 中國行業協會的發展經歷了哪幾個階段？
10. 舉例說明中國的主要行業協會及其活動。
11. 分析中國行業協會與企業和政府的關係。
12. 中國的行業協會應如何改革？

第四章 志願者

志願者（volunteers）團體屬於一種非營利性的社會團體。作為一種社會公益組織，志願者團體吸引了一批又一批有愛心的社會青年投身於社會公益服務事業中，創造了不可估量的社會效益和經濟效益。志願者團體本身應該是一個正規性團體，但由於過分強調它的自願性，很多團體應該享受的待遇，在志願者團體那裡往往被忽略，其本身的價值也往往被人們所忽視。

第一節 志願者概述

一、志願者的定義

志願者是指在不為物質報酬的情況下，基於道義、信念、良知、同情心和責任，為改進社會而提供服務，貢獻個人的時間及精力的人和人群。志願服務泛指利用自己的時間、自己的技能、自己的資源、自己的善心為鄰居、社區、社會提供非盈利、非職業化援助的行為。在不同的地區對志願者有不同的稱呼：在中國內地一般稱為志願者；在中國香港地區叫義工，即提供義務工作的人；而在臺灣地區一般稱為志工，即提供志願性工作的人。在中國，志願服務有著悠久的歷史。人民大眾參與志願服務是服務大眾、參與社會和回饋社會的一種具體表現，是傳達人人平等、友愛互

助精神的一種積極行動。志願服務起源於 19 世紀初西方國家宗教性的慈善服務。志願活動在世界上已經存在和發展了 100 多年。

二、志願者的特點、分類

志願者是一種寶貴的人力資源，有如下特點：

（1）平等性。志願者是一種暫時性的社會角色，不受年齡、性別、學歷、職業、宗教及政治背景所影響。只要參與的公民通過合法的手續加入有關的青年志願者機構之中，聽從組織的管理，參與一定的志願活動，在組織中發揮一定的作用，就不存在參與的公民由於個人條件的不同而受到不平等的對待。同一組織中的志願者應該可以獲得平等的機會參加組織內的各種活動。在同一地方開展服務的志願者組織同樣應獲得有關部門平等的對待。只有這一個特點得到充分的認識，並得到切實的保證，志願工作才會獲得一個良好的基礎。

（2）自由性。一方面，志願者是本著自願的原則，參加到相關的志願者活動中的，因而志願者的自由度是相當高的。在志願活動中，志願者的工作態度、工作方法、工作效果主要由其自身的意願所決定，太多的限制並不能夠對此起到一定的促進作用。志願者應具有一定的自我管理能力。他可能根據實際情況的變化而隨之做出相應的改變。例如，這位青年志願者在這個組織中工作得不愉快，可能通過正常的途徑，離開這個組織，加入另一個更適合他開展工作的組織之中。另一方面，對整個青年志願者組織來說，它也可以通過自我的選擇去決定在哪些地方開展青年志願者服務，因而，志願者作為一種人力資源是動態的、自由流動的。這就向志願者組織或有關機構提出要求，要求他們重視志願者的這一個特點，通過多種手段去管理好機構內的志願者，為志願者及組織建造良好的工作、發展空間，吸引更多、更好的志願者及組織來開展服務。

（3）角色可變性。隨著志願者活動的廣泛開展，其活動內容和形式越來越豐富。志願者必須隨著活動的變化而進行有限度的改變，與服務對象角色的演變而相適應，這樣才能發揮出更好的效果。例如：當服務對象為嬰兒角色時，志願者則判若父母的替代角色；當服務對象是兒童、青少年角色時，志願者除父母替代角色外，尚有其資源提供、教師、領導、諮詢等角色；當服務對象發展至成人角色時，青年志願者也成為成人角色，同時仍兼有資源提供、教師、領導、諮詢的角色。可見志願者的角色演變是以服務對象的角色演變為中心的。此外由於活動的實際需要，志願者的

角色必須隨之而變化，如在義賣捐款的活動中，志願者可能就要充當售貨員，盡可能將物品賣出而獲得更多的捐款。

（4）不穩定性。青年志願者的參加與其自身的條件息息相關，容易受其空暇時間、精神狀態、心情、專業知識、特長、性格等諸多方面的影響。活動大多出於自願，而且是無償的。在青年志願者活動中，當志願者遇到各種挫折或者服務對象的負面影響時，當其心理不能承受時，志願者就會選擇結束志願者服務。因此，青年志願者的不穩妥性可以造成志願者自然流失率處於一個相當高的水平，不利於長期志願服務活動的開展，不利於志願者總體素質和水平的提高，更不利於青年志願者事業的發展。而志願者組織必須對志願者的服務心理加以適當的引導，使之對於服務過程中遇到的問題有一定的承受能力，減少不穩定性對青年志願者的影響。

（5）有限性。作為一種人力資源，志願者在參與活動上表現出其有限性。由於各志願者的空暇時間、個人精力、服務技能、心理承受能力等始終是有限的，而且志願者除參與活動外，自身還有諸多的事情需要處理，這樣就會產生一定程度的衝突，因此做志願者是有限的。這一點身為志願者的青年應該有所認識，不能以為志願者是「萬金油」，什麼都能做。同時，這決定了機構在運用志願者這一種資源的時候，要注意不能過度使用，甚至濫用，容易影響志願者自身正常的生活、工作、學習，使之對志願活動產生恐懼心理，直接影響服務活動的開展。同時對志願者的要求不能夠太過嚴格，因為志願者的承受能力也是有限的。因此若要求其像專職人員一樣，則會大大打擊志願者的服務熱情，從而影響服務的開展，因為大多數志願者不可能達到所提出的要求。

根據志願者分類，則有專家型和非專家型志願者、全職和兼職志願者、海內與海外志願者；根據志願者活動分類，則有正式和非正式的志願活動、個人和集體的志願活動；根據提供志願服務的組織分類，則有NGO志願服務組織、大學組織的志願服務項目、宗教團體組織的志願服務、公司員工志願者服務計劃、政府員工志願服務計劃、社區志願者服務組織。

三、志願者服務的意義

大力提倡和推動志願服務工作，具有非常重要的意義。

1. 對社會的價值

（1）有助於建立一個關懷互助的社會。義務工作一方面可以幫助志

願者加深對社會的瞭解，通過將他們的愛心獻給服務者，促進人際間的互助關懷，更促進社會各階層的融洽相處；另一方面可以喚起市民大眾對推動社會進步應肩負的責任，培養其對社會的歸屬感。

（2）有助於充分利用人力資源。志願者將他們個人的能力、時間、知識及經驗投入義務工作中，令社會上有需要的民眾得到幫助，使社會資源更加充沛。

2. 對組織的價值

（1）有助於改善服務質量。志願者能對組織提供寶貴的人力資源，更能為專業人員提供客觀的意見以改善服務，讓服務質量得到提升。

（2）有助於建立良好的組織形象。義務工作可以促進工商機構的社區參與，幫助組織建立鮮明的形象，並提供機會讓市民認識組織對改善社會生活的理想與抱負。

（3）有助於培養團隊精神。組織員工透過參與志願者活動，更能建立密切的工作關係，增強默契。這些都能幫助組織培養團隊精神，增加員工的歸屬感，提升組織生產力。

3. 對志願者個人的價值

志願服務一方面可以提供不同的學習機會，幫助個人認識自我，豐富生活經驗，培養正確的價值觀；另一方面，在志願活動中，還可以發展良好的人際關係，培養領導才能；同時也是個人善用余閒，發展潛能的好機會。[1]

四、中國志願者活動存在的問題

1. 志願者機構單一，激勵機制缺乏

根據大多數人對志願者的認識，志願者就是自願地、無償地將自己的人力、物力和財力投入社會公益事業，他的一切行為都被認為是自願的，因此就沒有受到相關的重視。相反，志願者往往被視為免費勞動力。中國志願者有8,000多萬，其中多為青年和在校大中學生。其中經常性參加志願活動的人更少。在美國，志願者占總人數的比例為30%至40%，其中已經工作的成年人和退休的老年人占相當大比例。許多志願者終身從事志願服務，且志願服務的科技含量高。

中國對志願者也很少有有效的激勵措施，這樣就使得志願者只是暫時

---

[1] 吳東民，董西明．非營利組織管理［M］．北京：中國人民大學出版社，2003：264．

勞動力，忽視了志願者的志願精神，使得下一批想要投身於志願者隊伍的人產生顧慮，影響了志願者的長期發展。曾經有個單位，上級決定為他們提供 3 個志願者，但因為大家都看準志願者的「無償性」，於是各個部門就開始瘋狂提出要求，最后一統計，一個單位整整需要志願者一百多名，原單位人員等於不干活了。事實說明人們對志願者的認識仍停留在膚淺的認識層面上。這在很大程度上阻礙了志願者精神的發展。

2. 受到的政府干預較多

由於中國的非政府組織有很大程度的「政府化」傾向，很多非政府組織的活動其實是政府行為。志願者活動很多是在政府的領導下開展的，一般都是通過政府向各行業、各系統下達行政指令來開展活動或者是由各級黨組織、共青團組織進行組織動員。多數志願者是通過組織動員的方式參與其中的。這些本身應該由社會團體獨立承擔的志願者活動，卻由政府出面組織。這樣大大損壞了志願者的服務精神，使得志願者無法感受到服務的價值。

3. 法律法規滯后

早在 1979 年，聯合國第一批志願者就來到中國，為中國的志願組織發展事業奠定了基礎，但是中國在志願者方面的法律發展卻滯后了很多年。直到 1999 年 8 月，廣東省通過了《廣東省青年志願服務條例》。這是中國第一部關於青年志願服務的地方性法規。此后，有山東省、寧波市、上海市、杭州市等地先后出抬了一些地方性法規，但到目前為止並沒有一部全國性的法律法規。自我安全保護和自我利益維護成為擺在志願者面前的現實問題，為志願者立法的呼聲也越來越高。志願者的身影遍布各大高校和城市的方方面面，但至今志願工作仍遊離於社會保障與法律體系之外。由於志願者組織缺乏相關的政策乃至法律環境，因此志願者的切身利益得不到保障。

4. 資金籌集困難

志願者進行志願活動的資金來源一般有以下幾種：政府支持、基金會的項目資金以及企業、個人和社會的捐助。在中國，企業對社會公益事業的捐贈很少，政府的資助也很有限，而通過公益活動募捐的效果也不理想。這樣就使得資金的籌集有很大程度上的不確定性，同時依靠政府的性質，也使得志願者活動缺乏獨立性和靈活性。

第二節　國外志願者組織活動

一、概述

在國際社會，志願者源於對戰爭的人道主義援助。志願者為人類的解放事業做出了重要貢獻。在和平年代，志願者幫助弱者、消除貧困、保護環境、為維護社會秩序和世界和平做出了巨大努力，在建立良好的人際關係、淨化社會風氣等方面起到了積極作用。像歐美國家的志願服務已有數十年的歷史，建立了比較完善的志願服務制度和體系，建立了跨地區、跨國界、跨洲界的服務網路，累積了不少經驗。它們的志願服務組織基本上是在市場經濟的框架內運轉的。志願服務的突出特點有：一是專業性強。參加志願服務的人員大多具備一定的專業技能，如教學、救護等。二是注重立項操作。從事的志願服務大多不是憑空臆造的活動，而往往是經過調查研究，分析是否可行后才展開的，這樣也能增強其科學性和可操作性。三是規範化、法制化。法國、德國等國已把志願服務與「國家服務」聯繫在一起了。一般地講，青年或者需服民役或者需服兵役。民役包含參與一定量的公益服務。不少國家的政府已把志願服務納入其社會保障體系和法律體系，從而使志願服務工作成為越來越多公民的自覺行為。四是向國際化發展。一些國家的志願服務工作是在聯合國國際志願服務協調委員會等機構協調和指導下開展的。不少項目是跨地區、跨國界的，志願人員常常被派往世界各地從事一定時間的志願服務，因而具有較大的國際影響。

二、國外志願服務的演進

國外的志願服務源遠流長，它的形成和發展大致經歷了三個階段。

（1）萌芽階段。志願服務起源於19世紀初西方國家宗教性的慈善服務。英國為了協調政府與民間各種慈善組織的活動，在倫敦成立了慈善組織會社。為了反抗宗教迫害而從歐洲來到北美大陸的移民們互相幫助，逐漸形成了志願幫助別人的群體精神。這種精神作為美國人民的美德而保存下來，一大批懷有慈善之心的各階層人士成為了最早的志願服務人員。

（2）擴展階段。19世紀末及20世紀初，歐美國家先後通過了一系列有關社會福利方面的法律法規。這些社會福利的方案除了要有大批具有職

業獻身精神的社會工作者去實施之外，也需要動員和徵募大量的志願人員投身於有關的各項服務工作之中。於是，志願服務也逐漸受到了政府的重視和鼓勵。

（3）規範階段。第二次世界大戰以后，西方國家的志願服務工作不僅進一步規範化，而且擴大成為一種由政府或私人社團所舉辦的廣泛性社會服務工作。志願服務工作的重心不僅在於調整被救助者的社會關係和改善他們的社會生活，更在於調整整個社會結構與社會關係。志願服務工作逐漸制度化、專業化。

目前國外志願服務活動的主要形式有：專項性的志願服務工作、專業性的志願服務工作、公益性的志願服務工作、社區性的志願服務工作。國外志願服務活動呈現出五種趨勢：一是志願服務活動向法制化方向發展；二是志願服務活動向政府化方向發展；三是志願服務活動向機制化方向發展；四是志願服務活動向全民化方向發展；五是志願服務活動向社區化方向發展。

三、美國的志願者組織

根據《中國社會報》報導，獨立機構的一份社會調查顯示：美國志願者人數占總人數的56％，人均每週騰出4個小時做義工，遠遠高於世界其他國家。

美國的志願者組織可謂歷史悠久。早在1896年，馬薩諸塞州就成立了志願者組織，其宗旨是「到最需要我們的地方去，做任何需要我們做的事」。一百多年來，這種精神一直激勵著其成員涉足社會的方方面面，如提供社區服務、捐獻錢物、做義工等。美國人普遍認為，這種組織形式能有效地將民眾團結起來，致力於加強公民道德修養和提升人的精神境界。志願者組織通過為鄰里提供充滿愛心和樂趣的人性化服務項目，為公民參與社會、體驗助人樂趣、滿足精神領域的深層次需求創造了機會。

美國人樂於捐贈、熱衷於做志願者，並不僅僅因為其經濟繁榮、物質富裕，也不能簡單地歸因於善心、愛心、熱情和同情心，而是有其深厚的文化背景和龐大的社會體系做支撐的。首先是政策體系和社會保障體系。美國政府在研究和制定政策時，鼓勵商家和個人向公益事業捐贈，如重徵遺產稅、消費稅、捐贈可以抵稅等。其次是制度導向。各級政府設有專門機構，每年有專項資金，對志願者績效進行評估。志願者經歷可以加學分，對升學、就業、晉級都有利。傑出的志願者將得到政府的表彰和獎

勵。再次是工業文明和移民文化背景。工業發展和繁榮過程中形成的互助合作意識和團隊精神、移民文化背景下生成的民間協會和社團組織為非營利組織及其活動打下了基礎。最后是宗教信仰的教化。每個教會會員向教會捐贈收入的10%，做志願者滿足了施愛於人的精神需求和參與社會實踐的願望。

四、英國的志願者組織

20世紀90年代以來，英國志願者服務管理進一步走向正規化，如任命專人負責管理志願者；就志願服務程序和策略制定詳細規定；建立對志願服務的監督和評估體制等。如今，英國的絕大多數志願者服務機構也都為參加志願服務的人員提供保險。此外，志願者服務機構還普遍高度重視對志願者的培訓。87%的機構為志願者提供在崗培訓，66%的機構開辦培訓課程，近半數的機構為志願者出具工作資歷或培訓證書。

活動的多樣性、選擇的自主性、對雙向獲益的重視、組織安排的細緻周到，使起源於英國的志願者服務在這個國家長期處於穩定的可持續發展狀態。根據有關統計，英國約半數國民參與過志願服務，尤以50歲以上人士和16~24歲青少年為最大志願者服務群體。英國大大小小的志願者服務組織更是多如牛毛，數不勝數。

英國政府也非常重視和大力扶持志願者服務。許多志願者組織都得到了政府的資助。在英國，志願者服務不只是簡單地弘揚利他主義，也被視為解決社會問題的一種科學方式和積蓄社會經歷的一條有效途徑。它與政府服務相配合，共同促進社會的良性循環。

最新的志願服務參與人數也在不斷地增加。最新數據就可以表明，2002年，新加坡志願者數量增加了60%。南非的一項研究表明在非營利部門的志願者占43%。丹麥80%的青年參加過志願服務。英國和日本每年有50%的公民參加志願服務活動。加拿大每年有1/3的公民參加志願服務。在美國，70%的人至少屬於一個非營利組織，25%的人是4個或更多組織的成員，每2個成年人中就有1個人參加志願活動。英國在1998年共有13萬多個慈善組織，總收入131億英鎊。德國大約有6萬多個非營利組織，有150萬人為其提供志願服務。韓國甚至將志願服務列入青少年教育課程，並成為考核的指標之一。

目前，聯合國志願人員中有70%來自發展中國家，30%來自發達國家。另據聯合國志願人員組織（UNV）人員介紹，在過去20年裡，中國

有 160 人參加了聯合國志願人員項目。

聯合國還把每年的 12 月 5 日定為「國際志願者日」，其目的是鼓勵全球各地政府及團體，於當天共同表彰志願者對社會所做的貢獻，並借此提醒社會人士積極支持及參與義務服務。

第三節　中國志願者組織活動

中國倡導志願精神和開展志願活動可以追溯到改革開放以前。中國政府曾經對亞洲、非洲的許多發展中國家進行大量的國際援助，派遣了大批志願人員到國外從事相應的項目。1971 年，中國恢復了聯合國合法席位。中國政府積極參與聯合國志願人員的全球性活動。在改革開放之後，中國最早的志願者就來自聯合國志願人員組織。1979 年第一批聯合國志願者共 15 人來到中國偏遠地區，從事環境、衛生、計算機和語言等領域的服務。如今聯合國志願人員與中國卓有成效的合作已近 20 年，聯合國志願人員組織已向中國提供範圍更為廣泛的援助。中國目前志願者活動領域基本限於文化、體育、娛樂、個人社會服務、宗教、國際志願者、衛生和環境保護、就業和扶貧等領域，且是在政府的指導下，自上而下開展起來的。而國外的志願活動領域涉及社會福利活動之外的很多領域。

近幾年來，青年志願者行動的服務領域不斷擴大，在農村扶貧開發、城市社區建設、環境保護、大型活動、搶險救災、社會公益等領域形成了一批重點服務項目。

中國青年志願者主要在環境保護、扶貧、搶險救災和城市公益服務方面做出了突出的成績：

（1）推進青年志願者「一助一」長期服務計劃，使青年志願服務走向最基層，走向人民群眾最需要的各個領域。「一助一」長期結對服務是指青年志願者與服務對象結成服務關係，通過建檔立卡、量化服務時間、發放使用「一助一志願服務卡」等措施開展志願服務活動，切實做到對象明確、人員穩定、項目具體、任務量化、責任到人。

（2）在大型活動和搶險救災中，發揮青年志願者的積極作用。近年來，在第三屆「遠南」殘疾人運動會、第四次世界婦女大會、第四十三屆世界乒乓球錦標賽、第三屆亞洲冬季運動會、第八屆全國運動會、北京奧運會等大型活動中，青年志願者們向世界人民展現了當代中國青年積極

進取、文明禮貌、樂於奉獻的精神風貌。在不少地方發生的嚴重自然災害中，廣大青年志願者在困難和危險面前奮勇當先，不怕流血流汗，在搶險救災和幫助群眾恢復生產、重建家園的工作中發揮了突擊隊的作用。青年志願者已經成為搶險救災的一支重要力量。

（3）積極開展農村扶貧工作，廣大青年志願者積極參與，努力為實施科教興國戰略和國家「八七」扶貧攻堅計劃做貢獻。參與農村扶貧開發是青年志願者行動的一個重要領域。聲勢浩大的大中學生文化、科技、衛生「三下鄉」活動為廣大青年志願者參與農村扶貧開發創造了條件。1996年下半年開始實施「扶貧接力計劃」。團組織根據貧困地區的實際需求，招募有一定專長的青年志願者，令其赴貧困地區開展1~2年的農業實用技術培訓推廣、鄉鎮企業技術開發、醫療衛生、基礎教育等志願扶貧工作，並建立定期輪換制度。

（4）參與城市公益服務，擴大社會服務的覆蓋面。從1996年上半年開始，全國大中城市普遍開展成人預備期志願服務、大學生志願者社區援助行動。1997年3月開展了百城市青少年「講文明、樹新風」活動，組織數百萬青年志願者參與文明道路、文明場所、文明小區共建活動，推動了青年志願者行動在城市公益服務方面朝廣泛、縱深、規範的方向發展。近年來，各級青年志願者組織圍繞黨政關注、社會急需、青年能為的熱點、難點問題，廣泛開展了社區服務、社會治安、植綠護綠、治理「臟、亂、差」等公益性志願服務活動。同時還在博物館、敬老院、車站等服務需求相對集中的場所建立了一大批面向公眾的青年志願服務基地和成人預備期志願服務基地。廣大青年志願者還結合自身特點，創造性地開展了一些富有特色的志願服務活動，如「敬老工程」「週日志願行動」等。這些活動極大地拓寬了青年志願者參與城市公益服務的領域。

雖然志願者運動在中國還是一個新生事物，但是越來越多志願者特別是年輕人，為社會提供志願服務的意識越來越強。通過志願服務，把自己的生活與他人分享，將是一件非常有意義的事情，更好現了一個國家的整體國民素質，也將使我們的社會更加美好。

第四節　幾大志願組織簡介

一、聯合國志願人員組織

1970 年，聯合國大會通過決議，組建「聯合國志願人員組織」（UNV）。UNV 總部原設在瑞士日內瓦，后於 1996 年 7 月移往德國的波恩。UNV 是聯合國系統內一個獨特的機構，從事和管理與國際志願者事業相關的各類事務。它從屬於聯合國開發計劃署（UNDP），是聯合國系統內最大的直接向發展中國家輸送各種行業高、中級專業技術志願人員的組織。該組織的宗旨是向發展中國家提供積極有效的援助，以支持全球人類的可持續發展。該組織的中方合作夥伴是中國對外貿易經濟合作部下屬的中國國際經濟技術交流中心。項目的設立由雙方批准。北京國際志願人員協會得到了該組織的認可，負責聯合國志願人員項目在中國的開展和具體實施。

聯合國志願人員組織與受援國政府、聯合國專門機構、國際開發銀行及國際民間組織和社區組織進行夥伴式合作。聯合國志願人員提供服務的項目通常由受援國政府管理，並經常得到聯合國系統相關組織的援助和監督。聯合國志願人員組織也應一些受援國政府的要求作為項目的執行機構。

聯合國志願人員項目的部分資金來源於她的母體——聯合國開發計劃署（UNDP）。其他實質性的資金來源於聯合國機構的日常項目預算、駐在國政府的捐助、捐助國政府的特殊用途捐款以及聯合國志願人員的特殊志願基金。聯合國志願人員每年接受的捐助和志願基金約為 1,600 萬美元。每年，全球有 4,000 名符合條件且經驗豐富的人員自願加入聯合國志願人員項目，到發展中國家從事志願服務。在過去的 30 年裡，已有 150 多個發展中國家和發達國家的 20,000 多名聯合國志願者被派遣到 140 個發展中國家從事各類項目工作。目前，聯合國志願人員中有 70% 來自發展中國家，30% 來自發達國家。每年國際志願人才庫中的在線候選人員總能保持在 5,000 名左右。

聯合國志願人員組織和中國的雙向合作始於 1981 年。20 年以來，該組織已向中國派遣了 180 余名國際志願人員。這些志願人員主要集中在教

育、衛生、科技、環保、扶貧等領域。中國也已通過聯合國志願人員組織向二十多個發展中國家及蘇聯派遣了160餘名志願人員，涉及農業、水利、醫療衛生、計算機、管理和經濟體制改革、社會保險等諸多領域。1997年6月在原有志願人員引進項目的基礎上，中國首先啟動了本國聯合國志願人員項目，即中國專業人員受聘於聯合國志願人員組織，在中國境內提供志願服務。為了配合中國的西部大開發戰略，新的聯合國志願人員項目把重點放在支持西部偏遠落後地區。

二、美國和平隊

在全球眾多國際志願者服務組織中，美國和平隊無疑是最為人知曉和最有影響的。幾十年來，它不僅成為美國對第三世界國家公共外交和民間外交的重要組成部分，也被視為美國軟實力的一種象徵。

美國和平隊於1961年成立，總部設在華盛頓，其宗旨是「促進世界和平和友誼」。其目標一是幫助受援國的人民滿足他們培訓的要求；二是促進所提供服務的人民對美國的瞭解；三是幫助美國人民更好地瞭解其他國家人民。

和平隊全部由志願人員組成，按其專長分配工作，服務期限一般為兩年，在教育、保健、農業、貿易、技術等方面對發展中國家提供援助。出國前，他們要接受包括所去國家語言在內的各種訓練。由於和平隊對志願者的號召是：外國免費遊歷兩年，管吃又管住，因此對青年人來說極有吸引力。凡年滿18周歲的美國公民，只要願意遵循和平隊的宗旨，均可申請參入。截至2006年9月，在全世界有6,678個和平隊志願者為70個國家提供過志願服務，已經有超過168,000美國志願者在136個國家提供了服務。

和平隊之所以在美國發展如此之好，跟美國政府的重視有很大關係。正是由於和平隊在美國公共外交中發揮的巨大作用和影響力，歷屆美國政府都給予了高度重視，和平隊在政府內的地位不斷提高和加強。1971年7月，尼克松政府將和平隊與其他幾個聯邦志願者計劃合併，成立了聯邦政府機構行動委員會。1979年，卡特政府簽署命令使和平隊成為完全自治機構。1981年國會立法進一步使和平隊成為獨立的聯邦機構。

在中國的美國和平隊叫做「美中友好志願者辦公室」，其總部設立在成都。在華項目開始於1993年6月12日，截止到2013年已有700多名隊員來華志願服務。和平隊在中國有兩個項目。一是英語教育，二是環境

教育，其主要服務地區是甘肅省、四川省、重慶市和貴州省。

三、英國海外志願服務社

英國海外志願服務社（VSO, Voluntary Service Overseas）於1958年由英國政府（海外發展部）撥款和英國公眾捐款資助成立，是全球最大的獨立派遣志願者的國際發展慈善機構，是由英國、加拿大、肯尼亞、荷蘭四個國家共享資源的成員組織組成的非政治性、非宗教性、非營利性的國際性聯合組織。迄今，英國海外志願服務社已派遣3萬多名志願者在70多個國家開展志願服務工作，並已逐步過渡為國際性組織。

VSO認為，通過志願者傳授技術，培訓當地人員，是促進當地發展的最好方式。因此，該機構不提供獎學金或救助金，而是派遣志願服務人員從事當地需要的技術工作，領取當地的薪金。VSO認為幫助發展中國家的人民充分認識到自己的潛力才能更好地促進這些國家的發展。VSO有嚴格的志願者選拔程序，以確保他們能夠符合海外志願服務的要求。招聘、篩選、培訓的整個過程需四個月的時間。VSO根據申請者的職業技能、工作經歷、個人家庭情況、健康狀況以及加入英國海外志願服務社的動機，初步篩選，對符合條件的人進行面試。考察申請人與他人合作的能力、自信心、適應不同環境的能力、解決問題的能力、對他人需求的理解能力、學習的願望以及教授他人學習的願望等，進行綜合評判。

VSO的工作目標是建立一個沒有貧窮、人們通過共同工作來實現自身潛力的世界。該機構通過派遣各行各業的志願服務人員，創造機會消除貧窮，讓志願者和當地社區分享技能，相互學習，共同提高，從而實現發展。VSO在非洲、亞洲和太平洋地區已開展20多個抗擊愛滋病項目。工作涵蓋了預防愛滋病、提升愛滋病治療能力、關愛愛滋病人等領域。在非洲，VSO還向愛滋病兒童提供支持治療和接受教育的機會。此外，VSO還在幫助殘疾人、衛生、社會福利以及保障弱勢群體生活等方面起到極其重要的作用。

VSO中國項目始於1981年，主要以教育項目為主。20多年來，英國海外志願服務社共向中國輸送過近2,000名志願英語教師，培訓師範學生20多萬名。目前該組織有近70名志願者，分佈在中國中西部的8個貧困省份。從2004—2009年的5年期間，VSO中國項目著重於貧困地區的英語教師培訓、愛滋病教育以及支持中國國內志願服務的發展。

四、中國青年志願者協會

中國青年志願者協會成立於 1994 年 12 月 5 日，是由志願從事社會公益事業與社會保障事業的各界青年組成的全國性社會團體，是中國共產主義青年團中央指導下的，由依法成立的省、自治區、直轄市青年志願者組織和全國性的專業、行業青年志願者組織和個人自願結成的全國性非營利性社會組織，是全國青聯團體會員、聯合國國際志願服務協調委員會（CCIVS）聯席會員組織。本協會通過組織和指導全國青年志願服務活動，為社會提供志願服務，推動社會主義精神文明建設，促進社會主義市場經濟體制的建立和完善，提高青年的整體素質，為經濟社會的協調發展和全面進步做出貢獻。協會在憲法和法律的範圍內開展工作，奉行「奉獻、友愛、互助、進步」的準則。

協會的宗旨是改善社會風氣和人際關係，為發展社會主義市場經濟創造良好的社會環境；適應社會主義市場經濟發展的需要，推動青年志願服務體系和多層次社會保障體系的建立和完善；培養青年的公民意識、奉獻精神和服務能力，促進青年健康成長；為城鄉發展、社區建設、扶貧開發、搶險救災以及大型社會活動等公益事業提供志願服務；為具有特殊困難以及需要幫助的社會成員提供服務；規劃、組織青年志願服務活動，協調、指導全國各地、各類青年志願者組織開展工作；培訓青年志願者；開展與海內外志願者組織和團體的交流。

中國青年志願者協會由團體會員和個人會員組成，現有團體會員 36 個，個人會員 402 個。團體會員中，全國性專業、行業團體會員有 3 個，即全國鐵道青年志願者協會、全國民航青年志願者協會、中國青年志願者協會科技分會。地方性團體會員有 33 個，即各省、自治區、直轄市青年志願者協會，中直機關青年志願者協會，中央國家機關青年志願者協會。另外，凡承認本協會章程並提出入會申請的中國公民，經理事會審查通過，即可成為本協會的個人會員。

思考題：

1. 何謂志願者？其特點和分類有哪些？
2. 志願者服務有何重大意義？
3. 中國目前志願者活動存在哪些問題？
4. 國外志願服務有何特點？

5. 國外志願服務的發展經歷了哪幾個階段？
6. 簡述美國和英國志願者組織概況。
7. 目前中國志願者活動主要集中在哪些領域？
8. 列舉國內外著名的志願者組織及其主要活動。

第五章　基金會

　　基金會和社會團體、行業協會一樣，屬於非政府組織，均屬於非營利部門，並且屬於慈善團體，有公益性。但和其他慈善團體不同的是，其他慈善團體類似於雪中送炭，幫助弱勢群體及時擺脫暫時的困境，而基金會注重於開展科學的慈善事業，即以基金為基礎，為了提高人類的生活水平，找出貧困的根源，使得人們能從根本上擺脫貧困狀態，以解決長期貧困的問題。

第一節　基金會概述

一、基金會的定義及分類

　　基金會是一個以公益性為目的的社會民間組織，最早起源於中世紀的歐洲基督教傳統。為了日后上天堂，一些教徒向基督教堂捐獻資金、物品或房屋以幫助窮人，因此產生了基金會。基金會是指利用自然人、法人或者其他組織捐贈的財產，以從事公益事業為目的，按照相關規定成立的非營利性法人。基金會需要那些有意願為社會的脫貧事業貢獻自己時間、金錢以及勞動的人們。基金會在中國還是比較新的概念，從誕生到現在只有三十多年的時間。但從中國第一個基金會（中國少年兒童基金會）成立以來，越來越多的基金會應運而生。根據民政部門統計，截至 2013 年 6

月3日，中國共有3,170家基金會。

基金會分為政府性基金會和民間性基金會，其中民間基金會又可分為民間團體性基金會和個人基金會，這主要是以創辦的主題不同來區分的。政府性基金會是由政府發起並由政府管理的，其資金來源主要是財政，其日常事務必須通過政府的審核才能開展，如中國青少年發展基金會。根據中國的歷史原因以及國情，中國很大一部分基金會都是由政府發起和支持的。民間團體基金會主要由企業內部成立，其資金主要來源於本企業的捐贈，但是是相對獨立的，一般以企業的名字命名；個人基金會是由個人以法律規定的原始基金為基礎發起的私人基金會，其資金來源於個人和社會捐贈等，一般以發起人的名字命名。

按照能否向公眾募捐，基金會可分為公募基金會和非公募基金會。公募基金會按照募捐的地域範圍，又分為全國性公募基金會和地方性公募基金會。各種基金會都對原始基金有一定的限制。全國性的公募基金會原始基金不得低於800萬元人民幣，地方性公募基金會原始基金不得低於400萬元人民幣，非公募基金會的原始基金不得低於200萬元人民幣，且原始基金必須為到帳的貨幣資金。任何一種基金會在申請成立時都必須提交《基金會管理條例》規定的手續證明，由登記管理機關審核通過。

按照基金會的功能又可以作如下分類[1]：

(1) 由政府捐助成立的財團法人基金會。例如：華航基金會、海峽交流基金會、國家文化藝術基金會等。

(2) 政治性、政黨或個人累積政治資源的工具。例如：青年發展基金會等。

(3) 以慈善救濟、社會福利等為宗旨的慈善福利基金會。例如：佛教慈濟慈善事業基金會、法鼓山文教基金會等。

(4) 因重大社會事件所成立的文教基金會。例如：靖娟兒童安全文教基金會、彭婉如文教基金會等。

(5) 因企業財團回饋社會而成立的文教基金會。例如：富邦文教基金會、金車文教基金會等。

(6) 針對專門議題的基金會。例如：董氏基金會、消費者文教基金會、婦女新知基金會等。

---

[1] SALAMON L. M. American non-profit sector: a primer [M]. New York: Foundation Center, 1992.

二、基金會的成立及運作方式

要成立一個基金會，首先必須向登記管理機關遞交下列資料：①申請書；②章程草案；③驗資證明和住所證明；④理事名單、身分證明以及擬任理事長、副理事長、秘書長簡歷；⑤業務主管單位同意設立的文件。其中基金會章程應當載明下列事項：①名稱及住所；②設立宗旨和公益活動的業務範圍；③原始基金數額；④理事會的組成、職權和議事規則，理事的資格、產生程序和任期；⑤法定代表人的職責；⑥監事的職責、資格、產生程序和任期；⑦財務會計報告的編製、審定制度；⑧財產的管理、使用制度；⑨基金會的終止條件、程序和終止後財產的處理。登記管理機關應當自收到以上全部有效文件之日起60日內，做出準予或者不予登記的決定。準予登記的，發給《基金會法人登記證書》；不予登記的，應當書面說明理由。基金會設立登記的事項包括：名稱、住所、類型、宗旨、公益活動的業務範圍、原始基金數額和法定代表人。

基金會成立後開始投入營運。首先，基金會可以向稅務部門申請免稅。基金會並不是一成立就擁有稅收優惠的政策，需要向相關部門申請才能正式實施。然後基金會就可以正式營運了。基金會的任務分為兩塊，一項任務是「聚財」，即利用各種辦法以及各種社會關係，使擁有較多財產的人把自己的財產捐獻出來；另一項任務就是「散財」，基金會把社會各界捐贈的資金捐獻到自己基金會服務的領域。對於聚財和散財，均需要大量有能力的工作人員，特別是社會關係廣泛的人，因此，許多基金會特別是「官辦」基金會的會長都是某機關政府單位的領導。這樣的情況對基金會的發展具有雙重性：一方面，基金會有著廣泛的關係網，比較容易進行募捐，使得聚財比較容易；另外一方面，基金會和政府的這種從屬關係，使得基金會被戴上一頂「官辦」的帽子，在開展工作時極容易犯官僚主義的錯誤。

2004年6月1日起施行的《基金會管理條例》規定了基金會公益支出最低比例（MAE）：公募基金會每年用於從事章程規定的公益事業支出，不得低於上一年總收入的70%；非公募基金會每年用於從事章程規定的公益事業支出，不得低於上一年基金餘額的8%。利用社會捐贈的財產從事社會公益活動是基金會的義務。對於沒有具體約定使用方式的捐贈，許多國家都對基金會每年用於公益支出的資金比例作了明確規定，以防止基金會不履行或不完全履行義務。如韓國、臺灣將基金會上一年的收

入作為基數來確定 MAE，比例多在 60%～70%，而澳大利亞規定該比例為 85%。公益支出比例太低，給人以借基金會名義逃稅的嫌疑；公益支出太高，又不利於基金累積增值。可見《基金會管理條例》規定的中國的 MAE 為不低於上年總收入的 70% 這一數字，既不太低，也不過高，為國外 MAE 的一般水準。美國的私立基金會（類似中國的非公募基金）的 MAE 確定為上年基金餘額的 5%，這是因為資金一般的投資回報率均可達到這個水平。公益支出包括基金會從事公益事業的所有支出，包括公益資助項目的費用、執行項目的成本和基金會組織募捐的費用，不包括基金會專職工作人員的工資福利、基金會日常辦公的行政開支。實際運作中的一些開支，如人力資源費用、差旅費用等，難以確定開支性質，需國家財政部門制定統一的基金會財務會計標準加以具體規定。基金會工作人員的工資福利和行政辦公支出不得超過當年總支出的 10%。此規定意在促使基金會精簡機構和人員，提高辦事效率，加強政府的監管。境外民間組織的自律組織和評估機構發達，社會監督機制完善，對基金會的行政開支比例很少作硬性規定。如美國人認為應當允許合理的開支，因而美國對基金會的行政經費並無法律規定，而是由慈善機構與捐款人商量。對於不同的慈善機構乃至同一慈善機構不同的項目，其行政經費的提取均不相同。對於慈善機構的項目撥款，有的行政經費提取比例高，有的提取比例低。如法律援助項目的行政經費的提取比例偏高；幫助窮人、分發救濟物品的項目的行政經費提取比例偏低。中國香港特別行政區法律規定香港公益金的項目成本為捐款的 10%，行政經費則每年由香港賽馬會捐贈 2,000 萬港元開支，保證行政開支不占用捐款人的一分錢。各個國家和地區的情況不同，規定自然亦有差異。《基金會管理條例》中關於工作人員工資福利和行政辦公支出的比例限定，是針對內地許多基金會開支混亂的問題制定的。

三、政府對基金會的優惠措施

為了鼓勵世界公益事業的發展，各國主要在稅收方面對基金會有些優惠政策。基金會成立後，向有關部門申請稅收優惠，經審核通過後就有了一定比例的免稅額。據瞭解，中國現有基金會兩千多家，其中全國性基金會八十多家。根據現行稅收規定，關於基金會的捐贈，企業納稅人的捐贈額在應納稅所得額 3% 以內（2008 年 1 月 1 日起施行的《中華人民共和國企業所得稅法》將該比例提高至 12%）的部分，個人捐贈在應納稅所得

額30%以內的部分允許稅前扣除。截至2006年6月，享受優惠政策允許全額扣除的只有21家基金會。它們包括：①中國光彩事業基金會、中國老齡事業發展基金會、中國華文教育基金會、中國綠化基金會、中國婦女發展基金會、中國關心下一代健康體育基金會、中國生物多樣性保護基金會、中國兒童少年基金會。②2003年批准的中華健康快車基金會、孫冶方經濟科學基金會、中華慈善總會、中華法律援助基金會、中華見義勇為基金會。③2004年批准的宋慶齡基金會、中國福利會、中國殘疾人福利基金會、中國扶貧基金會、中國煤礦塵肺治療基金會、中國環境保護基金會。④2006年批准的中國醫藥衛生事業發展基金會、中國教育發展基金會。

四、基金會存在的問題

基金會在中國三十幾年的發展中，取得了巨大的成就，但是由於基金會在中國還是比較新型的事物，在操作時不免存在諸多問題。在管理體制上，在運行上以及在財務方面都難免存在問題。主要存在以下幾個方面的問題：

1. 基金會工作效率低下，人員分工不明確，權責不分明，缺少必要的激勵機制

該原因阻礙了很多基金會的發展，使基金會在發展過程中缺乏活力和動力，工作遲滯不前。基金會是慈善事業，需要有激情、有愛心的人參加工作。如果工作人員對自己的工作都喪失了興趣，那麼基金會本來的意願就會被扭曲，原本的服務機構就會變成官僚的機構。在做公益事業的時候，難免會使得本身很順利的事情變得複雜，從而降低辦事的效率。

2. 基金會人才匱乏

中國基金會發展緩慢，沒有國外發展那麼迅速。很大一部分原因是許多基金會無法維持基金會的正常運作，其主要原因是資金匱乏。其中最主要的原因是缺乏對資金有效投資的人才，因為基金會一方面要拿出一定數額的基金用於慈善事業，另一方面又要向社會募捐，同時對資金進行投資，這樣就需要一些有金融頭腦的人加入基金會。然而，中國基金會由於大部分具有「官辦」色彩，很大一部分基金會成為行政機構的養老所，人才單一，這樣就造成基金會缺乏活力，最終只好停止運作。

3. 基金會運作不透明，缺乏監督機制

中國現階段沒有相關的法律規定基金會必須履行公布帳目的義務，因

此基金會在公布帳務時往往不實，且進行監督的人都由基金會自己確定，這樣使得基金會的帳目更加不透明，很難使公眾信服。很多基金會打著做公益事業的旗號，為自己贏取更多的捐款，但是這些款項卻並不用於公益事業。這些基金會一邊享受著政府的優惠政策，一邊卻把捐款裝進自己的口袋。

4. 募捐效果不好

在基金會募捐的三類對象——個人、企業和其他慈善組織中，中國的基金會把募捐主要集中在企業身上，而忽視了個人和其他慈善組織的捐贈，並且對企業的募捐活動也主要集中在幾個有慈善傳統的大企業集團，比如摩托羅拉公司等，沒有廣泛地開展募捐活動籌款，這就造成了募捐範圍狹窄，籌款效果不好。還有一個不能忽視的因素是，政府對捐贈的鼓勵性制度安排不夠，比如稅收優惠很少，難以鼓勵企業捐贈。同時，現行稅法把基金會並入社會團體中進行規範，忽視了基金會的特殊性，而在稅收管理上，對基金會的稅前扣除資格約束太強。因而很多企業不願意對基金會進行捐贈。

5. 相關法律制度不健全

中國目前關於基金會的法律，如《公益事業捐贈法》（1999）和《基金會管理條例》（2004）等仍存在著一些缺陷和不足，對基金會的治理沒有強有力的法律制度進行規範。同時，法律監督機制不完善。雖然有關基金會組織的法律及組織章程已經建立，但是在司法過程中經常出現對各類違規現象懲治不夠、失去法律效力的現象。[1]

第二節 國外基金會的發展

外國基金會組織非常普遍。在美國慈善組織、大大小小的基金會等有三萬個，瑞士有一萬個，其他許多歐美和第三世界國家也有幾百以至幾千個不等。唯獨法國較少，只有不到四百個。

一、美國的基金會

在美國，對基金會的定義並沒有統一規定。各種叫法紛繁複雜，有的

---

[1] 徐政. 中國公益基金會的發展歷程及其存在的問題 [J]. 中國青年政治學院學報, 2006 (5).

基金會本身並不叫基金會，例如「基金公司」「捐贈公司」「信託基金」「信託慈善基金」等，卻行使基金會的事務。有的雖然稱為基金會，但是不是基金會組織。

美國是最早出現基金會的國家。早在19世紀20年代，美國就有十幾家基金會。隨後，在一百多年的時間裡，基金會已經發展成為美國社會的一支重要力量。目前為止，美國大大小小的基金會數量繁多，在美國的第三次分配中起到極其重要的作用。按照一般分法，可把美國基金會分為四種類型：獨立基金會、公司基金會、社區基金會和運作型基金會。幾種基金會在成立基金會的主體、目的和運作方式上均不同。

美國最初成立基金會是出於對慈善事業的發展。20世紀以前，美國政府的力量極其弱小，就使得人們行動起來實行自治，形成了「大社會，小政府」的歷史傳統。許多基金會最初是由私人發起的。一些富豪們把自己的財產捐贈給教會，由教會統一管理，對教會、醫院、學校進行資助和救濟。那時候，還只是民間的基金會，嚴格意義上有組織的基金會開始於卡耐基基金會和洛克菲勒基金會的建立。之後，越來越多的私人以及政府性基金會如雨后春筍般成立起來，為維護美國的資本主義起了獨特的作用，也在社會的平等和發展之間起到槓桿的作用。

二、日本的基金會[1]

日本最早的真正意義上的民間基金會是由被世界稱為「陶器之王」的森村市左衛門建立的。1914年森田獲得批准成立了森村豐明會。直至現在，作為東京都管轄下的公益法人，該會還在開展活動。此後，財閥和資本家不斷創立基金會，其中值得大書特書的是精工的創始人服部金太郎為紀念自己的古稀之年，在1930年創立了服部報公會。日本大部分基金會在第二次世界大戰后的混亂中銷聲匿跡，而服部報公會於1945年10月召開了選拔委員會，為當選者提供了報公獎。至今，該基金會的活動從未中斷過。

目前，日本企業在周年紀念活動上經常設立基金。例如旭硝子財團是於1934年旭硝子股份公司成立25周年紀念會上成立的，當時其名稱叫旭化學工業獎勵會。日本科學協會的歷史很久遠。該協會在日本船舶振興會的支持下為研究活動提供贊助，其前身是科學知識普及會，是在許多學者

---

[1] ［日］堀内生太郎．日本基金會的歷史與發展［J］．國外社會科學，2007（4）．

的參與下於 1924 年成立的。1945 年，戰敗后的日本國土上到處都是退伍的士兵和從國外遣返回國的人，食品嚴重匱乏。在此情況下，1947 年社會上出現了共同集資的活動。為有效分配來之不易的民間資金，1951 年政府推出社會福利法人制度。在該制度的影響下，二戰後的 20 年間，日本幾乎沒有成立任何為福利事業提供資助的基金會。為防止社會捐款擴散到與福利有關的領域，日本還禁止特定公益法人從事福利活動。

作為純粹的民間基金會，二戰後最早開展活動的是以人才培養為目的並提供獎學金的基金會。例如，1950 年成立的山岡育英會、1953 年成立的三菱信託山室紀念獎學財團等。

1955 年以後，為使國土狹窄、人口眾多的日本得到發展，贊助科研的基金會明顯增多。1959 年日本的造紙大王藤原銀次郎創立了藤原科學財團。東麗科學振興會和武田科學振興會也於 1960 年和 1963 年宣告成立。在文部省僅有 18 億日元的科學研究經費時，東麗科學振興會已為科研提供贊助一億日元。

1970 年以後，企業創立的基金會明顯增多。為紀念創業 100 周年而成立的三菱財團成為文部省和厚生省共同管理的大型綜合性基金會。1974 年成立的豐田財團仿效福特基金會，第一個在日本引進項目官員制度，在公眾的關注之下制定項目，進行項目審查，改善了贊助效果。

20 世紀 70 年代后半期，資助福利方面的基金會開始出現。1974 年成立的社會福利法人丸紅基金會引人注目。該基金會每年提供一億日元的資金，一直持續至今。資助環保方面的基金會有 1973 年成立的鋼鐵業環保技術開發基金會和 1974 年成立的東急環境淨化財團等。此外，資助文化藝術方面的基金會以 1979 年成立的資助文化藝術活動的三得利文化財團為標志。20 世紀 80 年代后，贊助文化藝術事業的基金會開始增多。

1962 年成立的日本財團是以公益競技活動中的盈利部分為本金成立的基金會。中央賽馬馬主福利財團、車輛競技公益紀念資金財團也分別於 1969 年和 1975 年動用巨資開展贊助活動。日本財團不僅自己使用資金進行贊助活動，還拿出資金成立了川和平財團、東京財團等基金會，在海外開展廣泛的贊助活動。

日本經濟泡沫破滅對基金會的打擊很大。在經濟泡沫破滅前后，基金會對日趨活躍的市民活動也給予了支持。本來，此時應誕生一些資助市民活動的基金會，但由於長期超低利息的影響，新基金會的創立事實上陷入了停頓。而且，同美國相比，日本的基金會規模較小。自 1988 年以來，

助成財團中心每年都進行基金會的調查。2005年的調查表明，在2004年，每年提供5,000萬日元以上資助的基金會有645家，合計資助金額為495億日元。

從資助的內容上看，研究類占壓倒多數，繼而是獎學金類。從資助事業的類別上看，科技與教育最高，是醫療保健的兩倍。資助總金額約為500億日元，其中研究資金占半數以上，教育獎學金占三成，余下的不到100億日元資助給了福利事業、文化藝術、環境和市民活動等。美國比爾·蓋茨的基金會年資助金額據說有1,350億日元，在美國獨占鰲頭；居於第二位是福特基金會，年資助額也有560億日元。而日本的基金會的資助額全加在一起也僅與福特基金會相當。隨著日本民法的修改和公益法人的變化，今后新的基金會有可能會增加更多。

法國對遺產和財產轉移的稅收不如別國嚴厲，這使得一般的法國人看不出把錢轉入基金會事業有何好處，而且由於長期的國家主義傳統，許多法國人潛意識中就認為公益事業完全應由國家負責。因此，法國目前只有300多個基金會，且至今尚未制定一部專門的基金會法。

第三節　中國基金會的發展

1981年7月26日，中國誕生了第一個公益基金會——由全國婦聯、總工會、共青團中央和中國科協等17個全國性社團和單位發起設立的中國兒童少年基金會。此后，其他基金會相繼建立。1982年建立了宋慶齡基金會；1984年設立了中國殘疾人福利基金會；1989年3月經中共中央同意，經中國人民銀行、民政部等有關部門批准，共青團中央、全國青聯、全國學聯、全國少工委聯合發起創辦了中國青少年發展基金會；1995年，在王光美同志的倡導下建立了中國人口福利基金會，等等。這些基金會在教育、文化、科學、衛生、社區建設、扶貧濟困等社會公益事業中發揮了重要作用。

目前，中國基金會事業已經取得很大的成就。但是，中國基金會的發展還只是處於起步階段。並且，一個很大的區別是國外的基金會絕大多數是有了錢（基金）再去做公益事業，而中國的基金會基本上是有事需要錢，建立基金會去籌資。這是中國基金會區別於發達國家基金會的重要特點。從這　情況看，　方面，我們面臨公益嚴重匱乏的問題，迫切需要基

金會加速發展；另一方面，我們的經濟基礎還不足以對基金會的大發展起支撐保證作用。因此，基金會的發展要從國情出發，不能發展過快，更不能只追求數量而不注重質量。基金會尋求捐贈資源要慎重，應重點面向國內先富起來的人和海外華僑、華人及國際友好人士及慈善團體。中國現有基金會大都是靠社會募捐的籌資機構，因此，對此類基金會特別是對地、縣一級的基金會組織的發展要防止一哄而上，防止其通過行政手段搞攤派籌資，重點應規範其籌資行為。對不向社會募捐的私人基金會和企業（包括國營、民營、個體企業）基金會應允許和鼓勵其發展。

另外，由於中國基金會的發展處於起步階段，因此在立法、管理、監督、服務方面還跟不上需求。雖然國務院2004年公布了《基金會管理條例》，但是條例遠遠不能解決現實中出現的諸多問題。中國的國情非常複雜。沒有一個國家的範本我們可以直接拿來用，只能是一邊發展一邊摸索適合中國的法律，再不斷加以完善。

根據美國基金會中心對全美近2,600家主流企業基金會進行評估調查得出的結果，2005年的美國企業基金會捐贈總額為36億美元，2006年的數額為42億美元，比2005年增長了11%。如此大的數額在美國有史以來尚屬首次。我們國家的慈善組織數量很少，而且絕大多數都隸屬於政府。中國慈善組織所管理的資金只占中國國內生產總值的0.1%，而美國的比例是9%。為什麼基金會在中國三十多年的歷史中，並沒有得到較快的發展？從1988年制定的《基金會管理辦法》到2004年該辦法的修改等，中國基金會的發展都受到約束。1981年7月28日成立的中國兒童少年基金會是新中國成立的第一個公益基金會。但三十多年過去了，能起到應有作用的中國基金會實在太少。中國正越來越成為最需要民間力量和基金會發揮作用的地方。但是目前為止，可以用的基金會寥寥無幾，而在美國卻發展得如此迅速。估計有以下四個方面的原因：

（1）在美國成立基金會的門檻很低，只需做相關登記或繳納少量註冊資金即可，手續簡單。而在中國，基金會或許還是一個新生事物，審批繁瑣，目前也沒有比較完善的規章制度對基金會進行很好的管理和約束，因此在審批時放不開手腳，效率低下。

（2）中國傳統文化的熏陶。中國幾千年的歷史都比較強調家的觀念。人們從小生活在一個大家庭裡。更多人都受到家的熏陶。大多數人的思想都是把財產留給後代，根本沒有把自己的財產拱手相讓的觀念。

（3）稅收。一方面是稅務上的優惠政策，另一方面是遺產稅的壓力，

使很多富人成立基金會來減輕稅務負擔。美國的稅法規定，年利潤和遺產收入等本該交稅部分，可以有30%捐給私人基金會或50%捐給公立基金會。捐款人不僅在基金會可以成為董事，同時有參與基金會政策制定的權利，而且這是社會地位的象徵，更何況是捐給自己創辦的基金會，去實現自己的理想。但更重要的是對社會的參與意識，使基金會不斷出現。因而可以說基金會的存在不是被動的稅務工具，而是對社會關懷和參與的主動進取。

（4）中國法制不夠健全。三十多年來，中國成立了數目較多的基金會，但是多多少少都存在問題。很多基金會僅僅是為了斂財，中飽私囊的例子相當多。很多基金會明明收到了社會的捐贈，但是捐贈數額並不在財務上體現，更不會拿出來做公益事業。這與中國不夠健全的法制有很大的關係。因此，基金會一度成為企業避稅的工具。如果中國對基金會的各個方面都做出比較全面的規定，包括基金會開展工作、基金會的財務透明化等，那麼中國的基金會事業也不會出現如此令人失望的景象。

第四節　世界典型基金會簡介

目前，世界範圍內有數目眾多的基金會，其中有一些在國際上知名度極高，並且已經為社會的公益事業做出卓越貢獻。下面簡單介紹幾個基金會：

一、自然基金會——全球環境保護組織

世界自然基金會（簡稱WWF，過去叫做World Wildlife Fund International——世界野生生物基金會，現在更名為World Wide Fund for Nature）於1961年9月11日成立於瑞士一個風景秀麗的小鎮——莫爾各斯（Morges）。其創始人是英國著名生物學家、聯合國教科文組織第一任總干事朱立安·赫胥黎先生。其基本目標是保護地球的生物資源。五十多年來，在多方的支持下，WWF成長為一個極具影響力的獨立性非政府國際環境保護組織。

世界自然基金會（WWF）是在全球享有盛譽的、最大的獨立性非政府環境保護機構之一，在全世界擁有將近500萬支持者並在90多個國家活躍。1980年，WWF正式來到中國，1996年在北京設立了辦事處，此後

陸續建立了7個項目辦公室和上海分辦；發展至今，共擁有70多名員工，開展了包括物種、森林、淡水、能源與氣候變化、環境教育和野生物貿易等多方面的工作。WWF的使命是遏制地球自然環境的惡化，創造人類與自然和諧相處的美好未來。為此其一直致力於：①保護世界生物多樣性；②確保可再生自然資源的可持續利用；③推動減少污染和減少浪費性消費的行動。

二、世界兒童基金會

世界兒童基金會（World Children Fund）成立於1996年，其總部位於美國加利福尼亞州聖荷塞市，主要致力於世界範圍內兒童教育和福利事業，通過國際籌資和捐贈網路，救助更多需要幫助的弱勢兒童。會長林晉武博士在國際慈善公益事業中享有盛譽，奔走於洲際之間，瞭解當地國家兒童的需要，爭取國家領導人對兒童事業的支持，與各國當地的慈善機構建立了廣泛的合作。目前世界兒童基金會開展活動的國家遍及五大洲。

世界兒童基金會十分關注和支持中國兒童福利事業的發展，於1998年開始向中國兒童少年基金會、中國婦女發展基金會、中國殘疾人福利基金會、中國紅十字會、中國扶貧基金會、援助西藏發展基金會、北京兒童福利院等公益慈善機構提供物資和資金的捐贈。2003年9月世界兒童基金會根據其國際項目運作經驗，向北京兒童福利院捐贈的「快樂屋」項目，旨在提高孤殘兒童的生活技能，成為該福利院樣板展示項目。該項目由兒童多媒體教室（提高兒童科技興趣，學習外語，繪畫創作）、迷你醫院、迷你超市、迷你家庭構成，讓生活在福利院的孤兒模擬接觸生活，更加快樂，使他們心理和情感健康發展。

三、中華慈善總會

中華慈善總會（China Charity Federation）是經中國政府批准依法註冊登記的，由熱心慈善事業的公民、法人及其他社會組織志願參加的全國性非營利公益社會團體，正式成立於1994年。其宗旨是：發揚人道主義精神，弘揚中華民族扶貧濟困的傳統美德，幫助社會上不幸的個人和困難群體，開展多種形式的社會救助工作。

自成立以來，中華慈善總會特別注意發揮其本身所特有的涵蓋面較為寬泛的特點，嘗試性地開展了多種籌募活動。截至2006年8月，中華慈善總會直接募集慈善款物共折合人民幣11多億元，數以千萬計的困難群

眾得到了不同形式的救助。總會開展了災害救助、扶貧救濟、助醫助殘、助孤（幼）安老、助學助教5大方面33個慈善項目。遍布全國的慈善援助項目逐步形成了規模。2013年中華慈善總會和團體會員中的205個慈善會全年接受慈善款物總額為302億元。

中華慈善總會實行嚴格的財務制度和審計制度，聘請了國際知名的畢馬威華振會計師事務所進行年度財務審計，其重大募捐活動接受國家審計署的審計，並隨時接受社會監督。由於中華慈善總會始終堅持公開、公正、依法、自律的財務工作原則，其公信度不斷提高。

中華慈善總會不斷加強對外聯絡工作，與港澳臺和海外的許多公益慈善機構建立了良好的合作關係，並共同實施了多項合作項目，得到了國際慈善組織的普遍認同。1998年，中華慈善總會加入了國際聯合勸募協會，成為該組織中唯一的中國會員。可以說，中華慈善總會作為中國慈善組織的代表，已經開始成為聯繫海內外華人和國際友人、共同促進中國慈善事業穩步發展的一條新的紐帶。

四、中國扶貧基金會

中國扶貧基金會成立於1989年3月，由國務院扶貧開發領導小組辦公室主管，是對海內外捐贈基金進行管理的非營利性社會組織，是獨立的社會團體法人。作為國內扶貧領域中最大的非政府組織，該基金會遵守著「一切遵循人類良知和善心的指引，像企業家一樣的經營謀略和高效管理，像科學家一樣的研究方法和學習理念，像工作狂一樣的職業追求和奮鬥精神」這樣的信條。該基金會的主要職責是：幫助貧困社區的弱勢群體提升自我發展能力；改善基本生產條件和提高基本社會服務水平；促進受援人脫貧與自立；強化基層管理與組織；減輕社會疾苦與不安；傳遞人類愛心與善心；促進社會和諧與文明，直接援助貧困社區的弱勢群體，向貧困社區提供公共設施和社區服務，為貧困社區中的窮人提供技術性服務的專業人士和組織，讓受援人在項目參與中學習，並促進其自信、自尊、自強與自我發展；盡最大努力鏟除援助過程中的腐敗，剔除多餘動作與中間截流，直接將愛心傳遞給貧困人口，最大限度致力於中國的扶貧事業。目前正在實施的扶貧項目主要有：小額信貸扶貧項目、新長城項目、母嬰平安120項目、天使工程項目、緊急求援項目、綜合項目等。

思考題：

1. 基金會是什麼？它是如何分類的？
2. 基金會的成立需要哪些程序？成立後它是如何運作的？
3. 中國目前對基金會的優惠措施有哪些？
4. 中國現階段基金會存在哪些問題？
5. 美國和日本的基金會分別有何特點？
6. 分析中國基金會發展的外部瓶頸。
7. 列舉國內外知名的基金會及其活動。

第六章 彩票業

現代彩票業源於歐美，后風行全球。瑞士是即開型彩票的發源地，20世紀30年代即有彩票。瑞典是最早發行競猜型體育彩票的國家。現今國際兩大彩票組織 INTERTOTO（國際彩票組織）和 ALLE（政府彩票組織國際協會）各擁有一百多個會員。1993年和1995年中國社會福利獎券發行中心（現中國福利彩票發行中心）分別被該兩組織接納為正式會員。1996年全球彩票銷售總額為1,200億美元，比上年增長10%，其中美國以364億美元名列世界第一，日本以76億美元名列亞洲首位。2015年中國發行彩票3,679億元，其中福利彩票2,015億元，體育彩票1,664億元。

第一節　彩票業在中國的發展歷程及其作用

一、彩票業在中國的歷史

有國外學者認為，中國最早發行彩票的時期是唐代。大詩人李白曾描繪過盛唐熱烈的博彩場面：「大博爭雄好彩來，金盤一擲萬人開。」當時發行彩票的目的是為修建長城籌集資金。國內的研究傾向認為中國的彩票發行歷史始於清代。當時流行在會考期間賭哪個姓的考生中考最多，將每個應試者的姓印在紙上定價出售，由購買者選擇中榜者的姓，發榜后，按

猜中的多少依次獲一、二、三等獎。

1899年4月上海廣濟公司發行的江南義賑票在張園開彩，這是中國第一家經中央政府批准成立的正式彩票公司。此前中國彩票市場一直為外國發行的彩票所獨占，包括起初的菲律賓呂宋票，後來的暹羅票（泰國）、長崎票（日本）、先令票（英國）等。

中國近代由地方政府發行的彩票是清代末年由湖廣總督張之洞批准發行的湖北簽捐票。1901年，在全國彩票銷售中心——上海，正式註冊的彩票公司就有11家，每月銷售17萬張彩票，月銷售額達到85萬元。民國時期也發行過彩票，包括航空公路建設獎券和黃河彩票等。1949年後彩票被當做「資本主義的罪惡」而禁止。

二、彩票業在新中國的發展

1. 客觀需求

20世紀中後期，隨著經濟體制改革的深化和市場化進程的加速，由市場經濟帶來的或在計劃經濟下隱藏的社會問題逐步暴露出來，如失業問題、老人問題、社會福利社會化問題、社會特殊群體的救助，等等。當時，全國已有的社會福利院、光榮院、榮軍院等福利設施約有50%屬危舊房急需改造；全國社會福利和優撫事業單位中約30%沒有常規醫療設備和專業醫生；逐年增多的棄嬰、流浪兒童收容、傷殘軍人假肢換裝、孤殘兒童的醫療救助等問題都需要解決，而解決問題的關鍵是錢。但國家財力有限，儘管每年財政對社會福利的投入有所增加，但是由於欠帳太多，僅靠國家財政撥款顯得軟弱無力。

2. 物質基礎

彩票只會在社會經濟發展到一定階段，生產力能夠滿足絕大部分人們的生存需要而又不足以達到對生活質量的更高要求的情況下存在。20世紀80年代後期，中國的現實正是如此。經過近十年的改革開放，中國的國民生產總值平均每年以兩位數的速度增長，人民的生活水平和消費水平得到了很大提高，溫飽問題基本上解決了而又略有盈餘。彩電、冰箱、摩托車等高檔消費品開始進入尋常百姓家並成為大多數城鎮居民家庭的最新追求，但僅憑普通工薪階層的收入置辦這些「大件」，又略顯囊中羞澀。因此彩票這種以小搏大的機會遊戲便以不可抗拒的魔力吸引了大家的目光。

3. 倫理道德基礎

中華民族樂善好施，一方有難，八方支援；同時不乏爭強好勝的意識。古往今來，上至帝王將相，下到平民百姓，各種博取榮譽或從中獲得精神、物質刺激與滿足的機會遊戲如押寶、擲色子、抓鬮、鬥雞、麻將、紙牌等，可謂形形色色、世代相傳。

4. 借鑑其他國家和地區彩票的經驗

美國的彩票業突飛猛進，每年以10%的速度增長；蘇聯自1926年起開始發行彩票，第二次世界大戰時雖然一度停發，以後再未間斷；日本自1945年開始發行彩票，1997年發行額為4,451億日元，平均每個日本人購買彩票3千日元；新加坡、泰國、中國香港等也都如此。中國內地2003年的彩票銷售規模為400億元，而僅有680萬人口的中國香港特別行政區每年的彩票銷售額達到600個億。

5. 發展歷程

1986年春，在考察了國外社會福利和彩票之後，民政部長崔乃夫向國家領導人提出了發行彩票的建議。同年6月18日民政部正式向國務院報送了《關於開展社會福利有獎募捐活動的請示》；同年12月20日國務院第126次常務會議原則同意開展有獎募捐活動。1987年2月5日中央書記處12屆第323次會議也表示同意，又報送中央政治局常委，均獲通過。為徵求社會各界意見，根據中央要求，1987年3月13日中共中央統戰部、全國政協聯合召開座談會，與會代表各抒己見，反應積極。1987年6月3日，經黨中央、國務院批准，中國社會福利有獎募捐委員會在北京成立。這一事件打破了近四十年來社會福利事業由國家包辦的老路，開闢了向社會籌集資金、社會福利社會辦的新渠道。

1987年7月28日，第一批中國福利彩票（當時稱社會福利有獎募捐券）在河北石家莊市正式發行銷售。隨後福利彩票在全國逐步推廣。2000年10月6日，隨著首期搖獎在京舉行，國家級的福利彩票——「中華風采」福利彩票宣告正式運作。1987年福利彩票的銷售僅為0.17億元，2002年則達到了168億元。2002年福利彩票與體育彩票共計375億元左右，2003年兩者共計400億元。1987—2003年，經過17年的發展，中國彩票事業已經發展成為一項產業，共發行銷售1,000億元，籌集社會福利基金323億元，支持了12萬多個福利項目。1996年改造兒童福利院的「兒童年」、1997年援助西藏福利設施的「西藏年」、1998年的賑災專項募集、2001年啟動的「星光計劃」等，都收到了較好的社會效益。星

光計劃的全稱是社區老年福利服務星光計劃,是民政部推動老年福利事業的一項重要內容。2001 年民政部決定在以後的 2~3 年,從中央到地方,通過發行福利彩票籌集的福利金絕大部分(約 40 億~50 億元)用於資助城市社區的老年人福利服務設施、活動場所和農村鄉鎮敬老院的建設。

三、彩票對社會的積極作用

1. 有力地推動了社會福利和體育事業的發展

1987—2002 年的 15 年間,全國共發行彩票 1,323 億元,籌集資金 400 多億元。這些資金主要用於支持福利、體育事業的發展。籌集的社會福利資金先後資助了三峽移民工程、假肢學校工程、災後重建工程、流浪兒童救助項目、新建各類福利院、社區服務設施等。如 1996 年民政部動用 5,263 萬元資助對全國 103 所兒童福利院或社會福利院兒童部的全面改造。1998 年全國遭受百年不遇的特大洪水,全國通過銷售福利彩票籌集了 15 億元用於抗洪救災等。

體育彩票的公益金主要用於落實全民健身計劃和奧運爭光計劃的開支,包括資助開展全民健身運動;彌補大型體育運動會比賽經費不足;修整和增建體育設施;體育扶貧工程專項支出。

2. 促進消費,帶動經濟增長

根據中國福利彩票發行中心調查,在中了大獎以後,有 72.3% 的人將獎金直接投入消費,其中購房占 15.9%、安排生活占 10%、家庭裝修占 8.9%、購車占 5%、旅遊占 3%、辦婚事占 3%、26.5% 的人將用於其他消費或投資。按福利彩票資金的分割比例,大體獎金占 50%,發行成本約占 20%,福利金占 30%。即每銷售 100 億的福利彩票,可以創造 40 億的消費需求,這還不包括返還國家的福利金中用於社會福利設施投資消費和接受救濟群體的生活消費部分。至 1999 年年底,中國共發行 395.2 億元福利彩票。除籌集百億元以上的資金用於社會福利保障外,這也意味著向市場投入近 150 億元的消費資金,而且這些資金都是吸納全國城鄉不易消費的閒散資金。

3. 增進就業,減少社會貧困人群數量

在經濟結構調整過程中,下崗職工再就業是各級政府面臨的重要問題。彩票為此開闢出一條新渠道。到 2002 年,福利彩票系統發行銷售機構已覆蓋全國 95% 以上的縣市。全國已有省級發行機構 37 家,地市級發行機構 329 家,縣級發行機構 2,123 家,全系統約 2,500 家。全系統從業

人員有74,758人，其中專職人員4,237人，兼職人員6,600人，聘用人員636,561人。從1999年下半年開始，全國15個省市開通電腦彩票。即使按每個省市100個銷售站，每站一名工作人員計算，那麼全國也有1.5萬人獲得長期、穩定的工作。根據大獎組的銷售經驗，一個100萬元的大獎組，應配備200～250人售票。到2002年，全國常規福利彩票年銷售量保持在60億元規模，其中80％採取大獎組銷售方式，因此大獎組的規模應保持在4,800萬個左右。按100萬元一個大獎組估算，每年可創造就業機會120萬個左右。如果再加上體育彩票網路帶來的就業機會，每年創造的就業機會可達300萬個左右。以山東省為例，2000年福利彩票與體育彩票投註站分別為3,000個與1,000個，解決就業1萬人。按銷售額7％的比例提成，每個銷售點每週可收入500多元。2000年12月5日，濰坊市一福利彩票投註點創下日銷售量10萬元的記錄，這樣一天可收入7,000元。故有人將彩票比喻為一個不用政府投資，不需要耗費能源，沒有污染和噪音的大企業。

4. 實現了收入的第三次分配

發行福利彩票和體育彩票是調節收入差距、實現社會穩定功能的經濟手段。它成功地把分配到個人手中的閒散消費資金，用於發展社會福利事業和體育事業，把富裕地區的社會資金導向用於全國支出，從而起到縮小貧富差距、東西差距和城鄉差距的作用。這種財富的再分配主要表現在以下兩個方面：一是彩票發行量大的地區主要在比較富裕的東部地區。彩票發行量越大，意味著有越多的資金拿出來用於全國分配，因此彩票發行具有富裕地區多資助公益事業的作用。以福利彩票為例，1987—2001年，全國30個省市共銷售福利彩票621億元，而廣東省、江蘇省、上海市和浙江省5地就銷售271億元，占全國總銷售的44％。1987—2001年，上繳中央的福利金平均比例為20％。15年間共上繳44億人民幣。其中該5省市實際貢獻了近20億給全國分配使用。二是彩票銷量最多的地方是城市，而城鄉接合部、農村的銷量很少。這意味著拿出來重新分配的資金主要來自城市，無疑有助於縮小城鄉差距。

5. 增加國家財政收入

政府開辦博彩業，一般可從兩個方面獲益：一是按比例籌得福利基金；其二是按比例得到稅收。在很多國家，博彩一直是稅收的一個來源。又因博彩業稅收的獨特性，在一些國家被戲稱為「微笑納稅」或「無痛稅收」。中國彩票發行主要增加了增值稅和個人所得稅。1987 2002年，

中國彩票發行量為 1,323 億元。如果按 50% 的返獎率測算（體育彩票銷售額的 50% 用於返獎；35% 上交國家財政；15% 用於彩票發行；發行費中國家體彩中心提取 3%，后降為 2%），相當於增加了 662 億元的購買力，或為工商企業提供了 662 億元的商品銷售獎。按 17% 的增值稅率測算，僅此一項可以上繳國家稅金 112 億元。此外，個人中獎一次超過一萬元者，按 20% 的稅率向國家繳納所得稅，如按發行億元彩票計算，僅萬元以上的大獎收入個人所得稅就達 700 萬元。這也有助於增加國家稅收來源。

第二節　彩票業的問題及其前景

一、目前彩票發行和管理中存在的問題

1. 法律不健全

發達國家發行彩票或開設賭場，一般是先立法，然后再開始運作。而中國法制觀念淡薄，傳統上均以行政命令代替法律的管理。加之有人認為：彩票法應是彩票業發展到一定階段的產物，應該先發展，后立法；開始就立法會約束彩票業的發展。此外，公益金的分配所涉及的民政、體育、教育、建設、環保、社保、財政等十余個國家部委，均想從彩票公益金中取得更大份額，相互爭論。故儘管彩票業從 1987 年恢復，至今已經存在多年，但仍然沒有一部博彩法律。彩票管理主要依據黨中央、國務院發布的通知或人民銀行、財政部以及民政部、國家體育總局制定的零散的彩票管理行政規章。這些管理辦法分別針對福利彩票或體育彩票，因此缺乏統一性。管理制度存在這些問題，很難適應不斷發展的彩票市場。沒有法律的制約會造成很多問題，包括監管者、發行者和使用者的權利和職責模糊不清，沒法對其進行有效監管。2004 年年初發生的西安市「3·25 即開型體彩造假案」（又名「西安寶馬彩票事件」，彩民劉亮引發）給中國彩票業的監管敲響了警鐘。

在 2004 年 3 月 20 日至 25 日，在西安即開型體育彩票銷售活動現場二次抽獎過程中，體育彩票委託發行人楊永明同社會閒散人員孫承貴、樊宏等相互勾結，在承銷彩票期間，以非法佔有為目的，虛構彩民可以公平獲獎的事實，隱瞞用強光照射手段，事先確定大獎信封，而實際控制大獎

的真相，騙取汽車、現金等共計人民幣 2,515,240 元；為獲取不正當利益，楊永明先后 20 次給 8 名國家工作人員行賄 42.66 萬元。案中陝西省 8 名國家工作人員因涉嫌收受楊永明賄賂和禮金被逮捕或刑事拘留，3 名公證人員涉嫌濫用職權罪。法院調查發現，2000 年以來，這 8 名工作人員在即開型體育彩票發行銷售中，利用職務之便，收受體育彩票發行承包人楊永明所送現金。其中，陝西省體育局原助理巡視員、省體彩中心原主任賈安慶收受 130,000 元；省體彩中心副主任張永民收受 40,000 元；省體彩中心原副主任張長安收受 60,000 元；省體彩中心原財務科副科長謝有財收受 12,000 元；省體彩中心發行部原副部長吳燕華收受 8,000 元；省體彩中心發行部管理員田偉東收受 7,000 元；西安市體彩中心原主任樊宏收受 94,000 元；延安市體彩管理站站長李智文收受 70,600 元。碑林區公證處原主任萬元模、公證員李群、新城區公證處公證員董萍涉嫌瀆職犯罪。類似陝西西安的彩票造假案件在全國其他地方也時有發生。

「西安寶馬彩票案」發生時，作為國家體彩中心新聞發言人的張偉華曾表示要消除該事件對彩票公信力的影響，打擊腐敗。然而兩年過後，張本人卻緊跟著落馬，中國彩票舞弊案也從地方升級到體彩最高層。與「西安寶馬彩票案」中體彩官員幾近直接參與彩票詐騙不同的是，2005 年國家體育總局體育彩票管理中心原法定代表人、主持工作的副主任張偉華被北京檢方提起公訴。張偉華案所涉及的除與私企聯手造假，指定所辦公司（北京中體彩印務技術有限公司，簡稱「中體印務」）將代理進口電腦彩票專用熱敏紙業務委託給不具有進出口經營權的私營企業（「××陽光」公司），人為增加環節，轉手高價採購，致使彩票發行費在 2003 年 2 月至 2005 年 1 月流失 2,341 萬元。更大的問題則是其領導下的國家體彩中心通過自建企業，內部聯手違規套取國家彩票發行費用作為部門私利。2003 年前後，在換掉之前的供貨商后，「中體印務」和「中體科技」（中體彩科技發展有限公司）成為了彩票技術和印刷品的提供者，而「中體印務」和「中體科技」的股東分別是體育總局下屬的幾家單位，其董事長則是體彩中心人員。換言之，此時供貨商和購買者已是一家，體彩中心買彩票不過是「從左手倒到右手」。體彩中心按規定提取的發行費，除留下 0.2% 作為彩票管理中心基本費用外，其余全部撥付給兩公司運作。2003 年和 2004 年，體育彩票管理中心共付給兩公司彩票發行費 9.69 億元，但支付的發行費用超過實際需要。扣除全部成本費用后，兩公司獲利高達 5.58 億元。體彩中心下屬的公司虛增熱敏紙價格，然后體彩中心自己又同意用這一價格購買，上下聯手，

第六章 彩票業

把本來應該結余上繳的發行費變成了兩個公司的合法利潤，留在本系統內部。2003年12月，在「中體科技」成立周年之際，體彩中心減持股份至36%，將另外30%的股份轉讓給全國30個省、自治區、直轄市體育局的指定機構，每省受讓1%的股份，以實現「利益均沾」。

目前，如何保護18歲以下的未成年人，防止其參與彩票活動的保護機制也沒有。同時，國內一些不法商人看準了彩票這塊肥肉，自設「私彩」，造成了不少社會問題。「私彩」的黑洞每年吞噬的資金是合法彩票的數倍之多。各種因彩票引起的糾紛也接連不斷。無論是解決彩民與發行機構的糾紛、彩民之間的糾紛或是維護彩民的權益，都需要把目前所發行的福利彩票和體育彩票政策法規統一起來，該廢止的廢止，該修改的修改，最后指定一部專門的彩票類法規。經過幾易其稿，《彩票管理條例》於2009年正式出抬。《彩票管理條例實施細則》從2012年3月1日起施行。

2. 管理結構不合理

發達國家博彩業的運作，一般是由政府成立一個專門的博彩或彩票委員會來管理。博彩委員會的職責包括頒發經營許可證、查處違規行為等，如美國加州的彩票委員會，英國的博彩委員會。委員會根據法律成立，不直接參與彩票經營活動，也不負責資金的使用。委員會有使命、目標和章程。委員會每年發布年度報告，向公眾交代其完成的工作和資金（運作資金）使用情況。比如英國彩票委員會的職責包括：「保證彩票活動運作的規範性，保護彩民的利益，在滿足前兩項的基礎上保證為福利事業籌集盡可能多的資金」。委員會的具體工作包括：制定規章制度，挑選彩票發行實體，保證發行實體遵守規章制度，監督參與從事全國彩票業務的公司或個人，確保其行為得體，為全國彩票的具體遊戲頒發許可證，確保合理的資金支付給福利事業。但該機構不負責彩票收益的分配，也不參與彩票獎金的制定。

中國彩票機構的組織管理結構和管理機制至今不完善。過去，彩票發行、監管和籌集資金的使用都由同一機構負責。如福利彩票，1987—1994年，民政部既是福利彩票的主管單位，也是發行單位和使用單位。民政部既當運動員又當裁判，監管名存實亡。體育彩票的情形也一樣。1994年中共中央辦公廳和國務院辦公廳明確「中國人民銀行是國務院主管彩票的機構」。1999年，監管工作正式移交財政部。目前，體制上國務院領導，財政部監管，民政部主辦社會福利彩票工作，國家體育總局主辦體育彩票，發行銷售的具體工作則分別由中國福利彩票發行中心和中國體育彩

票發行中心負責。而福利彩票發行中心和體育彩票發行中心分別屬民政部和國家體育總局行政管理。因此，福利彩票發行機構和使用機構是民政部，體育彩票的發行機構和使用機構是國家體育總局。

民政部和體育總局各自發行自己的彩票會造成資源最大的浪費。兩個機構都在全國30個省、區、市設立了彩票管理機構和發行網路，導致機構重複，規模效益降低。不同的機構打廣告，互相爭奪彩民。這既影響彼此的形象，也使彩民得到混亂的信號，影響彩票的發展。

兩家公司的主要職責是體育事業和福利事業。讓其發行彩票，與其主要職責不符合。此外，使用單位籌集資金使沒有彩票發行權的其他部門得不到彩票帶來的好處，比如環保、教育（特別是偏遠地區的中小學教育）。合理的做法是，統一發行彩票，可由企業操作，但收入上交國家，具體用於哪些方面由政府統一規劃。

而在各家公司內部上下利益又很難達成一致，不同利益和體制弊端相互糾纏，造就了中國彩票業的諸多隱患。在這條利益鏈上，中央一級基本屬於「旱澇保收」。以體彩為例，國家體彩中心固定提取2%作為發行費，剩下的13%由各地方分配。但在地方，又形成了新的討價還價局面，分配機制更為複雜。通常的分配方式為，其他市與省會有一個「討價」階段，窮市拿到的比率要高，「比如12%」，但省裡總會給自己留下相應的固定提取比率。商定比率後，市裡大多數會找承銷商，「一種是給承銷商10%的比率，自己留2%；一種是給7%的比率，但是承銷商賣得好我給你獎勵；另外一種是12%全部被承銷商拿走，賣得好，承銷商給市體彩中心一定贊助。」找「承銷商」的銷售方式一般在所謂「大獎組」的銷售中應用，就是集中銷售即開型彩票。而體彩中心承包出去的目的則是轉嫁風險——集中銷售。前期宣傳花費頗大而一旦銷售成績不佳，比如趕上下大雨，無法銷售，前期投資無法收回就有賠錢危險。如此狀況下，企業甚至要承擔張也銷售不出去的風險，在不能穩賺時，作弊成了一種選擇，久而久之就成慣例。西安寶馬案中的承銷商就是類似問題。事實上，承銷商違規獲利方法很多，通行的則是讓供貨商提高報價。如此狀況下，少數地方彩票中心和承銷商往往有利益關係。因此在過去幾年的彩票舞弊案中，承銷商和地方彩票中心人員大多共同被揪出。自西安寶馬案發，財政部從2004年5月15日起，在全國範圍內暫停集中銷售即開型彩票。取消「旱澇保收」的「大獎組」承銷商之後，市級彩票中心經營風險加大。以寧波市為例，2005年該市福利彩票發行中心電腦型彩票發行費收入提取比例為4.5%，

上繳中央和省3.5%，而體育彩票發行費提取比例僅為1.2%，上繳中央和省則為7.8%。該市福利彩票發行中心發行費收入全年虧損93萬元，體育彩票管理中心全年虧損82萬元，彩票發行機構經營風險已開始顯現。

彩票管理體系複雜。福利彩票管理權主要在省一級。各省份自己安裝獨立的電腦系統，有各自的印刷廠印製彩票，而國家福彩中心不過是一個名義上的共同領導。如此造成的弊端是，如果國家福彩中心想檢查某省份的彩票銷售情況，就相對困難。更複雜的是省之下的管理體制，比如廣西壯族自治區設立了四個管理站，分片管理下面的幾個市，但這四個點只管電腦彩票，即開型彩票又屬三級管理。福建省每個市都有管理站管電腦票，同時又有市福彩中心管即開票。條塊交錯，監管自然困難。正是因為看到了福彩的體制弊端，體彩一開始就強調「集權」。國家體彩中心和下面各省級體彩中心關係密切，且半獨立於各地體育局。國家體彩中心除了建立統一的電腦系統外，還掌控彩票的印刷權力。然而，由此造成的弊端是權限高度集中。雖然省級作弊空間小，但是國家體彩中心卻硬要為各地統一提供彩票和電腦系統。業內人士說，統一印製彩票為國家體彩中心提供了建廠「自肥」的客觀條件，而2%的高提取率為其提供了截留剩餘發行費的利潤空間。此外，無論福彩還是體彩，玩法異常多樣，每個省都可以自己推出新玩法，然後以國家福彩中心或者體彩中心的名義推出銷售，跟土特產一樣。

3. 缺乏監督

彩票監管由財政部綜合司彩票處負責。一個處級單位根本無法監管國家體彩中心和福彩中心兩個正司級的事業單位，而且彩票處也沒有具體的監管手段。而在省市一級財政部門中，幾乎沒有專門的彩票監管機構，連行政部門監管行政部門都達不到。與其說財政部在行使監管職能，不如說民政和體育部門在自我監管。作為「主管部門」，民政和體育部門想的是如何擴大市場，監管自然放在產業發展的后面。而令人無可奈何的是，公證——這一外在的法律約束，在西安寶馬案中已被證明，作用不大。他們往往只是對開獎的某個環節進行公證，而對整個過程和結果，無法公證。

4. 錯誤引導

經常可以看到這樣的廣告：「體育彩票，是您快速成為百萬富翁的捷徑。」「拼一拼、搏一搏，發財就在一瞬間。」有文章討論彩票市場特徵，津津樂道宣稱「彩市打造職業彩民」。

5. 研究落后

目前國內有關彩票行業的研究非常缺乏。除了報紙、網頁大力渲染發大財的機會，宣傳彩票業對社會的貢獻外，很少有人研究彩票業的規範問題、法律問題、管理體制問題、負面影響等。

6. 彩票發行制度仍然帶有計劃經濟色彩

國家對彩票發行採取逐步放寬的整體政策，彩票發行權由國務院審批，彩票發行由財政部監管（因為彩票發行數量影響國家金融市場，發行具體數量由福利基金募集委員會確定，募委為一國家事業單位，由財政部代管，各省民政廳下設募辦，負責福利彩票的發行，福利處則負責基金的使用），民政部和體育總局為指定的具體發行部門。每年發行多少彩票是由彩票發行部門即民政部和體育總局統計各省需求，並綜合上一年度的銷售額，結合當地的收入情況，框定一個額度，通過財政部上報到國務院批准。國務院再根據社會保障資金的缺口以及上一年度的發行情況制定一個總額度，再由財政部具體分配到民政部和體育總局。這種額度管理的彩票發行方法使中國彩票市場的潛力得不到發揮。

7. 公益金使用不合理

按照有關規定，彩票收入的35%用於公益金累積。2001年起，原本僅用於本部門的公益金分配出現變化。關於超過彩票公益金基數的部分，80%上繳中央財政。這部分錢主要用於補充全國社保基金。基數內的公益金，由民政和體育部門內部支配。2006年，財政部更是對彩票公益金分配做出重大調整：中央與地方平分彩票公益金，50%的彩票公益金上交中央，其中的60%補充國家社會保障基金，30%是專項公益金，而民政部和國家體育總局各占5%。1987—2006年，中國累計籌集彩票公益金1,219億元。這些公益金，按照國務院的規定，主要用於八個方面的公益事業：民政福利事業、公共體育事業、青少年學生校外活動場所建設、2008年北京奧運會、紅十字事業、殘疾人事業、補助醫療救助基金和補充全國社會保障基金。

彩票發行籌集的資金未按要求使用。許多地方把福利彩票籌集的資金積壓起來，未按要求及時使用。如早在1997年福利彩票籌集的資金有1/4留在帳上。1997年和1998年，審計署就兩度披露福彩福利金沉澱過多的問題，資金就有被挪用擠占的風險。審計報告曾披露，中國紅十字會下屬單位將財政部撥付的用於檢測項目的彩票公益金63.31萬元用來購置小轎車、旅行車，列支辦公用房租金等。越是落後的省市，積壓越嚴重。彩票的發行與資金的使用為同一機構所為。如果彩票的發行由專門的機構做，

使用單位根據資金使用的情況按比例投入，沒有使用的便不再投入，就可防止該問題的出現。

8. 彩票的負面影響沒引起足夠重視

彩票雖然對福利事業和體育事業做出了巨大的貢獻，但是也帶來一些負面影響，如因彩票引起的「問題賭徒」、貪污、家庭問題等。根據報導，彩票發行居廣東省首位的佛山市順德區就有不少彩民長期買彩票不能中獎反而得上「博彩綜合徵」，直至患上精神障礙。彩票極容易傷害低收入者。無論從絕對數量還是個人佔有的相對比例上，低收入階層花在彩票上的錢遠遠大於高收入階層。他們當中絕大多數永遠與「贏」無緣。有的低收入家庭為購買彩票孤注一擲，甚至傾家蕩產。這些問題均未引起足夠重視。

二、中國內地博彩業的發展前景

雖然中國內地彩票業發展迅速，但是內地其他博彩形式則仍然非法。2000年前後，深圳市、廣州市、北京市、寧波市的賽馬場都因涉及賭博而被關閉。20世紀90年代，海南省曾提出開設賭場的報告，但沒得到中央的批准。西部大開發的方案中，也有地方提出了開設賭場的建議，但同樣被否定。2002年國家計委、公安部等機構還聯合發文禁止賭博性賽馬。

博彩在中國內地仍然是一個忌諱的詞彙。無論是福利彩票還是體育彩票，都努力證明自己不是博彩。目前影響內地進一步開放賭博的因素有：

（1）很高的政治風險。中國周邊國家或地區開設賭場，大多以境外賭客為目標，其對當地社會的負面影響可減少到最低，如馬來西亞、韓國、越南等國家或地區的賭場。但內地開設賭場不可能大量吸引海外賭客，主要賭客應是國內賭客，因此賭場的任何負面影響都需要自己吸收，這無疑會嚴重加大決策的政治風險。

（2）傳統觀念的限制。中國的文化對賭博向來持否定看法。新中國成立以來，賭博同賣淫、吸毒被視為危害社會的犯罪。目前反對賭博的代表性意見有如下幾種：①賭博對社會影響大，其對個人、家庭、社會都有較大的危害，賭場一旦開放（當然也是政府控制的），會誘發全民性的賭博「興趣」，導致各種地下賭博更為泛濫。②博彩有違勤勞致富的民族精神，其發展會導致中國人民精神價值的損失。「社會上投機取巧的人多了，必然意味著社會財富有減無增。如果為了眼前的利益，而以損害勤勞致富的民族精神為代價，實為得不償失。」③博彩本質上不能創造價值，而只是一種對於社會資源重新配置的手段或方式。在目前經濟發展水平還

比較低的情況下，內地面臨的主要問題是經濟發展、創造價值，而不是對價值的重新分配。在經濟資源還十分有限的狀況下，加大彩票業發展會造成與其他部門爭奪經濟資源，從而抑制實體經濟的發展。這些意見不一定都對，但它們確實會影響內地進一步開放賭博。

（3）轉型中的中國需要保持社會穩定。中國內地正處於社會轉型時期。為保證改革的順利進行，保持社會穩定是首要大事，而賭場容易誘發一系列社會問題，包括使黑社會滋生、各種腐敗、犯罪和暴力事件等。因此政府對進一步開放賭博持非常謹慎的態度。

（4）中國百姓整體收入水平還較低，承受能力有限，加上大眾的文化素質不高，因此開賭的時機還不成熟。

基於以上原因，中國內地短期內不大可能允許開設賭場。但這並不意味著中國內地沒有開放賭場的可能。隨著時間的推移，新領導人觀念的開放，周邊國家賭場進一步增加，講究實際的中國政府也可能改變態度，先開放賽馬和在貧困地區開放賭場。2002年7月北京大學成立「公益彩票事業研究所」，甚至考慮是否開設彩票專業，這些都可以視為內地政府改變態度的先兆。北京大學彩票研究所成立后，立即著手兩個課題的研究：一是彩票行業體制調整；二是建立一個彩票玩法技術檢測體系。如推出一個新玩法之前，通過這個體系衡量一下，這種遊戲數學上是否合理，概率統計上是否過量，市場承受能力如何。建立這個體系后以期給政府職能部門衡量遊戲是否可行提供技術層面的支持。培訓彩票從業人員，制定彩票行業資格認證課程也是研究所的工作內容。彩票研究所還積極與國外相關機構如英國國家彩票委員會、英國博彩管理委員會、英國馬會、北美彩票協會、美國內華達大學雷諾分校博彩和商業遊戲研究中心、澳大利亞國立大學博彩研究中心、日本大阪商業大學等交流，在改造技術市場標準等方面合作，如遊戲機設備安全、遊戲返獎率的合理性以及如何借鑑國外遊戲標準和遊戲規則以適應中國市場。相信未來中國彩票業的發展一定會令世界刮目相看！

思考題：

1. 試述新中國成立前彩票業在中國的歷史。
2. 試述彩票業在新中國的恢復和發展。
3. 彩票業對社會的積極作用有哪些？
4. 目前中國彩票發行和管理中存在哪些問題？
5. 中國內地博彩業的發展前景如何？

第七章 農民專業合作經濟組織

　　從1982年起，中國農村普遍推行家庭聯產承包責任制，但同時所構想的「以家庭聯產承包經營為基礎、統分結合的雙層經營體制」一直並未得到真正落實。20世紀90年代以後，原有政策的潛力幾乎釋放殆盡，「三農」問題空前突出。探索新型合作化道路，成為當務之急。其中，農民問題又是「三農」問題的核心。中國目前農民主要以家庭為生產生活單位的小農經濟，兼有部分專業大戶。在探索新型農村經濟合作組織的道路上，要認清中國農村的現實，要以小農的利益為重，探索適合中國國情的發展之路。

第一節　概　述

一、農民專業合作組織的概況

　　農民專業合作組織是在農村家庭承包經營基礎上，同類農產品的生產經營者或者同類農業生產經營服務的提供者、利用者，自願聯合、民主管理的互助性經濟組織。農民專業合作社是以其成員為主要服務對象，以增加成員收入為目的，提供農業生產資料的購買，農產品的銷售、加工、運輸、貯藏以及與農業生產經營等有關的技術、信息等服務的互助合作經濟組織。

世界上最早的現代合作組織是 1844 年成立於英國的羅虛代爾公平先鋒社。在中國最早的合作社是 1918 年 3 月 30 日成立的北京大學消費合作社，因此，合作社在中國也有近百年的歷史了。其中，20 世紀 50 年代形成的生產合作社、供銷社和信用合作社是中國一個特定時期特有的產物，和現在所說的新型合作社是有本質區別的。中國新型合作社是從 20 世紀 90 年代以來在農村自發地組織和發展起來的。近些年，中國新型合作社在部分省市取得了一定的成績。國家也正在管理體制、法律、行政法規等方面加大改革、完善的力度。

農民專業合作經濟組織在農業產業化經營中發揮了舉足輕重的作用，具體表現在以下幾個方面：

（1）組織功能。在農業產業化經營中，專業合作經濟組織的組織功能作用十分明顯，一是按照國家產業政策，組織成員進行生產與銷售，促使農業生產由行政管理過渡到由合作經濟組織協調管理；二是根據國家產業規劃以及市場信息，組織和協調農戶進行專業生產；三是根據市場需求和農民意願，把分散的專業戶、專業村，通過專業合作，組織起各種類型的專業農協，以參與市場競爭；四是在經濟發達的地區，通過各類合作經濟組織，直接組織農業勞動力有序地流動到二、三產業，實現農業規模經營，為農業產業化經營奠定基礎。

（2）仲介功能。大公司、大市場不可能都直接面對千家萬戶。同樣，分散經營的農戶，也不可能直接加入大公司的經營序列或紛紛進入大市場銷售農產品。在市場需求與市場競爭中，農戶為避免自然與市場風險，需要「合作經濟」這一仲介組織。同樣，公司（企業）也需要一個仲介組織，以節約交易成本。無論哪一種農業產業化經營模式，都需要一個仲介組織，使公司與農戶、市場與農戶對接。

（3）載體功能。所謂載體功能，是指農民專業合作經濟組織從單純的組織功能、仲介功能中「跳」出來，逐步向產前和產後延伸，興辦各種經濟實體。逐步將自身的組織演變成社區性的產業一體化組織或專業性的產業一體化組織。

（4）服務功能。向農戶提供產前、產中、產後有效服務，是實施農業產業化經營必不可少的手段。由於農民專業合作經濟組織扎根在農民之土壤中，因此它對農戶的服務最直接、最具體，從而成為農業社會化服務體系中不可取代的重要組成部分，成為維繫農業產業化鏈條各環節得以穩固相連並延伸的生命線。壯大的農民專業合作社進行統一選種、統一包

裝、統一銷售，可以提高農民的議價能力，提高散戶的市場競爭力。而面對市場過剩的農產品，農民合作經濟組織可以通過和相關部門協商，進行市場調查之後，對市場的需求能力做出一個大致的預算，做出一個限制產量計劃。種植者就能夠調節和控制農作物的產量，避免盲目種植所造成的農作物賤賣等現象的發生，從另一方面保護了農民的經濟利益。

二、農村合作組織的主要類型

通過總結國內外以及中國部分省、市的農村合作組織的特點，每個地區對合作經濟組織的分類都不同，大致有如下六種：

（1）以國外為例。國外主要包括各種專業合作社、基金會等，如法國農民的這類專業合作社有生產資料供應合作社，收購、加工與銷售合作社，穀物油料收購合作社，家禽收購和屠宰合作社，水果蔬菜收購與加工合作社等；德國農民有各種農業生產合作社、農業購銷合作社、信貸合作社等；丹麥的農民合作社則無所不包，有合作乳品廠、肉製品合作社、飼料供應合作社、肥料合作社、育種合作社、機械化服務合作社、農用物資供應綜合合作社、合作麵包房、合作發電廠、合作消費社等。

（2）以北京市為例。從組織形式來看，北京市農民專業合作組織的形式有農民專業合作社、農民專業協會、農村合作經濟組織三種形式。從農民專業合作組織的合作類型來看，北京市農民專業合作組織有出資型合作、契約型合作、會員制型合作三種類型。其中，出資型合作，是由農民出資、用產權連接的規範的合作社；契約型合作，是農民不出資、用合同連接的農民專業合作經濟組織，包括加工企業、貿易組織等，也包含農民龍頭大戶，這類經濟組織必須與農民簽訂購銷合同，實行保護價格，保證農民有合理收入；會員制型合作，包括為農民提供產前、產中、產後的各類服務協會。

（3）以浙江省為例。從農民專業合作社牽頭組建的形式來看，主要有六種：①依託農村專業大戶、經營能人，利用其生產、經營、購銷等優勢組建；②依託基層農技部門，利用其技術、服務等優勢組建；③依託基層供銷部門，利用其場地、經營等優勢組建；④依託農業龍頭企業，利用其加工、品牌、行銷等優勢組建；⑤依託農產品批發市場，利用其流通、仲介等優勢組建；⑥依託村級組織，利用其組織優勢組建。其中，專業大戶、經營能人和農技部門是牽頭組建合作社的主體。從農民專業合作社涉及的領域來看，合作社的生產經營不僅覆蓋了種植業、畜牧業、漁業等農

業產業及其特色產品，還包括了生產、加工和流通等各個環節，也拓展到了農業相關領域。

（4）以遼寧省為例。按照興辦形式可劃分六種類型：①農民自辦型；②各級政府引導發展型；③涉農部門領辦型；④企業牽動型；⑤能人大戶帶頭興辦型；⑥松散聯合型。按照行業可劃分為種植業、養殖業、生產服務加工業等類型。如調兵山市已發展出奶業協會、鵝業協會、肉雞協會、葡萄協會、蔬菜協會、草業協會、食用菌協會等。按照經營方式可劃分為各類專業協會、合作社和股份制合作經濟組織三種類型。全省各類專業協會占總數的80%以上，合作社和股份制合作經濟組織占20%。

（5）以蘇州市為例。蘇州農民專業合作組織分為以下四類：①蘇州農村新型合作經濟組織以農產品專業合作社和專業協會為主。這種體現了勞動聯合和資本聯合。以追求技術進步為基本特徵，採用合作制與股份制有機結合方式，從事農產品生產、加工、貯藏、銷售等綜合或專項服務經營的合作經濟組織，目前已在無公害蔬菜、果品、茶葉、花卉苗木、蠶繭、蟹、鱉、雞、鴨、鵝、兔等主要農產品領域湧現。②社區股份合作社。這種是將行政村農民集體經營性淨資產，按轄區內應享受人口折股量化到人到戶的合作經濟組織。③土地股份合作社。這種是以承包土地折價入股，進行自主經營或委託經營農業或第二、第三產業為主要特徵，社員享有選舉、管理、監督和按股分紅等權利的合作經濟組織。④農民投資性股份合作社（又稱物業合作社、富民合作社）。這種是以農民個人資金入股為主，以建造標準廠房、打工者集體宿舍樓和農貿市場，出租商業門面房等，兼營物業管理服務為主要經營內容，實行民主管理、按股分紅的合作經濟組織。

（6）以湖北省荊門市為例。農民專業合作組織分為以下幾類：①「龍頭企業」引致型。這種類型一般採用「公司+農戶」的組織模式。其特點是充分利用「龍頭企業」（公司）的優勢，發揮合作組織的橋樑與紐帶作用，連接基地、農戶與市場的多種服務功能，結成緊密的產加銷一條龍、農工貿一體化的生產經營體系。②部門引致型。這類合作組織的成立主要是在職能部門推動下形成的，其中一些農業科技部門起到了很重要的作用。③政府推動型。為充分發揮地區資源的優勢，做大做強農業產業，通常由政府出面組織，聯合加工企業、科研單位、農戶等，形成行業協會或經濟合作組織。

三、農村合作經濟組織的發展歷程

從歷史變遷的視角分析，中國農村合作經濟組織的發展大體經歷三個階段。第一階段是從新中國完成土地改革至1953年間的互助合作，即生產合作社時期。第二階段是集體化和實行高度集中統一的「人民公社」集體經濟時期。第三階段，從農村家庭承包經營制的實施到目前各類農民自助組織競相發展時期。[①]

需要明確的是：現在講究的是「新型」農村合作經濟組織，是與20世紀50年代計劃經濟體制下建立的純集體性質的農業合作社有著本質的區別，是對當前農村專業合作社、社區合作社、專業協會或專業技術協會以及經濟聯合體的總稱。兩者有著本質的不同。首先，農村新型合作經濟組織的成員是自願加入的，退社也是自由的。而合作化運動完全是政府行為。農民沒有自主選擇權，農民的生產積極性極大受挫。其次，農村新型合作經濟組織強調的是交易的聯合，它承認個人產權。而人民公社是完全公有制的集體經濟，強調的是「公」與「社」，它否認私人產權。再次，農村新型合作經濟組織實行民主管理，堅持平等、民主、互利的原則，而人民公社實行政社合一的管理體制，農民缺乏自主權。最後，分配方式不同，農村新型合作經濟組織主要按照成員的交易量進行分配。而人民公社搞的是平均主義、吃「大鍋飯」。[②]

四、合作社與社區、金融合作、政府之間的關係[③]

1. 與社區的關係

縱觀世界各國，由於各自不同的國情，合作制的模式差別也很大，但主要可以概括為兩類：專業性合作組織和社區性（綜合性）合作組織。人少地多的歐美國家多以專業性合作組織為主。西歐、北美許多國家80%以上的農場主參加了不同類型的專業合作社。至於人多地少的東亞國家和地區，如日本、韓國以及臺灣地區，則以綜合性的合作組織為主。

[①] 夏英，牛若峰. 中國農村合作經濟組織改革和發展的思路 [J]. 北京：中國農村經濟，1999（12）.

[②] 張親培，孫波. 農村新型經濟合作組織登記註冊問題研究. 當代社會政策研究 [M]. 2版. 北京：中國勞動社會保障出版社，2007：455－456.

[③] 陳林，蘇立勝. 新三農問題之十大關係——兼論農村合作諸問題 [C]. 杭州：第三屆社會政策國際論壇暨系列講座論文集及摘要，2007－07－22.

社區是以一定地理區域為基礎的社會群體，農村社區一般可以村、鄉、縣為單位。社區的發展是以人為中心的，以改善人們生活的各方面條件為目的的。而合作社是通過互助，使普通的人民大眾實現社會政治地位和經濟水平的提高。兩者具有相似性。農村社區組織與合作社如果大致重合，比較能夠節約農村組織資源，比較容易發展綜合合作，以較低成本的方式提供全方位服務。

在中國，社區合作的地位和作用，不是專業合作能夠代替的。首先，土地是農村最重要的生產資料和生活資料。中國法律規定，農村土地屬於農民集體所有，由農民集體經濟組織管理。雖然這個「集體經濟組織」面目有些模糊，但也是以社區為特徵的。中國的農業又是灌溉農業，各種農田水利建設以及農村的其他基礎設施和公共服務設施，大都要以鄉村社區為單位來進行。經過五十多年的奮鬥，農村社區以村、鄉為單位興辦了許多企事業，累積了大量的資產，在經濟發達地區尤其如此。把它們管理、利用好，對農民就業、生產、生活和教育、社會保障都至關重要。而鄉村的社會和諧與政權鞏固，更要以社區經濟發展為基礎。

在中國的現實條件下，發展合作經濟，要充分利用社區這一組織資源，但又不能局限於社區合作。農村市場經濟的發展必然會超越社區的界限，要求在更廣的範圍內發展多種形式的聯合與合作。日韓等國的農協組織，借鑑了西方專業合作社某些做法，但都結合本國的實際，採取按地域來組織的綜合性合作組織，其社員都是當地農民。如日本農協是一縣一社，縣裡是綜合社，內部分金融、保險、供銷等專業社；供銷業務還按產品來分，比如草莓、蔬菜等。

總的來說，沒有各種專業合作的內容，社區合作固然是空中樓閣；沒有社區合作的依託，各種專業合作也只能是無本之木。專業合作社與社區合作是相互服務、相互促進、共同發展的。比如：社區合作可以在土地、資金、技術、人才等方面給予專業合作支持和幫助，而專業合作可以通過生產、流通、加工等環節的合作，解決小生產與大市場的矛盾，促進生產的專業化、規模化和市場化發展，切實改變一些社區合作無力提供服務的現狀。從一些發達國家的經驗來看，合作組織在促進農業發展，特別是促進農村社區發展方面的積極作用，是其他組織無法替代的。如果我們只注重專業合作組織，某些局部可能會成功，而且總比沒有要好。目前《農民專業合作經濟組織法》的基本原則和內容是好的，基本上是符合實際的。但是，其調節的範圍僅限於專業合作，而且容易使人產生農村合作組

織只有專業合作這樣一種誤解。多年來，由於種種原因忽視社區合作的立法，已經產生很多不良后果。因此，合作組織立法應該兼顧專業合作和社區合作兩個方面。現有的一些專業合作社，也在不斷拓寬服務範圍，具有社區綜合合作社的雛形。這也在實踐中印證了社區合作的必然性和必要性。

2. 與金融合作的關係

從中國的實際情況來看，根據有關問卷調查，在農村金融方面發現：①根據調查，目前大約只有 1/5 的農戶能夠從正規農村金融機構獲得貸款支持。親戚朋友之間的私人借貸仍是農村金融通道的主要渠道。正規農村金融機構服務不到位問題依然相當突出。並且，農村信用社已成為農村唯一為農民提供信貸服務的機構，而其他金融機構，包括農業銀行、工商銀行等，基本上是儲蓄機構。這說明正規的金融機構對農民貸款的覆蓋率非常低。②農民即使能貸到款，也只是一些小額的貸款，通常大額貸款都需要擔保或抵押，而農民既沒什麼可擔保的物品，更缺乏可抵押品。上述兩個發現說明，一方面金融覆蓋率低；另一方面，即使覆蓋到，也只能滿足農民簡單的再生產信貸需求，如果要搞擴大再生產，基本上很難滿足。這就是農村金融的現實。在現有銀行體系下不斷加劇這個傾向，基本上可以說是窮人不斷把錢借給富人，農民不斷把錢借給城裡人，造成惡性循環，農村不斷失血，積重難返。

金融不僅在一般意義上是經濟的核心，合作金融也是合作經濟的核心。缺乏有效的金融合作，合作組織的發展只能是無源之水。特別是在臺灣地區，綜合農協的發展與成就更充分證明了這一點。不把信用業務納進來，連財政基礎都沒有了，根本存活不下去。因此，信用合作和各種社區性、專業性的合作組織必須結合起來。這是中國農村信用社可以成功改革的基本方向。

3. 與政府的關係

中國農村合作組織的理論與實踐，照搬歐美模式的表現，除了片面強調專業化合作之外，另外一個表現是片面強調自發自願。對於具有濃厚自由主義傳統和農民社會基礎的歐美國家，自發自願是可能的。但即便在這些國家，一般也需要立法明確合作組織各方的權利與義務關係，而且這些國家的政府還幫助建立了一些半官方組織。對於東亞小農社會而言，純粹的自發自願組織起來的合作組織相當少，組織起來的第一推動力還是來自政府的組織、引導。日韓農協體系的形成與運作，都是自上而下和自下而

上相結合，既有政府的引導，也有農民參與，因此取得了巨大的成功。這是日本、韓國乃至臺灣地區推行新農村建設運動的重要經驗。

在中國，長期以來，信用社、供銷社和農民專業合作社的改革和發展是各行其道的。各種農經、農貿、農資、農機、農技機構也各有隸屬，至於政府涉農部門更往往是各自為政，而廣大基層農民在新農村建設中的主體地位並不突出。我們的農業支持體系是「條條」分離的，結果是「條條」之間摩擦、交易成本過大，這就形成了嚴重的部門分割。

對於東亞小農社會，日本、韓國，包括臺灣地區要採取綜合農協的組織形式，就是要把部門間的「條條」系統的摩擦打掉，因為小農承受不了高成本的服務和支持。而這些地方之所以能推進新農村運動，關鍵之一就在於依託的是綜合農協體系，而不是政府直接對付高度分散的、兼業的小農。我們幾十年的經驗已經證明政府對付不了。因此，只有組織起來的農民才是新農村建設的主體。

多年來的實踐表明：如果完全依賴於供銷社、信用社的舊有體制來「恢復」合作制無異於緣木求魚；如果主要寄希望於純粹的農民自發，則是收效甚微並且緩不濟急。至於各種涉農部門、單位條塊分割的現狀，也需要一個靈活、便捷、有效的整合機制。為此必須另闢蹊徑，但不是另起爐竈。在中國農村，村以上的各種經濟活動都被政府和官辦供銷社、信用社以及各種龍頭企業所壟斷，農民合作的空間有限。現在這種三位一體、條塊交融的合作協會在基層合作的基礎上形成了縱向的聯合組織，為農民和農民合作社找到了「娘家」，也找到了更大的合作空間。

第二節　國外農民專業合作組織的發展

在國外的一些國家，農民為了更多地參與社會、經濟生活的管理，加強與政府的關係，保護自身利益，建立了一些自己的組織，這些組織在不同程度地發揮著作用。

一、美國的農民合作組織

美國的農民合作組織是由分散的、不同地區的農民以各自共同的利益為紐帶自發組織起來的利益集團。主要有四個：①格蘭其組織。它由以養殖奶牛和種植糧食為主的農民組成。②農場局聯盟。它主要由農民和商人

組成，隸屬於商會，代表高度商業化了的農民。③全國農場組織。它於1969年成立，代表土地較多的農場主利益。④農民聯合會。它於20世紀30年代由大麥主產區的農民組成，其目的是保護農產品價格。這些組織都不是自上而下靠行政力量推動而發展起來的，而是農民在根據自身需要，經歷很長一段時間發展演變而來的，經歷了社會運動轉化為一個組織的制度化過程。制度化過程把相對簡單的非正式集團變成正式集團，其標誌是：集團越來越關心長遠的利益，其組織人員趨於專業化，方針政策變得不那麼激進，領導方式也發生了基本變化。

美國農民組織一般具有立法、經濟互助、教育三大功能。立法功能主要通過兩條渠道實現：一是呈報法律提案，由立法機關確認；二是與由自己選出的立法人員保持聯繫，以使大眾的意願體現在政府的政策之中。各個農民組織的立法動機是互不相同甚至是對立的。農場局聯盟讚成用靈活的價格體系調節市場，因為該組織的成員具有較強的經濟實力和較多的經濟保障。農民聯合會員的主要農作物（小麥）易遭受惡劣氣候條件的影響，故讚成政府穩定的高價格計劃。格蘭其組織的許多成員是牛奶場工人。他們需要購買小麥和玉米，因此就不那麼讚成糧食的保護價格。各農民組織的經濟功能體現在兩個方面：一是直接的經濟服務活動，二是通過合法鬥爭，取得較好的農產品銷售價格。教育功能主要體現在農業技術推廣和成人教育等方面。其中，經濟功能最為重要。①

縱觀美國近幾十年各農民組織的成員隊伍，都經歷了一個突發、下降、緩增的過程。在農民運動發展到一定階段，領袖人物倡導，大眾回應，組織建立，成員驟增。但由於組織結構鬆散，組織目標不夠明確，為成員帶來利益甚少，不少人紛紛退出。經過這個階段的陣痛，組織重新確立目標，使其能盡快為成員帶來實際利益，成員數量緩慢上升，組織向較為穩固的狀態演進。

從美國農民組織發展變遷的歷史看，在自給自足的小農經濟未被打破之前，農民對建立組織並無迫切渴求。只有農業生產開始走向現代化、社會化，小農經濟發展到商品經濟，農民組織才有了長期發展的穩固基礎。

二、韓國的農民合作組織

在韓國，合作運動有著很長的歷史。早在公元前30年就有由許多農

---

① 付培玲. 美國、日本農民組織的若干情況［J］. 北京：世界農業，1991（1）.

戶組成的、以相扶相助為目的的「契」「鄉約」等互助組織。這些互助組織或是由於資金需求或是由於勞動力方面的需求而形成。即使今天仍可在農村社區發現一些類似的組織。實質上，這些組織並不是現代意義上的合作經濟組織。在韓國，真正現代意義上的合作組織是隨著外來資本主義的入侵而產生的。

韓國農協的發展早在20世紀50年代就萌芽了。韓國當局試圖整頓農村的原有合作經濟組織，以加強對農村的控制，改變農村的落后面貌，但意見不一，進展緩慢。當時爭論的主要問題有三：一是靠農民自願由下而上地進行組織，還是由政府主導自上而下地進行組織；二是利用原有組織，還是成立新的組織；三是成立兼營性農業組織，還是成立專營的農業組織。此外農林部和財政部在農業合作組織的信用業務問題上也有分歧。1955年8月，美駐韓經濟使團先后邀請兩位專家E. C. Johnson和J. L. Cooper（時任國際合作社聯盟駐菲律賓官員）到韓國。他們分別提出了「關於發展韓國農業組合的建議」和「關於韓國農業合作社金融立法」。韓國當局以兩位專家的建議為基礎，首先進行農業協同組合的立法活動。韓國當局認為，靠農民自願組織協同組合需要較長的時間，與社會及經濟發展的要求不相適應，因而決定先立法，自上而下地組建綜合性的全國農業協同組合。之所以組建綜合性農協組織，而非僅僅成立專業性農業組織，則主要是考慮到韓國小農經濟的基本國情。1957年2月14日，韓國獨立后的第一部《農業協同組合法》正式頒布。根據這部法律，韓國第一個全國性的農協組織於1958年正式成立，即全國農協中央會（NFAC，National Federation of Agricultural Cooperatives），主要從事供應與銷售業務。1961年7月29日，軍事政變后的樸正熙政府頒布了新《農協法》。根據新的法律規定，兩個以前獨立存在的組織——全國農協中央會與農業銀行合併了，成立了延續至今的韓國農協（NACF，National Agricultural Cooperative Federation）。

兩個組織有著共同的目標，即增加農業生產和改善農戶的社會經濟地位，兩者分離不利於共同目標的實現：一方面，舊農協從政府財政那裡得到的支持有限，靠賣化肥不足以維持其日常運作，總是虧損；另一方面，農業銀行的商業化傾向嚴重，總是致力於營利和降低風險，不僅對農戶惜貸，也不願意支持農協事業，致使舊農協沒有任何金融手段去實現和擴展其業務，在與其他商業機構的競爭中受到很大限制。

根據《農協法》的規定，韓國農協幾乎開展了法律允許的全部業務。

概括而言，韓國農協的主要職能可歸納為流通與供應、教育與支持、銀行業務與信用、充當代言人四個方面。

在韓國「三農」問題的治理中，韓國農協扮演了頗具適應性、效率性、彌補性、創新性的第三部門角色。一方面，它在韓國政府與農民之間架起了一座橋樑，充當了政府與農民之間的緩衝帶，降低了政府的營運成本，提高了政府的工作效率。目前韓國的農業政策基本上是通過農協來實施的。政府不僅通過立法在稅收上給予優惠，而且在資金上支持農協，通過農協向農民提供低息貸款，且利息差額由政府補貼。政府還依靠農協來實施政府制訂的多項計劃，如農業生產結構調整方案、農產品收購計劃、農民培訓和農業技術推廣等。此外，許多目前在中國主要由政府部門提供的服務功能，在韓國早已從政府部門剝離出去，完全由農協承擔，從而大大減少了政府與農民之間的矛盾與摩擦，顯著提高了服務效率。另一方面，在應對市場失靈方面，憑藉韓國政府提供的種種惠農政策，韓國農協不僅得以將農業產前、產中、產后部門連接起來，而且能將與農業有關的工、商、金融、科技、服務等部門結合起來，形成頗具規模和市場競爭力的利益共同體，獲得二、三產業的高附加值。同時，在應對經濟全球化方面，韓國農協很好地充當了韓國農民與國際對話的代言人，為減少世界貿易協議對韓國農民的負面影響做出了貢獻。[①]

三、日本的農協

日本最重要的農民組織是農協。它是農民在互助精神指導下，以提高大家的農業經營和生活水平為目的，為從事合作的事業和活動而興辦的「經營型」組織。農協的成員一般都是自己佔有生產手段，依靠自己家庭成員勞動的勞動者。

日本農協為三級體制，分市町村、都道府縣、全國三級。

市町村一級農協包括綜合農協和專門農協。綜合農協的經營範圍是本社區，經營對象包括產品銷售、生產資料、信貸、保險等方面。每個町村都有綜合農協。專門農協經營特定農業項目，如種植果樹、養牛、養雞等。專門農協不是每個社區都有。基層農協的基礎是組合員，分為正組合員和準組合員。正組合員的資格是：①經營農地規模在 0.001 平方千米以

---

① 許欣欣. 韓國農協的形成與發展及其對中國的啟示. 當代社會政策研究 [M]. 2版. 北京：中國勞動社會保障出版社，2007，467–503.

上或一年當中從事農作業在 90 天以上的農民；②從事農業經營的農事組合法人。準組合員是指居住在農協所在地區內並利用農協公用設施的非農居民以及類似農事組合法人那樣的以農民為主體但不從事農業經營的其他合作團體。

都道府縣有各種農協聯合會。各聯合會以基層綜合農協為會員，以本行政區為事業地區，如縣信聯（信用）、縣共濟聯（保險）、縣經濟聯、縣厚生聯合會及專門聯，都是由都道府縣農協中央會的會員組成的。

全國一級農協的組成與都道府縣相同，有各種全國農協聯合會及各種全國專門聯。全國農協中央會以上述各種聯合會、都道府縣農協中央會、加入都道府縣中央會的農協和聯合會為會員。

日本農協的經濟功能是比較完備的。由於市町村和都府兩級自治政府不像中國各級政府還具有替代性經營職能，農協承擔了政府管理活動以外的全部經營活動。活動主要有：①對組合員進行生產上的指導和生活方面的服務；②組織農產品銷售；③共同採購生產、生活資料；④信貸；⑤保險；⑥興辦組合員無力興辦的設施；⑦衛生福利。在政治上，農協進行超脫於思想、信仰和政治觀點之外的農政活動，維護農民自身利益，同時也協助政府進行教育農民的活動。

日本農協的營運機制是，農協全體大會（代表大會）做出決策；理事根據決策實施執行；監事對執行結果進行檢查和糾正。凡需由農協全體大會（代表大會）作決策的有：預決算、財產處理、解散或合併農協、選任幹部。為了保證理事在行政過程中體現組合員的利益，農協規定理事會原有 3/4 是正組合員，理事不得經營與農協有競爭關係的事業，理事不得兼任監事及農協的其他職務。農協職員是理事會領導下處理日常事務的雇員。全國有 38 萬農協職員，都是通過農協嚴格考試挑選的。

日本農協是在民間任意組織的基礎上由政府立法確認並給予經濟扶持而發展起來的。19 世紀中期，農村自發出現了信用和土地組合。進入 19 世紀后期，出現了生絲和茶葉販賣組合，以適應對外貿易發展的需要。1900 年第一個產業組合法案通過。政府通過提供低利貸款和津貼，對產業組合予以扶持。1905 年全國範圍的產業組合——中央會成立，產業組合由任意組織變成了依法成立的組織。由於產業組合不以營利為目的，堅持組織者、經營者、利用者三位一體的原則，產業組合的民辦性質在最初的幾十年中得到了堅持。

第二次世界大戰期間，日本政府出於侵略戰爭的需要，強行將產業組

合行政化，將產業組合、畜產組合、養蠶業組合、茶葉組合等合併為農業會，令其成為肥料配給、大米徵購、消化國債的政府代行機關。農民加入農業合作並非自願而是被迫，會長不是由會員選舉而是由知事任命。這個農業會隨日本在二次大戰中敗北而解體，為新農協所取代。

新農協體系是自上而下建立的，行政力量對此推動起了重要作用。由於一些農民的合作意識不強，對辦合作社思想準備不夠，因此很多在發展過程中成立的農協，雖然掛了農協的牌子，並不具備農協的實際內容。20世紀50年代中期以後農協針對暴露出的問題加強了農協組織與組合員的聯繫，在農戶經營基礎上開展有計劃的經營管理，建立營農指導體制，擴大經營事業的內容，開展農協素質改善運動，把小規模農協組織合併為以經濟圈乃至生活圈為單位的較大規模的農協組織。這些措施的實施，使農協活動進入了正軌，出現了當今的黃金時期。

日本農協幾經反覆的教訓表明，農民組織要堅持自主合作、自主經營、自我管理的原則。同時，政府要給予經濟扶持，從宏觀上進行政策指導。[1]

第三節　中國農民合作組織的發展現狀與改革方向

一、中國農民合作組織的發展特點

近幾年來，從總體發展態勢上來看，中國的農民合作組織發展主要呈現以下特點：

1. 合作形式多樣化

在組織形式上，既有基層專業合作社、專業協會，也有區域性的聯合社、聯合會以及農產品行業協會等。其中基層農民專業合作經濟組織占很大比重。在合作機制上，不僅有勞動、技術、產品的聯合，而且有資本的聯合，目前出資入股的合作社在很多省份發展得也很快，反應了農民專業合作經濟組織的發展趨勢。在利益分配上，從促進農民增收、維護農民利益出發，中國農民合作組織採取了服務讓利、最低保護價保利以及按交易量返利、按股分紅等多種分配形式。在一些比較規範的專業合作社中，還

---

[1] 付培玲. 美國、日本農民組織的若干情況［J］. 北京：世界農業，1991（1）.

積極探索實行了按交易量返還和按股分紅相結合的分配機制。

2. 合作領域不斷擴大

合作領域從個別產品的生產，發展到種植、養殖、運銷、加工、貯藏、資源開發、水利建設、農機服務、手工藝品生產等多個方面。目前主要集中在種植業和畜牧業的生產經營上，在種植業中以蔬菜、果品居多。合作內容已從單純的生產環節擴大到產前、產中、產後所有環節，從過去提供生產、加工、倉儲、運銷、技術信息某一項或幾項服務，發展到提供產加銷綜合服務。

3. 興辦主體多元化

農民是興辦專業合作經濟組織的主體。大多數的合作經濟組織是由農村種養大戶、技術能人、經紀人等牽頭興辦的，特別是一些有威信、有專長的農村黨員幹部發揮了重要作用。基層農技服務站、供銷社以及農業企業也是興辦合作組織的重要力量，為數不少的合作組織是由他們牽頭興辦的。此外，還有一定數量的由其他社會成員和組織牽頭興辦的合作組織。隨著農村綜合改革的不斷深入和鄉鎮政府職能的轉變，基層農技服務組織和專業人員牽頭興辦的合作經濟組織，將成為重要的組成部分。

4. 規範化水平進一步提高

在尚無專門法律規範和法人登記規定的情況下，各地從加快發展出發，積極出抬鼓勵和引導發展的指導性意見，為促進農民專業合作經濟組織的規範發展創造了條件。目前，全國各地絕大多數的合作組織都通過了工商或民政部門的法人登記，部分省市通過農業行政主管部門的確認備案。

多年來，中國各地積極探索農民專業合作經濟組織發展的不同模式，總結了許多各具特色的典型經驗，通過摸索取得了輝煌的成就。

（1）吉林省梨樹縣太平合作社。該社於2001年8月由農民自發成立，在各級黨委、政府的正確領導及相關部門的大力支持下，經過幾年的發展，擁有基本社員132戶，形成固定資產320萬元。其中，生態牧業園區有一個，飼料加工廠有一座。2007年春，該合作社又協助其他村組建了農機生產合作社。目前，該合作社以飼料加工廠為核心，向社員提供產品，引導農戶向規模化、標準化發展，並不斷拓展服務領域，為農戶提供更多的合作社產品，盡最大努力發揮合作社的服務體系功能，努力增加合作社社員收入，讓合作社社員得到更多的實惠和收益。目前，該合作社的合作方式得到周邊廣大群眾的認可和讚譽，很多有志之士紛紛效仿。

(2) 湖北省房縣三岔新鄉村合作社。該合作社是以茶場為依託，以發展茶葉生產為主導。合作社機構由理事會、監事會組成。理事會下設各個分支協會。各協會都具備專業化的經營模式，並以集體帶動個體作為社員的合作方式。分支協會如板栗協會、魔芋協會、天麻協會等。三岔合作社各協會的產品銷售採取消費者上門購買和自己聯繫推銷相結合的方式。合作社利用本地獨特的自然條件和地理位置，學習並掌握科學的管理方法和前沿的種植技術，將各個地方產業做大、做強。

(3) 新疆大豐鎮眾合鴕鳥養殖協會。該協會位於呼圖壁縣以西28千米處，312國道穿境而過，全鎮面積453平方千米，可耕地面積11.9萬畝[①]，總人口1.3萬人，農業人口1.08萬人，人均耕地面積11畝[②]。該村民依託本地特有的地理、自然環境以及鴕鳥的生存環境，引進大批鴕鳥進行養殖。鴕鳥繁殖生產性能優異、體形大，壽命長，產肉率高，經濟價值高，耐粗飼，適應性強，飼養成本低，適宜在35℃～45℃的環境中生存，非常適合該地的天然氣候。從2007年引進鴕鳥至今，該地村民在繁育小鴕鳥的技術方面很成功，實行協會加農戶的養殖計劃，把小鴕鳥分散給養殖戶帶養，並提供指導養殖技術和疾病防治。協會計劃在鴕鳥工藝品深加工上做大文章，加大力度，因為鴕鳥蛋工藝品市場潛力巨大，協會準備在3～5年內把鴕鳥產業推廣到全鎮，讓全鎮農牧民分享技術成果，使該產業成為農牧民新的經濟增長點。

(4) 雲南省麗江市玉龍縣拉市鄉東灌渠農民用水戶協會。在協會成立之前，該鄉灌溉基礎設施因年久失修等原因，呈現多處破損、倒塌，水的滲漏非常嚴重。此外，上下遊分水不均，造成上遊漫渠、下遊缺水等水浪費和不公平現象，出現搶水、爭水等問題。灌溉矛盾突出，嚴重影響了灌溉效率，遠遠不能滿足當地農業灌溉的需求。

為了解決當地用水戶放水難的問題，通過用水戶自主管水，自投自辦自管工程，上遊照顧下遊，節約用水，達到老百姓穩產、增收的目的。2006年9月11日正式成立農民用水戶協會。該協會理事會成員共計11人，管理小組成員22人，由理事會理事長、副理事長、秘書長負責協會日常工作。協會設計區域主要在玉龍縣拉市鄉海東村委會，含12個自然村，共690戶，即2,400多名會員，主灌渠為東灌渠，有效灌溉面積達

---

① 1畝≈666.67平方米。
② 1畝≈666.67平方米。

5,000多畝[1]。

其他地區如山東省、安徽省、河南省、內蒙古自治區等，在農村合作組織建設方面也取得了不可小覷的成就。隨著2007年7月1日《農民專業合作經濟組織法》的實施，中國的農村合作組織朝著越來越規範的方向發展，在更高程度上惠澤廣大農牧民。

二、中國農民合作組織存在的問題與對策

20世紀80年代末，建立農民合作經濟組織的設想就提出來了。在過去十幾年期間，各個地方政府在建立各種類型的農民合作組織方面進行了一些自發的探索，有關部門也借鑑國際經驗在某些地區進行了小規模的試點。在很多地區的試點還是很成功的。但迄今為止，農民合作經濟組織在中國並沒有形成完整的體制讓不同地區共用。

目前，中國農民合作組織在部分地區取得了可喜的成績，但是不可否認，從整體來說，中國農民合作組織還存在很多問題，具體分析如下：

1. 法律地位缺失，資格審查混亂

根據農業部統計，截至2007年年底，運轉比較規範的農民專業合作經濟組織達到了15萬個，農民專業合作經濟組織的覆蓋率超過10%。雖然這些組織已經達到了相當的數量，但是在實際市場活動中還是很難發揮應有的作用，其中最根本的原因就在於法律缺位。農民合作經濟組織存在兩個亟待解決的問題：一是登記難，目前雖然出抬了《中華人民共和國農民專業合作社法》，但對於很多問題的規定都很模糊，還待進一步完善。有關農民合作經濟組織的政策法規的頒布明顯落後於實踐。二是沒有明確的優惠扶持政策，往往只是泛泛而談，強調力度不夠，落實也很困難。因為法律法規的滯后性，所以也就無法以法律形式對農民組織的屬性、功能、組織形式、活動方式等加以規定，也無法確定其法人資格、法律地位，對農民組織的各項優惠政策也無法以立法形式加以保護。從調查情況看，中國多數農民合作組織沒有進行登記，沒有獲得法人身分。在進行登記的合作組織中，有的是在民政部門登記，獲得了「社團法人」的身分，有的是在工商部門進行登記，獲得了「企業法人」身分，有的必須先在民政部門登記，再在工商部門登記。法人資格不明確，致使農村專業合作組織在競爭中難以擁有獨立平等的市場地位。由於沒有取得社會公

---

[1] 1畝≈666.67平方米。

認的法人資格，合作組織在經營資格、銀行貸款、稅收抵扣、商標註冊、業務交往、談判簽約等方面都不同程度地遇到了困難。

2. 政府幫助力度不強

中國目前合作經濟組織的運作基本上是靠農村精英的奉獻精神來支撐著。合作社的成本應該由誰來買單確實是一個值得探討的問題。中國的農戶屬於小農經營，本身自己沒有合作的要求，這就需要一個推動。這個第一推動力就是政府。沒有政府實質性的幫助，這種小而全的合作社很難生存，更不用說發展。從企業效率角度來看，現代企業是實行經理制、多廠制的企業。要建立這樣有效率的農民合作經濟組織，在東亞小農的背景下，沒有政府資金和政策方面的扶持是不可能的。不管是發展規模化生產，進行同一經營活動上的橫向聯合還是發展同一產品鏈上前後分工，從事不同環節經營活動的縱向一體化的聯合，這都需要大筆的資金支持和相關部門的協調工作以及既得利益集團的讓利於民。由於農民合作經濟組織的發展，投入大、見效慢，難以對地方官員產生吸引力，因此往往得不到地方政府的支持，地方政府經常把用於支農的資金轉用於企業發展。支農資金不能落實到戶或者資金打折的現象比比皆是，有些農民帶頭人只能是有口難言。中央的很多惠農措施也被地方部門所利用，比如對農民購買大型農用機械的惠農措施，相關部門也出抬了應對措施。農民去買，只能得到不適合自己在這個地方作業的機械，因此農民就不會買，這樣政策就根本無法落到實處，農民也得不到實惠。至於農民想涉足加工業，想取得農產品的附加值，更是涉及很多地方利益集團的利益問題，地方政府總會以各種借口，百般限制農民在這個領域的發展。比如養殖協會要上生豬屠宰的項目，增加農民收入，這時候就會受到地方利益集團的阻撓，這證那證的取得就得讓你自己放棄這個想法。地方政府沒有真正對發展農民合作經濟組織予以重視以及地方利益集團對尚有農業利潤領域的把持，造成政府對發展農民合作經濟組織的現狀是「雷聲大，雨點小」。

3. 農村優秀帶頭人才的缺乏

農民合作經濟組織要想發展，必須有多方力量的支持，主要是農村精英、企業家、知識分子。但現實的困境是這三類人才的缺乏，更不用說三類人才的聯合。幾十年貧困狀況的延續，致使農村的優秀人才嚴重流失。就是留在農村的優秀人才，也大多以農村為基地，搞起農業之外的行業，對組織農民沒有興趣。在農村有組織能力的人不願意去組織，而願意組織的人卻沒有能力去組織。這就是農民組織化條件的基本現狀。因此農民的

組織化必須以農民為主體、政府為主導、知識分子和企業家為促進力量。沒有知識分子參與新農村建設，精神上就難以超越封建傳統；沒有企業家參與新農村建設，經濟上就難以擺脫小農經濟。發展農民合作經濟組織需要這樣的農村精英——年輕有闖勁兒，想著干一番事業，有過不尋常的經歷，見過世面，甘於奉獻。發展農民合作經濟組織需要這樣的企業家——組織農民，能夠正視農民的小農意識，讓利於農民，由經濟合作組織的龍頭企業或者帶頭人承擔市場風險。發展農民合作經濟組織需要這樣的一批知識分子。他們是農民利益的代言人，他們為農民合作進行引導和規範，他們發現農村精英、教育和培養農村精英，他們為農民爭取應得的利益與支持。

4. 農村合作金融裹足不前

美國合作經濟的發展離不開聯邦土地銀行制度。農地金融制度的設立有效解決了農村長期資金來源問題。日本農協金融的主要業務除了向農協成員發放支持農業生產的低息貸款外，還包括吸收農民和居民存款並向系統外其他部門提供資金，幫助農民解決多余資金的出路難題。農村合作金融的建立是發展合作經濟的前提，更是制約中國農民合作經濟的瓶頸。中國現在對於農村合作金融主要有兩種嘗試，即資金互助和小額貸款。但這基本上是農民自己在做，沒有像美國政府一樣做到為農民投資買單或者墊付。農民的土地現在也沒有抵押權，因此農民貸款基本上很難，只能靠私人借貸。資金互助操作辦法是吉林省四平市銀監局的工作人員姜柏林從梨樹縣榆樹臺百信農民合作社的社員們的實踐中歸納總結出來的。目前，這套操作辦法也指導著蘭考縣已經成立的賀村、南馬莊、胡寨三個農民合作經濟組織。但資金互助僅僅是把來自入股社員的閒余資金用於滿足內部社員的信貸需求。由於資金有限，在實際操作中往往難以滿足社員的資金需求。沒有資金就難以把規模做大，沒有規模就難以形成市場，而農民自己闖市場又面臨著諸多困難。在制度設計上，資金互助有更高一層的考慮，那就是要在金融領域探索以城市支持農村，工業支持農業的新路子。這表現在對非農民股的設計上，即非農民加入資格股元股、投資股元股，非農民在互助組織貸款的限額是其股金總額的80％。但現在加入的非農股並不多，資金互助還處於探索的初期。可是在當前農村金融體制改革裹足不前、僵局難開的情形下，政府應該鼓勵農民進行嘗試，積極給予必要的支持。政府要推動農民合作經濟組織走向正軌。靠農民自己組織的資金互助還遠不能解決問題。政府必須依靠農村信用社和政策性銀行通過一種制度

創新的方式進行資金注入。

5. 政策建議

（1）建立健全相關法律，並依據法律規範農民合作組織的營運。對於農民合作組織，應依據《中華人民共和國農民專業合作社法》予以規範。應加大宣傳力度，營造加快農民專業合作經濟組織發展的良好的外部環境，充分利用報紙、電臺、電視臺等各種新聞媒體，加大對其重要性的宣傳力度，使全社會都能正確認識和看待農民群眾在發展商品經濟中自願聯合、互助合作的創新精神，認清其在農村經濟發展的地位。對於法律出抬以前成立的農民合作組織，應根據法律規定規範其各項內容，如未在工商部門登記註冊的，要依法向工商行政管理部門申請設立登記；對組織的成員構成也要依據法律對成員資格予以規範等。同時也要不斷補充完善現行法律的內容，使之能夠適應經濟發展的需求。除此之外，要建立健全農產品批發市場交易的相關法律法規，推動農民合作組織通過批發市場進行交易，完善中國的農產品流通體制，促進農民合作組織銷售服務水平的提高。

（2）農民合作組織對入會資格要嚴格依據法律進行管理，並使農民會員享受相應的權利和義務。對於申請入會的農民或企事業單位或其他社會團體要嚴格審核，把好入社關。法律對各種成員的數量比例作了具體規定，即在接收成員時，要保證農民至少應當占成員總數的80%；成員總數20人以下的，可以有一個企業、事業單位或者社會團體成員；成員總數超過20人的，企業、事業單位和社會團體成員不得超過成員總數的5%。且具有管理公共事務職能的單位不得加入農民專業合作社。除此之外，農民合作組織也要根據具體情況在章程中對成員的資格做出明確規定，確保組織內部產權清晰。農民合作組織要切實執行法律和章程中規定的社員代表大會、理事會和監事會制度，將其落到實處。同時，要形成權責明確的分工部門。各部門具體負責某一項服務內容，通過部門間的分工協作提高組織的經營效率。

對於組織內部已經存在的成員，主要是政府部門和企業，如果它們對組織的支配權超過了農民，就要採取必要措施，削減其權力，使其退出直接經濟干預。

對此，可以借鑑日本農協的方法，將成員劃分為正組合員和準組合員，即正會員和準會員，並限制準會員的權力，如規定準會員不能有選舉權和決議權等。

（3）利潤分配堅持按交易額比例返還為主，並限定會員出資額度和按出資額返還的比率。農民合作組織要在章程中明確規定利潤分配方式，即在實行股份合作的組織內部，要堅持按股分紅和按交易額返還相結合，且以后者為主。法律規定按成員與本社的交易額比例返還，返還總額不得低於可分配盈余的60％，按此規定返還后的剩余部分可按出資額等比例予以分配，但法律並未對會員的出資額度作明確規定，這種情況對農民仍然存在威脅。因為雖然法律規定「農民專業合作社成員大會選舉和表決，實行一人一票制，成員各享有一票的基本表決權」，但同時又規定「出資額或者與本社交易額較大的成員按照章程規定，可以享有附加表決權」，這就使得政府或企業等具有很大資金優勢的會員極易獲得比較多的附加表決權，對農民的主體地位形成一種威脅。因此，農民合作組織有必要在章程中明確規定會員的最高出資額度和按出資額比例返還盈余的比率，將其控制在比較低的範圍內，限制政府或企業在組織內部的支配權。

（4）完善農產品批發市場交易機制，樹立農民合作組織在農產品市場交易中的主導地位。借鑑日本經驗，引入批發市場交易機制，逐步改變中國農民合作組織直接與買方交易的情況。農民合作組織將農產品委託批發商銷售，採購人則委託經紀批發商等購買農產品，雙方代理人在固定的場所、批發市場進行交易，確定農產品價格。同時，農民合作組織要隨時適應需求市場的變動，及時制訂生產和銷售計劃。

在中國，超市經營正迅速地發展。超市的科學管理方式，贏得了越來越多消費者的青睞，超市對農產品的需求也越來越多。在其影響越來越大的情況下，超市需求對農民的生產和銷售計劃就起著至關重要的作用。因此，密切關注超市的動態，及時掌握超市的需求，對農戶的生產和銷售將十分有利。

（5）大力培育農村致富帶頭人。將培育農村致富帶頭人當做農村工作的重點來抓，通過開辦培訓班、外出考察學習等形式，選拔一批能力強，同時又願為群眾服務的人加以培養，使他們帶頭發展農村專業合作經濟組織，帶頭幫助農民致富，走出一條新型的農村經濟發展路子來。

（6）政府應加快配套政策的制定和實施，指導和扶持農民合作組織健康發展，完善農民合作組織的服務功能，如農村融資服務、互助保險等。

借鑑國內外或者部分地區農民合作組織成功的經驗，再結合中國的基本國情，建立農區的政策性農業保險機制，幫助農民通過抵禦風險獲取外

部利潤。除此之外，政府還應加快政策性金融機制的建立，為農民合作組織提供信貸支持。政府還要配合財政補貼政策、稅收優惠、用電和用地優惠政策等，支持農民合作組織的發展。

思考題：

1. 何謂農民專業合作社？其作用體現在哪幾個方面？
2. 農民專業合作組織是如何分類的？
3. 簡述中國農村合作經濟組織的發展歷程。
4. 應如何正確處理合作社與社區、金融合作、政府之間的關係？
5. 簡述美國、韓國和日本的農民專業合作組織的發展歷程。
6. 目前中國農民合作組織的發展有何特點？
7. 現階段中國農民合作組織存在哪些問題？

第八章 老年人社會福利

中國已經進入了人口老齡化階段。老年人社會福利在社會福利體系中的重要地位更是與日俱增。針對老年社會福利事業的現狀和存在的問題，我們應當從基本國情出發，吸收發達國家的經驗和教訓，發展具有中國特色的老年社會福利事業。

第一節　老年人社會福利概述

一、老人社會福利的含義

1. 老年的含義

對於老年，一般是從生理、心理和社會等角度來理解的。處於這個階段的人群，身體的某些功能老化，抵抗力下降，容易患病。同時由於人到老年后不再有工作角色及職業認同，心理上會陷入挫折、沮喪、焦躁不安。從工作領域退出的老年人的社會責任被部分解除。老年人已經不是完全意義上的社會生產者，其地位被青年和中年人取代，不論是在家庭還是在社會都已不是主體。

對於老年人的界定，在年齡的劃分上有60歲和65歲兩種標準，比如世界衛生組織認為老年人的定義是年齡達到或超過一個統一的界限的個體。即65歲以下為中年人，65～74歲為年青老年人，75～90歲為正式老

年人，90～120歲為高齡老年人。國際人口組織把65歲作為老年人的起始年齡。

而社會福利所說的老年，一般是按國家或政府以法律制度規定的年齡標準確定的。現在社會大多以享受退休金的年齡作為老年的標準。這種標準在各國有一定的差異，發達國家標準略高一些，發展中國家標準則略低一些，通常有65歲和60歲兩種標準。

2. 老年人社會福利的基本內涵

老年人社會福利是老年人福利的主要形式。它有兩層含義：

第一層含義從政府功能的角度出發，認為老年人社會福利是政府為了發揚敬老、愛老，安定老人生活，維護老人健康，充實老人精神文化生活而採取的政策措施和提供的設施和服務。老年人社會福利是養老保險的延續和提高。在保障老年人基本物質生活需要，解決好「養」的基礎之上，進一步滿足老年人物質和精神文化生活的需要。老年人社會福利是社會保障職能的重要組成部分。

第二層含義從老年人的特殊需求出發，認為老年人社會福利是根據老年人的特殊需求，由社會提供給老年人的物質和社會服務。具體來說，老年人由於身體原因在經濟、生活、心理方面都存在一些單靠自身和家庭無法解決的特殊需求，需要社會和政府在這方面有所作為。

老年人社會福利的責任主體應該是國家和社會，享受對象是達到一定年限的所有老人。福利的性質體現出經濟福利性。老年人社會福利既屬於第三產業，又不同於一般的第三產業，是難以採取市場調節的社會公共領域。政府政策扶持是其生存、發展的必要條件。

因此，可以認為作為社會福利的一個重要組成部分的老年人社會福利是指根據老人的特殊需求和老年人的自身特點，由社會提供給老年人的特殊的、照顧性的物質幫助和社會服務的總稱。

二、老年人社會福利的產生

老年人社會福利的產生從根本上說是社會發展和社會變遷的結果，其中最主要的社會變遷包括：人口老齡化、工業化、家庭架構和功能的變化。而最根本的變遷乃是傳統社會到現代社會的轉型。

從人類社會形成以來就存在老人社會福利，這是因為人類社會的存在和繁衍與生、老、病、死息息相關，但是由社會籌集資金向老年人提供供養和幫助的活動在傳統社會並不普遍。制度化的老年人社會福利，則是工

業社會的產物，是在現代工業社會的發展過程中逐漸形成的，並在發達國家首先得到實施。在過去幾十年裡，老年人社會福利逐漸擴展到許多發展中國家。社會福利不再是局部的、有限的慈善行為，而是一項面向全體社會成員的社會政策；社會福利不單純是民間的互助活動，而是由政府直接干預並承擔相應責任，幫助老年人提高生活質量的活動。

1. 人口老齡化與老年問題

國際通用的最簡單的「老齡化」的兩條評判標準是：①60歲以上的人口數占總人口數的比例超過了10%；②65歲以上的人口數占總人口數的比例超過了7%。

目前，全世界60歲以上老年人口總數已達6億。有60多個國家的老年人口達到或超過人口總數的10%，進入了人口老齡化社會行列。人口老齡化迅速發展，發達國家的老齡化現象比較嚴重，60歲以上人口已占19%，到21世紀中葉這一比例將升至32%。這個問題在發展中國家也日益突出，尤其是亞洲。

以中國為例，自1982年第三次人口普查到2004年的22年間，中國老年人口平均每年增加302萬，年平均增長速度為2.85%，高於1.17%的總人口增長速度。1999年年底，中國60歲及以上的老年人口已占中國總人口的10%，這標誌著中國進入老齡化社會。2004年年底，中國60歲及以上老年人口達到1.43億，占總人口的10.97%。老齡化水平超過全國平均值的有上海市（18.48%）、天津市（13.75%）、江蘇省（13.75%）、北京市（13.66%）、浙江省（13.18%）、重慶市（12.84%）、遼寧省（12.59%）、山東省（12.31%）、四川省（11.59%）、湖南省（11.51%）和安徽省（11.18%）11個省市。

根據聯合國預測，中國將一直是世界上老年人口最多的國家，占世界老年人口總量的1/5。即使到21世紀下半葉，中國也還是僅次於印度的第二老年人口大國。

20世紀70年代改革開放後，人民安居樂業，生活質量和健康水準得以提高，這是中國老齡化迅速到來的一個條件。同時，新中國把計劃生育作為基本國策，也從某種意義上加速了老齡化的到來。根據瞭解，老齡化的到來，發達國家大多用了45年以上的時間，其中，法國130年，瑞典85年，澳大利亞和美國79年左右。而中國只用27年就完成了這個歷程，並且在今後一個很長的時期內都保持著很高的遞增速度，屬於老齡化增長速度最快的國家之一。

老齡人口的比重越來越大，同時也有越來越多的老年人活到高齡階段。由於身體方面的變化，老年人在整體上不如年輕人和中年人健康，常見的慢性疾病常會影響其身體功能，使其有更加迫切的健康保健要求。

老年人醫療衛生消費支出的壓力越來越大。據測算，老年人消費的醫療衛生資源一般是其他人群的3～5倍。2004年，中國基本醫療保險基金支出達862億元，占基金收入的75.5%，比上年增長31.6%，增長速度比基金收入高3.5個百分點。基本醫療保險基金支出之所以高速增長，人口迅速老齡化是重要原因之一。即使他們中的許多人沒有患上任何疾病，但是身體功能性能力的下降，導致日常生活起居需要別人的照顧。龐大的老齡人口無疑會給家庭和社會帶來沉重的負擔。

2. 家庭結構和家庭養老功能的變化

家庭作為社會結構的核心，發揮著全方位的社會功能，也是重要的照顧單位，諸如「養兒防老」「孝」這些觀念都證明了子女在很大程度上起到了養老的重要作用。家庭中老年人和青年人的關係除了親情還是重要的責任關係。在這種家庭裡老年人社會關係也相對穩定，以家庭和親屬為基礎的社會關係網有助於維持老年人在家庭中的角色和地位，在很大程度上保證了老年人的社會安全感。

工業社會的家庭結構和功能都發生了巨大的變化。在家庭結構上，傳統社會的主幹家庭、聯合家庭逐漸被核心家庭取代。核心家庭的基本特徵是家庭規模小、居住人口少，年輕的夫婦不再像主幹家庭或聯合家庭那樣與父母住在一起。傳統的大家庭逐步解體，家庭養老的功能逐步弱化，老年夫妻家庭越來越多。現代社會家庭依然是重要的養老主體，但它與傳統意義上的家庭養老相比已發生了很大的變化民。這迫使對老年人的照顧和撫養責任從家庭向社會轉移。

3. 社會轉型——工業化

一方面，老年人福利是工業化的結果。工業化使人們的各種生活風險增加，例如通貨膨脹風險，有可能使老年人的生活質量下降。這就要求我們必須實現社會的安全與穩定，社會化、制度化的老年人社會福利制度便應運而生。另一方面，工業化是實施老年人社會福利的物質基礎。工業化導致了經濟的高速增長和人類物質財富的急遽增加，也為老年人提供了各種福利設施。老年人雖然已經不再是生產者和創造者，但作為曾經的勞動者也應該有權利享受到人類社會進步和經濟發展的成果。這是對老年人過去勞動價值的補償。老年人是過去的勞動者。老年人在其有勞動能力的時

候甚至年老以後仍為社會的發展創造巨大的物質和精神財富。因此，不僅已有的社會財富主要是前代的勞動者創造的，就是新增加的社會財富也離不開老年人的貢獻。因此，老年人與其他在職人員一樣享受社會發展的成果是對老年人過去所創造財富的返還和回報，是理所當然的。

以上的幾個方面導致現代老年人的許多需求。概括起來就是老年人要有足夠的收入、醫療保險，需要有個人生活的穩定感以及個人地位和角色的確定感。當這些問題的解決超出了傳統家庭養老能力時，尋找更強大組織和機構的幫助便成為社會的發展趨勢。老年人社會福利就是針對現代社會老年人特殊需求，由政府有組織、有計劃地運用合理原則與現代的理性精神與方法，用各種辦法來保證老年人的生活，積極發掘老年人的經驗、才智和潛能，更好地促進社會的進步和發展。

三、老年人社會福利的內容

老年人社會福利所包含的內容通常和現代工業社會的諸多特點相聯繫，但從根本上說，老年人社會福利的內容是與老年人的特殊需求相對應的，其基本理念就是要形成尊老、敬老、助老、愛老的社會風氣，為老年人安度晚年創造良好的條件。概括起來，老年人社會福利應包括以下一些基本內容：

1. 老年人的物質生活福利

物質生活福利是老年人生活的基礎，其主要內容有：

（1）老年人晚年生活收入主要有這樣幾個渠道：有酬工作、養老金等。然而這些渠道有的時候並不總是通暢。同時物價上漲因素的影響，使得相當一部分老年人購買所需物品和服務的經濟能力不足，再加上老年人對醫療保健服務的特殊需求而導致的開支增長，因而老年人生活質量並不高。在這方面政府承擔的責任就是向老年人提供必要的、以現金形式支付的、用於保障老年人基本生活外的福利供給。

（2）為解決老年人生活照料、醫療服務以及精神上的孤獨問題，為提高老年人生活質量，開展院舍服務和社區照顧。院舍服務是一種以入住方式提供給老年人的綜合服務，起始於20世紀50年代英國，並迅速為很多國家所採用。其方式是動員社區資源，運用社會人際關係資源開展服務，使老年人不脫離他所生活和熟悉的社區，以求在社區環境中改善居民生活的綜合服務體系。

2. 老年人的醫療保健福利

老年人醫療保健是老年福利的一項重要內容。全面良好的醫療保健是

老年人生活保障的必然要求。老年階段，生理功能衰退，抵抗疾病的能力下降。相對於青壯年而言，老年人患上各種慢性疾病的概率增加，如腦血管病、心臟病、腫瘤及呼吸系統疾病比較常見。因此他們應該得到特殊的關照。針對這些問題的老年人醫療保健不但要強調治療，還要強調通過護理使患者能夠調整自己以適應在某些症狀長期存在的情況下生活。因此，一般老年人醫療保健的通常做法有：

（1）由國家主導撥款並資助教育和研究機構開展老年醫學的基礎和實用研究與教育。

（2）通過全面醫療保健計劃和老年醫療保險計劃幫助老年人支付所需醫療保健的費用。

（3）合理配置和調整醫療保健服務設施，特別是基本保健和長期保健服務設施。如由國家組織和出資或者由設區建立康復療養機構使老年人的健康問題得到解決。

3. 老年人的文化設施福利

在物質和保健的基礎上，發展老年文化教育、提高老年人精神文化生活水平也是一個不可忽視的重要方面。現代社會老年人的生活觀已從最基本的生存需求發展到不僅需要富足的物質生活，還需要健康、長壽、知識、幸福，需要得到精神慰藉，希望自己融合於家庭和社會，得到來自家庭和社會的尊重和關心，即多方位地享受生活的美好。

隨著人口老齡化的發展和社會的進步，世界上一些國家相繼開辦了老年人大學。很多老年人學習得認真刻苦，並不比普通大學的青年學生遜色。進老年大學，在人生的第二階段實現過去未竟的夙願或再拼搏一次，都是對老年人生的挑戰和更新。不少老年人學習有成，做出建樹，使生命重新煥發異彩。

此外，隨著社會的進一步發展，老年人對體育活動的需求越發增強，很多國家都加大對老年人體育設施的投入以保障老年人的需求。2005年年底，中國縣以上各級行政區劃中，70%的城市社區和50%的農村鄉鎮建立了老年人體育協會，加強了對老年群眾體育活動的組織和指導，使全國參加經常性體育健身活動的老年人達5,800多萬人。

老年人離不開文化生活。老年文化生活會給老年人帶來健康。政府應該投入並且引導老年人積極參加豐富多彩的文化活動。

第二節　外國的老年人社會福利

發達國家的老人社會福利是其社會福利體系的一項主要內容，是在全民福利的發展模式中逐步建立起來的，但由於各國的經濟、文化、環境和政治狀況不同，西方國家各自的社會福利思路又有所區別，因而在老年人福利制度的建設上體現出不同特色。

一、瑞典的老年人社會福利

瑞典是世界上公認的福利國家的典型，其較高的稅收為發達的社會福利籌措了資金。高度的收入轉移、廣泛的公共服務主要由基層部門承擔。它也是經濟調節的一種特殊形式，借助於公共消費實施對經濟需求方的調節。它同時是一種特定的發展模式，有能力促進制度結構的變化。多年來，瑞典的社會福利引起了人們的廣泛關注。原因在於：瑞典的社會福利國家把相對高效率的生產部門與比較平等的收入分配和公平的機會結合起來。

自1936年社會民主黨上臺執政以來，瑞典實行廣泛的社會福利政策，建立了比較完善的社會福利制度，其社會福利支出占國民收入的30%左右；社會福利項目廣泛，教育幾乎普及到所有國民。瑞典在發達國家中素有「福利國家的櫥窗」「第三條道路模式」之稱，其社會福利項目繁多且水平較高。老人社會福利項目主要有：

1. 物質保障

對老年人的收入保障是通過發放國民普遍養老金、國民補充養老金來實現的。法律規定，國家對於所有65歲及以上的瑞典公民以及享受互惠協定待遇的外僑，一律發給養老金，按政府每年公布的關於養老金和其他津貼的計算基礎所確定的基本數額來發給。為了防止老年人的收入受通貨膨脹的影響，政府規定養老金隨物價指數的升降相應調整。

享受養老金的老年人去世后，政府將依據不同情況向其配偶、未成年子女發給不同的補助金、撫恤金、退休金等。

瑞典政府對老年人的經濟資助還體現在住宅津貼上。凡是領取普遍養老金的老年人，都可以領到住宅津貼。政府還為老年人改建住宅提供貸款或補助，或者直接由政府負責建設適合老年人居住的老年人公寓。

社區還為老年人飲食和日常生活提供家庭服務，幫助老年人購物、備餐、整理臥室和處理家務。

瑞典的公共交通部門對享受養老金者給予折扣優待。老年人乘坐火車、輪船、飛機、地鐵和公共汽車可享受車費減免優惠，行動不便的老年人還可以減價乘坐出租汽車等。

2. 醫療保健

瑞典於 1953 年通過《國民健康保險法》。1983 年實行新制定的《衛生與醫療服務法案》，其目的在於保障全國人民具有良好的健康狀況。老年人在公立醫院或牙科醫院治療享受免費待遇。領養老金的老年人免交健康保險費，但仍然享有健康保險的權利。患慢性病需要長期護理的老年人，享受家庭護理，由本地區醫護人員負責，由一名家屬或一名保健助手協助，享受國家發給的家庭護理補助費。醫院設老年病科，需要長期住院醫治的老年人，可以住療養院醫治。

此外還為老年病人和殘疾人設有康復中心。康復中心有醫生、康復技師、心理學家向患者提供治療和諮詢。康復中心並設有康樂室、手工作業室以及供午間用餐的餐廳和午休的臨時床位。中心為日托性質，備有特制汽車（車廂的后牆板可以放低到地面，便於輪椅乘降），以便接送。

除了可以在康復中心和托老所就餐外，散居在社區的老年人還可以到附近的中小學吃飯。中小學在學生開飯后開始供應老年人膳食。食堂提前向老年人公布菜單，所收費用僅為市價的一半。為了在生活上幫助散居的老年人，社區還雇用了上門的家庭服務員，定時為散居的老年人購物、備餐、整理臥室和處理家務。

3. 老年教育事業

瑞典的大學都是國立的。政府為了滿足老年人的學習願望，決定普通大學取消入學的年齡限制，一律向老年人開放。

瑞典的廣播和電視教育除為老年人製作播放特別節目外，還在一般內容的播放時間內按照老年人的生活規律另外補播。

向老人開放圖書館、博物館。對一些行動不便的老年人，圖書館派人送書上門，定期調查他們希望閱讀的書，對調查的結果進行整編，制定老人愛讀的圖書目錄，並將其送到各家庭、老人之家等機構參考；在偏遠的地方，開辦「流動圖書館」做巡迴服務。

二、英國的老年人社會福利

英國是庇古和凱恩斯的故鄉。英國以老年保險為主要內容的社會保障制度，體現了兩位經濟學家的部分觀點與主張。發表於 1942 年的貝弗里奇報告更加確定了英國社會福利的精神。在 1948 年，英國政府就宣布已建成福利國家，向全民提供「從搖籃到墳墓」的全部社會福利。英國的老年人社會福利比較完整，主要包括以下內容：

1. 收入補助

在英國，男年滿 65 歲、女年滿 60 歲就達到法定的退休年齡，可以領退休年金。年金不足以維持其最低生活水平的，可申請公共救助，經查實，即可發放救助金。政府對超過 65 歲的老年人給予適當的納稅補助；66 歲以上的老人可享受國內車船票減免的權利，電視費、電話費和冬季取暖費也有相應的優惠待遇；對於 80 歲以上的高齡老人，退休年金略有增加。

老年人住房實施的措施有：公有住宅、出租住宅、老人住房優待、給予老人免費住房等。英國通過這些舉措來解決老年人住房的問題。

2. 醫療保健

英國政府於 1948 年建立國家衛生服務制度（簡稱 NHS），對包括老人在內的全體居民實行免費醫療保健服務。NHS 經費主要有以下幾個來源：中央政府從稅收中提供衛生總費用的 80%，社會保險提供 9.0%，地方公共衛生部門提供 6.5%，個人只支付極少的部分。

英國政府對老人醫療保健服務，主要採取以社區為單位提供醫療保健的辦法，即在每一社區內設立若干老人保健中心或老年病醫療機構，在醫生的指導下，開展日常醫療護理等工作。

社區老人醫療保健組織體系大體可分為以下兩類：

（1）社區保健中心以人口 2 萬～3 萬為一個社區單位，每一社區中有 2,000～3,000 名 65 歲以上的老人，即每一社區需解決和管理 2,000～3,000 名老人的醫療保健問題。

（2）地區老年病設施。即在各社區的綜合醫院或大學醫療中心等醫療機構中開設老年病房，每 20 萬～30 萬人口指定一所醫院。患急性疾病的老人及一些患慢性病的老人，經由社區介紹，可隨時去該醫院治療。具體做法是：社區保健中心為老人醫療保健及健康護理的基層單位；每個社區配備有大學附屬醫院老年科醫生 1 名、精神科醫生 1 名、由其他專科醫

生（耳鼻喉科、眼科、整形外科）若干名組成的綜合性醫療小組；他們定期在社區醫療點碰頭，以研究和討論老人的健康保健問題。

另外，經過地區註冊的護士及社會工作者、家庭助手等人員定期進行保健訪問及隨訪，記錄各種調查項目，開展保健指導，進行疾病預防、醫療護理及營養指導等並隨時向病人的主治醫生匯報病情及對治療方案提出建議。

家庭助手還幫助一些體弱多病的孤獨老人做飯、洗澡、洗滌衣物及整理房間和床鋪等。

英國老人醫療保健的經驗是，老人醫療不僅只是治療疾病，而應由社區醫生、護士、社會工作者等人員組成一體，共同開展老人醫療保健工作，以維護老人健康，預防老年疾病。

3. 老年教育服務

老年教育的形式主要有：專門為老人舉辦的推廣教育項目；利用大眾傳媒或函授學習的項目等。

4. 其他福利服務

（1）院舍服務。院舍服務有老年人公寓、老年人院和寄托所三種形式。服務對象分別是有生活自理能力但無人照顧的老年夫婦或者單身老年人；生活不能自理又無人照顧的老人；家庭臨時外出無人照顧的老年人。

（2）社區照顧。在社區內對老年人提供服務和供養，以便他們盡可能過上獨立生活。如為老年人服務的家庭服務員多由本社區已婚無工作的婦女擔任，每週兩次或三次到老年人家中協助打掃衛生、購物、洗衣或做其他家務勞動。有正常收入的老年人自付服務費，依靠養老金生活的由社區福利部門支付。

（3）老年人俱樂部，又稱老人之家或老年人活動中心。老年人俱樂部由社區開辦，備有娛樂器材和製作手工藝品的工具，供老年人使用。俱樂部有專人管理和照顧，為老年人提供聚會、康樂活動和旅遊服務。

三、日本的老年人社會福利[①]

1970年，日本65歲以上老年人占總人口的比率為7%，剛剛進入人口老齡化國家的行列，然而，日本人口老齡化的速度卻十分驚人，在發達國家中名列首位。人口老齡比重在2002年9月已達到2,362萬人，占總

---

① 王偉. 日本家庭養老模式的轉變 [J]. 日本學刊，2004（3）.

人口的18.5%，超過老年人口比例達18.2%的義大利，成為世界上老年人口占總人口比例最大的國家。根據厚生省統計，2015年日本65歲以上老年人口達3,188萬人，占總人口的比例已超過25%，即日本已成為名副其實的高齡社會。

早在1963年日本就制定了《老年人福利法》。該法也被稱為「老人憲章」。它確立了日本現行老年人社會福利制度的基本框架。該法規定，老年人福利的基本理念是尊敬老年人、促進老年人的自覺和確保老年人參與社會的機會。它同時規定，國家和地方公共團體負有增進老年人福利的責任，要努力謀求老年人福利事業的發展。

1. 經濟福利

除日本的一般國民都納入厚生省所主辦的厚生年金險外，由於自雇者、農民和其他從事工作的人員這類投保人不少是低收入者，因此需要國家給予一定的補助。那些無繳費能力或不符合繳費標準的老年人可申請領取福利年金。

2. 實施機構

（1）福利事務所。把握老年人福利所必需的實際情況，進行有關老年人問題的諮詢、調查和指導，開展讓老年人入住福利設施等業務。

（2）保健所。進行有關老年人保健方面的諮詢和指導，普及保健衛生知識，對老年人福利設施進行有關營養及衛生方面的指導與合作。

（3）民生委員。進行本地區老年人福利的諮詢和指導，在實施《老年人福利法》時配合市、町、村長，福利事務所長及「社會福利主事」工作。

3. 主要內容

（1）社會福利主事的指導。對65歲以上的老年人及其護理者進行福利指導。

（2）入住養老院。根據需要讓老年人入住養老院。

（3）將老年人委託給護理受託人。護理受託人是指能收養老年人，並且市、町、村長認為是合適的人。將難以在家進行護理的老年人委託給護理受託人養護。

（4）短期入住。在護理人等家庭情況使老年人臨時不能在家得到護理時，讓老年人短期入住老年人福利設施進行看護。

（5）設施日托服務。讓老年人及其護理者到老年人福利設施接受沐浴、進食及功能的訓練，並對護理方法進行指導。

（6）派遣家庭服務員。向由於身體上或精神上障礙難以進行日常生活的家庭派遣家庭服務員，幫助其做家務和護送老年人去醫院等。根據家庭的收入情況收取相應的費用。

第三節　中國的老年人社會福利

一、傳統社會中中國的老年人福利

在中國幾千年的傳統社會中，老年人福利主要是與家庭相聯繫的。傳統社會的家庭作為社會結構的核心，發揮著全方位的社會功能。一個人的生老病死完全依賴家庭。家庭是個人生活的主要依託及其發展的基礎，也是個人精神寄託的根本。家庭的養老功能是以孝文化為基礎的。這種觀念培養了子女對父母和家庭中其他長輩的尊敬態度，保證了家庭成員中晚輩對長輩的物質供養和感情慰藉。除此之外，傳統社會的經濟結構構成了家庭供養的物質基礎。工業化前的中國是自給自足的自然經濟，人們的生活範圍被局限在家庭和土地上。由於老年人控制了家庭物質和信息資源，並且具有豐富的實踐經驗，老年人在家庭中的位置受到了所有家庭成員的尊重。即使他們由於身體狀況不得不放棄對家庭財產的直接控制，他們也會通過繼承權作為交換條件來確保未來生活資源和所需要的照料。

過去，統治者也從法律上對老年人的養老進行了一些具體的規定。政府和社會組織舉辦一些諸如敬老禮儀或慈善性活動，直接為某些德高望重或孤苦無依的老年人提供了物質上的補助。如在漢代，政府尊敬撫養高齡老人、賞賜粟帛錢酒等，體現了老年人社會福利的性質，兼有教化示範的性質。明代的《明律·戶律·戶役》規定：凡鰥寡孤獨及篤廢之人，貧窮無親屬依靠，不能自存，所在官司應收養而不收養者，杖六十。當然，當時的社會養老僅僅只是家庭養老的補充。

雖然在傳統社會就已經有了一定的老人社會福利，但是由於其遠沒有形成一個有機的體系，傳統社會老年人的福利措施充其量是一個家庭養老的補充，與現代社會福利差距較大。在傳統社會中，人們的壽命普遍比較短，老年人口所佔比重不是很大，因而對社會化的老年人福利需求也沒有那麼強烈。

二、現代社會中中國老年人社會福利發展的三個階段

儘管中國有悠久的福利思想、制度和傳統，但現代意義上的老年人福利始於中華人民共和國成立以後。根據中國社會的變遷和轉型來劃分，中國的老年人社會福利大致經歷了三個階段：

1. 新中國成立之初的老年人社會福利

這一時期是舊制度向新制度的過渡時期，也是社會主義福利制度的奠基時期。福利理論與政策模式的多元化和新舊交替是其基本特徵。

新中國成立之初，中國處在一種百廢待興的局面下。為了穩定新生的人民民主政權，體現社會主義優越性，中國必須將社會福利納入社會主義建設中去。但是，在當時的局面下，既不能照搬蘇聯的模式，又不能全盤仿效美國的福利政策，而且又必須緊密結合中國的國情，因此中國就面臨著一個較大的挑戰。為此，政府採取了一系列的措施，將一些外資以及私人興辦的福利機構收歸國有，統一管理，並以取締、團結、教育和改造方式逐漸將之演變為由國家獨自興辦社會福利事業與機構，並逐漸形成了城鄉二元的老年人社會福利結構的局面。

2. 「文革」時期的老年人社會福利

這一時期，反對福利主義成為政治鬥爭的重要組成部分，使新生的福利事業遭受了重大挫折。1968年年底撤銷了主管救災救濟、社會福利等事務的內務部，並把社會福利和資本主義緊密聯繫在一起，認為福利是一種腐蝕人心的東西。這種批判福利主義的影響對以後的福利發展產生了不可低估的負面影響，其直接結果是中國福利事業長期停滯不前。由於極「左」思潮把舉辦福利事業和福利生產說成是福利主義和唯生產力論，因此許多福利事業和福利生產被合併，老年人和普通市民生活狀況普遍惡化，許多基本生活需要無法滿足。

3. 改革開放以來的老年人社會福利

這一時期是福利的重建和發展時期。從20世紀80年代中後期開始，中國老年人社會福利事業隨著社會的轉型及經濟體制的轉變而發生了重要的變化，初步形成以《中華人民共和國憲法》為基礎，以《中華人民共和國老年人權益保障法》為主體，包括有關法律、行政法規、地方性法規、國務院部門規章、地方政府規章和有關政策在內的老齡法律法規政策體系框架。由相關法律、法規組成的保護老年人合法權益的保護制度體系也形成了。

國家還通過政策和輿論引導等多種形式，積極營造發展老年人福利事業的社會環境，引導全社會關心、支持和參與老年人福利的發展，充分利用市場機制，引導和扶持企事業單位為老年人提供多樣化的產品和服務。

20世紀90年代中期以來，在黨和政府的關心下，各級民政部門圍繞自己所承擔的指導老年人權益保障工作的職能，開展了大量的工作，逐步形成了以國家、集體興辦老年人社會福利機構為骨幹，以社會力量興辦老年人社會福利機構為新的增長點，以社區老年人福利服務為依託，以家庭養老服務和保障為基礎的具有中國特色的老年人社會福利服務體系。

三、新時期中國老年人社會福利發展取得的成就

中國老年人福利事業堅持「政府主導、社會參與、全民關懷」的方針，從本國國情出發，積極制定政策和措施，切實加強老年人福利工作，不斷推進福利事業的發展，取得了重大成就。

1. 物質生活福利

中國制定了較為完善的社會福利政策，對無勞動能力、無生活來源、無依無靠的老年人實行保吃、保穿、保住、保醫和保葬的「五保制度」。「五保」老人在農村由集體供養，在城市由政府或街道社區集體供養。其生活方式為居家養老或到敬老院、福利院集體養老。為此近年來，國家加大資金投入，在城鎮建立面向「三無」老人（無勞動能力、無生活來源、無法定贍養人、扶養人或者其法定贍養人、扶養人確無贍養、扶養能力的城市老年人）的社會福利院，大力發展老年公寓、養老院和老年護理院，為不同經濟狀況和生活能力的老年人，特別是高齡病殘人群提供機構養老服務；在農村加強敬老院建設，為「五保」老人提供集中供養場所和生活服務。頒布《關於加快實現社會福利社會化的意見》、《關於加快發展養老服務業的意見》等政策文件，鼓勵和調動社會力量，採取公建民營、民辦公助、政府補貼、購買服務等多種形式，推動養老機構較快發展。2005年年底，全國城鄉有社會福利院、敬老院、養老院、老年公寓和老年護理院等養老服務機構39,546個，總床位149.7萬張，其中農村鄉鎮敬老院29,681個，總床位89.5萬張。國家加強對養老服務機構的規範化管理，先後頒布了《國家級福利院評定標準》《社會福利機構基本規範》等規範性文件，努力提高機構養老服務質量和水平。

對農村中的獨生子女家庭，2004年在重慶市、河北省承德市等15個城市，進行獎勵扶助制度試點。2005年，國家進一步擴大試點規模，獎

勵扶助制度覆蓋到絕大多數省份。針對農村只有一個子女和兩個女孩或子女死亡現無子女的計劃生育家庭，夫妻年滿60周歲後，由中央和地方財政安排專項資金進行獎勵扶助。獎勵扶助標準：按人年均不低於600元的標準發放獎勵扶助金，直到亡故為止。已超過60周歲的，以該制度在當地開始執行時的實際年齡為起點發放。2006年全國獎扶對象人群總數為186.6萬人，中央和地方財政共安排發放獎勵扶助制度專項資金11.1億元。其中，中央財政4.76億元，地方財政6.34億元。地方財政安排發放的6.34億元中，中央財政支持地區的地方財政安排發放3.22億元，東部自行開展地區的地方財政安排發放3.12億元。

中國政府把緩解和消除老年貧困納入國家反貧困戰略規劃。對貧困老年人，實行政府救濟和社會救助相結合，將貧困老年人優先納入最低生活保障制度。國家建立城市居民最低生活保障制度，對人均收入低於當地最低生活保障標準的家庭按標準給予補助。2005年，包括貧困老年人在內的2,233萬城市貧困人口領取了最低生活保障金，基本實現應保盡保。在農村，國家實施特困戶定期定量救助和臨時性生活救助制度，在有條件的地區積極探索建立農村最低生活保障制度。到2006年已有865萬農村人口被納入農村特困戶定期定量救助，985萬農村人口被納入農村最低生活保障，其中包括不符合「五保」條件的貧困老年人。國家鼓勵有條件的地方建立養老基地，發放養老補貼和高齡津貼，積極改善老年人的生活。地方政府積極組織實施開發式扶貧，扶持低齡、健康、有勞動能力的貧困老年人從事種植、養殖和加工等項目，增強貧困老年人的生產自助能力。積極發揮社會力量在老年貧困救助中的作用，推動各地老年基金會等社會團體、企事業單位和個人開展慈善救助和社會互助，創造結對幫扶、認養助養、志願服務、走訪慰問等多種救助形式，普遍為貧困老年人提供多樣化扶助。

為了加快城市社區老年服務設施的發展，解決老年服務設施不足的問題，從2001年起，中國政府連續三年實施建設社區老年福利服務設施的「星光計劃」。該計劃總投資134億元人民幣，建成「星光老年之家」3.2萬個，涵蓋老年人入戶服務、緊急援助、日間照料、保健康復和文體娛樂等多種功能，受益老年人超過3,000萬。2005年，全國平均每個街道有1.32個城市老年福利機構，每9.8個社區居委會有1個城市老年福利機構。全國大中城市基本建立起覆蓋街道居委會、功能配套、設施齊全的社區養老福利服務體系。

2. 醫療保健福利

加強老年醫療保障和衛生服務，增進老年期健康，是提高老齡社會全民健康水平和生命質量的重要內容。中國政府重視加強城鄉老年人的醫療保障，加大老年衛生工作力度，發展老年醫療衛生服務，努力保障老年人的基本醫療需求，增進老年人的身心健康。

（1）加強城鄉老年人醫療保障。國家建立社會統籌與個人帳戶相結合的城鎮職工基本醫療保險制度，規定退休人員個人不繳納基本醫療保險費，對個人帳戶計入金額和個人負擔醫療費的比例給予適當照顧。各地普遍將老年常見病、慢性病等大額醫療費用納入社會統籌基金支付範圍，減少退休人員個人的支付比例。2014 年年底，全國參加基本醫療保險的退休人員達 7,255 萬人。

國家積極採取多種補充性醫療保障措施，努力減輕老年人的醫療費負擔。實行公務員醫療補助辦法，由財政為包括退休人員在內的國家公務員提供醫療費用補助。政府推動各地建立大額醫療費用補助辦法，由個人或企業繳費籌資，為患大病、重病以及長期慢性病的職工及退休人員解決超過統籌基金最高支付限額以上的醫療費用。有條件的企業建立了補充醫療保險，解決基本醫療保險待遇以外的醫療費用。政府積極探索建立城市社會醫療救助制度，通過財政撥款、彩票公益金和社會捐助等多種渠道籌集醫療救助基金，對困難群眾就醫給予補助。到 2014 年年底，全年城鄉醫療救助累計救助 2,036.7 萬人次。

從 2003 年起，國家開始進行個人繳費、集體扶持和政府資助相結合的新型農村合作醫療制度試點工作。到 2006 年 6 月底，全國新型農村合作醫療試點縣（市、區、旗）擴大到 1,399 個，覆蓋農業人口 4.95 億。此時，3.96 億農民參加新型農村合作醫療，試點地區老年人參加新型農村合作醫療的比例超過 73%；全國共補償參加新型合作醫療的農民 2.82 億人次，補償資金支出 144.12 億元人民幣。國家要求各地為 70 歲以上農村老年人參加新型合作醫療給予適當政策優惠，照顧老年人的特殊需求。積極建立農村醫療救助制度，採取政府撥款和社會捐助相結合的方式籌集救助資金，資助農村「五保」老年人和困難群眾參加新型農村合作醫療，對因患大病個人醫療費負擔過高、影響家庭基本生活的貧困農民給予適當補助，在一定程度上緩解了老年人基本醫療困難。目前 31 個省（自治區、直轄市）全部建立了農村醫療救助制度。2005 年農村實施醫療救助達 1,112 萬人次，救助資金總支出 10.8 億元人民幣。

積極開展針對老年人的專項醫療救助和康復救助活動。通過實施國家殘疾人事業發展綱要，開展以西部地區為重點的「讓老年人重見光明行動」項目等，為約 600 萬名老年白內障患者實施復明手術，並為邊遠貧困地區的老年缺肢者、聽力障礙者免費裝配假肢、驗配助聽器，幫助貧困、殘疾老年人恢復或補償功能。

　　（2）發展老年醫療衛生服務。國家加強對老年醫療衛生工作的規劃和領導。國家制定實施《老年醫療保健「八五」規劃（1991—1995 年）》，兩次頒發加強老年衛生工作的政策性文件，把老年醫療保健工作納入《全國健康教育與健康促進工作規劃綱要（2005—2010 年）》《中國護理事業發展規劃綱要（2005—2010 年）》《中國精神衛生工作規劃（2002—2010 年）》等一系列衛生工作發展規劃。國家成立全國老年衛生工作領導小組和老年衛生工作專家諮詢委員會，加強對全國老年衛生工作的指導協調和科學決策。

　　國家鼓勵有條件的大中型醫療機構開設老年病專科或老年病門診，積極為老年人提供專項服務。根據區域衛生規劃，建立能夠提供老年病防治、老年康復和臨終關懷等服務的醫療衛生服務機構。各地醫療機構普遍為 70 歲以上老年人提供了掛號、就診、取藥、住院等方面的優先優惠服務。2006 年，國家頒布實施《國民經濟和社會發展「十一五」規劃綱要》，把實施愛心護理工程與加快發展面向高齡、病殘老年人的護理服務設施納入規劃重點。

　　加快建設城市社區衛生服務體系，推動各地把老年醫療保健納入社區衛生工作重點，努力為老年人提供安全、有效、便捷、經濟的衛生服務。各地積極引導基層醫療衛生機構向社區衛生服務機構轉型，開展老年保健、醫療護理和康復等服務。截至 2005 年年底，全國城市已設立社區衛生服務中心（站）1.5 萬多個，95% 的地級以上城市、86% 的市轄區和一批縣級市開展了城市社區衛生服務。基層醫療機構根據老年人的特殊需求，提供家庭出診、家庭護理、日間觀察、臨終關懷等服務。老年人的部分基本健康問題在社區得到解決。

　　國家針對老年人健康特點，積極開展衛生保健宣傳。利用廣播、電視、報刊、社區宣傳欄等多種形式宣傳普及老年期養生和保健常識。各級醫院常年向同所在社區開辦健康講座，為慢性病患者開健康處方。國家制定健康老年人標準，開展全國健康老年人評選活動，積極推廣科學、健康的生活方式。加強心腦血管病、糖尿病等慢性疾病的三級預防工作，制定

第八章　老年人社會福利

135

高血壓、糖尿病的防治指南和管理方案並逐步推廣，促進老年慢性疾病的早期發現、早期診斷和早期治療。從 1991 年起，政府開始把老年病防治研究工作納入國家科技計劃。目前，全國從事老年病防治研究的機構達 50 多家。

（3）推動老年群眾性體育健身活動。政府大力推動老年群眾性體育健身活動，努力增強老年人體質，提高健康水平。2005 年年底，全國縣以上各級行政區劃、70% 的城市社區和 50% 的農村鄉鎮建立了老年人體育協會，加強老年群眾體育活動的組織和指導。近年來，國家實施全民健身工程，加強公益性體育健身場地和設施建設，為老年人開展體育健身活動提供場所。目前，全民健身工程（點）已建成 3 萬多個。從 2001 年起，組織實施了「億萬老年人健身活動」，吸引更多老年人參加到體育健身行列中來。目前，全國參加經常性體育健身活動的老年人達 5,800 多萬人。

3. 社會服務

加快老年人服務體系的建設，是保障老年人不斷增長的社會服務需求獲得滿足的重要舉措。近年來，政府大力發展社區為老服務，不斷改善老年人居家養老的服務環境。同時，積極推進機構養老服務，努力滿足老年人多樣化的為老社會服務需求，初步形成以居家養老為基礎、社區服務為依託、機構養老為補充的為老社會服務體系。

國家頒布《關於在全國推進城市社區建設的意見》《關於加強和改進社區服務工作的意見》等一系列政策文件，採取積極措施，加大投入力度，加強社區建設與服務工作，為包括廣大老年人的社區居民提供多種便民利民服務，使老年人居家養老的服務環境不斷改善。20 世紀 80 年代，中國幾乎沒有社區服務設施，但是，改革開放以來，城市社區服務迅速發展起來。截至 2005 年年底，全國城市社區服務設施達到 19.5 萬處，綜合性社區服務中心達 8,479 個。各地採取上門服務、定點服務和巡迴服務等方式，為老年人提供生活照料、家政服務、緊急救援以及其他便利老年人的無償、低償服務項目。

國家通過學校教育、在職教育和崗位培訓等形式，培養為老服務需要的管理和服務人才。國家頒布《社會工作者職業水平評價制度暫行規定》和《社會工作者職業水平考試實施辦法》，鼓勵和吸引專業社會工作者和高等院校社工專業畢業生到福利服務機構工作。政府發布養老護理員職業目錄，頒布實施國家職業標準，加強養老服務隊伍的專業化和規範化建設。2005 年年底，取得養老護理員資格的為老服務人員近 2 萬人。發展

志願者組織，在全國範圍開展志願者為老服務「金暉行動」，組織動員廣大青少年和其他社會公眾加入為老服務志願者行列，通過與養老機構和居家老年人結對幫扶等形式，為老年人提供生活照料、醫療保健、法律援助等多方面服務。截至2007年，全國共有1,300萬人次的志願者為280多萬名老人提供了超過6.3億小時的志願服務，建立志願者為老服務站6萬多個。

4. 文化娛樂

老年文化活動日益豐富多彩。老年人是社會一個特殊群體。開展積極向上的老年文化活動，不僅能夠增進老年人的身心健康，而且有利於老年人營造良好的社會文化環境，促進精神文明建設的發展。各地根據老年人的愛好和各種特點與需求，開展了形式多樣的老年文化活動，內涵越來越豐富。

在大中城市逐步建立設施完備、功能齊全的綜合性老年活動中心，在縣（市、區、旗）建立老年文化活動中心，在鄉（鎮）、街道設立老年活動站（點），在基層村（社區）開設老年活動室。到2005年年底，城鄉老年文體活動設施達67萬多個。各級政府在原有或新建的公益性文化設施中開闢老年人活動場所，有關部門管轄的文化活動場所也積極向老年人開放。國家財政支持的圖書館、文化館、美術館、博物館、科技館等公共文化服務設施以及公園、園林、旅遊景點等公共文化場所向老年人免費或優惠開放。老年人社會文化生活的條件不斷改善。

國家積極提供符合老年人特點的精神文化產品。全國大部分廣播電臺、電視臺相繼創辦了相對固定的老年專題節目，如中央電視臺的《夕陽紅》、中央人民廣播電臺的《桑榆情》、北京電視臺的《金色時光》等。2005年年底，全國共出版老年類報紙24種，每期發行量280萬份；老年類期刊23種，每期發行量305.8萬冊。文藝、影視、戲劇和出版界創作了大量老年人喜聞樂見的文藝作品。各級文化部門積極組織文藝團體深入基層，創作和表演深受老年人歡迎的文藝節目。為大力提倡和扶持各種有益於老年人身心健康的文化娛樂活動，國家財政每年撥專款支持舉辦全國老年文藝演出、中國老年合唱節等大型活動，開展國際老年文化藝術交流。各地經常組織開展形式多樣、健康向上的社區老年文化活動。群藝館、文化館、文化站等公共文化機構加強對老年文化活動的指導，培養了大批老年業餘文藝骨幹，在豐富廣大老年人精神文化生活中發揮了重要作用。城鄉老年群眾文藝活動組織迅速發展，成為老年群眾性文化活動的中

堅力量。

國家重視保障老年人受教育權利，加大投入，積極扶持，推動老年教育事業迅速發展。各級政府、有關部門和企事業單位創辦了一批示範性老年大學，同時依託省、市、縣各級現有群眾文化設施多渠道、多層次發展老年教育，努力實現「縣縣有老年大學」的目標，並逐步向社區、鄉鎮延伸。一些地方充分運用現代傳媒手段，開辦面向老年人的電視和網路學校，擴大老年教育覆蓋面。目前已初步形成多層次、多形式、多學制、多學科的老年教育體系。老年人通過學習達到了增長知識、豐富生活、陶冶情操、增進健康、服務社會的目的。2014年年底，全國的老年大學（學校）已發展到4.9萬多所，在校學員近587萬人。

四、中國老年人福利發展中存在的問題

中國老年人社會福利是在計劃經濟體制下建立和發展起來的，其管理、運作及服務等各個環節也必然帶有濃厚的計劃經濟色彩。中國老年人社會福利在由計劃經濟體制向市場經濟體制的轉變過程中越來越不適應形勢發展的需要，面臨著嚴峻的挑戰。

1. 老年人福利缺少法律上的根本保證

從中國目前的情況來看，社會福利方面的立法現狀不容樂觀，主要表現為：有關社會福利的基本立法不足。儘管已經有了一部無所不包、已經滯后於市場經濟發展要求的《老年人權益保障法》，但是至今未能明確其執法主體，中國老年福利政策還更多更久地停留在政策性文件規定的層面。至今還沒有制定出老年福利的專項法律法規，相關法律缺乏系統性，未能形成一個完整的法律體系。現有的福利保障法規調整範圍較窄。社會福利體制運行不符合法律要求，主要借助行政手段，如頒發通知、規定等來進行調控和管理。這與國際社會比較起來已經嚴重落后，執行起來其強制力和時效性必然大打折扣。

2. 城鄉二元體制仍然存在，並且差距較大

長期以來中國老人社會福利一直是由官方包辦的民政部門主管並組織實施。但由於中國的經濟發展特點、城鄉的不平衡以及城鄉有別的管理體制，逐漸形成了中國老年人福利的二元體制，即城鎮退休人員的福利由原單位負責，農村的老年人社會福利由集體提供。

城鄉老年人享受的各種社會福利也存在較大差距。城市老年人享受著總體比我們發展階段要高的社會福利，又沒有實力把農村中老年人的社會

福利提高到城市的水平上去。如目前,城市老年人享受的住房、物價、醫療、住房等各種補貼以及各種福利設施,絕大多數農民都不能或很少能夠享受。在農村老年人社會福利發展緩慢,農村生活著60%的老年人,仍未有一所全面的社會福利機構。因為制度化的社會服務本來就少,農村的民政工作大致只局限於救災、扶貧,能夠為老年人提供的福利極為有限,與農村老年人的實際需求還有很大差距。

3. 覆蓋面小,產品、設施、服務短缺與形式化並存

隨著經濟的發展和社會的進步以及人口老齡化的到來,老年人的社會福利需求急遽增加。而目前中國社會福利的供給嚴重不足。根據測算,中國現有的社會福利只能滿足5%的社會需求,這其中還包含婦女兒童、殘疾人的社會福利,老年人的社會福利就更少了。另據《中國老年人供養體系》的調查,全國有98.1%的老年人依靠家庭提供生活照料和精神慰藉的服務,只有1.9%的老年人由社會福利機構和社區組織照料養老。目前大約有1,400萬老年人有進入福利機構養老的需求,而全國各類福利機構提供的老年人床位149.7萬張,僅僅只占老年人人口總數的1%。這與發達國家5%~7%的機構供養率相比,差距較大。

中國現有的大多數老年人社會福利機構以保障「三無」對象基本生活權益為主要任務,無法滿足老年人較高層次的服務需求。現有老年人社會福利機構硬件設施較差,服務水平較低,基本停留在只能提供吃、穿、住等簡單服務的原始階段。即便在經濟條件好的地區建立了一些各方面不錯的老年人設施,並在社區某個地方空出一個地方作為老年人的活動中心,掛上了一塊「老年人社區娛樂中心」的牌子,可是由於管理的不完善、服務內容的過於單一,因此許多社區老年人服務中心沒能起到應有的作用,只流於形式。更離譜的是有些社區「老年人活動中心」成為了「年輕人活動場所」,有的成了「歌舞廳」「遊戲室」。因此,建立一個真正意義上的、有針對性的老年人服務體系是非常迫切和重要的。

4. 國家、集體包辦老年福利事業,社會化程度較低

中國現有老年人福利機構大部分是政府辦的,屬當地民政部門主管的事業單位。真正社會力量舉辦的老年人福利服務機構的比例少、規模小,社會化程度低。其結果是:一方面,老年人福利資金不足,發展緩慢,供給嚴重不足,遠遠不能滿足老年人的需求;另一方面,由於缺乏市場競爭,占主導地位的國家和集體辦的福利單位與政府依然保持領導與被領導的關係。福利機構中普遍存在著較為嚴重的「大鍋飯」思想,管理體制

和運行機制僵化,不能適應市場經濟體制的發展要求。

5. 有效資金投入不足,嚴重制約了老年人社會福利的發展

雖然國家每年都對老年人物質、醫療保健等工作進行大量投入,但是同實際需要仍有很大差距,其原因在於中國是發展中國家。改革開放以來,雖然經濟發展較快,但是綜合國力和人均佔有水平仍較低,能夠用於老年人社會福利方面的財力有限。長期以來,中國對老年人福利的投入不足,福利設施建設滯后,遠不能滿足老年人的需求。近幾年來,許多福利機構為了增強自己的發展能力,開展多種經營活動,但是缺乏經營基礎,政策的不明確和執法的走樣,尤其是稅收政策在許多地方未能落實,制約了福利機構的自我發展能力。

社會上的資金投入老年人福利事業缺乏激勵機制。老年人社會福利事業的發展沒有與社會各方面建立「唇齒相依」的關係。沒有法律規範資金來源,其「多元化」的資金來源是由道德和道義決定的,具有極大的隨意性和不確定性。

6. 工作人員專業化水平較低,素質有待提高

目前老年福利機構工作人員少,多數由臨時聘用人員擔任,崗前訓練簡單,專業化程度低,服務質量滿足不了老年人的需求,迫切需要提高服務意識和專業化水平。

五、中國老年人社會福利進一步改革方向

從世界各國社會福利的實踐來看,社會福利服務具有以下四個特點:一是發展社會福利的目標是滿足社會上特殊群體的需要,幫助他們解決生活中的實際困難,提高生活質量。二是社會福利服務通過非政府的社會福利團體興辦。政府處於指導和監督地位,同時在財政上予以支持。三是社會福利服務強調職業化和專業化。有專門的社會工作團體及下屬從事各類福利服務,有公認的職業守則和職業審核與證照制度,有社會工作教育體系和系列訓練課程,有保證工作順利進行的工作程序和必要的職業權利保障。四是社會福利服務強調非營利性,也強調引入市場機制。近二十年尤其是近十年來,西方主要資本主義國家普遍出現了「福利危機」。西方各國對社會福利的發展進行了反思與重構,都致力於社會福利制度改革,強調社會福利政策與經濟發展之間的協調性,使老年人福利有了新發展,但這些特點有其存在的合理性和必要性,是其社會福利體系中的精髓部分。

眾所周知,中國的改革和發展已經進入了一個嶄新的階段。建設和諧

社會成為新的主軸。在借鑑國外發展老年人福利的經驗和做法和總結中國老年人社會福利改革實踐經驗的基礎上，考慮到中國的實際情況，中國老年人社會福利改革應從基本國情出發，制定有中國特色的老年人福利制度：以老年社區福利服務為依託、以國家興辦的社會福利機構為示範、以其他多種所有制形式的社會福利機構為骨幹的老年社會福利服務體系，走一條符合中國經濟、社會、文化特點的，動員社會力量廣泛參與的社會化之路。近幾年的實踐表明，推進老年人社會福利社會化進程就必須實現投資主體多元化、服務對象公眾化、運行機制市場化、服務方式多樣化和服務隊伍的專業化與志願者相結合。為此須在以下幾個方面努力：

1. 加強老年人社會福利方面的法律建設

中國也應該像近年來西方國家福利一樣，努力將社會福利制度的運行建立在比較完善的立法基礎上，使社會福利制度的運行有法可依，有章可循，使社會福利真正成為呵護社會的「安全網路」。國家應該對一些經過實踐檢驗和時間證明是切實可行而又行之有效的法規、規章進行總結概括，並提升為法律，制定老年人福利的專項法規，如老年福利法、老年保健法等。

2. 大力發展民間組織（如 NGO、非營利組織等）

老年人社會福利社會化的一個最重要的特徵或表現形式即有大量的民間組織來營辦各類社會福利服務。這也是被國內外實踐證明了的事實。

中國民間組織包括社會團體、基金會和民辦非企業單位三種類型，其業務範圍遍及教育、衛生、科技、文化、環保和社會福利等各個領域。然而，改革開放以來，雖然這些組織在數量上發展很快，但到目前為止尚未形成一個適應中國經濟和社會發展需求的民間組織體系。現在我們已經認識到，社會組織發育緩慢是制約社會福利社會化進程的重要原因之一。

民間組織是社會的細胞。當前，培育和發展社會組織並使其發揮積極作用的首要任務是建立和完善相關的法律和規範，並通過調整財稅等政策從經濟上給予支持和鼓勵。

3. 強化政府在老年人社會福利中的主體地位

我們必須認識到，社會福利社會化的出發點和最終目標是形成政府和社會共同辦福利的機制和環境，而不僅僅是政府幫助社會力量興辦福利機構。換言之，社會福利社會化不是簡單地將社會福利服務推向社會或市場，而是形成政府與市場和民間社會組織合作辦福利的一種機制。政府發揮投資主體的作用是形成這一機制的關鍵因素。

首先，政府在社會福利服務中的投資主體角色可以通過多種途徑實現。其中，財政專項資金是最常用的做法。政府可以通過專項基金的方式向社會服務的提供者提供補貼。這些服務提供者既可以是市場經濟組織也可以是非營利組織。補貼的目的是使服務提供者降低其服務收費，從而使服務使用者能夠用得起這些服務。這是政府利用市場和公民社會組織提供服務和保障公民獲得一些最基本的社會服務的辦法。例如，在美國，醫療機構長期接受政府的巨額財政補助，以便低收入者也能享受較低價格的醫療服務。

其次，除了直接財政撥款以外，政府扮演其投資主體角色的另一個有效方法是制定和實施積極的稅收激勵政策，鼓勵企業和民間資金進入社會福利服務。

最後，政府也可以通過服務收費的方式來增加資金渠道。但政府允許服務提供者對服務使用者收取部分或全部費用，不只是為了減少政府支出，而是為了提高服務的效率。

思考題：

1. 老年人和老年人社會福利的含義分別是什麼？
2. 老年人社會福利是如何產生的？
3. 老年人社會福利的內容包括哪些？
4. 瑞典的老年人社會福利有哪些？
5. 英國的老年人社會福利有哪些？
6. 日本的老年人社會福利有哪些？
7. 簡述中國老年人社會福利發展的歷史。
8. 論述新時期中國老年人社會福利發展的成就與存在的問題。
9. 中國老年人社會福利進一步改革的方向是什麼？

第九章　婦女兒童社會福利

當今世界，綜合國力競爭日趨激烈，其焦點是人才的競爭，是全民素質的競爭。放眼國內，要實現經濟和社會可持續發展，必須把提高國民素質、開發人力資源作為戰略任務。婦女是人力資源的組成部分。兒童是國家未來的人才和人力資源。因此，婦女兒童社會福利是一個國家福利制度的重要組成部分，對經濟的發展發揮著重要作用。由於婦女與兒童天然的聯繫，二者福利相輔相成，許多國家將婦女、兒童作為一個整體，構成相對獨立的福利制度。

第一節　婦女兒童社會福利概述

一、婦女兒童社會福利的含義

1. 婦女社會福利的基本內涵

婦女在人類社會的發展過程中所扮演的角色極其重要，而且這種重要性在現代社會越發顯現出來，因此婦女應該在政治、經濟、文化等方面享有和男子共同的權利。這不僅是馬克思主義婦女觀的重要內容和要求，也是衡量一個社會文明程度的重要標志。但是，婦女在生理、心理上的特點以及兩性不平等的傳統社會價值觀和性別歧視給婦女造成了很多的困難。正是基於以上原因，婦女應該享受更多的權益和得到更多的特殊照顧，由

此產生了婦女社會福利事業，包括諸如各種生活福利津貼、集體福利設施以及休假等福利待遇。

根據國際上的通行做法，結合中國的實際，婦女福利是指經國家立法維護和保障，並通過社會化的福利設施和有關津貼，滿足婦女生活服務並促使其生活質量不斷得到改善的一種社會政策。它與老年人社會福利、殘疾人社會福利等並列，是社會福利的重要內容之一。

2. 兒童社會福利的基本內涵

兒童是家庭的瑰寶、民族的希望、國家的棟梁、社會的未來、祖國的明天、人類最寶貴的財富，但是他們年齡小、自我保護能力弱以及辨別是非和區分良莠的能力差，易於受到各種違法犯罪行為的侵害。尤其是在現代社會，家庭功能、結構、角色變化和婚姻穩定性下降，婚姻自由度和兩性關係開放度提高，城鄉各類「困境兒童」大量湧現，例如棄嬰、孤兒、殘疾兒童、流浪兒童、貧困地區的兒童、寄養兒童、愛滋病孤兒、犯罪家庭的兒童等。形形色色和異常嚴峻的兒童問題已經成為各地公共政策和社會政策議程中頭等重要的議題。正是基於以上的客觀現實，兒童已經成為社會中明顯的一個特別需要保護的弱勢群體。

(1) 兒童概念的界定。1989年第四十四屆聯合國大會通過的《聯合國兒童權利公約》規定：「兒童系指18歲以下的任何人，除非對其適用之法律規定成年年齡低於18歲。」

中國的《未成年人保護法》等法律規定未成年人為0～18歲，但把年滿14～18歲劃為相對特殊的一個年齡階段。結合中國兒童工作的具體情況，一般認定兒童的年齡為0～14歲。這種界定的主要依據在於：第一，兒童是人生中的起始階段，對於70歲左右的生理年齡而言，選擇0～14歲作為兒童期的界定較為適宜；第二，兒童是人生中處於不成熟狀態的年齡階段。雖然近年來兒童的青春期有所提前，但是就普遍情況來說，中國兒童的青春期約在13～14歲之間，將兒童年齡階段界定為0～14歲，比較符合中國兒童的實際情況。將兒童年齡界定為0～14歲有利於和實際工作接軌。[1]「兒童」是一個生理性概念，同時也是一個心理階段的概念，是一個社會性的概念，是一個包含深刻社會含義的概念。

(2) 兒童福利的概念。兒童福利的概念有廣義和狹義之分。狹義兒童福利是指政府和社會為有特殊需要的兒童群體提供的一種特定的服務，

---

[1] 陸士楨. 中國兒童社會福利需求探析 [J]. 中國青年政治學院學報, 2001 (6).

其服務的對象主要是：兒童的生理、心理和發展需要不能在家庭中得到恰當地或充分滿足的兒童；自身的發展、情感或行為需要超過了在家庭環境中能夠滿足的程度或不適宜繼續在家庭中生活的兒童；由於各種原因失去家庭依託的兒童。服務的功能相應地傾向於救助、矯治、扶助等恢復功能。

廣義兒童福利並不是單純局限於處於不利境地、需要幫助的兒童群體，而是面向國家或社會為立法範圍內的所有兒童，普遍提供的旨在保證其正常生活和使其盡可能全面健康發展的資金與服務的社會政策和社會事業。這種認識基於這樣一種假設：在現代社會中，單憑一個家庭無法面對所有的問題，每一個家庭都需要外力的幫助，社會對每一個兒童都負有責任。從特點來講，它具有普遍性、發展性、社會性。這種面向所有的家庭和兒童的兒童福利具有發展取向，是一種制度性的兒童福利。

狹義兒童福利具有很強的針對性，特別是在中國社會資源有限的情況下，便於社會和政府有針對性地對急需幫助的兒童提供支持，但它是一種消極性兒童福利。在現今社會條件下，隨著社會經濟的發展，社會已有能力去關注和負擔更廣泛的兒童群體的需要。加之社會人道主義觀念的發展，對於兒童，人們的感情不再局限於同情，而是向尊重其本性靠攏。人們已開始更多地認同廣義的兒童福利。這也是「以兒童為本」的兒童觀的重要體現。本書所論述的兒童福利遵循的就是廣義上的兒童福利概念。

二、婦女社會福利內容

1. 婦女就業福利

婦女是一支重要的勞動力資源，為社會創造了巨大的財富。但是，由於自身生理、身體及心理素質方面的原因，在經濟體制或者經濟形態轉變過程中，婦女總是承受著比男性更大的壓力。這些都增加了婦女勞動者就業的難度。因此必須對婦女就業給予保障。這也是保護生產力、保護婦女及下一代身體健康所採取的必要措施。為此，世界各國都制定了相關的法律、法規保障婦女同男子一樣享有相同就業機會的權利，享有相同自主選擇職業的權利，以使婦女能平等地參與社會經濟生活。具體包括：

（1）立法保障婦女享有與男子同等就業的權利和機會，並通過就業政策指導並鼓勵企業僱用女工，如給予僱用女工達到規定數量的企業稅收優惠等。禁止企業以性別為由拒絕錄用婦女或者提高對婦女的錄用標準。

（2）立法保障女職工就業期間享有與男職工同等的待遇，包括實行

同工同酬、同等的培訓機會和晉升的機會。

（3）立法對女職工實行特殊勞動保護，保障女職工在生產工作中的安全和健康。合理安排女職工的工作和工種。為保護婦女的身體健康，根據婦女生理、心理特點禁忌讓女工從事礦山、井下、高溫、低溫和冷水等高難度的工作。在女工經期，工廠不得安排女工在高空、低溫、冷水等地方工作。

（4）為了保障婦女就業權益，立法禁止以結婚、生育、哺乳和扶養子女為由辭退女職工或者單方面解除合同。

（5）制定政策促進女性提高受教育程度。女性就業難，除了與自身的一些特點有關外，還有一個很重要的因素就是女性在受教育程度上的不足，這必然影響她們的發展。因此為婦女舉辦各種培訓班，確保他們在與男子競爭中處於平等地位。

女性就業體現了社會的進步性。只有在經濟上獲得獨立，才能提高其社會地位。從整個社會角度看，就業狀況往往反應一個國家的經濟發展狀況，而女性就業率則反應了一個國家女性的社會地位與社會的文明程度。對於女性個體來說，在現代社會中就業是參與社會生活的主要途徑，是決定個人生存與發展的重要手段。婦女就業作為開發、利用勞動力資源的重要方面，對社會、經濟的發展起著巨大的推動作用。

2. 婦女生育福利

人類的繁衍生息、世代相傳是客觀存在的自然規律。而婦女擔負著孕育下一代的特殊義務，因此維護婦女合法權益、保障他們的生育功能、保護母嬰健康，關係到一個國家與民族的興旺發達。

國際勞工組織為此在 1919 年通過了《生育保護公約》（3 號公約）。1952 年，國際勞工組織在 3 號公約的基礎上又通過 103 號公約《生育保護公約》（修訂）以及第 95 號建議書《生育保護建議書》等一系列文件。這為世界各國照顧婦女生育提供了基本的框架。它的宗旨就是確保婦女在產前產後能夠得到物質幫助和照顧，保證母親和孩子的基本生活及孕產期醫療保健的需要。但由於受經濟發展水平、社會制度、民族文化等因素的影響，各個國家的生育福利覆蓋範圍、福利內容和待遇水平差別很大。在發達國家和一些福利水平比較高的國家，生育保障比較完善。婦女福利作為社會保障和社會救濟的有力補充，為婦女生育構建了一道安全的保護網，且婦女在生育期間都能享受到不同程度的物質幫助。而一些國家至今都沒有建立婦女生育保障制度。

在生育福利中，生育保險因其覆蓋範圍廣和穩定程度高而在整個體系中佔有重要地位。生育保險是國家通過立法，對生育子女、暫時喪失勞動能力的女職工提供物質幫助的一項社會制度。其宗旨是通過向生育女職工提供產假，產假期間生育津貼，產前、產后的醫療衛生服務，保障女職工生育期間的基本生活，並幫助她們恢復勞動能力，重返工作崗位。

產假是職業婦女在分娩或者流產期間依法享有的假期。國際勞工組織要求產假期至少為12個星期，且產前、產后必須有休假。第3號公約要求分娩前后休假各為6星期。第103號公約規定得較靈活，只規定：12個星期內應包括產后強制休假的時間不得少於6個星期；預產期以前的休假應按照預產期和實際分娩日期兩者相隔的實耗時間予以延長；產后的強制休假時間不得因此而減少，如因懷孕而產生疾病時，假期應予延長。第95號建議書《保護生育建議書》，提出了更確切的措施，規定一些較高的標準。例如在某些情況下產假可延長到14個星期。關於具體執行情況，各國有差別。一般來說，發達國家長點，如丹麥、瑞典等國產假為52周；發展中國家的產假相對短些，如埃塞俄比亞產假僅有45天。

生育津貼是對職業婦女因生育子女而暫時中斷勞動期間的損失，由國家和社會及時給予的現金補償。目的是為生育婦女提供基本生活保障。生育津貼的標準一般比較高，根據《全球社會保障》的資料，對全球136個國家的生育津貼進行統計的結果顯示：生育津貼占婦女生育前原工資收入100%的有61個國家，占統計總數的44.8%；津貼占生育婦女原工資收入80%~99%的有6個國家，占4.4%；津貼占原工資收入60%~79%的有37個國家，占27%，津貼占原工資收入50%~69%的有15個國家，占11%。津貼占原工資收入50%以下僅1個國家，占0.7%。

生育醫療衛生服務是醫療保健的子項目，提供孕期、分娩和產后所需要的各種檢查、諮詢、住院、護理等一系列保健服務，確保母子平安健康。在實行全面醫療的國家，該服務已經覆蓋到全體婦女。

除生育保險制度外，其他生育保障計劃為生育保險沒有覆蓋到的孕婦提供了健康和基本生活幫助，如未婚母親特別津貼、免費的嬰兒用品、免費的食品。對生活在貧困線以下的孕婦，很多國家給予救濟，保障其生活的需要和醫療的需要等。

3. 福利設施和福利服務

婦女就業福利是針對受雇婦女設置的，生育福利也只使用於特定的階段。那些未參加社會勞動和未受雇傭的婦女或者超過生育期間的婦女均不

能享受以上的福利，因此更廣泛意義上的婦女福利是國家和社會為全體女性提供的福利設施和服務。

很多國家和地區都有諸如婦女活動中心、諮詢服務中心、婦女用品專賣店等福利場所，甚至一些國家還專門設有婦女庇護所，為受虐或者遭受特殊困難的婦女提供特殊的救助服務。

三、兒童社會福利的主要內容

兒童作為未來社會的主人和建設者，再加之年幼，易處於不利境地。因此各國都有一系列的福利項目保證兒童能夠健康成長。這裡主要分為兒童普遍福利和特殊兒童福利兩部分。

1. 兒童普遍社會福利

（1）對兒童的養育。兒童是幼苗，需要特別的養育。兒童福利的重要內容之一就是要通過多方面的努力，促進對兒童良好的養育。首先，國家通過立法對兒童所應受到的家庭保護作了規定，保護兒童的生命健康；父母或者其他監護人應當依法履行對未成年人的監護職責和撫養義務，不得虐待、遺棄未成年人；父母或者其他監護人不得允許或者迫使未成年人結婚。其次，保證對兒童的營養。這不僅關係到兒童的正常發育，而且會影響到未來民族的素質、國家的素質。在這方面的工作很多，如推動優質兒童食品的研製、開發和生產；推廣母乳喂養；輔導、宣傳、普及兒童營養知識；幫助父母掌握科學喂養知識；推廣營養加餐等。最后，保證兒童良好的居住環境。但這主要是在政府改善居民條件的同時加強對兒童居住環境的說學輔導。如提高托兒所、幼兒園建設的質量和速度，推動托兒所、幼兒園的建設；普及兒童生活環境的有關知識等。

（2）兒童的教育事業。教育是兒童權利的重要組成部分，是促進兒童成長發展的一項重要措施，是兒童福利最重要的內容之一。對兒童的教育應是全面的，即通過教育兒童能學會認知，掌握必要的知識和思維方法，學會做事，具備生活中必需的多種能力；學會相處，懂得如何在社會生活中自如地適應；學會生存，適應未來生活。教育還要幫助學習有困難的兒童掌握正確的學習方法；協調兒童與父母之間的關係，幫助兒童養成健康心理；指導兒童與其他兒童友好相處，學會在集體中生活；為兒童提供學習生存的環境，教會他們面對生活中的各種問題。要達到這樣的教育目標，兒童教育需要從多方面努力。

各國紛紛通過各種途徑發展幼兒教育。許多國家已經採用了立法的形

式確立學前教育的地位。在一些發達國家甚至出現了把學前教育納入義務教育體系的傾向。法國政府規定學前教育與初等教育處於同一體系，屬於初等教育的準備性教育。

　　當前世界上幾乎所有的發達國家和大約半數的發展中國家普遍都建立了免費的義務教育（國立學校）制度，只有一些特別貧困的或者有某些特殊國情的國家才收費。義務教育的時間各國不一，但都在9年以上，如韓國、挪威、瑞典、日本等國；美國、法國、芬蘭等國延長至10年；超過10年的國家則有德國、比利時12年，荷蘭13年。有些國家的兒童還免費享有課本、文具和在校午餐，甚至有些離學校遠的兒童還享受上學時的免費接送。

　　（3）兒童衛生保健。兒童的健康是民族健康的基礎，是國家強盛的先決條件。因此，兒童衛生保健不可忽視。各國兒童衛生保健的內容主要有：實施婦嬰保健，即通過多種努力，降低嬰兒死亡率；衛生部門對兒童實行預防接種制度，積極防治兒童常見病，並興辦專門的為兒童醫療保健服務的兒童醫院或者在全科醫院中設置兒科；開展學校衛生工作，通過健康檢查、身體缺點的鍛煉矯治、傳染病的預防、健康教育等方法促進兒童健康發育成長，減少疾病的發生，全面提高其身體素質。

　　（4）兒童的娛樂遊戲。遊戲和娛樂是兒童生活的一部分，是兒童身心發展的必要。遊戲不僅可以鍛煉兒童的身體，促使其身心健康發展，而且能培養兒童良好的生活習慣，學會與他人合理相處，還可以提高兒童的想像力和創造力。因此兒童福利的一個主要內容就是為兒童開展好遊戲和娛樂活動提供條件。很多國家通過政府投資或社會資助修建了很多的兒童場所，推廣有益有趣的兒童遊樂形式，普及兒童娛樂知識；舉行競賽性的活動以吸引兒童及其家長參與；直接指導和帶領兒童的娛樂活動，幫助孩子們在娛樂中學習，等等。如專門為兒童設計的電視節目、玩具以及遊樂園等。

　　（5）兒童權益的保護。兒童有不同於其他社會群體的特殊利益需要保護，因為未成年，他們自我保護的能力很差，就更需要社會予以特殊的保護。這主要體現在兩方面：一是要保護他們的合法權益，如生命權、被撫養權、優先救濟權等；二是要保護他們健康成長，即對危害他們健康的行為予以打擊等。

2. 特殊兒童社會福利

「特殊兒童」是相對於「正常兒童」來講的，是指那些患有殘疾或者被遺棄的兒童。他們除了享受與正常兒童同等的待遇外，還應該在國家，包括每個人為他們創造的團結、友愛、互助的社會環境中得到特別的照顧和保護。

（1）對孤兒、被遺棄兒童的救助。對孤兒、被遺棄兒童的工作，各國都十分重視，有些國家還專門為此立法。從世界各國的實踐來看，救助的方式主要有：

①兒童福利院，或稱院內救助、機關教養。這種福利院可以為孤兒提供合乎衛生的飲食以及正常生活的充分照顧，還可以提供醫療保健和教育。

②家庭輔助。主要方式是為貧困或單親家庭提供經濟救助，以使兒童能夠獲得家庭溫暖。提供救助的方法有最低生活貧困線制度等。

③家庭寄養。家庭寄養的對象是孤兒或因故父母無法照顧的兒童。選擇能夠為兒童提供健康全面發展的家庭，即在經濟狀況、居住環境、生活水平、教育程度諸多方面都適宜的家庭，經社會工作人員聯繫協助並予以督導，逐漸使雙方能和諧相處。

④收養。收養是依據法律通過正常手續確立撫養關係的一種方式。在收養之前，社會工作人員需做認真調查；在收養關係確立后，還需做跟蹤輔導，協助解決困難，確保兒童權益。

（2）對殘疾兒童的康復和教育。對殘疾兒童的工作，首先是身體的康復。通過必要的身體訓練和醫療手段，最大限度地矯正兒童的殘疾。其次是教育。通過舉辦特殊學校、隨校設立特殊班、隨班就讀等方式，殘疾兒童才能接受正常的教育。教會他們一技之長，還要通過多種形式使之去適應其他人群，適應主流社會，擴大孩子們的接觸面，引導他們接觸社會，使他們建立信心，培養他們成為對社會有用的人。

四、婦女兒童社會福利的作用

1. 有利於實現男女平等

在很長的歷史時期，婦女與男性共同創造社會的物質和精神財富，推動社會發展。但在現實生活中由於自然的生理局限以及傳統觀念的影響，女性在參與社會經濟活動時常常受到各種阻礙和不公正待遇，在與男性平等地分享社會進步成果方面還存在著差距。這影響了婦女權利的履行和利益的實現。婦女社會福利的宗旨就是強調維護和保障婦女權益，通過國家

立法保障婦女的權益，使社會資源配置充分考慮到性別差異，使勞動婦女能夠獲得相應的生產生活資料和平等發展的機會，並能夠享受平等的社會保障和福利，最終實現男女在社會發展各個領域的平等、和諧與共同進步。

2. 有利於提高人口質量

勞動力是一國社會經濟發展的一個重要因素。國家的發展依靠高素質的勞動者。通過婦女兒童社會福利可以為婦女兒童提供物質幫助、醫療衛生服務等，來保證人口質量，提高人口素質。這是許多國家人口戰略的重要組成部分。如國家通過婦女就業福利禁止婦女從事危險、有毒等有礙下一代健康的危險工作。生育福利又為婦女提供健康、營養支持，保證優生優育。兒童福利保證了兒童能夠得到發展中的基本關照，促進了兒童的全面進步，啓發了兒童的潛能，矯治了兒童發展中出現的偏差，促使兒童全面發展，為兒童成為未來合格的建設者打下了良好的基礎。

3. 有利於維護家庭和睦和社會安定

婦女兒童是家庭中的重要成員，而家庭又是整個社會的基本細胞，也是孕育后代、兒童成長的基礎環境。保護家庭、為婦女兒童提供服務能增強家庭的穩定性。如現代社會的婦女充當著母親、妻子、勞動者的角色，壓力比較大，容易產生心理失衡，從而影響健康和家庭生活。通過婦女福利服務能緩解這種壓力，客觀上有利於家庭幸福和睦，又有助於安定社會。兒童也是社會一分子，也有各種需求。當需求得不到滿足的時候，他們無力運用劇烈的方式進行主動反擊，但是會通過各種層面對社會安全產生消極影響。因此關愛兒童，為兒童提供各種積極的福利服務，能有效辟免這些問題的產生，增強未來社會的安全。

4. 有利於發展和利用女性勞動力資源

婦女是經濟發展中不可缺少的人力資源。有一些工作甚至非女性不能承擔。根據調查，如果婦女要在家庭以外進行經濟活動，那麼社會就必須承擔部分家務和責任。向婦女社會福利為婦女提供的幫助和照顧解除了職業婦女的后顧之憂，為婦女投身社會經濟活動創造了條件，令她們能充分發揮其特長，以利於社會經濟的快速發展。

第二節　婦女兒童社會福利的產生與發展

一、婦女兒童社會福利制度的產生

工業革命之前，西方國家的教會、民間組織、慈善機構就有救濟、救助貧民和孤兒的行動，但由於募集到的經費有限，很難惠及所有貧困的婦女兒童。真正意義上的婦女兒童福利是在19世紀末20世紀初隨著大工業社會的形成和資本主義制度的進一步發展才開始出現的。

資本主義在發展市場經濟的過程中所強調的自由民主和個人自立的觀念，為婦女解放奠定了倫理基礎。資本主義的發展還打破了封建的社會結構、父權主義的社會權力和宗法制度，為婦女解放創建了制度條件。加上起源於19世紀英國、法國的女性主義和之前興起的婦女運動，婦女的政治地位和參與社會經濟生活的地位顯著提高。婦女大量湧入工業生產勞動，女工的勞動保護、孕產期的生活保障，兒童的養育等問題不可避免地湧現在政府和雇主的面前。

在工人爭取權益的鬥爭下，1911年義大利政府率先把社會保險擴大到產婦，規定生育也屬於疾病保險。之後西方國家陸續建立了生育保險、生育補助的福利項目。1918年英國通過了《婦女兒童福利法案》。該法第一次以專項法規的形式規範了婦女兒童保障，並拓寬了婦女兒童福利的內容。根據這一法令以及以后的一些法令，英國建立了全國性的母嬰保健制度。

女工和兒童的福利開展得相對早一些。早期的英國存在工廠使用童工混亂無序、童工勞動時間長、童工工作強度大、工作條件惡劣、工傷事故頻發等問題。為了改變這種狀況，1802年英國政府頒布《學徒健康道德法案》，1883年又通過《工廠法》。該法以女工和未成年人為保護對象，規定了女工和未成年人工作上限。普魯士在1839年頒布《普魯士兒童保護法》，禁止工礦企業雇用10歲以下兒童，規定16歲以下未成年人的工作時間每天不得超過10個小時。1912年瑞典頒布《勞工福利法》，禁止雇用13歲以下兒童。

國際組織的積極推動也是婦女兒童福利建立的一個重要因素。國際勞工組織在1919年通過了《生育保護公約》（3號公約），並在以後幾十年

間發布了一系列的保護條例，其內容包括保護母親、禁止婦女從事夜班、男女就業機會均等等內容，推動了各國婦女兒童事業的發展。

二、婦女兒童社會福利制度的發展

從婦女兒童社會福利制度的發展歷程看，它大致經歷了如下三個階段：

1. 20世紀初至20世紀40年代的初步發展階段

在這一階段，世界各主要資本主義國家先後都建立了婦女兒童社會福利制度，並取得了一定的效果。1924年，瑞典政府頒布《兒童福利法》，對兒童社會福利相關事宜做出了規定。日本在1933年通過了《防止虐待兒童法》，1937年頒布了《母子保護法》。澳大利亞在1912年設立了產婦津貼，20世紀40年代又制定了更多的福利項目，如家庭津貼、青年津貼、寡婦撫恤金等。

2. 第二次世界大戰結束至20世紀70年代的快速發展階段

第二次世界大戰結束后婦女兒童福利進入了第二個階段。在這個階段西方主要國家在恢復經濟的同時，都把創建社會福利保障體系作為緩和階級矛盾、消除危機的措施。婦女兒童社會福利作為福利國家制度的一項重要內容，受到重視和發展。在這個時期各主要資本主義國家也進入了發展史上難得的黃金時期，物質財富大大增加，有能力為婦女兒童提供更多的福利。1964年美國政府發動了「向貧困宣戰」的行動，推動了社會福利的立法進程。此外，蘇聯、東歐一些新興社會主義國家也在積極建立健全婦女兒童社會福利。這一時期婦女兒童社會福利規模由小到大，項目由少到多，形成了比較完整的體系。

（1）婦女兒童福利法規得到完善。第二次世界大戰後，很多國家都建立了婦女兒童福利的相關法規，提高了婦女地位，禁止了歧視女工，保證了婦女擁有參與經濟生活和勞動的權利，修訂了生育保險法規，整理了婦女兒童保障項目，使婦女兒童獲得穩定的保障。

（2）福利項目增加，規模擴大，標準提高。各國根據自己的實際情況，實施了名目繁多的婦女兒童福利措施。如瑞典在1955年實行針對所有婦女公民的與收入相聯繫的產婦補貼，1946年起所有的中小學生可獲得免費的午餐，並且在1948年決定實行普遍兒童福利制度，取代以前實行的通過減少家庭收入稅為兒童提供福利的傳統做法。英國地方當局建立了健康中心，以提供母嬰關懷、接生、健康訪問、家庭護理、接種牛痘等

服務。1945 年頒布的《家庭補貼法》規定，除第一個孩子外，其他孩子每週補貼 25 便士，后來逐步提高到 1.5 英鎊。

3. 20 世紀 70 年代至現在的完善階段

20 世紀 70 年代世界石油危機以後，西方國家經濟增長的黃金時期結束，隨之而來的是經濟停滯與通貨膨脹並存的「滯脹」階段。西方福利國家為維持高福利水平需要不斷地追加資金，因此各國的福利開支大幅攀升，而且其增長速度大大超過同期國民生產總值的增長速度。西方國家普遍出現了「福利危機」。這種以社會公平為核心價值，旨在實現全民福利，讓所有國民得以分享社會進步成果的福利國家體制，到此時已難以再按原有模式發展下去。最終在 20 世紀 80 年代「福利國家」對福利制度進行改革，對婦女兒童福利也進行了調整。調整的主要方法就是削減福利項目，降低福利水平。如英國從 1980 年起就不再要求地方政府提供免費學生午餐，16～18 歲年輕人的收入補貼也取消了。法國在 1995 年社會福利改革中涉及婦女兒童福利的有，控制家庭補助支出，削減子女教育補貼、單親家庭供養子女補貼、撫養孤兒補貼等。1996 年，美國也降低了用於家庭、婦女及兒童救濟的各種補貼。

這場改革的宗旨就是減輕政府的責任，加重個人、家庭和社會的責任，同時在社會福利中加入效率的砝碼，希望能借福利改革為經濟發展松綁。事實上，經濟和社會政策改革的相互配合，在很大程度上促進了西方各國 20 世紀 80 年代至 20 世紀 90 年代初的經濟發展。社會福利開支迅速增長的勢頭有所緩解，政府提供社會保障的負擔得以減輕。

儘管出現了福利危機，影響到了婦女兒童福利，但是從總體上來看，這個階段世界上大多數國家都根據自己的國情開展了婦女兒童福利工作。國際社會為促進婦女兒童福利事業的發展作了一系列努力，達成了許多協議，使世界範圍內的婦女兒童福利事業得到了新的發展。如 1995 年在北京召開的第四次世界婦女大會通過了《北京宣言》，確定了婦女地位的 12 個重大關切領域。2000 年，聯合國召開的婦女問題特別聯大，評審了以前婦女大會所通過文件的執行情況，敦促各國政府和社會履行對婦女地位所做的承諾。

第三節　中國婦女兒童社會福利

一、中國婦女兒童社會福利制度的形成

中國解放和保護婦女兒童的思想誕生於 19 世紀末 20 世紀初。面對著古老帝國的日益腐敗和列強的加緊蠶食，有識之士終於認識到解放婦女對富國強種的意義。在「戊戌變法」的高潮中，由中國人自己創辦的第一所女子學校「經正女學」在上海開學。中國近代第一家女子報刊《女學報》創刊，宣傳婦女在民族危亡中應承擔的社會責任、婦女自身解放和民族國家的命運聯繫在一起，宣傳男女平等、婚姻自主，成為中國婦女覺醒的起點。1903 年，金大翮發表的《女界鐘》，歷數中國女子深受纏足、迷信和拘束之害，呼籲女權革命，倡導恢復婦女應該得到的入學、交友、營業、掌握財產、出入自由、婚姻自主和參政等 7 種權利，成為「女界革命軍之前驅」。1911 年武昌起義爆發，許多知識婦女投筆從戎。女性用熱情和鮮血促使舊中國開始在婦女社會福利方面作了一些規定。1925 年北平成立第一家衛生事務所，提供婦幼保健、社區衛生、食品營養和公共衛生服務等。1929 年，政府創立國立第一助產學校。但舊中國戰爭不斷，消耗了大量的物質財富，官僚地主的獨裁統治又十分黑暗，造成福利水平很低。20 世紀二三十年代 50 多萬女產業工人處境仍然十分悲慘。民國政府還興辦各類兒童福利組織、學校、育嬰堂、孤兒院來保證兒童的福利。

中國共產黨的成立，極大地改變了中國婦女運動方向和廣大婦女兒童的生活。中國共產黨第二次全國代表大會到第四次全國代表大會，連續提出對婦女問題的議案，確立了婦女運動的基本綱領和政策：「只有無產階級獲得了政權，婦女們才能得到真正的解放」「努力保護女勞動者的利益」。在中央蘇區和根據地，男女平等、婚姻自主不僅寫進了法律，部分也得到了實踐，但是迫於當時形勢，很多法規僅僅停留在文字上或者實施的範圍相當有限，並沒有形成制度。

新中國成立后，婦女就業保障、生育保險、兒童福利等制度相繼建立。20 世紀 60 年代中國婦女兒童社會福利制度初步建成。國家一方面制定福利的方針政策，另一方面通過各種措施為福利事業提供資金。這具體包括：

1. 保障婦女的權益

新中國從建立之始就注重保護婦女，尤其是婦女就業的權利。1949年第一屆中國人民政治協商會議頒布的《共同綱領》第6條規定：「中華人民共和國廢除束縛婦女的封建制度。婦女在政治的、經濟的、文化教育的、家庭的、社會的、生活的各方面，均有與男子平等的權利。」男女平等的原則也寫入了《憲法》。政府採取一系列具體措施來保障婦女有與男子平等的就業機會，實行同工同酬。到了1953年，全國已有50%～60%的婦女參加到農業生產中；1957年隨著高級合作社的建立，婦女參加集體農業勞動的已達60%～70%。城市女職工的年增長率超過了職工增長的平均速度，達23.7%（新中國成立前僅占7.5%）。

2. 建立女工勞動保護制度

中國對勞動婦女的保護制度是在20世紀50年代開始建立的。1956年《中華人民共和國女工保護條例（草案）》起草完成，新中國女工勞動保護制度形成。1956年3月，國家建設委員會和衛生部頒發《工業企業設計衛生標準》。1956年國務院公布《工廠安全衛生規程》，規定：工廠應根據需要設置更衣室、女工衛生室等生產輔助設施。1960年7月，中共中央批轉勞動部、全國總工會、婦聯黨組《關於女工勞動保護工作的報告》，女工勞動保護制度開始系統實行。《關於女工勞動保護工作的報告》指出：對從事井下採掘、支柱等笨重的體力勞動和接觸特別有害婦女生理機能的有毒物質的女工，應當堅持調整她們的工作，並做好解釋工作，做到既保證她們的安全健康，又不損傷她們的積極性。為了保護孕婦和胎兒健康，防止因工流產等問題的發生，應該把從事笨重勞動和經常攀高、彎腰等工作的孕婦，暫時調去做適當的工作，並對女工懷孕期、小產生育、哺乳等方面的待遇做了進一步的規定。到20世紀60年代中國婦女勞動保護工作有了很大的發展。

3. 婦女生育保險制度

中國生育保險制度建於1951年，即政務院頒布的《中華人民共和國勞動保險條例》。機關、事業單位女工作人員生育保險制度建於1955年，即政務院頒布的《國務院關於女工作人員生產假期的規定》。雖然企業和機關、事業單位的生育保險制度是分別建立的，但是其保險項目和保險待遇大體相同，即女職工生育享受產假56天，產假期間工資照發，生育期間醫療費用由用人單位負擔。對於廣大的農村婦女，1956年全國人大通過《高級農業合作社示範章程》，其中規定：特別注意使女社員在產前和

產后得到適當的休息，女社員生育時給予物質上的幫助。

4. 兒童福利

1949 年新中國成立后，黨和國家高度重視兒童福利、婦幼保健和公共衛生問題，以公共衛生、學校衛生和婦幼保健工作為主體的兒童健康照顧體系框架初步確立，兒童健康照顧首次成為相對獨立的工作領域。從胎兒期至 14 周歲的少年，重點是 7 歲以下的兒童成為兒童健康照顧的主要對象，全國城鄉的孕產婦死亡率、嬰兒死亡率大幅度下降。具體來說，政府主要控制兒童急性傳染病，普遍開展預防接種、計劃免疫，廣泛開展新法接生，開展以喂養、防病和衛生習慣培養為主的新法育兒運動；大力建立兒童醫療機構，改善兒童就醫條件；開展全國性兒童健康照顧理論與政策研究。

對於幼兒教育事業，1949 年 11 月，中央人民政府教育部成立，在初等教育司內設置幼兒教育處。1951 年 10 月，《政務院關於改革學制的決定》明確規定：「實施幼兒教育的組織為幼兒園。幼兒園收三足歲至七足歲的幼兒，使他們的身心在入小學前獲得健全的發育。幼兒園應在有條件的城市中首先設立，然后逐步推廣。」1956 年 2 月，教育部、衛生部、內務部頒發《關於托兒所幼兒園幾個問題的聯合通知》，要求根據需要和可能積極發展托兒所，並對托兒所、幼兒園的領導問題、經費來源、保教人員培訓作了具體的規定。

教育部對玩具、教具製作和設計生產也給予了重視。1951 年 8 月第一次全國初等教育會議期間，便展出了幼兒園工作人員自製的玩具和教具。1952 年，根據北京市吳晗副市長的批示，北京市召開了玩具座談會，全國婦聯、教育部、兒童玩具廠均有代表參加。1956 年，中國出版了《幼兒園自製玩具、教具介紹》一書，對在有限經濟條件下的幼教機構充實玩具以促進幼兒發展起了實踐性的指導作用。

對於孤兒、棄嬰、殘疾兒童這些特殊兒童，國家承擔了他們的照顧工作，努力保障他們的生活權益。從 1949 年起，人民政府取締了宗教組織、非政府組織、社會團體和個人開辦的一些兒童福利機構，關閉了一些孤兒院，接管了舊社團辦的育嬰堂、孤兒院、救濟院等機構。在接管舊的社會福利機構的同時，人民政府還積極創辦新的兒童福利院和社會福利院。從 1958 年起，中國進行社會福利機構的調整。兒童福利服務機構統稱為兒童福利院，收容「無依無靠、無家可歸、無生活來源」的「三無」孤兒、棄嬰和殘疾兒童。國家為此專門撥出經費，配備工作人員和生活、教育、

衛生設備，使殘疾兒童得到照顧和治療，使孤兒、棄嬰受到保育教育。

二、中國婦女兒童社會福利制度的發展及成就

「文化大革命」導致中國婦女兒童福利制度名存實亡。改革開放以來，國家對婦女兒童福利進行了改革，使這項福利制度在原有的基礎上不斷發展和完善。

1. 注重立法，推進婦女兒童福利制度法制化建設

婦女兒童社會福利走向制度化，是社會文明發展進步的一個重要標志，而通過相應的法律來規範福利的供給與需求，則是婦女兒童福利事業制度化的基本要求。儘管中國的婦女兒童福利立法還沒能形成一個完整的體系，已有的法律也存在著籠統而缺乏相應的細化單行法規的問題，但不可否認隨著與福利制度相關的一些社會制度的不斷深入和深化，在黨和國家的努力下，中國在婦女兒童社會福利立法上已經取得了可喜的成績，制定了一系列法律法規和政策。中國的婦女兒童社會福利逐步走上了制度化的道路。

婦女福利方面的立法有《國營企業招用工人暫行規定》（1986）、《女職工勞動保護規定》（1988）、《婦女權益保障法》（1992年）等。對於兒童福利，頒布的法律、法規也有不少。如《民政部關於在辦理收養登記中嚴格區分孤兒與查找不到生父母的棄嬰的通知》（1992）、《公安部關於辦理棄嬰和出賣親生子女案件內部管轄分工問題的通知》（1992）、《外國人在中華人民共和國收養子女登記辦法》（1999）、《中國公民收養子女登記辦法》（1999）、《關於社會福利機構涉外送養工作的若干規定》（2003）和《家庭寄養管理暫行辦法》（2004）等。2005年，作為主管社會福利機構中未成年人撫育工作的中國收養中心撫育部開始著手起草《社會福利機構中未成年人撫育手冊》（以下簡稱《手冊》）。該《手冊》成為培訓社會福利機構院長們的教材。到目前為止，中國已經初步建立了一個比較完整、合理的兒童法律和制度保護框架。

2. 婦女兒童福利社會化出現

伴隨著市場經濟體制的導入，原有福利體制的問題暴露出來，如單位福利限制了單位和企業作為獨立的經濟實體在經濟運行中應有的作用，影響了經濟效率；更重要的是，國家財政負擔過重。與此同時，剛剛對外開放的中國對福利體制的改革，恰逢西方國家因為經濟危機引發對福利國家的質疑並大幅削減國家福利開支和項目。於是，內外綜合因素決定了中國

國家福利體制改革的方向。1978年的市場經濟改革是福利制度發展的分水嶺,即從國家包攬福利到政府主導、部門配合和社會參與的福利多元化、社會化。社會福利社會化萌芽於20世紀80年代初期。1999年2月27日國務院辦公廳轉發的民政部、衛生部等部門《關於加快實現社會福利社會化的意見的通知》,推動了中國福利事業社會化的進程。

正是在這種背景下中國婦女兒童福利也走向了社會化的道路。婦女兒童福利機構在今後一段時間仍以政府管理為主,同時吸納社會資金合辦,通過多種形式走社會化發展的路子。婦女兒童福利社會化並不意味著政府的責任弱化,而是要政府作為主要渠道增加投入,同時引導社會團體、慈善機構、宗教組織及個人提供經費。在政府的規劃下,推進婦女兒童福利機構在競爭中自主經營、自負盈虧、自我約束、自我發展,鼓勵多種體制的婦女兒童福利機構共同發展。

民辦福利機構獲得了一定程度的發展,提高了婦女兒童的福利水平。福利的經費來源多元化。除了政府財政撥款、集體投入外,社會捐款和各種收費服務也佔有一部分比重。

3. 婦女社會福利的進一步發展

(1) 女工勞動保護制度更加具體,實施範圍更大。1988年國務院頒布的《女職工勞動保護規定》,旨在保護中國女職工權益,對勞動權、生育保障等方面作了詳細的規定。具體內容包括凡適合婦女從事勞動的單位,不得拒絕招收女職工;不得在女職工懷孕期、產期、哺乳期降低其基本工資或者解除勞動合同;禁止安排女職工從事礦山井下、國家規定的第四級體力勞動強度的勞動和其他女職工禁忌從事的勞動,女職工在月經期間,所在單位不得安排從事高空、低溫、冷水和國家規定的第三級體力勞動強度的勞動。1993年衛生部、勞動部等部委聯合頒發《女職工保健工作規定》等。2005年修訂的《中華人民共和國婦女權益保障法》對女職工在工作時的安全和健康應受到的特殊保護均做出了相應的規定。

(2) 婦女生育社會福利逐步健全。目前中國女職工生育保險主要按照1988年的《女職工勞動保護規定》和1994年《企業職工生育保險試行辦法》執行。覆蓋範圍包括城鎮企業及其職工,即國有企業、股份制企業、城鎮集體企業、私營企業、外商投資企業及其職工。內容包括:《女職工勞動保護規定》規定,正常產假為90天,其中產前假15天;難產的,增加15天;多胞胎的,每多生一胎,增加15天。《企業職工生育保險試行辦法》規定,生育津貼按照本企業上年度職工月平均工資計發,

生育津貼支付期限按 3 個月產假期限享受生育津貼。對於晚婚、晚育職工，早產、流產、難產以及多胞胎生育的，普遍增加了半個月至兩個月的生育津貼。《企業職工生育保險試行辦法》規定，女職工生育期間的檢查費、接生費、手術費、住院費和藥費由生育保險基金支付；女職工流產按照規定享受有關生育保險待遇。出院后，因生育引起疾病的醫療費也由生育保險基金支付。

1994 年通過的《中華人民共和國母嬰保護法》是中國第一部保護婦女兒童健康權益的專門法律，對保護育齡婦女、提高出生人口質量、促進經濟發展有著重要的意義。中國政府還大力普及婦幼保健知識。衛生部、國務院婦女兒童工作委員會製作了有關降低孕產婦死亡率、消除新生兒破傷風、預防愛滋病等錄像節目，發放給婦女群眾。全國大中城市還設有婦幼保健醫院、婦產醫院以及全科醫院中的婦科，在農村有縣、鄉、村三級婦幼保健醫院，即婦女可以在婦幼保健網路中得到基本的醫療服務。

4. 兒童社會福利取得了長足的進步

（1）兒童權益的保護。1992 年，中國成為《聯合國兒童權利公約》的第 110 個批准國。中國還通過頒布《中華人民共和國未成年人保護法》《中華人民共和國預防未成年人犯罪法》《中華人民共和國收養法》等一系列法律法規來保障兒童的權利。國務院 1991 年通過《九十年代中國兒童發展規劃綱要》，並圓滿完成了。國務院在此基礎上制定了《中國兒童發展綱要》（2001—2010 年），強調堅持「兒童優先」原則，保障兒童生存、發展、受保護和參與的權利，提高兒童整體素質，促進兒童身心健康發展。

（2）兒童教育發展的新階段。

①學前教育。1979 年五屆人大二次會議《政府工作報告》中指出「要十分重視發展托兒所、幼兒園，加強幼兒教育」。教育部於 1979 年頒發的《城市幼兒園工作條例（試行草案）》對幼兒教育的方針、目標、內容和制度作了詳盡規定，有助於幼兒園工作人員把握方向，較為迅速地恢復了幼兒園的正常工作秩序。1983 年教育部發布了《關於發展農村幼兒教育的幾點意見》，對發展農村幼兒教育起到了積極的指導作用。1986 年又發布了《關於進一步辦好幼兒學前班意見》，要求各省、自治區、直轄市教育部門組織編寫學前班的教師教學用書，以提高學前教育質量。1997 年國家教委印發了《全國幼兒教育事業「九五」發展目標實施意見》，為實現《全國教育事業「九五」計劃和 2010 年發展規劃》對幼兒教育事業

提出的目標奠定了堅實的基礎。2003 年國務院轉發教育部《關於幼兒教育改革與發展的指導意見》，提出今后 5 年幼兒教育發展目標，並建立以社區為基礎、形式靈活多樣的社區早期教育網路。

②義務教育。2006 中國人大通過的《義務教育法》（修訂）規定：年滿 6 歲的兒童都要接受義務教育，義務教育的期限是 9 年。實施義務教育所需事業費和基本建設投資，由國務院和地方各級人民政府負責籌措，予以保證。2006 年全國小學淨入學率達到 99.3%，初中階段教育毛入學率達到 97.0%。為保證義務教育均衡發展，黨和政府不斷加大對中西部貧困地區農村義務教育投入，先后實施了國家貧困地區義務教育工程、國家西部地區兩基攻堅計劃、農村中小學危房改造工程等一系列重大舉措，極大地改善了貧困地區義務教育辦學條件。中央和地方為農村中小學現代遠程教育工程共投入資金 110 億元。到 2007 年年底，該工程覆蓋了中西部所有農村中小學，有效促進了優質教育資源共享，提高了農村的師資水平和教學質量。

（3）兒童健康保健。中國政府注重改善兒童衛生保健服務，提高兒童健康水平。如 1986 年衛生部發布的《城鄉兒童保健工作要求》、1986 年《嬰幼兒佝僂病防治方案》、1986 年《小兒營養性缺鐵性貧血防治方案》、1986 年《小兒肺炎防治方案》、1986 年《嬰幼兒腹瀉防治方案》、1989 年《衛生部關於加強兒童保健工作的通知》以及 1990 年《衛生部關於進一步加強兒童保健工作的通知》等。

目前，中國兒童健康照顧範圍顯著擴大，健康照顧服務日趨多樣。國家免費對城市 0－7 歲、農村 0－12 歲的兒童接種疫苗，由當地兒童保健所或醫療單位負責接種。對兒童的保健服務還有健康觀察、定期體檢、新生兒專案管理、兒童保健指導、營養不良等兒童常見病門診。在學兒童還接受包括中小學生的行為指導、心理諮詢和學校心理教育等服務。近幾年來在中國逐步推廣的少兒住院互助金不僅減輕了家庭的負擔，還能使患病的兒童得到及時的治療。

（4）特殊兒童的福利。1984 年 11 月，民政部在福建漳州召開的全國城市社會福利事業單位改革整頓工作會議，使兒童福利事業從封閉型轉向了開放型，從救濟型轉向了福利型，從單一的「以養為主」轉向「養、治、教」與康復並重。對特殊兒童的撫育方式開始由單一的大型機構撫養逐漸轉變成機構撫養和家庭寄養相結合、SOS 兒童村、收養和小家庭單元照顧模式等並存的養育方式。目前，中國共有專業兒童福利機構 126

個，床位數3.2萬張，共收養孤兒、棄嬰和殘疾兒童3萬多人（另有400多所社會福利院的兒童部，收養孤殘兒童3萬多人），共有醫生、護理員和社會工作者等直接從事兒童福利的工作人員16萬人。

在國家的支持下，開展殘疾兒童康復科研活動，積極探索殘疾兒童康復事業的新方法，取得了顯著成效。各地殘疾兒童康復中心不僅為兒童福利機構內的殘疾兒童實施各種康復訓練，而且還為有家的殘疾兒童提供各種服務。

三、中國婦女兒童社會福利制度存在的問題

1. 婦女兒童社會福利社會化水平亟待提高

儘管中國已經明確了社會福利走社會化的道路，但是中國社會福利仍存在社會化開展的時間比較短、宣傳不夠、配套政策不完整、激勵機制不健全等問題。例如在如何規範福利機構經營活動以及收入的稅收優惠問題上沒有明確的規定，導致民間資本在進入婦女兒童福利領域時不積極。同時，婦女兒童社會福利社會化的程度比較低。福利設施、服務機構和經費來源仍主要靠國家財政撥款。這種籌資模式與中國經濟發展的要求嚴重不相適應。

2. 婦女兒童社會福利水平不高，並且二元化體制仍然存在

本來中國婦女兒童社會福利水平與一些發達國家相比就已經比較低了，加上政府對社會福利功能和作用的認識出現了偏差，過多地強調了發展福利必然會制約經濟發展，強調福利體制對個人的自由與創造性是個極大的挫傷與束縛。這導致國家對社會福利的投入增長速度放緩，國家的作用逐漸減弱以及社會福利政策發展不平衡，社會福利總體覆蓋面減小，許多福利項目停滯不前。譬如20世紀80年代制定的每月10元的獨生子女津貼仍在執行，這種津貼已經沒有任何意義，起不到鼓勵少生和補貼獨生子女家庭的任何作用。

婦女兒童社會福利城鄉差別很大，目前仍處於制度化再分配與補缺型並存的二元格局。在城市，婦女兒童福利水平相對比較高，大多數福利設施都集中在城市，如20%的城市特殊兒童占了全國兒童福利開支的95%以上，而在廣大的農村，國家對婦女兒童福利投入嚴重不足，主要依靠農村的集體組織。但農村經濟發展比較落後，無力投入更多資金，造成農村中婦女兒童的福利根本不能滿足需要。

3. 影響婦女社會福利的因素仍然存在

改革開放以來，隨著社會經濟的發展，中國經濟關係、分配制度都發生了深刻的變化，女職工的維權需求也出現了新變化，而現行的女職工保護法規中有些內容、措施已經不能適應時代發展的需要，難以保證女職工的合法權益和特殊利益。

婦女社會福利在一些企業，特別是非公有制企業落實的難度很大。這些企業存在有法不依、執法不嚴、監察不力、無法可依、女職工維權成本高等現象。一些企業單方解除處在「三期」的女職工的勞動合同，甚至安排女職工從事法律禁止的勞動和工種或者不安排女職工健康檢查和婦科檢查等。

4. 兒童社會福利急需加強

處於社會轉型時期的中國，兒童社會福利出現了一些新情況。如單親家庭、貧困兒童、家庭暴力、流浪兒童等問題，導致兒童福利問題增多。而中國現在的兒童福利制度是在計劃經濟體制下發展起來的，具有明顯的不足和局限性。

當前這些問題靠傳統兒童福利政策和體制已經無法解決。只有建立一種新的、與社會主義市場經濟體制相適應的兒童福利政策和體制才能解決轉型時期和以後出現的問題，才能適應兒童福利發展的客觀要求。因此中國兒童福利的制度創新迫在眉睫。

思考題：

1. 婦女兒童社會福利的含義是什麼？
2. 婦女社會福利的主要內容包括哪些？
3. 兒童社會福利的主要內容包括哪些？
4. 婦女兒童社會福利的作用有哪些？
5. 婦女兒童社會福利制度是如何產生的？
6. 婦女兒童社會福利制度的發展大致經歷了哪幾個階段？
7. 中國婦女兒童社會福利制度是如何形成的？
8. 中國婦女兒童社會福利制度取得了哪些成就？
9. 現階段中國婦女兒童社會福利制度存在哪些問題？

第十章　殘疾人社會福利

根據聯合國估計，全世界現有 6.5 億殘疾人，平均每 10 人中就有一個殘疾人，而且每年仍以 70 萬～80 萬人的速度增長。由於其身心殘疾和外部環境障礙等各種原因，與健全人相比，殘疾人面臨著較多困難，也受到了歧視和不公正待遇，合法權益受侵犯的現象屢見不鮮。因而，殘疾人被普遍認為是最困難的社會弱勢群體之一，應該受到社會的特殊關懷與照顧。殘疾人福利是社會福利體系中不可缺少的一個部分。它的建立與完善不僅直接關係到廣大的殘疾人本身，而且對一國經濟、政治、文化的發展都將產生深遠的影響。

第一節　殘疾人社會福利概述

一、基本內涵

1. 殘疾人的定義

國際上關於殘疾人的定義比較多。世界衛生組織認為，殘疾是指由於缺陷而缺乏作為正常人以正常方式從事某種正常活動的能力。中國參加的第 159 號國際勞工公約《殘疾人職業康復和就業公約》將殘疾人定義為「因經正式承認的身體或精神損傷在適當職業的獲得、保持和提升方面的前景大受影響的個人」。2006 年第六十一屆聯合國大會通過了世界上第一

部關於殘疾人的國際公約——《殘疾人權利公約》。該公約規定殘疾是一個演變中的概念。殘疾人包括肢體、精神、智力或感官有長期損傷的人，這些損傷與各種障礙相互作用，可能阻礙殘疾人在與他人平等的基礎上充分和切實地參與社會。1990年頒布的《美國殘疾人法》中，判斷某人是殘疾人的標準是「這個人在生理上或精神上受過損傷而在生活上有一種或多種重大活動受到限制，或者這個人有殘疾病歷記錄，或者這個人被認為有這種殘疾」。

根據全國人大常委會於1990年通過的《中華人民共和國殘疾人保障法》第二條的規定：殘疾人是指在心理、生理、人體結構上某種組織、功能喪失或者不正常，全部或者部分喪失以正常方式從事某種活動能力的人。可以看出這一定義與聯合國、世界衛生組織和其他國家是一致的。

根據以上有關殘疾人的規定，殘疾人是指身體、智力或者精神狀態違反常規和偏離正常狀態（即相對於當時相同年齡的正常健康狀況而言），並非暫時的功能衰退，而使其參與社會的能力受到影響的人。

為了更加準確地判定什麼樣的人是殘疾人和殘疾的程度，各國都制定了殘疾人評定標準。因各國經濟和社會發展水平不同，掌握的尺度也不一樣。1986年國務院批准的全國殘疾人抽樣調查的殘疾標準，是目前中國評定殘疾人的基本依據。中國殘聯制定的《中國殘疾人實用評定標準》是抽樣調查標準的具體化、實用化。國務院相關部門制定的傷殘軍人標準、福利企業招收殘疾人的標準、工傷致殘標準等，在一定範圍內有效。《中華人民共和國殘疾人保障法》規定：殘疾標準由國務院規定。《中國殘疾人實用評定標準》將殘疾人分為視力殘疾、聽力殘疾、言語殘疾、肢體殘疾、智力殘疾、精神殘疾、多重殘疾和其他殘疾，並對其中的每一類殘疾人的分級和標準做出了具體的規定。

在殘疾人分類和殘疾等級確認的具體標準上，許多國家往往比較寬泛，而中國則相對狹窄。例如，美國等國家所稱的「殘疾人」包括內科殘疾者在內，而中國則並不包括此類殘疾者。由於統計口徑不同，各國公布的殘疾人統計數字會有較大出入。不管是從寬泛還是從狹窄的口徑來看，殘疾人都是一個相當龐大的群體。

2. 殘疾人社會福利的含義

殘疾人社會福利與老年人社會福利、婦女兒童社會福利並列，是整個社會福利體系中的一個子體系。綜合國內外社會福利的理論，從社會發展的歷史角度來說，殘疾人社會福利的概念是指國家和社會根據社會經濟、

社會文化發展狀況，通過制定相關的法律和政策不僅使殘疾公民在年老、疾病、退休、失業等情況下能夠獲得國家和社會基本的物質幫助，還包括國家和社會舉辦的殘疾人康復、教育、勞動就業、文化生活和社會環境等權益的保護。目的是為了改善殘疾人的生活狀態，提高殘疾人的生活質量，幫助他們參與社會生活的各個領域，與健全人一道前進，從而實現殘疾人「平等、參與、共享」的目標。一個國家的殘疾人社會福利水平，基本上是由國民經濟發展水平決定的。

二、基本原則

殘疾人與健全人一樣，生活在同一片藍天下。殘疾人有尊嚴和權利，有參加社會生活的願望和能力。然而在現實生活中，由於自身條件的限制與部分人的偏見，殘疾人往往容易受到冷落和歧視，受到不公正的對待，處於社會的最低階層，成為名副其實的弱勢群體。這就需要國家和社會為他們創造良好的物質條件和精神條件，對這個特殊而困難的群體給予特別的扶助，使殘疾人在事實上成為社會的一員，享有社會經濟發展所帶來的物質文化成果。因此，殘疾人社會福利應遵循以下原則：

1. 機會均等的原則

「機會均等」一詞系指使社會各系統和環境諸如服務、活動、信息和文件得以為所有人特別是殘疾人享受與利用的過程和權利。同等權利的原則意味著每一個人的需要都具有同等重要性。這些需要必須成為社會規劃的基礎，且我們必須適當地運用所有資源，確保每一個人都有同等的參與機會。殘疾人是社會的成員，因而有權利留在其所在地社區之內。他們應在一般的教育、保健、就業和社會服務的結構內獲得所需要的支助。由於殘疾人享有同等的權利，也負有同等的義務，社會也應對他們提出較高的期望。作為同等機會進程的一部分，國家和社會更應該創造條件，便於殘疾人承擔其作為社會成員的充分責任。為此，聯合國在1993年通過了《殘疾人機會均等標準規則》。這為殘疾人及其組織提供了決策和行動的手段，為各國、聯合國及其他國際組織之間開展技術和經濟合作提供了基礎。

機會均等原則主要體現在：立法上，即國家在制定法律、法規時，要注意避免對殘疾人行使公民權產生不利的影響，消除對殘疾人的一切歧視；在就業機會上，保證殘疾人能平等地參與就業，增加殘疾人的自主能力；此外，殘疾人還應該在教育培訓機會和社會環境等方面享有平等的權

利。在享受同等權利的同時，殘疾人應該履行同等的義務。

2. 特別扶助的原則

殘疾人因為身有殘疾而成為一個特殊的群體，在參與社會生活時，除具有公民的共性外，還存在特殊性。通常的方式對他們往往難以適用，必須輔之以一些特殊的方式、方法和輔助手段。

殘疾人是一個困難的群體。殘疾的影響，特別是外界的障礙，使殘疾人在社會生活中處於不利的地位，使權利的實現和能力的發揮受到限制。對殘疾人採取扶助和保護措施，是為了調節由於社會補償條件不足而給殘疾人造成的事實上的不平等，消除殘疾人平等參與社會生活的障礙，保障他們權利的實現。應當特別指出的是，對殘疾人的特別扶助措施，並不妨礙和影響其他社會成員實現自己的權利，因而不應視為對其他人的歧視或不公平。恰恰相反，它體現了社會公正，促進了社會和諧，是社會文明進步的表現。

三、殘疾人社會福利的理論

在不同的時期，人們對殘疾人社會福利的看法和工作指導的思想也不同的認識，這源於人們有著不同的價值理念。概括說來，有個人責任論、社會責任論、標籤理論、正常化理論、供養理論、迴歸社會論、增能理論等，尤其後三種理論影響最為深遠。

1. 供養理論

在各種社會中，對於殘疾人，特別是失去勞動能力的殘疾人，最初的，甚至認為是最好的辦法就是把他們養起來。他們的家人或社會通過對殘疾人的供養而表示對殘疾人的責任和愛。在經濟不發達的社會，這種供養幾乎只限於完全喪失勞動能力的殘疾人，但在發達社會，對殘疾人供養的範圍在擴大。儘管不同社會對殘疾人供養的內容和水平有不同，但是一般說來，這種供養大多限於經濟方面或者物質方面，而對他們的精神需求、他們的能力估計不足。儘管對於殘疾人，特別是嚴重喪失勞動能力的殘疾人來說，經濟上的供養是完全必要的，但是這並不能代表對殘疾人進行關照的全部。人的需要是多樣化的，人是有潛能的，簡單的供養理論卻忽視了這些，因而存在明顯的缺陷。早期殘疾人社會福利工作就是在這種理念指導下開展的，以提供經濟和物質幫助為主。

2. 迴歸社會理論

迴歸社會理論的提出和一些社會學家在20世紀中期對西方普遍實行

的將精神病人長期封閉在院舍裡的研究具有密切的關係。20世紀50年代美國社會學家戈夫曼在深入研究庇護所裡的精神病人的情況後指出，由於在庇護所裡精神病患者始終處於不良的同伴關係（指精神病患者長期生活在一起而形成的具有強烈刺激性的互動關係）和「關護」關係（指庇護所裡的管理人員、醫護人員對精神病患者消極的、冷漠的態度和嚴格管制精神病患者的行為，導致醫患人員隔閡、緊張甚至敵視的關係），精神病患者的病情並沒有好轉，相反可能會加重患者的病情。在戈夫曼看來對精神病患者的服務應該檢討上述庇護所式的做法，而應使精神病患者處於積極的社會關係之中，其基本方法就是走出封閉狀態，進入社會。

受迴歸理念的影響，殘疾人社會福利進入一個新的發展階段，其中影響最深遠的就是英國的社區照顧、社區康復。這一模式後來被推廣到很多國家。迴歸社會理論對殘疾人社會福利的發展影響深遠。[1]

3. 增能理論

「增能」一詞原意是指讓人有更大、更多的責任感，有能力去做自己應該做的事。許多關於殘疾人供養及照顧理論在把殘疾人看做脆弱的群體時，卻忽視了「人是有潛能的、是可以改變的」這一基本價值觀念。增能理論則站在人的發展的立場上，認為通過一定的方法，殘疾人可以在一定程度上恢復他失去的機體的、社會的功能，並有助於他們進入一般的、正常的社會生活。增能不但在於增強其原本喪失的機體的功能，而且可以增強他們的生活信心，甚至可以減輕他們對社會的「拖累」。增能理論是以人的發展理論為基礎的。它關注於人的基本價值的實現。按照增能理論的理解，增能的方式也是多種多樣的。比如康復可以使殘疾人已喪失的功能得以恢復，教育和培訓可以發掘他們的潛能，外界生活、活動條件的改善可以減少他們表現自己能力的障礙等。[2]

以上三種理論最大的區別在於，供養理論中社會提供的是一種消極意義上的幫助，忽視了引起殘疾的社會環境以及人的潛能。後兩種理論即迴歸社會理論和增能理論注重社會的責任，認為殘疾是由社會原因導致的，社會在結構、制度上存在的問題使某些人受損，因此社會應當承擔起自己的責任。

---

[1] 陳銀娥. 社會福利 [M]. 北京：中國人民大學出版社，2004：175.
[2] 鐘仁耀. 社會救助與社會福利 [M]. 上海：上海財經大學出版社，2005：304.

四、殘疾人福利的主要內容

雖然各國在殘疾人福利的內容上存在一定的差異，但總體上來說，殘疾人福利基本是一致的，大體上涵蓋了以下內容：

1. 醫療衛生與康復

醫療衛生與全面康復是體現殘疾人福利的一個方面，是指綜合地、協調地應用醫療的、工程的、教育的、職業的、心理的、社會的和其他措施，對殘疾人進行治療、輔助、訓練、輔導，來補償、提高或者恢復殘疾人的功能，增強其能力，以消除或減輕殘疾造成的傷害，從而改善殘疾人參與社會生活的自身條件，使殘疾人迴歸社會。基本內容包括對殘疾的及早發現、診斷和處理；對殘疾人進行必要的醫療護理；提供社會、心理和其他方面的諮詢和協助；對殘疾人進行自理訓練，為殘疾人提供輔助器械、行動工具和其他設備；對殘疾人的專門教育服務；職業技能訓練等。

隨著中國殘疾人事業的發展，康復領域中的醫療康復、教育康復、職業康復和社會康復越來越受到人們的重視。各地康復機構紛紛建立，社區康復的試點工作逐步推廣。在康復治療、特殊教育和就業問題有了一定程度的解決之後，殘疾人最終迴歸社會的問題就顯得日益突出。社會康復已成為殘疾人迴歸社會的一個有根本意義的最終環節。根據統計，中國 6 萬殘疾人中，絕大多數殘疾人可以通過康復恢復、改善或者補償軀體功能、精神功能和社會功能。國家和社會有責任採取措施，幫助殘疾人康復。根據國外的有關統計資料顯示，康復工作可以改善殘疾人自身狀況，減輕給社會造成的負擔，並且其經濟效益是其投入的 10 倍以上。

為殘疾人提供康復的服務必須強調殘疾人所具備的能力，尊重他們的人格和尊嚴，因此康復工作最好在自然的環境中進行，輔之以專門的康復機構。從本質上看，殘疾人康復工作就是要消除殘疾人的痛苦，幫助殘疾人融入社會，培養他們自強自立的精神，減輕社會和家庭的負擔。這一點已經得到眾多國家的共識。康復國際通過的《殘疾預防與康復的八十年代憲章》提出，以發展中國家為重點，向各類殘疾人普及康復服務。世界衛生組織推行全球防盲治盲計劃，每年有 15 萬人做白內障手術。印度由政府出資，組織「醫療帳篷」做白內障手術，兩年內有 16 萬人復明。

2. 勞動就業

殘疾人就業是殘疾人社會福利的重要內容之一，即國家和社會採取必要措施保證殘疾人在勞動力市場就業優先權。國際勞工組織估計，全球有

3.86億適齡工作的殘疾人。在有些國家，殘疾人失業率高達80%。殘疾人常常由於眾人的偏見和無知而遭到歧視。這被聯合國稱為是一種「默默無聲息的危機」。這一危機，已引起世界各國的普遍關注。

殘疾人權利，特別是其就業優先權，源自世界人權觀念中所普遍承認的平等權。但是這種地位和機會的平等，要能真正實現，必須對少數人尤其是處於不利地位的人群進行特殊保護，實行補償原則，才能提供真正意義上的同等機會。殘疾人正是那種處於不利的社會地位的人群。對他們來講，完全的自由競爭不僅是殘酷的，而且是不人道的，因而必須予以保護，但這種保護應建立在公平、合理的基礎上，與其自身境況相當。具體到殘疾人就業，上述補償原則意味著，即使是對殘疾人和健全人都適合的工作，讓殘疾人與健全人同等競爭，也是不公平的，因此應對其進行特殊保護。

世界各國就如何保障殘疾人就業進行了有益的探索，一般來看有兩個方面：第一，制定法律、法規和政策來保障殘疾人就業，許多國家規定所有單位必須按比例雇傭殘疾人或者實行稅收上的優惠來擴大殘疾人就業。德國的《高度殘疾人法》就明確規定行政機關、企業必須按在冊職工6%的比例吸收殘疾人，不按照比例雇傭殘疾人的要收取殘疾人就業彌補經費。在波蘭，殘疾人如果從事生產經營活動，可以享受低息貸款；殘疾人占50%以上的企業免稅。第二，開展職業康復，提供殘疾人職業諮詢、職業培訓等福利服務。韓國保健福祉部在2003年制定的《殘疾人發展五年計劃（2000—2005年）》提出，給殘疾人增加職業培訓的教育機構，並向雇主提供補助使之增加必要的設施，增加殘疾人的就業機會。

3. 教育

教育是改善殘疾人狀況、提高殘疾人素質的關鍵手段，也是殘疾人平等參與社會的根本保證。殘疾人教育福利是指國家和社會應保障殘疾的兒童、青年、成年人享受平等的學前教育、義務教育、職業教育、高級中等以上教育和成人教育機會。殘疾人教育不僅是殘疾人社會福利的組成部分，也是一個國家教育系統的重要組成部分。

《關於殘疾人的世界行動綱領》指出：會員國應保障殘疾人有平等接受教育的機會，包括使最嚴重殘疾的兒童享受義務教育；並容許在入學年齡、教學內容、考試程序方面增加靈活性。許多國家在義務教育階段給予殘疾少年兒童比健全人更多的待遇，即除免收學雜費外，還給予生活費。有些國家還給予在大學和職業學校學習的殘疾人特別扶助。

為了節省經費並促進殘疾人與健全人的融合，在教育方式上，國際社會強調：凡可以接受普通教育的殘疾人，盡量進入普通學校；同時舉辦盲、聾、弱智學校（班）和其他專門機構，對不具有接受普通教育能力的殘疾人進行特殊教育和培訓。例如：美國的《殘疾人教育法》曾規定，家長和校方要為每個殘疾孩子制定因人而異的教育計劃。隨著殘疾人教育的發展，法律作了相應修改，強調將殘疾學生「完全納入」正常課堂，使他們和其他學生採用同樣的標準學習同樣的課程。目前在美國，從學前班到高中畢業的殘疾學生中，約 3/4 在普通課堂學習。普通班的老師要接受培訓以便為殘疾學生提供特殊幫助。另有近 1/4 的殘疾學生在普通學校內單獨上課，還有一小部分上特殊學校或寄宿學校。

德國在殘疾人職業教育上根據市場的需求和殘疾學生的心理特點，進行專業設置。

4. 文化生活

隨著社會經濟和殘疾人社會福利事業的不斷發展，殘疾人的精神生活需要得到更多國家和社會的重視。積極組織殘疾人參加文體活動，展示殘疾人的才華，有利於促進殘疾人的身心健康，有利於殘疾人充分發揮潛能，也是激勵殘疾人自強不息的重要形式。

《關於殘疾人的世界行動綱領》中指出，會員國確保殘疾人有機會充分發揮他們的創造性，挖掘他們藝術和智慧方面的潛力。這既是為了他們自身利益的需要，也是為了造福社會。為此，應確保他們參與文化活動。必要時，應提供特別的幫助，如聾人助聽器、盲人點子印刷書籍以及適應個人智力的閱讀材料。文化生活領域包括舞蹈、音樂、文學、戲劇等。

為了活躍殘疾人的文化生活，各個國家開展了許多活動來滿足殘疾人的需要，如特殊奧運會、國際特殊藝術節等。許多國家還開辦了殘疾人手語電視節目，建立了殘疾人圖書館、俱樂部。公共文化、體育和娛樂場所，免費或優惠向殘疾人開放。[①]

5. 環境

殘疾人由於自身的障礙而增加了家庭生活和社會生活的難度，其中環境的不利因素對他們的影響極大，因此改善社會環境就成為殘疾人工作的一項重要內容，也體現出社會福利的性質。殘疾人環境保障就是國家和社

---

① 孫光德，董克用．社會保障概論［M］．2 版．北京：中國人民大學出版社，2001：304－305．

會保證殘疾人能夠進出和享用公共建築、設施、公共交通和公共住房，並通過向公眾宣傳對殘疾人的理解，消除種種妨礙殘疾人參與社會生活的障礙。

改善社會環境主要有兩個方面的工作，其一是創造無障礙環境，包括物質環境無障礙和信息交流無障礙。其二是努力消除社會上對殘疾人的歧視與偏見。無障礙環境主要是指城市道路和公共建築設施避免物理性障礙（如臺階、旋轉式門、狹窄路徑等）以及廣播電視節目中的字幕、手語解說、盲文出版物等。如世界各國都在城市道路普遍鋪設盲道、坡道和設置交通音響信號裝置等，以方便坐輪椅者、拄拐棍者和視力殘疾者通行。美國規定所有聯邦政府投資的項目必須實施無障礙設計，所有的設施和服務都必須能夠為殘疾人所享用。而消除對殘疾人的歧視與偏見需要社會各界做出長期的、艱苦的努力。

第二節　國外的殘疾人社會福利

歐洲殘疾人的社會福利最早可以追溯到公元1010年英國的《濟貧令》，發展到后來1601年伊麗莎白一世的《濟貧法》。由於殘疾人是貧民的主要群體，因此19世紀前歐洲以英國為代表的社會福利萌芽了對貧民的救助。其中，殘疾人是救助的主要對象之一。

國外殘疾人福利的具體政策是20世紀開始逐步制定和推行的。各國將19世紀之前對貧窮者的救濟政策中關於殘疾人的條款進一步明確和具體化，逐步形成了對殘疾人的社會福利政策。20世紀70年代以後歐美各國殘疾人的社會福利呈現出大變革的局面，政府在社會福利方面的經費迅速增加，越來越多的國家感到不堪重負，紛紛提出改革措施，對未來殘疾人福利影響深遠。

由於各國在經濟發展水平、社會文化傳統等方面有著差異，各國在殘疾人社會福利政策的具體實施上顯示出各自的特色。本節主要介紹這些國家的一些制度和做法。

一、英國

英國是西方工業革命的先行國。工業革命的發展造成了農村的破產，並造就大量的失業人群和貧困人口。嚴重的社會問題迫使英國統治者採取

對社會貧困群體實行有條件的救濟辦法，並由此產生了最早的從事救濟的社會工作。1601年《濟貧法》的頒布，對以后世界各國的社會救濟法規的建立產生了重要的影響。《濟貧法》幾經修改，其中有關殘疾人社會福利的規定越來越受到重視。1942年發表的《貝弗里奇報告》設計了一整套「從搖籃到墳墓」的社會福利制度，其中包括殘疾人補助。英國還通過了很多法律、法規來保護殘疾人的權益。其相對比較完整的殘疾人社會福利包括以下內容：

1. 殘疾人衛生醫療與康復

英國殘疾人的醫療與康復是由國民保健服務提供的，其費用來源主要是稅收。殘疾人不用繳費或者只需繳納很少的費用就能享受到全面的醫療服務。受英國政府資助的康復中心配備了包括輪椅和各種輔助器具以及生活用品在內的各種訓練器材，指導身體殘疾者進行適應日常生活訓練，並用專車接送參加訓練的殘疾人。康復中心還為殘疾人舉辦各種文娛活動，豐富殘疾人的生活。

地方政府負責保護身體殘疾人。他們需要瞭解殘疾人的數量及其需求。與老年人社會福利一樣，人們也利用地方政府經營的設施、委託民間辦的設施以及在地方政府登記的民間設施來收容殘疾人，並在社區中為殘疾人提供適當的幫助和護理照顧工作。精神病患者，根據其病情的輕重緩急，在醫院的門診部、短期住院部、中期療養部和長期療養部接受治療。一般來說，精神病人到醫院看病或者住院治療均須經過家庭和本人的同意。並且有精神病收容所和日間照顧機構為殘疾人服務。對於精神病患者也強調早期治療和社區護理。

2. 殘疾人勞動就業

英國的《殘疾人就業法》（以下簡稱《就業法》）於1944年頒布，規定了殘疾人的登記、雇用比例、工作的保留以及庇護工廠等事項。該法還規定必須成立一個全國殘疾人就業顧問會議（NACEDP）及各地方委員會，以協助解決有關殘疾人的就業問題。該《就業法》在以後進行了修改，增加了接受就業重建與職業訓練的年齡限制等內容。1948年，英國政府進一步在《就業及職業訓練法》中明確規定，國家及地方政府對殘疾人有職業訓練的責任。這標誌著英國殘疾人社會福利開始從以前的救濟觀念轉向尊重殘疾人人格並確保其有就業機會和就業能力。英國政府還於1973年頒布了《就業訓練法》，促成了人力服務委員會的設置。該委員會下分就業服務處、訓練服務處以及專案服務處，以推行就業、訓練以及職

業重建服務。同時，英國政府又設立了殘疾人再安置服務局，並以法令規定，凡有員工 20 人以上的雇主，必須雇用其總數 3% 以上的殘疾人。

3. 殘疾人教育

1893 年，英國頒布了第一部有關殘疾人特殊教育需求的法律——《初等教育法》，這是對盲、聾兒童提供特殊教育的法律。1899 年，該法律又設置了向精神不正常兒童提供教育的條款。1918 年的《教育法》則要求地方教育當局向所有殘疾兒童提供特殊教育。1921 年頒布的《教育法》規定：殘疾兒童只在特殊學校或特殊班上接受教育，地方教育當局必須為這些兒童提供獨立的特殊教育機構。1944 年的《教育法》對特殊教育做出了新規定，地方教育委員會（LEA）要為特殊兒童提供充分的、恰當的初等和中等教育，並把殘疾兒童劃分為 10 類，其中盲、聾等兒童必須在特殊學校裡學習，有些並不嚴重的殘疾兒童則盡可能在普通學校裡就讀。1953 年，《學校保健服務及身心殘疾兒童規程》中明確規定特殊教育的實施必須有適當的設備、教材和專門受過訓練的教師。

4. 其他福利

1970 年，英國頒布了《慢性病患者與殘疾人法》，規定地方當局應向殘疾人提供各種福利，包括向居家殘疾人提供實際幫助；幫助殘疾人獲得收音機、電視機、圖書等；為殘疾人提供旅遊和教育設施；提供肉食品和電話等特殊設備；幫助殘疾人在家中完成適宜的工作，等等。

1988 年改革政策的規定，單身殘疾人年金的金額為每週 41.15 英鎊，夫妻為每週 65.9 英鎊，殘疾人家庭撫養的兒童為每週 8.4 英鎊。如果是重度殘疾人家庭，1 個人增加 24.75 英鎊，2 個人增加 49.5 英鎊，殘疾兒童增加 6.15 英鎊。此外，需要特殊護理的重度殘疾人每週可獲得護理津貼 32.95 英鎊。殘疾人還可以獲得一些其他津貼補助。如果是因業務上的傷害或職業病造成的殘疾，每週給付金額是 67.2 英鎊，但殘疾程度較輕則只給 13.44 英鎊。

二、瑞典

瑞典以「福利國家」著稱於世。其經濟體制的特點可以概括為國家干預下的社會福利型市場經濟，集中表現在國家通過國民收入的重新分配為居民提供廣泛而穩定的社會福利與社會保障。其殘疾人福利非常成熟和全面。瑞典法律規定，全國各地每一個市政府都有義務幫助每一個殘疾人過與正常人一樣的生活。

1. 殘疾人的醫療與康復護理

瑞典實現了醫療和殘疾人康復的有機結合，並且全部由國家予以保障。法律規定，地方政府和社區有義務為公民提供醫療和康復服務。瑞典的衛生保健系統由9個地區醫院、70個縣級醫院和1,000多個初級醫護中心承擔。20歲以下患者免費接受治療，成年患者按入院級別負擔約4%的費用，但一年內最多自負醫藥費1,800克朗。

瑞典政府重視對各類護理中心、康復醫院的投入。1968年在護理中心集中居住的殘疾人達14,000多人，但這種封閉式、與世隔絕的居住和護理，對殘疾人的心理和生理負面影響很大。以FUB這個智力殘疾人權益團體為代表的許多社團要求政府關閉護理中心。1961年通過的特殊服務法制定了將在護理中心居住的智力殘疾人轉移到家庭的政策。1986年政府禁止設立兒童護理中心。1994年政府通過了廢止智力殘疾人護理中心的法律。到2001年在護理中心的殘疾人數已減至170人。取而代之的是法律規定的政府支持的社區護理居住形式。瑞典社會工作比較發達，一般每個殘疾人都有相應的社會工作者為其服務。

2. 殘疾人的就業

瑞典認為所有的人都有平等獲得一份工作的權利，其社會政策的一個基本目標是促進包括殘疾人在內的勞動力充分就業。2005年殘疾人的就業率約為66%，工作能力受限的人的就業率為55%。瑞典有30萬功能受損或工作能力受限的人在就業。在促進就業的措施中，政府優先考慮並高度重視殘疾人就業，通過實施《殘疾人就業促進法》，幫助殘疾人獲得並擁有穩定工作。瑞典政府為了鼓勵企業雇用就業難度大的殘疾人，向他們發放殘疾人工資補貼、工作場所無障礙改造補貼。2005年，6.2萬名在企業工作的殘疾人享受政府發放的工資補貼。為鼓勵殘疾人創辦企業或從事經營活動，國家提供資金、貸款等方面的支持。而對失業的人員，政府採取提供再培訓等促進就業的措施，以提高殘疾人的工作技能，適應新的就業需要。瑞典失業的殘疾人占所有失業人員的8%，而用於失業殘疾人再就業的資源占國家用於所有失業人員的資源的20%。

為了使更多的殘疾人就業，並為他們提供在崗職業培訓，瑞典設立了一家國有福利企業——Samhall。在全國200多個地方設有分支機構，殘疾人的需要是其設立分支機構的條件或依據。該公司共有員工2.6萬人，其中2.4萬人為殘疾人，占90%多。這些殘疾人中的40%是存在發展障礙的殘疾人、精神殘疾人和多重殘疾人等就業特別困難的殘疾人。

3. 殘疾人教育

瑞典對殘疾人教育十分重視，通過普及基礎教育、發展特殊教育和政府的特別扶助等有效手段，保障殘疾人人人都享有受教育的權利和機會。

（1）普及基礎教育。瑞典法律規定，實行全民免費教育。殘疾人教育的重要原則是殘疾兒童、青年和成人有權也應當獲得同社會中其他人平等的教育培訓機會。這就意味著絕大多數殘疾人都能參加普通教育項目或普通學校的特別班，對聽力和語言障礙的學生也同樣如此。

（2）發展特殊教育。瑞典根據殘疾類別和殘疾程度，重視發展特殊教育，專設瑞典特殊教育學院負責監督和發展殘疾人特殊教育事業，為地方政府、學校領導和教師提供支持，提供特別培訓的教師、輔助設備和助手，幫助其針對殘疾學生的需要調整學校的教學環境。該學院還負責編寫教材。在瑞典有不少的特殊學校，還開辦了聾啞高中。聾啞人有權將手語作為第一語言，有權以其自己的語言接受教育，允許他們用手語和其他人進行接觸和交流。瑞典也有智力殘疾兒童學校。它們通常為普通中學的附屬學校。是否入學普通學校或智力殘疾兒童學校取決於家長。全國約有1%的兒童入學智力殘疾兒童學校。

（3）給予特別扶助。在瑞典，教育主要由當地政府負責，但對殘疾人教育國家提供特別資助。國家成立的援助服務委員會專門為殘疾人教育提供支持。在瑞典有四所普通高中專為有嚴重行動障礙的學生開設特別班。這些特別班提供特殊教育，並根據學生的具體需要提供護理。該委員會也為殘疾人在成人高中和大學階段的學習或在高中畢業後進行其他形式的教育提供個人化切實幫助。

在瑞典還建立了不少的特殊教育援助中心，瑞典特殊教育學院也負責援助中心的工作。這些援助中心針對不同種類的殘疾提供相關的幫助，全國的特教老師和殘疾學生都可以在這些中心諮詢有關專家。許多殘疾人在學習上存在差距，但他們都有機會參加由各級政府、學習協會或成人高中組織提供的各類學習、補習和其他教育活動。

4. 殘疾人文化生活

1974年，瑞典議會在決議案中制定了一條原則：殘疾人應當同其他人一樣參加社會上的所有文化活動。為了給殘疾人參加文化活動創造條件，瑞典各地普遍建立了以幫助殘疾人為宗旨的學習協會，幫助殘疾人組織學習小組，組織殘疾人參觀文化場所、考察和旅遊。政府還專門為學習協會組織這樣的活動提供撥款支持。瑞典的殘疾人在學習協會的組織下，

每週都能夠走出家庭參加文化休閒活動，享受豐富的娛樂設施和自然風景。

瑞典的體育組織也為殘疾人設計了適合其身體狀況的各類體育活動，包括娛樂性和對抗性運動。在瑞典，殘疾人的乒乓球、遊泳等體育活動開展得比較普遍。

瑞典政府重視對有聲讀物和盲文的出版和發行。在政府的支持下，有聲讀物和盲文圖書館同其他圖書館進行合作，為盲人和其他有閱讀障礙的殘疾人提供文學作品。瑞典有聲書籍和盲文圖書館也為有閱讀障礙的高校學生製作文學讀物。瑞典政府支持盲文報紙及有聲報紙的出版和發行，使視力有障礙的殘疾人只要有需求，都能讀到盲文報紙或訂閱有聲報紙。現在瑞典已有60多份有聲日報。

政府還撥款支持聾啞人的戲劇、舞蹈表演活動以滿足各類殘疾人豐富多彩的文化休閒需求。

5. 無障礙環境

瑞典、挪威的無障礙建設不但起步較早，而且政府十分重視，制定了全國無障礙目標，並且有專門的機構負責推進和協調。瑞典政府於2000年制訂了一個「瑞典更加無障礙」行動計劃，提出了2010年全國現有的公共建築和其他公共場所全部實現無障礙的目標，為此建立了國家無障礙中心，以指導和推動全國的無障礙建設。瑞典的無障礙建設不僅包括室內室外環境的無障礙，如走道和車道除去階梯，公共建築物附設坡道便於輪椅的通行，還包括信息、交通、文化等方面的無障礙，要通過適用於所有人的一體化設計，建設一個無障礙的瑞典。

三、日本

日本在第二次世界大戰之前的社會福利制度，是以社會保險為主的制度。戰後，日本的經濟陷入極度的混亂，生產停滯、失業大增、物價惡性膨脹，國民生活難以為繼，社會福利制度幾乎癱瘓。1946年，一些學者組成了社會保障研究會並提出了《社會保障方案》。經過幾年的努力，日本政府於1950年10月提出了《社會保障制度建議書》，闡述了社會保險、社會救助、社會福利和公共衛生四個體系，通稱為「1950年體制」。這個體制是適應戰後日本的同情而提出的，對於殘疾人來說，它確立了實行最

低生活保障是政府的責任；強調平等獲得保障的權利；重視醫療保障制度。① 此后日本制定和修訂了一系列的法律、法規，對殘疾人社會福利作了細緻的規定。相關法律有：1949 年《身體殘疾人福利法》（1997 年修訂）；1988 年修訂的《精神殘疾人員康復法》。此外，還有《殘疾人雇用促進法》《職業殘疾人法》《特殊兒童撫養補貼法》等十幾個領域的法律，從而形成比較完備的法律體系。為瞭解殘疾人的狀況和需求，日本從 1951 年起，大約每隔 5 年舉行一次全國性的身體障礙者調查並以此作為制定殘疾人福利政策的依據。日本的殘疾人社會福利包括以下內容：

1. 殘疾人醫療與康復護理

日本殘疾人醫療康復的相關法律有《身體障礙者福祉法》《精神薄弱者福祉法》《精神康復和精神障礙人士保護法》等。目的是幫助身體障礙者康復，對殘疾人進行必要的保護，使其生活安定而增進其福利。法律規定，身體障礙者應自強、自立，克服障礙，努力參與社會交往和經濟活動，同時，國民應該努力幫助他們。日本設置了身體障礙者審議委員會，在縣級設身體障礙者福社司，在市、盯、村設立福祉事務所等機構來管理殘疾人的醫療與康復工作。

殘疾人可以享受的福利項目有：諮詢、指導、殘疾人輔助設備、援護設施（肢體殘疾者、盲人、聾啞人、內部平衡功能障礙者等的康復設施及身體障礙者的醫療護理設施等）、醫療保健設施等。對殘疾特別嚴重的人，服務項目還包括政府為其請醫務人員登門體檢等。

1979 年 7 月，日本建立了國立殘疾人康復中心（國立身體障礙者復健中心）。這個中心是通過合併 3 個康復中心來擴大設立的，其任務為：包括從醫療到職業訓練的康復的實施；康復技術的整體研究和形勢發展；提高康復效率，並提供國內外的有關資料；從事專業人員的培養等。

2. 殘疾人的就業

1960 年日本制定了《殘疾人雇傭促進法》（1976 年修正），保障了殘疾人的利益。該法律規定，企業團體的雇主對身體障礙者，有提供適當工作場所的共同責任和義務，並詳細制定了身體障礙者職業介紹、適應訓練、政府與雇主的責任、雇用調整金、雇用繳納費以及設置了身體障礙者雇用促進協會等。

在就業措施方面，不同機構的殘疾人的法定雇用比率分別是：公營的

---

① 馬洪路. 中國殘疾人社會福利［M］. 北京：中國社會出版社，2002：55.

企業機構1.8%；一般民間的企業機構1.5%；政府及國（公）營的非營利機構1.9%。若雇主未能達到此雇用比率，便要繳雇用納付金的罰款（每人每月繳付3萬日元）；反之，超過了比率，則可向政府申領雇用調整金以予獎勵。這便是著名的徵收與贈與制度。日本政府還對於雇用一定數量殘疾人的工廠、企業也給予許多優惠條件，如當企業為改善殘疾人的工作條件而對企業的設施、設備進行改造時，國家負擔所需費用的1/3。日本政府1988年規定，對於在連續3年以上雇用弱智殘疾人的企業工作的每個殘疾人，從第4年起，每月可以獲得15,000日元的特別補助。對於雇用殘疾人的企業所生產的產品，政府予以優先採購。

1991年，殘疾人職業綜合中心開業。日本已經形成了殘疾人的職業綜合中心—地方殘疾人職業中心—社區殘疾人職業中心這一殘疾人就業網路。

3. 殘疾人教育

1947年，日本在《學校教育法》中將盲校、聾校及養護學校納入義務教育範圍。日本文部省也採取特別措施，在各地興辦了盲人學校、聾啞學校、保育學校，接納殘疾青少年入學接受教育，幫助他們獲取文化知識和自立生活能力。1979年日本實施《全國特殊兒童全員就學》的義務教育制度。日本中央政府還編製預算，補助地方政府普設啓智、啓能、病弱等特殊學校及職業學校。為培養師資，在師範大學普遍開設特殊教育課程。廣播大學也自1998年年初開設了方便殘疾人視聽的衛星廣播。公民館、圖書館等社會教育設施也配置了適當的設備，為殘疾人提供校外學習的環境條件等，使殘疾人得到了同正常人一樣的受教育的機會。

4. 無障礙環境

日本為殘疾人增設的無障礙設施比較普及，服務也較為完善。國家所制定的統一建設法規中就包括殘疾人的無障礙設計。每一幢建築物竣工時，有專門部門驗收其是否符合殘疾人的無障礙設計。日本還對鐵道、公路、航空等交通工具的設計、製造都提出了嚴格的要求。在日本的公共設施方面，凡是建築面積大於1,500平方米的大中型商業建築都要為殘疾人、老年人提供專用停車場、廁所、電梯等設施。有盲人經常出入的地方，肯定有盲道，尤其是在地鐵站、公交車站、過街馬路等公共場所，不僅有多條盲道，而且有盲文提示和語音提示。升降電梯內有帶盲文的按鈕。

日本政府制定獎勵措施，採用補助金、減免稅、低利融資等獎勵辦

法，來促進無障礙建設。1996年建立住宅金融公庫，由國家建設省掌握，促使房地產商考慮無障礙設施建設。其中，符合條件的，就能獲得國家的低息貸款。

5. 其他福利

日本政府對殘疾人還採取貨幣補償的辦法。殘疾人可以得到補貼的基礎年金，相當於日本平均工資的十分之一。此外日本對於殘疾人以及與殘疾人有關的所得稅、物品稅、法人稅、海關稅、繼承稅、贈與稅等稅種一律給予減免稅的優惠待遇。殘疾人還可以領取生活必需品，乘坐交通工具時還可享受減免運費的優惠。

第三節 中國殘疾人社會福利

一、中國殘疾人福利事業的歷程

中國古代便有了福利思想，但在封建統治下不可能產生福利制度，基本上屬於民間的慈善行為或暫時的政府行為。舊中國國民黨政府雖然制定了一些殘疾人福利政策，但是並沒有真正落實和實施下去。民間成立的中國盲民福利會、中國聾啞協會等組織也因得不到政府的支持，很快夭折。中國殘疾人的福利幾乎落在家庭上。新中國成立後在黨和政府的關心和重視下，中國殘疾人社會福利才得以建立，並得到大的發展。根據殘疾人福利制度的演變，中國殘疾人福利事業大致經歷以下三個階段：

1. 新中國成立初的殘疾人社會福利

這個階段是中國殘疾人福利事業的初創階段。隨著新中國的建立和國民經濟的逐步好轉，政府開始關注殘疾人的工作、學習、生活。殘疾人普遍得到了收養和救濟，並且獲得了基本的生存權和政治權利，徹底改變了舊社會殘疾人那種自生自滅的狀況。

1951年政務院頒發的《關於改革學制的決定》就有「各級人民政府應設立聾啞、盲目等特種學校，對生理上有缺陷的兒童、青年和成人施以教育」的規定。1957年教育部發出《關於辦好盲童學校、聾啞學校的幾點指示》，規定盲校小學學制為6年，聾校學制為10年。盲童、聾童入學年齡為7~11歲，並對辦校方針、編製、教學改革等提出了要求。此後的20多年裡，各地大中城市不斷建立聾啞學校和盲人學校。到1965年，聾

啞學校由新中國成立前的44所發展到266所，在校學生達23,300人。

各種福利機構和企業也在這個時期得到了長足的發展。一些無依無靠的殘疾人、殘疾孤兒、殘疾老人，分別被安置在陸續建立的兒童福利院、社會福利院和敬老院。到1958年，各級養老院、福利院共接納榮譽軍人、老人、殘疾人36萬人。福利企業在1958年增加到463個，安置殘疾人3,800人，同時加強了對福利工廠中的盲人、聾啞人的業餘教育和技術培訓。

這一時期殘疾人組織也相繼成立。1953年中國盲人福利會成立，1956年中國聾人福利會成立，1960年，中國盲人福利會與中國聾啞人福利會合併成為中國盲人聾啞人協會。截至1965年，該組織在全國22個省、自治區、直轄市和373個地、市、縣逐步建起地方協會和基層組織，活躍了各地盲聾啞協會的工作，密切了政府與廣大殘疾人群眾的聯繫。

漢語盲文和聾人手語工作開始建立。中國盲文工作者黃乃參照路易・布萊爾盲文體系，設計了漢語盲文方案。該方案經教育部批准後在全國推行。盲人按摩醫療、盲人聾啞人康復工作、殘疾人文藝體育工作也陸續起步。

2.「文革」中的殘疾人福利制度

這一時期由於黨和國家在指導方針上發生嚴重錯誤以及林彪、江青反革命集團的干擾破壞，殘疾人社會福利遭到嚴重破壞。中國盲人聾啞人協會被迫停止活動，協會工作完全中斷，殘疾人生產自救組織被強行合併、撤遷或撤銷，盲聾啞學校被迫收縮或停辦。中國殘疾人社會福利事業陷於停頓。

3. 改革開放以來的殘疾人福利制度

這個階段是中國殘疾人福利事業的再創階段。黨的十一屆三中全會召開，是中國社會、經濟發展的轉折點，也是殘疾人社會福利事業的轉折點。國家為發展殘疾人事業、改善殘疾人狀況採取了一系列重大措施，使殘疾人事業取得了歷史性的進展和舉世矚目的成就。因此，殘疾人狀況顯著改善。殘疾人社會福利進入了歷史上最好的時期。

1978年，中國盲人聾啞人協會恢復活動。各省、自治區、直轄市的盲人聾啞人協會及其下屬組織也相繼恢復工作。1982年全國人大修改後的《憲法》首次規定：「國家和社會幫助安排盲、聾、啞和其他有殘疾的公民的勞動、生活和教育。」1984年中國殘疾人福利基金會成立。1987年進行了全國殘疾人抽樣調查。1988年在中國殘疾人福利基金會和中國盲

人聾啞人協會的基礎上，本著改革的精神，成立了融代表、服務、管理功能為一體的中國殘疾人聯合會。中國殘疾人聯合會依靠政府，動員社會，協助政府、全國人大等實現了一系列重大舉措。

1990年12月，《中華人民共和國殘疾人保障法》正式頒布，各地、各級政府保護殘疾人權益的地方法規相繼出抬。目前，中國在民法、刑事訴訟法、義務教育法、公益事業捐贈法等40部法律中有關於殘疾人權益保障的內容。這些法律、法規既保護了殘疾人的權益，又指導著殘疾人事業的不斷發展。近十年來，全國人大內務司法委員會先後對20個省殘疾人保障法執行情況進行了檢查，地方各級人大和政府也加強了對殘疾人保障法的執行和監督力度。

與國家經濟和社會發展階段性計劃相同步，國家先後制訂了發展殘疾人事業的四個五年計劃（1988—2005）及其殘疾人康復、教育、就業等十幾個配套實施方案，並對業已實施的方案進行檢查驗收，促進了殘疾人事業與經濟社會協調發展。

中國積極參與有關殘疾人事業的國際交流和合作，開展各種活動。1986年，聯合國「殘疾人十年」（1983—1992）中國組織委員會成立。2007年中國簽署聯合國《殘疾人權利公約》，以保障中國8,296萬殘疾人權利。中國還與50多個國家和地區進行了殘疾人事業領域的交流與合作，介紹中國的經驗，也吸收國外的先進做法，促進全世界殘疾人狀況的普遍改善。

二、中國殘疾人福利取得的成就

新中國成立六十多年來，中國殘疾人的福利從無到有，從小到大，從窄到寬，有了長足的發展。其成就主要體現在以下五個方面：

1. 殘疾人康復

中國殘疾人康復工作主要是在政府的領導下通過康復機構和社區各個途徑開展的。指導方針是：從實際出發，將現代康復技術與中國傳統康復技術相結合；以康復機構為骨幹，社區康復為基礎，殘疾人家庭為依託；以實用、易行、受益廣的康復內容為重點，並開展康復新技術的研究、開發和應用，為殘疾人提供有效的服務。

殘疾人康復工作開始於20世紀50年代。當時為了改善革命戰爭中傷殘軍人的健康狀況，國家設立了傷殘軍人療養院、康復醫院等。后來為了滿足企業中傷殘職工康復的需要，又設置了職工療養院、精神病院等。這

些都為后來中國康復事業的進一步發展打下了一定的基礎。

中國有組織、有計劃、大規模的殘疾人康復工作,開始於20世紀80年代。1987年國務院進行了全國殘疾人狀況抽樣調查。調查結果顯示:殘疾人狀況亟待改善,康復是他們最迫切的需求之一。1988年,國家發展規劃將殘疾人康復工作納入。同年8月,首次全國康復工作會議召開,確定開展白內障復明、兒麻后遺症矯治和聾兒聽力語言訓練三項搶救性康復工程。1990年,第二次全國康復工作會議制定了三項康復工作技術標準,完善工作規程。此后連續實施四個殘疾人事業五年計劃綱要,殘疾人康復業務領域不斷拓展,服務項目逐步增加,康復機構從無到有,專業隊伍由小到大,工作體系、業務格局、運行機制日臻完善,服務能力有所提高,康復工作取得顯著成績。

1988年,中國建成了第一個綜合性的殘疾人康復研究機構——中國康復研究中心。此后,各省、地、市及部分縣相繼建立起康復中心(站)。1996年,衛生部發布的《關於綜合醫院康復科管理規範的通知》,標志著現代康復醫學研究和實踐開始進入中國。14所醫科院校相繼開設了康復治療專業,大部分綜合性醫院開設了康復科室。康復和康復醫學研究取得了長足的發展,康復的觀念得到了社會的廣泛認同。社會公眾尤其是殘疾人的康復意識普遍提高,更多的人懂得並願意接受康復治療和訓練,以恢復、改善功能,提高社會參與能力。康復事業得到了政府和社會的普遍重視。各級政府將殘疾人康復工作納入國民經濟和社會發展規劃,加大投入,充分發揮主導作用。社會各界廣泛參與,以多種形式支持、幫助殘疾人康復。殘疾人康復成為一項各界廣泛參與的社會工程。初步形成了適應中國國情的康復事業發展模式。

「十五」期間,通過實施一批重點工程,642萬殘疾人得到不同程度的恢復。2002年,完成白內障復明手術57萬例,為3.1萬名低視力者配用了助視器,對1.8萬名聾兒進行聽力語言訓練,對7.7萬名肢體殘疾人、腦癱兒童和智殘兒童進行了康復訓練,對243萬名重症精神病患者進行了綜合防治康復,提供用品用具122萬件,其中有一部分貧困和特困殘疾人接受了減免費用的治療。截至2006年年底,中國已有各類各級殘疾人康復機構1.9萬多家;衛生系統至少有800多家三級醫院按要求開設了康復醫學科,已建設1.8萬多家社區衛生服務中心。

2. 殘疾人教育

黨和政府非常重視殘疾人教育事業,先后制定了《殘疾人教育條例》

《關於發展特殊教育的若干意見》《關於高等院校招收殘疾考生的規定》等。這些法律、法規為殘疾人教育事業的發展提供了可靠的保障。另外，國家還設立了專項補助款，由中國殘疾人聯合會與政府的有關部門共同籌集經費，用以扶持地方特殊教育的發展。國家對學前教育、義務教育、職業教育、高級中等以上教育、成人教育都有明確的規定和要求。國家還組織和扶植手語、盲文的研究與運用並參與特殊教材的編寫和出版以及特殊教具及輔助用品的研製。

在政府和社會的支持下，中國殘疾人教育獲得了前所未有的迅猛發展，教育的規模、人數均超過了中國自有特殊教育歷史以來的總和。截止到2005年年底，視力、聽力、智力三類殘疾兒童少年義務教育入學率達到80％，特教學校發展到1,662所，在校生達到56萬人。其中，盲生有6.3萬人，聾生有18萬人，弱智生有31.9萬人。高中階段特殊教育快速發展。其中，特殊教育普通高中學校（班）達到66所，殘疾人中等職業教育學校達到158所。殘疾人高等教育取得新進展，5年累計達到普通高等院校錄取分數線的人數為1.8萬人，錄取人數為1.6萬人；高等特殊教育院校錄取人數為4,067人。259.2萬殘疾人接受職業教育與培訓，這使殘疾人提高了就業能力。殘疾兒童少年享受「兩免一補」的範圍逐步擴大。「彩票公益金助學」等項目資助近5萬人次，資助對象拓展到貧困殘疾高中和大學生及貧困殘疾人子女。

3. 殘疾人就業

中國政府歷來十分重視殘疾人就業問題，將殘疾人就業納入全國就業工作的總體安排。《中華人民共和國憲法》《中華人民共和國民法通則》《中華人民共和國勞動法》《中華人民共和國職業教育法》等，對殘疾人享有平等就業權利和職業教育培訓等都做出了明確的規定。中國實施了1991年的《中華人民共和國殘疾人保障法》和2007年的《殘疾人就業條例》等專項殘疾人就業的法律和條例。1987年，全國人大批准了國際勞工組織第159號公約《殘疾人職業康復和就業公約》，堅持履行公約的原則和標準。中國殘疾人聯合會及其地方組織所屬的殘疾人就業服務機構還免費為殘疾人提供殘疾人就業信息，開展殘疾人職業培訓，為殘疾人提供職業心理諮詢、職業適應評估、職業康復訓練、求職定向指導、職業介紹等服務。中央及地方各級政府還採取各種有效措施，實行積極的就業政策，擴大殘疾人就業規模，創造殘疾人就業環境，改善殘疾人就業狀況。

中國解決殘疾人就業問題的途徑主要有三種形式：第一種是通過政府

和社會舉辦殘疾人福利企業，集中安排殘疾人就業。政府對福利企業給予稅收優惠政策，如減免所得稅、免徵營業稅。第二種是要求所有的單位必須按一定比例安排殘疾人就業。《殘疾人就業條例》明確規定用人單位安排殘疾人就業比例不得低於本單位在職職工總數的1.5%，未達到比例的，應按財政部發布的有關規定交納殘疾人就業保障金（根據當地上年社會平均工資乘以應當安置的殘疾人人數計算）。對於安排殘疾人就業超過規定比例或成績突出的單位，要給予精神和物質獎勵；對於拒不執行按比例安排殘疾人就業規定的，要予以批評、教育，責令改正。第三種是鼓勵殘疾人自主就業或殘疾人自願組織起來從事個體經營。工商行政管理、稅務等有關部門要根據殘疾人保障法和有關稅收法律、法規的規定，制定、完善扶持殘疾人個體就業和自願組織起來就業的優惠政策，在核發營業執照、辦理有關手續、減免稅費和落實營業場地等方面給予優先和照顧。

通過建立完善政策法規、強化培訓與服務、積極開發新的就業崗位等多種措施，殘疾人就業取得可喜的成績。「十五」期間，城鎮新增就業殘疾人達167.3萬人。其中，按比例就業達42萬人，集中就業達48萬人，個體就業達77.3萬人，累計就業達到463.6萬人。農村殘疾人就業累計達到1,803.4萬人。殘疾人通過勞動就業，增加了收入，改善了生活。殘疾人就業服務機構3,048個。其中，省33個，地46個，市（含縣級市）648個，縣1,528個，市轄區793個。全國開設了1,451個醫療按摩機構和6,625個保健按摩機構。近6萬盲人參加了保健按摩、醫療按摩培訓。

4. 殘疾人文化生活

中國鼓勵、幫助殘疾人在文學、科技、藝術、體育和其他方面通過有益於人民的創造性勞動來豐富殘疾人的精神文化生活。採取的具體措施包括：

①通過廣播、電視、報刊、圖書等形式，豐富殘疾人生活，為殘疾人服務。截止到2005年，各級公共圖書館和殘疾人綜合服務設施已開設244個盲人有聲讀物館（室）；新設1,036個殘疾人文化活動場所；舉辦的各種殘疾人事業展覽近3,000場次。

②組織和扶持盲文讀物、盲人有聲讀物、聾人讀物、弱智人讀物的編寫和出版，開辦電視手語節目，在部分影視作品中增加字幕、解說。中央電視臺和各省級電視臺在播出的新聞、相關重要欄目、影視劇中配加字幕。中央電視臺連續6年重播春節晚會時加配字幕說明。

③組織和扶持殘疾人開展群眾性文化、體育、娛樂活動，舉辦特殊藝術演出和特殊體育運動會，組織其參加重大國際性比賽和交流。如成立了中國殘疾人作家聯誼會、美術家聯誼會和書法家聯誼會，全國共計有近700名殘疾人加入了有關協會。舉辦了中國殘疾人作家聯誼會的第一次筆會，出版了《為了生命的美麗》《放飛希望》兩本散文集和《中國殘疾人美術家優秀作品集》《中國殘疾人作家書法家優秀作品集》。中國在殘疾人體育領域的國際地位不斷提升，特別是中國體育代表團在雅典殘奧會上奪得金牌、獎牌雙第一。中國聾奧代表團在第20屆聾奧會上奪得金牌總數第9名，首次進入聾奧會前10名。

5. 無障礙設施建設

中國無障礙環境建設是隨著改革開放、經濟社會的快速發展以及中國殘疾人事業不斷發展而引入公共設施建設中的一個全新概念，其重要性已經被越來越多的人所認識。

國家有關部門發布實施了《城市道路和建築物無障礙設計規範》《民用機場旅客航站區無障礙設施設備配置標準》《特殊教育學校無障礙設計規範》《鐵路旅客車站無障礙設計規範》等規範。許多城市還出抬了無障礙建設的法規。如：北京市人大常委會通過了《北京市無障礙設施建設和管理條例》。廣東省、天津市、上海市、大連省、青島市、南京市、杭州市、廈門市、廣州市、西安市、蘇州市、秦皇島市等也出抬了無障礙設施建設管理規定。根據統計，2005年年底共有11個省出抬了無障礙設施建設管理規定。截至2007年，全國大中城市的主要道路和政府辦公建築、商場、醫院、賓館、影劇院、博物館、機場、車站、圖書館、體育館、銀行、郵局、公園、學校、老年公寓、旅遊景點及公共廁所等公共建築物及居民住宅設置改建了一大批無障礙設施。不少電視臺開辦了電視手語新聞欄目，越來越多的電視節目和電影加配了字幕，為殘疾人走出家門、進行信息交流、參與社會生活和享受公共服務提供了便利。

三、中國殘疾人社會福利存在的問題

1. 中國殘疾人福利尚未走上規範化、法制化的軌道

殘疾人事業法律法規體系有待進一步健全和完善。殘疾人的各項基本權利仍得不到滿足，特別是專門保護殘疾人權益的法律法規需要不斷制定和完善；殘疾人參與社會生活的困難和障礙並未從根本上予以消除，執法檢查、視察的功能需要進一步強化；社會上歧視和侵害殘疾人的現象仍時

有發生，法制宣傳需要進一步普及和深化，法制教育和培訓的質量需要繼續提高；殘疾人面臨的法律服務難、請律師難、打官司難和無力支付訴訟費的狀況並未從根本上得到改觀，需要進一步健全殘疾人法律救助體系。

2. 籌資渠道單一，保障基金的管理和運用較為混亂

要搞好殘疾人社會福利，必須投入大量資金，而中國目前殘疾人社會福利的資金主要由政府財政撥款，基本上是國家包攬。和發達國家相比，政府的有效投入明顯不足，而且部分資金由於浪費或者挪用並沒有落實到殘疾人福利事業中去。靠福彩、福利基金會和社會捐贈又極其有限，並且存在這樣那樣的困難。總之，目前殘疾人福利資金籌集渠道不甚暢通，融資困難，資金運行機制不完善，未能建立起有效的監督體系，適應不了殘疾人福利事業對資金日益增長的需求。

3. 中國殘疾人保障起步晚，水平低，滯后於社會、經濟發展水平

改革開放三十多年了，與中國社會經濟、文化所取得的成績相比，殘疾人福利事業發展得還遠遠不夠，殘疾人的福利水平相對滯后。

政府和社會做了大量工作，殘疾人生存狀況也得到明顯改善，但與殘疾人存在的困難和問題比較起來，殘疾人社會福利的政策、措施仍顯得不足。殘疾人，尤其是廣大基層殘疾人還經常處於貧困狀況、無助狀況，時常遭受疾病的折磨。根據測算，隨著中國貧困人口逐年下降，殘疾人口貧困比例卻大幅度上升。資金的缺乏、使用效率的低下等原因導致殘疾人扶貧解困工作仍然面臨許多困難。解決特困殘疾人溫飽，仍是一大難題。殘疾人勞動就業、殘疾人保障金徵收、殘疾人教育、殘疾人醫療康復等問題都缺乏強有力的措施來保證，致使殘疾人的基本狀況改善不快，殘疾人基本生活與健全人的差距有的地方不是在縮小，而是在擴大。

4. 人才短缺的問題仍然存在

以康復服務為例，目前中國各類殘疾人的總數為8,296萬，這當中有康復需求者接近5,000萬。但問題是，由於各個康復機構、醫院和社區衛生服務中心嚴重缺乏技術人才，為殘疾人提供康復服務的能力非常有限，康復效果也難盡如人意，康復服務缺乏專業性，至今沒有形成專業化建設的規模和基礎。

中國各類康復技術人員不到2萬名，其中，康復治療師只有5,000多名。與發達國家相比，中國康復技術人員與人口的比例太低。以物理治療師為例，目前世界各國物理治療師和作業治療師的人數與人口的比例平均大約為70人/10萬人口，而中國大陸僅為0.4人/10萬人口。根據估計，

要達到中國政府提出的2015年實現全國殘疾人「人人享有康復服務」的目標，中國將至少需要35萬名康復技術人才。

思考題：

1. 殘疾人及殘疾人社會福利的含義是什麼？
2. 殘疾人社會福利應遵循的基本原則是什麼？
3. 簡述殘疾人社會福利中的供養理論、迴歸社會論和增能理論。
4. 殘疾人社會福利的內容包括哪些？
5. 英國殘疾人的社會福利包括哪些？
6. 瑞典殘疾人的社會福利包括哪些？
7. 日本殘疾人的社會福利包括哪些？
8. 敘述新中國成立以來中國殘疾人社會福利的發展歷史。
9. 新中國成立以來中國殘疾人福利取得了哪些成就？
10. 目前中國殘疾人社會福利仍存在哪些問題？

第十一章 住房福利

1998年《國務院關於進一步深化城鎮住房制度改革加快住房建設的通知》提出了中國城鎮住房改革的方向，對住房供應體系的提法是：要建立以經濟適用住房為主體的多層次的、新的住房供應體系，滿足不同收入群眾對住房的要求。向收入高的家庭提供商品住房，實行市場價；向最低收入家庭提供廉租住房，租金實行政府定價。

第一節 住房公積金

住房公積金是一種具有全民義務性和社會保障性的長期互助互益儲金，是由職工個人按其工資總額的一定比例繳存、單位相應補貼，專項用於自住住房購買、建造、大修、翻修的個人住房基金。從建立方式看，住房公積金不是職工個人憑自己的意願自願參加的儲蓄方式，而是按政府的要求，帶有強制特點，每個在職職工均必須參加；從所有權關係看，住房公積金中職工個人繳存部分和職工單位補貼的部分全部歸職工個人所有；從資金性質看，住房公積金既不同於商業銀行的儲蓄資金，也不同於財政預算資金，亦不納入財政預算外資金管理。[1]

---

[1] 王婷. 中國財政社會保障資金管理營運全書 [M]. 北京：中國物價出版社，2001：821-831.

一、國外的住房金融政策

住房金融政策是各國政府介入住房領域的重要手段之一，其影響並決定絕大多數居民解決住房問題的方式。各國的國情不同，其住房金融政策亦因此產生差異。有學者將世界各國的住房金融政策大致劃分為以下四類[1]：

(1) 在國家有效控制下的以私營機構為主體的綜合型模式。該模式以美國為代表。其基本特徵是：

第一，經辦房地產金融業務的機構中，私營金融機構占主體地位。大多數美國人都能通過私人金融機構的住房抵押貸款來解決住房問題。

第二，美國聯邦政府的住房金融管理機構對住房金融市場進行了有效的調控，包括成立初級市場的政府擔保機構、建立聯邦住房貸款銀行系統、開發全國性的二級抵押市場[2]、組建經營證券的政府機構等方式。首先，早在1932年美國就制定《聯邦家庭貸款銀行法》，以財政部發行債券集資，然后再以低息貸款的方式借給銀行，供其發放住房貸款。既然成員銀行得到了低息的資金，那麼再發出去的住房貸款的利息也就會跟著降下來。接著，美國在1934年又制定了《聯邦住宅法》，其首要職能為低收入者住房貸款提供按揭保險。這項名為「203b按揭保險」的政策一直持續到現在：凡購買中低價位的、自住用房的人，都可申請這項保險，從而大大降低購房首付，最低可達房款的3%。該項政策大大提高了中低收入居民的購房能力。此外，為讓商業銀行迅速從冗長的還款週期中解脫出來，美國1938年又成立了聯邦國民抵押貸款協會（Fannie Mae，房利美）。該協會從銀行手中購買尚未收回的按揭貸款，打包後變成債券出售，從而迅速收回資金。這個手法（即金融上所謂的「資產證券化」）使得住房貸款的供給更加充沛。[3]

第三，在政府實施有效調控的同時也重視發揮私人資本的作用。私人

---

[1] 關信平. 社會政策概論 [M]. 北京：高等教育出版社, 2004：284-285. 轉引自：鄭功成. 社會保障學 [M]. 北京：中國勞動社會保障出版社, 2005：374.

[2] 次級抵押貸款即屬這種形式。次級抵押貸款是指一些貸款機構向信用程度較差和收入不高的借款人提供的貸款，其利率通常比一般抵押貸款高出兩到三個百分點。美國的次級抵押貸款大多是在前幾年住房市場高度繁榮時貸出的。2007年8月，在住房市場降溫後，房價下跌和利率上升使很多次級抵押貸款市場的借款人無法按期償還借款。不少次級抵押貸款機構陷入財務困難，甚至破產。這就是著名的美國次貸危機。該危機波及並影響到整個西方乃至全球金融機構。

[3] 蘇晶. 從美國經驗反思中國的房地產政策 [J]. 西部論壇, 2006 (9).

資本活動與政府調節高度融合。

（2）公私機構互為補充的混合型模式。該模式以日本為代表。住房金融公司是日本政府成立的面向國民提供建房貸款的公營住房金融機構，其行使政府住房金融職能，融通長期低息資金，依照日本政府的住房福利向購建住房者提供長期低息貸款。日本優惠的住房政策包括：

第一，以低息貸款促進企業從事民間住宅建設。早在1980年，日本累計約有220多萬家大企業，興建面積在16萬平方米以上的住宅區達40多處。日本銀行為促進企業建住宅，於1985年10月以後，將利率從8.88%降為7.38%。全國銀行同期放款7,789億日元的住宅信用貸款。

第二，政府以低稅和免稅優惠促進私人住宅的興建與購置。政府曾舉辦了一種50日元以內的免稅利息的「住宅零存整取郵政儲蓄」。在不動產取得稅、固定資產稅等方面對住宅用地實行優惠。對於不動產取得稅，一般用地按4%徵收，住宅用地只按3%徵收，優惠了1/4。固定資產稅率對住宅用地面積在200平方米以上的減半，200平方米以下的只繳納1/4。稅收優惠對住房開發起到了積極作用。

第三，發揮地方群眾團體的作用，吸收社會資金發展住宅建設。到了20世紀80年代，通過各種形式建房，面積50萬平方米以上的就有143處，其優勢在於住宅開發不由國家包下來，主要由民間團體吸收社會資金進行，雖規模不大，但有利於市政管理和因地制宜地組織施工。

第四，組織公團進行住宅開發。與一般國家不同，日本政府在積極進行普通居民住宅建設與經營的同時，不是直接介入，而是組織公團進行住宅開發管理。公團利用政府財政投融資金建設住宅，也可按照法定程序依法提出住宅徵地申請，由有關機構審批。由中央和地方政府組織的住宅建設公團，提供了占全國居民戶數10%的住宅。[1]

（3）政府全面直接控制的基金型模式。該模式以新加坡最為典型。自1965年獨立以來，新加坡推行中央公積金制度，雇員可以用公積金購房。購房的資金，包括首付和從銀行得到的貸款，均可以公積金儲蓄償還，但不能用公積金支付房租。中國政府學習新加坡模式，用公積金的方式解決絕大多數工薪階層的住房問題。

（4）民間專營機構控制的互助型模式。該模式以英國最為典型。英國政府通過抵押貸款優惠措施促進居民購房，其特點是：第一，抵押貸款

---

[1] 張韡. 國外住房保障對中國的啟示 [J]. 城市開發, 2002（2）.

的償還期較長，一般是 15～25 年，最長期限可達 30 年。第二，貸款比率（貸款占房價的比率）高，一般為 80%；在有保險公司擔保的條件下，最高可達 90%，甚至 100%。這為居民購買住房提供了十分有利的條件。以倫敦為例，其居民平均每 7 年就更換一次住房。第三，貸款方式靈活多樣。各金融機構根據借款人的不同需要和收入狀況，在貸款償還期限、償還方式、貸款利率的調整方式和貸款率等方面靈活安排，以最大限度地滿足購房人的需要。借款人還可以將住房抵押貸款與借款人的定期人壽保險相結合，在貸款償還期內每月償付利息，同時又繳納人身保險費，而到人壽保險到期時，用到期的人壽保險收入歸還抵押貸款。與此同時，英國大力扶持互助性質的建房社團。通過限制其他銀行進入個人住房抵押市場，英國政府幫助建房社團逐步占領住房金融市場。建房社團的營利又通過某種方式返給存款人和借款人，大大緩解了城市居民的購房貸款壓力。[1] 建房社團是英國住房金融業務的主要經辦機構，受到英國政府特別保護，在執行前須向政府申請。建房社團是英國專營住房金融業務的民間互助組織，其所辦理的住房金融業務占全國的 80% 以上。它辦理存款、向會員和非會員發放住房金融貸款，並受特殊法律手段管理。

二、住房公積金的本質特徵

住房公積金具有以下本質特徵：

(1) 強制性。中國住房公積金制度是由政府推動建立的。它符合廣大城鎮居民的願望，又是職工個人和單位必須履行的義務。1991 年 5 月，上海市政府學習新加坡住房公積金的成功模式，在廣泛徵求全市人民意見之后，建立起公積金制度。繼而許多省、市政府紛紛效仿。1994 年 7 月，國務院發布《關於深化城鎮住房制度改革的決定》，在全國範圍推行住房公積金制度。1997 年 9 月，中共十五大進一步明確提出「建立城鎮住房公積金，加快改革住房制度」。它要求無論是國家機關職工，還是企業、事業單位、社會團體的職工，自進單位之日起至退休為止，按年按月都要繳存住房公積金，為解決自己的住房問題累積資金，提高購買住房的支付能力。單位為職工按月繳存住房公積金。這種義務實質上是住房實物分配向貨幣分配的一種轉化，也是體現國家、集體、個人三結合籌資解決職工住房問題這種新機制的良好形式。住房公積金的建立和推行，為實現住房

---

[1] 鄭翔. 英國城市居民住房供應和保障政策及其對中國的借鑑 [J]. 住房保障，2007 (4).

商品化、建立住房新機制與形成行為規範奠定了可靠的物質基礎。1999年4月3日國務院發布了《公積金管理條例》，將公積金的推行上升到法律高度。

（2）互助性。職工個人無論是否需用住房公積金解決其住房問題，都必須繳存住房公積金，形成對需要使用住房公積金的職工的支持。參加住房公積金制度的職工，在公積金使用上，互相幫助，互相支持。尚未解決住房問題的職工在買房時，既可以使用自己繳存的住房公積金，還可通過抵押貸款的形式，利用其他職工繳存的住房公積金，享有互助的利益。已經解決住房問題的職工將來必須繼續履行義務，按月繳存住房公積金。這些資金可以用來幫助其他職工解決住房問題，承擔了互助的義務。隨著住房公積金制度的廣泛推行，參加的人愈來愈多，累積的資金愈來愈大，這種互助效應也愈來愈好。該制度已成為解決社會住房問題不可替代的物質力量。

（3）專用性。這主要表現在以下兩個方面：其一，住房公積金的屬性是個人專項住房資金，歸個人所有，不是一般銀行儲蓄資金，也不是財政預算內或預算外資金；其二，住房公積金是定向用於職工購買、建造、大修、翻修自住住房的抵押貸款，用於城市廉租房建設的補充資金。在滿足以上需要后，它可用於購買國家債券。除此之外，任何單位和個人都不能挪作他用。住房公積金若長期累積，是一筆龐大資金。確立專用性，對繳存住房公積金的職工來說，就是建立約束機制，保障這筆資金真正用於解決職工住房問題。

（4）地域性。職工及其所在單位按規定繳存的住房公積金，是由城市住房公積金管理中心經住房公積金管理委員會批准進行管理的，滿足本市職工的住房需求。其歸集和使用是在一個城市範圍內自行平衡，不存在城市間的流動與調劑。住房公積金使用的屬地化管理原則，賦予市政府運用住房公積金解決城市職工住房問題的權力與責任。

（5）長期性。住房公積金制度是住房制度改革的重要內容，是中國住房新制度最重要的組成部分，將長期存在並不斷用於解決職工的住房問題。職工繳存住房公積金是一項長期義務，貫穿於整個勞動就業過程。儘管職工工作發生調動、單位發生變更，但是繳存住房公積金的義務必須履行，並長期堅持下去。這是累積住房資金的需要，因為只有職工個人和單位長期繳存住房公積金，才能不斷擴大住房資金，從而真正提高購房的支付能力，實現居者有其屋；否則資金不足，住房商品化就難以實現。同

第十一章 住房福利

時，這也是深化住房制度改革的需要。房改是一項長期任務。就整個社會來說，它要經歷一個較長發展過程，才能最終完成。

三、住房公積金的作用

住房公積金的作用主要體現在以下三方面：

(1) 促進住房分配體制轉變。中國住房制度改革的基本方向之一就是把住房實物福利分配的方式改變為以按勞分配為主的貨幣工資分配方式。在過去計劃經濟體制下，中國的分配制度採取貨幣工資和住房等實物福利分配相結合的方式，這種制度造成分配到住房的人和沒分到住房的人在收入分配方面的巨大不公平。同時，由於僅僅依靠國家和企業出資建房並用福利方式分給職工，因而缺乏穩定、長期、大量的建房資金來源。長期以來，職工住房困難的狀況無法得到改善。實行住房公積金制度是轉變住房分配制度的最佳途徑。住房公積金是指由在職職工個人及其所在單位，按職工個人工資和職工工資總額的一定比例逐月交納，歸個人所有，存入職工個人公積金帳戶，用於購買、建造、大修、翻修住房。職工離退休時，本息余額一次結清，退還職工本人。《公積金管理條例》規定職工和單位住房公積金的繳存比例均不得低於職工上一年度月平均工資的5%；有條件的城市，可以適當提高繳存比例。通過建立住房公積金制度，單位向每個職工提供專門用於住房消費的資助，從而提高了職工用於住房消費的支付能力，實際上增加了職工的貨幣收入。因此實行住房公積金制度有利於轉變住房分配體制，有利於住房資金的累積、週轉和政策性抵押貸款制度的建立，有利於提高職工購買力，促進住房建設。

(2) 加快城鎮住房建設。目前和今後相當長一段時間內，制約城鎮住房建設的最大因素是資金短缺。國家財政難以增加對住房的投入，國有企業的住房負擔已是十分沉重。解決城鎮建設資金短缺問題，主要是面向職工個人，在職工合理支出範圍內，逐步增加個人負擔比例，形成國家、單位、個人三方負擔機制。採用個人負擔一半、國家和單位資助一半的辦法，可籌集巨額住房資金。到 2003 年年底，全國累計歸集住房公積金 5,016 億元。除職工因構建住房和退休支取公積金 1,549 億元外，歸集余額為 3,467 億元。截至 2004 年 3 月，北京市住房公積金累計 519.77 億元。

(3) 提高職工購買住房的支付能力。住房制度改革的目標是實現住房的商品化和社會化。為此個人要具有商品化的住房支付能力，否則住房就永遠並且只能是單位的福利。在住房公積金制度中，通過個人的長期儲

蓄累積以及國家和單位的資助，個人可逐步累積一筆數額較大的住房資金。屆時個人可用住房公積金支付購房款，不需一次支付一大筆款項就可購房。在住房公積金制度下，個人為其住房支付5%的工資，單位補助的5%實際等於將職工工資提高5%，其綜合效果是將職工住房消費支出佔工資收入的比重提到10%。職工個人的住房支付能力逐步增強，為全社會範圍的住房商品化創造了條件。到2003年9月底，全國累計發放個人住房委託貸款2,075億元，共有276.4萬戶職工家庭通過住房公積金的支持圓了自己的住房夢。到2004年3月北京市共發放公積金個人貸款174.406萬筆，金額313.18億元，個人貸款余額225.14億元。

四、住房公積金的貸款利率

從2006年5月8日起，受人民銀行加息的影響，國家住房和城鄉建設部要求上調各檔次個人住房公積金貸款利率0.18個百分點，即5年（含）以下貸款由現行年利率3.96%調整為4.14%；5年以上貸款由現行年利率4.41%調整為4.59%。住房公積金存款利率保持不變。調整後，5年期以上住房公積金貸款利率4.59%與5年期以上個人商業性住房貸款的基準利率6.39%相差1.8個百分點。而調整前兩者相差1.71個百分點。一萬元20年的公積金貸款升息后月還款額由62.78元增至63.75元，多支出0.97元，累計利息20年共多交233元。若以40萬元最高公積金貸款額度計算，每月多還38.88元，20年一共多還利息9,327元。同樣是40萬元的商業貸款，調息后20年多還的利息為13,249元。隨後人民銀行不斷加息，公積金的貸款利率亦相應有所提高，但均優於商業性住房貸款，無疑減輕了購房職工的負擔。

五、住房公積金的發展簡歷

1991年5月首先源於上海，1992年從上海市擴展到北京市、天津市、江蘇省、浙江省等地，1993年繼續擴展至遼寧省、吉林省、黑龍江省、河北省、湖北省等。1994年《國務院關於深化城鎮住房制度改革的決定》頒布後，迅速發展到全國。1995年年底以前，國務院房改領導小組批准獨立運行的解放軍、煤炭、鐵路、石油系統也建立起住房公積金制度。1996年10月中央國家機關也建立了此項制度。以北京市為例，到2004年3月北京市公積金的覆蓋率達到90%以上。1999年4月，國務院發布《住房公積金管理條例》，隨後各省市都陸續制定了當地住房公積金管理

條例或住房公積金管理條例的實施辦法；為進一步完善住房公積金管理辦法、健全住房公積金監督管理體系，從根本上解決目前住房公積金使用和管理中存在的問題，2002 年 3 月 24 日國務院頒發了《關於修改〈住房公積金管理條例〉的決定》，對《住房公積金管理條例》進行了修訂。為貫徹落實修改后的《住房公積金管理條例》，2002 年 5 月 13 日，國務院又發布了《關於進一步加強住房公積金管理的通知》。2005 年年初國家住房和城鄉建設部、財政部與中國人民銀行聯合頒布《關於住房公積金管理若干具體問題的指導意見》，對住房公積金繳存和支取明定細則。單位和職工繳存比例不應低於 5%，原則上不高於 12%。從各地執行的政策來看，廣州市職工住房公積金最高可達 20%；北京市基礎公積金的比例為 10%，加上補充公積金的最高提取比例（10%），兩者合計同為 20%。不少城市如天津市、濟南市、成都市、泉州市等公積金提取最高可達 15%。上海市基礎公積金比例為 7%，允許有條件的單位提取補充公積金，比例可達 8%，兩項相加亦為 15%。

2006 年 6 月 27 日，財政部、國家稅務總局發布《關於基本養老保險費、基本醫療保險費、失業保險費、住房公積金有關個人所得稅政策的通知》，對住房公積金繳費中涉及的個人所得稅免交比例做出了具體規定：單位和個人所交金額分別在不超過職工本人上一年度月平均工資 12% 的幅度內，其實際繳存的住房公積金，允許在個人應納稅所得額中扣除。單位和職工個人繳存住房公積金的月平均工資不得超過職工工作地所在設區城市上一年度職工月平均工資的 3 倍，具體標準按照各地有關規定執行。[①]

六、住房公積金的管理體制

住房公積金制度是國家實施的一項重要的經濟制度，關係國計民生，國家應對其進行嚴格的管理。目前公積金的管理原則是：房委會決策、中心運作、銀行專戶、財政監督。

（1）房委會決策。直轄市和省、自治區人民政府所在地的市以及其他設區的市（地、州、盟），應當設立住房公積金管理委員會，作為住房公積金管理的決策機構。在住房公積金管理委員會的成員中，人民政府負

---

① 2006 年 6 月 27 日，財政部、國家稅務總局發布了《關於基本養老保險費、基本醫療保險費、失業保險費、住房公積金有關個人所得稅政策的通知》（財稅〔2006〕10 號）。

責人和建設、財政、人民銀行等有關部門負責人以及有關專家占1/3，工會代表和職工代表占1/3，單位代表占1/3。住房公積金管理委員會主任應當由具有社會公信力的人士擔任。住房公積金管理委員會在住房公積金管理方面履行下列職責：①依據有關法律、法規和政策，制定和調整住房公積金的具體管理措施，並監督實施；②擬訂住房公積金的具體繳存比例；③確定住房公積金的最高貸款額度；④審批住房公積金歸集、使用計劃；⑤審議住房公積金增值收益分配方案；⑥審批住房公積金歸集、使用計劃執行情況的報告。

截至2006年年底，部分城市公積金最高貸款額度見表11-1：

表11-1　　2006年度部分城市公積金最高貸款額度一覽表

單位：萬元

城市	北京	上海	天津	重慶	瀋陽	長春
最高額度	40	20	20	15	25	30
城市	大連	青島	鄭州	太原	西安	成都
最高額度	28	30	40	25	40	25
城市	武漢	南昌	南京	杭州	福州	廣州
最高額度	25	25	15	15	14（單職工）20（雙職工）	25（單職工）50（雙職工）
城市	三亞	湖州	常州	中山	齊齊哈爾	滄州
最高額度	20	25	30	20	15	30

說明：北京市住房公積金最高貸款額從2007年7月1日起提高到60萬。

住房公積金管理委員會由政府主要領導人和有關部門、單位的代表組成，是住房公積金管理的領導決策機構。住房公積金管理委員會負責制定住房公積金歸集、管理、使用的有關制度和政策；審批住房公積金的年度歸集、使用計劃和發展規劃；審議確定住房公積金的預算、決算。總之，住房委員會對住房公積金的歸集、使用、管理等重大問題進行決策研究，提出決策意見，報請當地政府批准後貫徹實施，使住房公積金制度的建立和推行在集中統一的領導下進行，又經過反覆研究、民主討論，保證決策的民主化、科學化，促使其健康發展，不斷完善。

（2）中心運作。中心運作是指住房委會的領導下，設立住房公積金管理機關以專門承擔住房公積金的營運和管理，包括編製住房公積金歸集、使用計劃，負責歸集、歸還住房公積金，督促實施住房公積金的保

值、增值，審批住房公積金貸款的申請，等等。直轄市和省、自治區人民政府所在地的市以及其他設區的市（地、州、盟）應當按照精簡、效能的原則，設立一個住房公積金管理中心，負責住房公積金的管理運作。縣（市）不設立住房公積金管理中心。住房公積金管理中心可以在有條件的縣（市）設立分支機構。住房公積金管理中心與其分支機構應當實行統一的規章制度，進行統一核算。住房公積金管理中心是直屬城市人民政府的不以營利為目的的獨立的事業單位。住房公積金管理中心的管理費用，由住房公積金管理中心按照規定的標準編製全年預算支出總額，報本級人民政府財政部門批准後，從住房公積金增值收益中上交本級財政，由本級財政撥付。管理費用標準，由省、自治區、直轄市人民政府建設行政主管部門會同同級財政部門按照略高於國家規定的事業單位費用標準制定。如2004年全國住房公積金共提取管理費12.2億元。

住房公積金管理中心履行下列職責：①編製、執行住房公積金的歸集、使用計劃；②負責記載職工住房公積金的繳存、提取、使用等情況；③負責住房公積金的核算；④審批住房公積金的提取、使用；⑤負責住房公積金的保值和歸還；⑥編製住房公積金歸集、使用計劃執行情況的報告；⑦承辦住房公積金管理委員會決定的其他事項。

中國部分城市調整住房公積金機構。以北京市為例，目前北京市已將原北京市住房資金管理中心、中央直屬機關住房資金管理中心、中央直屬機關住房公積金管理中心和北京鐵路局（分局）住房資金管理中心組建為北京住房公積金管理中心，由其負責北京地區住房公積金的管理運作。

住房公積金必須設立公積金管理中心來統一運作。這是由住房公積金的性質決定的。住房公積金是一種長期義務性的住房儲金。職工繳存住房公積金用的是一小部分工資收入；單位繳存的住房公積金是單位對職工住房實物分配向貨幣分配的一種轉化，實質上也是一種工資收入。因此，這是職工個人利用工資收入進行長期儲蓄的住房資金，有其特殊的管理要求，也有特殊的資金營運規律。它既不是財政預算外資金，不能用財政預算外資金管理方式來管理，也不是一般的居民儲蓄，不能由銀行用儲蓄存款的管理方式管理，而只能專門設立一個機構，即公積金管理中心來承擔管理責任，才能管好住房公積金，發揮其應有的作用。

（3）銀行專戶。這是指公積金管理中心委託銀行承辦金融業務，並在銀行開立住房公積金專戶，保障住房公積金的封閉運作。公積金管理中心不是金融機構。住房公積金的金融業務，不能由公積金管理中心辦理，

而只能委託銀行承辦。住房公積金管理委員會應在中國人民銀行規定的中國工商銀行、中國農業銀行、中國銀行、中國建設銀行和交通銀行五家商業銀行範圍內，確定受委託銀行，辦理住房公積金貸款、結算等金融業務和住房公積金帳戶的設立、繳存、歸還等手續。其中，受委託辦理住房公積金帳戶設立、繳存、歸還等手續的銀行，在一個城市不得超過兩家，以便於資金統一管理，降低資金運作成本，充分發揮資金的規模效應。住房公積金管理中心應當與受委託銀行簽訂委託合同。住房公積金管理中心應當在受委託銀行設立住房公積金專戶。單位應當到住房公積金管理中心辦理住房公積金繳存登記，經住房公積金管理中心審核后，到受委託銀行為本單位職工辦理住房公積金帳戶設立手續。每個職工只能有一個住房公積金帳戶。新設立的單位應當自設立之日起 30 日內到住房公積金管理中心辦理住房公積金繳存登記，並自登記之日起 20 日內持住房公積金管理中心的審核文件，到受委託銀行為本單位職工辦理住房公積金帳戶設立手續。當單位合併、分立、撤銷、解散或者破產的，應當自發生上述情況之日起 30 日內由原單位或者清算組織到住房公積金管理中心辦理變更登記或者註銷登記，並自辦妥變更登記或者註銷登記之日起 20 日內持住房公積金管理中心的審核文件，到受委託銀行為本單位職工辦理住房公積金帳戶轉移或者封存手續。單位錄用職工時，應當自錄用之日起 30 日內到住房公積金管理中心辦理繳存登記，並持住房公積金管理中心的審核文件，到受委託銀行辦理職工住房公積金帳戶的設立或者轉移手續。單位與職工終止勞動關係時，單位應當自勞動關係終止之日起 30 日內到住房公積金管理中心辦理變更登記，並持住房公積金管理中心的審核文件，到受委託銀行辦理職工住房公積金帳戶轉移或者封存手續。

凡委託銀行歸集住房公積金，歸集手續費率一般按當年住房公積金歸集額的 0.5% 確定。貸款手續費率按不高於貸款利息收入的 5% 確定。受託銀行負責為管理中心開立住房公積金存款戶、委託貸款戶和結算戶；協助管理中心督促單位按時足額繳存住房公積金；承辦單位和職工個人住房貸款業務。受委託銀行根據住房公積金管理委員會審定的使用計劃按期撥付資金，不符合使用方向的，受託銀行有權不予辦理。

銀行承辦住房公積金的金融業務，必須設立住房公積金專戶。該專戶至少包括住房公積金存款戶、委託貸款基金戶和結算戶三個專戶，不能和銀行的其他經營性資金混同起來。這樣做，既保證了住房公積金的封閉運行，資源不外溢，又保證了住房公積金專項用於職工的住房建設和住房消

費，推進房改的不斷深入。銀行設立住房公積金專戶，還表明了銀行與公積金管理中心之間確立了兩種法律關係：其一是資金的存儲關係，其二是金融業務的委託辦理關係。因此，公積金管理中心並不因住房公積金的存貸業務在銀行而喪失管理主體的法律地位，銀行也並不因管理主體不在銀行而削弱了辦理金融業務的職責，兩者的職權界限分明。

（4）住房公積金的監督。第一是財政監督。它包括以下三個方面：一是財政部門的代表是住房委員會的當然委員，財政部門的委員必須參與有關住房公積金制度的重大決策；二是監督住房公積金的歸集、支取和使用，及時制止挪用住房公積金；三是審查、批准公積金管理中心的開支計劃，防止以權牟利。第二是審計監督。審計部門按年對公積金管理中心進行審計，通過對其資金帳冊、資金往來的審核，檢查資金使用是否專款專用，是否存在資金挪用和其他違紀現象，資金管理是否科學有序。然後以審計報告形式，對公積金管理中心的管理狀況做出評價，提出存在的問題，明確今後改進措施，從而幫助公積金管理中心進一步搞好住房公積金的營運和管理。第三是住房委員會監督。主要是審查、批准住房公積金的年度歸集和使用計劃；聽取公積金管理中心定期或不定期有關資金使用情況的匯報，檢查有無違背政策現象的發生；支持公積金管理中心制止資金的挪用；房改領導小組或住房委員會的監督，可下設住房公積金監督委員會，專司監督職能。第四是群眾監督。一是體現在公積金管理中心每年必須將上一年度住房公積金歸集、使用情況登報公告，讓全市職工瞭解住房公積金營運和管理情況，並回答職工提出的問題，接受群眾監督。二是體現在對每個住房公積金繳存者每年對帳一次，讓職工瞭解本人住房公積金的結算情況，接受群眾查詢和監督。以上四種監督構成了嚴密的監督體系，形成了全社會監督，有力地保障了住房公積金制度依法實施，維護好職工的合法權益。

七、住房公積金增值收益的使用

住房公積金的增值收益要存入住房公積金管理中心在受託銀行開立的住房公積金增值收益專戶，用於建立住房公積金貸款風險準備金、住房公積金管理中心的管理費用和建設城市廉租住房的補充資金。2007年8月國務院出抬的《關於解決城市低收入家庭住房困難問題的若干意見》規定，各地應至少將住房公積金收入的15%用於本地廉租房建設。

以2004年為例，當年增值收益為48.6億元，貸款風險準備金餘額為

122.5 億元，占貸款余額的 5.4%；廉租住房補充資金總額 36.07 億元，余額 20.58 億元，為城市廉租住房建設提供了 15.5 億元補充資金。

八、補充住房公積金

補充住房公積金制度是指凡依法全員、按時、足額繳存住房公積金且依法足額繳納稅款的企業，自收自支的事業單位，民辦非企業單位及其職工，可在統一規定的住房公積金繳存比例的基礎上，申請再為職工繳存一份住房公積金。以上海市為例，根據《上海市補充住房公積金暫行辦法》，除國家機關、差額預算事業單位和社會團體及其所屬的職工外，其他自收自支、效益較好的企事業單位，都可在完成法定公積金繳存比例后，再增加繳存比例。繳存方式同樣是個人出多少，企業出多少。履行補充住房公積金繳存義務的職工在購買、建造、翻建、大修具有所有權的自住住房時，可以申請補充住房公積金貸款，但應當提供擔保。補充住房公積金貸款採用與基本公積金貸款一樣的貸款條件和倍數，額度為借款人補充住房公積金余額的 15 倍，不足 10 萬元的，則計算該條件的余額倍數可用 20 倍重新計算，最高限額也為 10 萬元。但是申請補充住房公積金貸款時，不單獨簽訂補充住房公積金貸款合同，而是將補充住房公積金的額度計入住房公積金貸款額度中。就是比如一單位原來單位和個人各繳存工資的 9%，此外單位和個人再各按 9% 繳存補充住房公積金，該職工就可以在原最高 10 萬/人的貸款限額外再申請 10 萬。補充部分雖然不享受免稅待遇，但職工住房公積金帳戶裡的錢多了，職工也可貸到更多低息的公積金貸款。補充公積金採用和基本公積金一樣的衝還貸方式。由於補充公積金帳號和基本公積金帳號存在關聯，只要借款人在辦理衝還貸手續時提供了基本公積金帳號，計算機在扣款時就會根據關聯規則自動從對應的補充公積金帳戶內進行扣款。扣款順序為先扣基本公積金帳戶，后扣補充公積金帳戶。

北京市有條件的企業即效益比較好、其職工改善住房意願較強烈的企業，本著自願的原則，可為所在企業從業人員建立補充住房公積金，其繳存比例比原公積金繳存比例上限提高 10 個百分點，達到 20%。但超出部分不論對企業還是個人而言都不再享有免稅政策。2004 年，北京市住房公積金繳存比例為 8%，有條件的單位繳存比例可以提高到 10%。企業建立補充住房公積金繳存比例，在原公積金繳存比例的基礎上最高可以提高到 20%（含原公積金 10% 的繳存比例）。單位和職工個人所繳納住房公積

金超過10%的部分，作為補充公積金納入住房公積金管理，分別核算，專款專用。但是，企業為職工所繳納住房公積金超過10%的部分，應計入企業的工資薪金支出，超過計稅工資標準的部分，不得在稅前扣除。根據現行個人所得稅法和《財政部、國家稅務總局關於住房公積金、醫療保險金、養老保險金徵收個人所得稅問題的通知》的規定，單位和職工繳納的補充住房公積金應計入發放當月個人的工資、薪金收入，合併計徵個人所得稅。

2005年，江蘇省探索建立補充住房公積金制度。繳存補充公積金也意味著在完成法定公積金繳存比例後，可以再增加繳存比例。繳存方式同樣是個人出多少，企業出多少。繳存比例最高不超過5%。這部分職工享受的貸款限額可在現在12萬的基礎上浮動。凡依法全員、按時、足額繳存住房公積金且依法足額繳納稅款的企業，自收自支的事業單位，民辦非企業單位及其職工，可以在統一規定的住房公積金繳存比例的基礎上，申請繳存補充住房公積金。對這部分人來說，他們將從此次調整中大大獲益。申請繳存補充公積金的單位，應當經本單位職工代表大會（或企業工會）討論通過，報上級主管部門（企業報董事會）審核同意，並報當地住房公積金管理中心備案。公積金管理部門要限制補充公積金的提取，確保留存足夠長的時間，以便產生增值收益用於無力繳存公積金且生活困難人群的住房互助。

九、住房公積金中存在的問題

第一，分配不公、濟貧不力。新中國成立到改革開放初期，職工收入差距不大，住房工資分配差異也不大。但目前不同行業、不同企業、不同職位的收入差距已大大拉開，甚至有兩極分化的傾向。然而公積金的繳存，即住房工資的分配仍沿用舊辦法，使得收入分配中的不合理現象又完全投影到住房分配方面，造成高的畸高、低的很低，很不合理。

在公積金使用方面，按規定除購房可提取帳戶資金支付房款以外，還可以以優惠利率得到貸款，即購房人占用非購房人的資金來滿足購房需求。現有的非購房人中，更多的是低收入者。他們非但未得到接濟，反而接濟了高收入者，這顯然不合理。

以山東省為例，2006年度審計報告顯示，中國網通山東省分公司人均月工資基數為2.13萬元，住房公積金繳存比例為15%，月人均繳存6,389元；而濟南市水箱廠月均工資基數為141.2元，月人均繳存額僅為

11元。國家審計署2006年度中央預算執行情況報告顯示，對1,968萬人的住房公積金繳存情況統計后發現，其中10%繳納較多公積金的人，每月繳1,572元，10%繳納較少的人只繳54元。32個城市住房公積金貸款發放和公積金提取情況顯示，2005年住房公積金個人貸款的44.9%發放給了排在繳存額前20%的高收入人員，排在繳存額后20%的低收入人員僅得到3.7%的貸款。

第二，功能單一，作用減弱。住房公積金在個人累積模式下具有良好的成長性。以上海市為例，十年前個人帳戶餘額只有幾百元，目前已達1.5萬元，十年後可能會達到5萬~10萬元。隨著各地房改的逐步到位和城鎮居民住房條件的初步改善，公積金僅僅作用於住房保障這一功能就顯得特別單一，對市民的住房保障作用有不斷減弱的趨勢。在武漢市、西安市、烏魯木齊市等地都發現部分仲介機構經常造假從住房公積金提取現金的事件。這些違法事件的頻繁發生從另一角度反應了公積金制度設計中的問題。

第三，管理機構不健全，調整工作還沒到位。儘管2002年3月24日國務院頒布了《住房公積金管理條例》，並由住房和城鄉建設部、財政部和央行等部門組成調查組進行「糾偏」緊急行動。到2004年3月全國仍有215個設區城市沒有進行資產移交，有17個設區城市沒有設立管委會，沒有形成嚴格、規範的民主決策體制。

第四，清收項目貸款和擠占挪用資金的工作情況不理想。全國項目貸款餘額仍占住房公積金歸集餘額的2.3%。一些煤炭企業仍在挪用住房公積金用於生產經營或發放工資。部分地區購買國債不規範，仍在用於違規融資。到2003年，全國住房公積金購買國債餘額為125.13億元，大部分為委託投資機構購買國債。公積金管理中心只獲得收款憑證，無法證明資金投向，一旦投資機構出現經營風險，將很難確保資金收回，這樣的情況已在一些地方發生。擠占挪用公積金的情況在縣級管理中心尤其突出。部分公積金管理中心仍未與經濟實體脫鉤，管理中心人員仍在經濟實體中兼任職務，導致公積金屢屢被擠占和挪用。已經發生的湖南郴州市住房公積金管理中心原主任立樹彪挪用住房公積金1億元購買房產、車輛並在澳門賭場大肆揮霍的案件便是一例。

第五，運用率不高，使用率出現忽低忽高的現象。截至2004年年底，全國住房公積金繳存餘額為4,893.5億元。除去個人住房貸款和購買國債，全國仍有沉澱資金2,086.3億元，其使用率和運用率分別為71%和

56.1%。全國仍有約40%即4,430萬職工沒有享受住房公積金制度。特別是重慶市、河南省、河北省、甘肅省等地的資金運用率不到30%，海南省、西藏自治區還不足20%。同期以上各地的沉澱資金率均在70%以上。以海口市為例，海口市審計局2006年在對海口職工住房公積金的管理、分配使用和效益情況進行審計時發現，海口住房公積金運用率低，有51,097萬元在銀行睡大覺。根據審計，至2005年年底，海口市累計繳存公積金79,194萬元。除去提取的21,521萬元外，已發放個人貸款1,865萬元、購買國債4,711萬元，此兩項之和占繳存餘額的11.4%，比全國平均運用率低41.4個百分點。而住房公積金資金沉澱率，即住房公積金銀行專戶存款餘額扣除公積金繳存餘額的20%作為備付金後占繳存餘額的比例為68.6%，比全國平均沉澱率高42.14個百分點。海口住房公積金個人貸款不足、購買國債不夠、中長期投資理財少，主要受三方面影響。首先是機構不健全。長期以來，海口市未能按規定成立住房公積金管理委員會和管理中心，也並未對公積金實行決策和運作分工，而由海口市房辦單一管理、運作。雖然海南省成立了住房公積金管理委員會和管理中心海口分中心，但沒有行使相應的職權。其次是個人房貸宣傳力度不夠。海口市許多繳納住房公積金的職工，並不知道公積金可以貸取，或者不知道房貸需要什麼條件、可以貸多少，這使得海口個人公積金貸款只占公積金繳存額的3.23%。最後，風險防範意識使得管理部門只將房貸對象重點放在行政機關人員上，對外則不敢投資理財。而近年來，隨著房價的不斷攀升，買房成為熱潮，不少地方公積金存量告急。

沉澱公積金的投資渠道成為人們關注的問題。根據1999年出抬的《住房公積金管理辦法》，住房公積金的收益有以下四個渠道：一是委託存款利息收入，即公積金中心因將住房公積金存入受託銀行而取得的利息收入；二是委託貸款利息收入，是指公積金中心委託銀行向職工發放住房公積金貸款取得的利息收入；三是國家債券利息收入，是指公積金中心經住房委員會批准，用住房公積金購買國債取得的收入；四是其他業務收入，如住房公積金逾期貸款的罰息收入、逾期不辦理住房公積金的罰款收入。2004年全國住房公積金取得的業務收入為108.4億元。住房公積金是以城市為單位繳存運行的，地域間流動性較差。購買國債，僅僅是作為保值的手段。如何進一步增加增值手段已經成為政府主管部門和有關專家學者積極探討的問題。

第六，貸款審批手續複雜、辦理時間長、費用高、服務差，導致公積

金資金使用率低。全國住房公積金使用率僅為48%，有1,800億元資金沉澱在商業銀行。

第七，覆蓋面不寬，執法不嚴，難以調控。如上所述，住房公積金作為一項法定的徵繳制度，其覆蓋面其實相當有限，相當一部分低收入人群這方面的權益未得到有力的保護。住房公積金還存在應建未建的現象，如一些民營企業、外商投資企業、城鎮私營企業的職工還未建立住房公積金制度。大量進城務工人員，需要在城市買房或租房居住，但目前住房公積金也沒有覆蓋到他們身上。即使在相對規範的上海市，信訪部門也經常有職工反應單位不為其繳存公積金的情況，其中很大部分職工怕舉報後被辭退而忍氣吞聲。從全國的情況看，有法不依、執法不嚴，職工群眾的合法權益被侵害的情況仍十分嚴重。

第八，公積金繳存比例太顯剛性，缺乏靈活的調控機制。國務院有關條例規定了必須按照職工上年月平均收入不低於5%的比例繳存，並強調有條件的城市應更高一些。這使得公積金的繳存率在不同地區之間、不同經濟狀況的年份中、不同競爭條件的企業中及單位和職工之間的繳存比例等方面均缺乏調控余地。

十、公積金制度的改革與創新

上海市在公積金制度方面一直走在國內前列。針對公積金制度中的弊端，上海市公積金管理中心提出了改革的新設想：學習新加坡靈活的繳存比例調控機制，確定在不低於兩個5%的基礎上，每年的繳存比例整體浮動。浮動包括單位和個人繳存比例整體浮動、單位和個人繳存比例各自浮動以及個人繳存比例隨年齡階段不同浮動三種。

確定每年繳存公積金的上限封頂線額，以公平分配，減少企業負擔，並形成實際繳存比例的調控機制。如上海市現有的名義繳存比例是兩個7%，但是由於2004年上海市公積金管委會確定的上限封頂線是776元/月·人，因此全市的實際繳存比例約為兩個6.5%。

嚴肅法紀，嚴格徵繳，對不為職工登記和繳存住房公積金的企業加強處罰和執法力度，確保職工的合法權益不受侵害，確保低收入職工的住房分配。

提高供給能力，向低收入者傾斜。例如，在公積金增值收益中提取部分資金購入或建造一些低價位住房，以每戶60～80平方米的面積定向供應低收入的困難戶，資金可滾動使用。對低於平均帳戶資金余額且又從未

提取使用過公積金的繳存人，可考慮在其退休時給予不低於同期存款利息的現金獎勵。

拓展使用途徑，連結社保功能，進而用公積金個人累積制模式逐漸覆蓋原社保帳戶的統籌管理模式，擴大公積金的社保功能。如在目前可探索以下創新操作：一是設立倒按揭業務，向老年職工預購其產權住房，用於老人養老補充。等老人去世後收回其住房，再出售回籠資金。根據媒體報導，中國第一家專門從事這方面業務的保險公司──幸福人壽已經組建。二是允許職工退休時不領取公積金餘額，而將其轉入社保局個人養老金帳戶，隨養老金一起發放，由政府和社保部門給予相應的政策鼓勵。三是借鑑新加坡公積金中的家屬保障計劃和健保雙全計劃等做法，要求每個公積金繳存人每年在其帳戶中劃出幾元錢作為投保金。一旦出現繳存人意外死亡或遭受重大疾病、喪失勞動能力時，可以得到一筆「保險金」。四是對失業後重新就業有一定困難但又未達到退休年齡的職工，允許其提取個人公積金帳戶中全部或部分餘額，作為失業救濟金的補充。

在城鄉一體化發展的新形勢下，一些地區積極研究進城務工人員的住房問題，針對其流動性較大的特點，探索將其納入住房公積金制度，以提高其住房支付能力。如江蘇省昆山市等地已經試行運用公積金支持農民工租賃住房，上海市、浙江省湖州市已經出現一些企業為農民工建立住房公積金帳戶。

還有不少城市開始實行公積金貸款的貼息業務。如北京市規定，只要符合相關條件，在進行組合貸款時，用公積金貸款利率和商業銀行貸款利率計算出的利息差額可由北京市住房公積金管理中心支付，以此鼓勵使用公積金貸款。

第二節　經濟適用房

與發達國家相比，發展中國家住房需求中有效需求所占的比重要小得多，中低收入居民的年收入與住房成本價相差懸殊。換言之，發展中國家中低收入居民所占比重較大。他們有著迫切的住房需求而無力自行解決住房問題。因此，公共住房占全社會住房的比重也較大。公共住房發展計劃和政策有利於解決全社會住房需求問題。

美國政府只負責占其人口 10%～15% 的人的住房，其中占總人口 2%

的低收入者住在美國公共住房政策下建造的約130萬套公共住房中。

英國政府一直奉行發展公共住房的政策。從1919年至20世紀70年代末撒切爾夫人上臺時，英國政府的公共住房占住房總數的1/3。撒切爾夫人推行的「住房私有行動」的目標之一就是使出租公共住房占住房總數的20%左右。

瑞典是一個具有代表性的福利國家。與其他發達資本主義國家相比，其公有住房和住房協作團體所有的合作社會住房的比重較高。20世紀80年代的370萬套住房中，租用政府公房占21%，合作住房占15%。

在大力推行公共住房政策並取得成功的中國香港地區和新加坡，公共住房的比例要高得多。到1995年，新加坡86%的公民住進了政府組屋，其中約85%的組屋為出售，其他為出租。在同一時間，香港特區政府為1/2的香港人口（約300萬人）提供了永久安居之所，並為6萬多人提供臨時棲身之地。

為占社會總人口相當比例的中低收入人口提供住房，是多數發展中國家面臨的重大挑戰，是發展中國家政府最終實現其全社會居住目標的先決條件和責無旁貸的義務，也是發展中國家政府的住房發展計劃和政策具有特殊重要性的主要原因。[①] 經濟適用房和廉租房屬於目前中國公共房屋政策的範疇。

一、新加坡的組屋政策

新加坡是一個人口密度較高的城市型國家。新加坡政府堅持以政府分配為主、市場出售為輔的原則，牢牢掌握了房地產市場的主動權，既解決了大部分國民的住房，也有效平抑了房價。

在新加坡，民用住宅主要由政府組屋和商品房兩部分組成。政府組屋由政府投資修建，價格也由政府統一規定，以低價出售或出租給中低收入階層使用。包括共管公寓等高級公寓和私人住宅在內的商品房則由私人投資修建，並按市場價格發售。根據統計，過去四十多年中，新加坡共修建組屋近100萬套，目前約84%的人安居在組屋中。而商品房的購買者主要是收入較高的二次置業者、投資者或者外國公民。

在組屋分配方面，新加坡建屋發展局會在組屋建成后，按照公平原則

---

① 田東海. 住房政策：國際經驗借鑑和中國現實選擇［M］. 北京：清華大學出版社，1998：98.

進行合理分配。符合配房條件的住戶一律排隊等候政府分配住房，低收入者可以享受廉價租房待遇，中等收入者可以享受廉價購房待遇。組屋按地段與面積不同，每套價格從 15 萬新加坡元（1 美元約合 1.35 新元）到 25 萬新加坡元不等。符合條件者，可以向建屋發展局申請優惠並按揭貸款。

為防止房價劇烈波動，新加坡對房地產市場進行嚴格監控。例如，建屋發展局的政策定位是「以自住為主」，對居民購買組屋的次數有嚴格的限制。購買組屋后，屋主在一定年限期內不得整房出租；在購買組屋后 5 年之內，不得將其轉讓，也不能用於商業性經營。新加坡政府還規定，一個家庭同時只能擁有一套組屋，如果要購買新房子，舊組屋必須退出來，以防有人投機多占。對於商品房，新加坡政府規定，業主出售購買時間不足 1 年的商品房，需要繳納高額房產稅，從而有效抑制了「炒房」行為和商品房價格暴漲。

二、日本立法保障保低放高的住房政策

日本的公營住宅（東京的都營住宅）類似中國的經濟適用房。日本土地大多為私人所有，住房價格基本上由市場決定。但為使大多數人能夠「居者有其屋」，日本歷屆政府遵循保低放高的原則，採取了不少政策性調節措施，使不同社會層次的百姓都能住上與自己經濟條件相適應的住房。

所謂保低放高，是指政府為中低收入者提供廉價住房或優惠住房貸款，保證中低收入者能買得起房或者能租得起房，而高收入者的住房問題則由公開市場解決。

日本政府主要通過立法對地方政府興建廉價住房等提供實物、金融和稅收等方面的支持，以實現改善國民居住條件的目的。日本政府在支持興建廉價住房方面的主要做法是：中央政府出資鼓勵地方政府興建住房和收購住房，然後再以較低價格出售或出租給中低收入者。依照《公營住宅法》，日本中央政府要為地方政府興建用於出租的住房提供財政補貼。其中，新建住房費用由國家補貼一半，翻修住房費用由國家補貼 1/3。

1955 年，日本政府在《公營住宅法》的基礎上又出抬了《住宅公團法》，為以政府為主體直接出資興建住房提供了法律依據。按照該法律，日本中央政府出資組建了住宅公團。住宅公團是一個非盈利單位，負責在大城市及其周邊地區進行城區改造和建設住宅，並出售或出租給一般收入者。

為進一步改善國民居住條件、促進城市建設，1960年日本又制定了《居民區改造法》。根據該法律，各地方政府在進行城區改造時，可得到中央財政的補貼。拆除危房、搭建臨時住宅所產生的費用由國家資助一半，新房建設、收購平整土地所產生的費用可得到國家2/3的補助。

　　此外，日本政府還通過為購房和建房的單位和個人提供低息貸款來解決國民住房問題。1950年，日本制定了《住宅金融公庫法》，由國家出資成立住宅金融公庫，實行固定利率制。貸款利率相當於普通銀行的1/3左右，還貸期限也比較長，一般為35年，而且一些到期無法還款的特殊困難人群還能在原貸款期限基礎上再延長10年。放貸對象主要是購建住房的個人和單位。1955年，日本還頒布了《住宅融資保險法》，對金融機構發放住房貸款提供保險服務。另外，日本政府還通過減免所得稅、贈與稅和房屋登記許可稅等政策措施，鼓勵國民購房。

　　日本政府實施的這些法律和政策措施取得了較為顯著的成效。根據統計，截止到2000年年底，日本住宅公團累計建房150萬套，用於出租和銷售的各占50%，各地方政府累計翻修和新建住房210余萬套。同時，住宅金融公庫累計為1,890萬套住房提供了177.4萬億日元的融資。大量低價房和廉租房在日本政府的努力下成功填充了市場，滿足了日本相當一部分中低收入者的住房需求。

三、中國經濟適用住房的性質

　　經濟適用住房是政府提供政策優惠、限定建設標準、供應對象和銷售價格具有保障性質的政策性商品住房。1994年，國務院發布了《關於深化城鎮住房制度改革的決定》，把經濟適用房建設列為城鎮住房制度改革的基本內容之一。1998年國務院出抬的《關於深化城鎮住房制度改革加快住房建設的通知》要求採取扶持政策，重點發展經濟適用住房為主的多層次城鎮住房供應體系。2003年國務院發布的《關於促進房地產市場持續健康發展的通知》（簡稱18號文件）明確提出，經濟適用住房是具有保障性質的政策性商品住房，並要求加強經濟適用住房建設和管理。為落實18號文件，2004年5月13日住房和城鄉建設部、國家發改委、國土資源部、中國人民銀行聯合發布《經濟適用住房管理辦法》。為了給予經濟適用房建設更大的政策支持並減少管理中的問題，2007年11月住房和城鄉建設部等7部門聯合出抬新的《經濟適用住房管理辦法》。

　　經濟適用住房的購房人擁有有限產權。經濟適用房產權的「有限」

體現在以下四個方面：

（1）經濟適用房產權的主體，也就是物權的主體是有限制的。低收入家庭才能有法律上的資格購買經濟適用房，如果是高收入者就不可以，這是一個限制。

（2）經濟適用房的處分權受限制。如果是完整所有權的話，可以自由交易，但是經濟適用房需要5年后才可上市交易，政府可優先回購。

（3）取得經濟適用房的對價也是有一定限制的。在政府將經濟適用房出售給需要的家庭時，有些應當在商業住房項目中收取的土地費，實際上是減免了。在購買產權的時候，支付的對價裡面就沒有包括國有土地使用權的完整的市場價格。因此對應來講，所取得的權利也應該受到一定限制。

（4）對於大多數低收入者來說，給予有限產權並不會影響到低收入家庭的正常生活。低收入者取得了可以負擔得起的房屋的使用價值。為了使這個使用價值得到法律上的確認，政府用了「有限產權」這樣的概念。經濟適用房可以有條件地轉讓，這和使用權並不一樣，這種所有權受到了法律上的限制。

四、經濟適用住房的主要管理辦法

1. 建設、購買經濟適用房的優惠

經濟適用住房建設用地實行劃撥方式供應；經濟適用住房建設項目免收城市基礎設施配套費等各種行政事業性收費和政府性基金，項目外基礎設施建設費用由政府承擔；建設單位可以住建項目作抵押向商業銀行申請住房開發貸款；個人貸款利率執行中國人民銀行公布的貸款利率，不得上浮；優先向購買經濟適用住房的個人發放住房公積金貸款。

2. 經濟適用房的面積和價格

經濟適用住房的面積嚴格控制在60平方米左右。市、縣人民政府應當根據當地經濟發展水平、群眾生活水平、住房狀況、家庭結構和人口等因素，合理確定經濟適用住房建設規模和各種套型的比例，並進行嚴格管理。

確定經濟適用住房的價格應當以保本微利為原則。其銷售基準價格及浮動幅度，由有定價權的價格主管部門會同經濟適用住房主管部門，依據經濟適用住房價格管理的有關規定，在綜合考慮建設、管理成本和利潤的基礎上確定並向社會公布。房地產開發企業實施的經濟適用住房項目利潤

率按不高於3%核定；市、縣人民政府直接組織建設的經濟適用住房只能按成本價銷售，不得有利潤。經濟適用住房銷售應當實行明碼標價，銷售價格不得高於基準價格及上浮幅度，不得在標價之外收取任何未予標明的費用。經濟適用住房價格確定后應當向社會公布。價格主管部門應依法進行監督管理。經濟適用住房實行收費卡制度，各有關部門收取費用時，必須填寫價格主管部門核發的交費登記卡。任何單位不得以押金、保證金等名義，變相向經濟適用住房建設單位收取費用。價格主管部門要加強成本監審，全面掌握經濟適用住房成本及利潤變動情況，確保經濟適用住房做到質價相符。

3. 申請購買或承租的條件

購買經濟適用房須具備以下條件：

（1）具有當地城鎮戶口；

（2）家庭收入符合市、縣人民政府劃定的低收入家庭收入標準；

（3）無房或現住房面積低於市、縣人民政府規定的住房困難標準。

經濟適用住房供應對象的家庭收入標準和住房困難標準，由市、縣人民政府根據當地商品住房價格、居民家庭可支配收入、居住水平和家庭人口結構等因素確定，實行動態管理，每年向社會公布一次。

若家庭已經購買經濟適用住房又想購買其他住房，其原經濟適用住房由政府按規定及合同約定回購。政府回購的經濟適用住房，仍用於解決低收入家庭的住房困難。

已參加福利分房的家庭在退回所分房屋前不得購買經濟適用住房，已購買經濟適用住房的家庭不得再購買經濟適用住房。

4. 申請及審批程序

購買經濟適用住房實行申請、審批和公示制度。購買經濟適用住房的申請人應當持家庭戶口本、所在單位或街道辦事處出具的收入證明和住房證明以及市、縣人民政府規定的其他材料，向市、縣人民政府經濟適用住房主管部門提出申請。市、縣人民政府經濟適用住房主管部門應當在規定時間內完成核查。符合條件的，應當公示。公示後有投訴的，由經濟適用住房主管部門會同有關部門調查、核實；對無投訴或經調查、核實投訴不實的，在經濟適用住房申請上簽署核查意見，並註明可以購買的優惠面積或房價總額標準。符合條件的家庭，可以持核准文件選購一套與核准面積相對應的經濟適用住房。這三項制度增加了申請、審批程序的透明度，有利於社會監督。

5. 轉讓和出租

嚴格管理經濟適用住房上市交易。經濟適用住房屬於政策性住房，購房人擁有有限產權。購買經濟適用住房不滿 5 年，不得直接上市交易；購房人因各種原因確需轉讓經濟適用住房的，由政府按照原價格並考慮折舊和物價水平等因素進行回購。購買經濟適用住房滿 5 年，購房人可轉讓經濟適用住房，但應按照屆時同地段普通商品住房與經濟適用住房差價的一定比例向政府交納土地收益等價款，具體交納比例由城市人民政府確定，政府可優先回購；購房人向政府交納土地收益等價款後，也可以取得完全產權。上述規定應在經濟適用住房購房合同中予以明確。政府回購的經濟適用住房，繼續向符合條件的低收入住房困難家庭出售。

個人購買的經濟適用住房在取得完全產權以前不得用於出租經營。

6. 集資合作建房

集資合作建房是經濟適用住房的組成部分，其建設標準、優惠政策、上市條件、供應對象的審核等均按照經濟適用住房的有關規定，嚴格執行。集資合作建房應當納入當地經濟適用住房建設計劃和用地計劃管理。

距離城區較遠的獨立工礦企業和住房困難戶較多的企業，在符合土地利用總體規劃、城市規劃、住房建設規劃的前提下，經市、縣人民政府批准，可以利用單位自用土地進行集資合作建房。參加單位集資合作建房的對象，必須限定在本單位符合市、縣人民政府規定的低收入住房困難家庭。

單位集資合作建房是經濟適用住房的組成部分，其建設標準、優惠政策、供應對象、產權關係等均按照經濟適用住房的有關規定嚴格執行。單位集資合作建房應當納入當地經濟適用住房建設計劃和用地計劃管理。

任何單位不得利用新徵用或新購買土地組織集資合作建房；各級國家機關一律不得搞單位集資合作建房。單位集資合作建房不得向不符合經濟適用住房供應條件的家庭出售。

單位集資合作建房在滿足本單位低收入住房困難家庭后，房源仍有少量剩餘的，由市、縣人民政府統一組織向符合經濟適用住房購房條件的家庭出售，或由市、縣人民政府以成本價收購后用作廉租住房。

向職工收取的單位集資合作建房款項實行專款管理、專項使用，並接受當地財政和經濟適用住房主管部門的監督。

已參加福利分房、購買經濟適用住房或參加單位集資合作建房的人員，不得再次參加單位集資合作建房。嚴禁任何單位借集資合作建房名

義，變相實施住房實物分配或商品房開發。

單位集資合作建房原則上不收取管理費用，不得有利潤。

7. 組織管理

國務院建設行政主管部門負責全國經濟適用住房指導工作。省、自治區建設行政主管部門負責本行政區域範圍內經濟適用住房指導、監督工作。市、縣人民政府建設或房地產行政主管部門（以下簡稱「經濟適用住房主管部門」）負責本行政區域內經濟適用住房的實施和管理工作。縣級以上人民政府計劃（發展和改革）、國土資源、規劃、價格行政主管部門和金融機構根據職責分工，負責經濟適用住房有關工作。市、縣人民政府應當在做好市場需求分析和預測的基礎上，編製本地區經濟適用住房發展規劃。市、縣人民政府經濟適用住房主管部門應當會同計劃、規劃、國土資源行政主管部門根據土地利用總體規劃、城市總體規劃和經濟適用住房發展規劃，做好項目儲備，為逐年滾動開發創造條件。市、縣人民政府計劃主管部門應當會同建設、規劃、國土資源行政主管部門依據經濟適用住房發展規劃和項目儲備情況，編製經濟適用住房年度建設投資計劃和用地計劃。經濟適用住房建設用地應當納入當地年度土地供應計劃。中央和國家機關、直屬企事業單位及軍隊的經濟適用住房建設，實行屬地化管理。其利用自用土地建設經濟適用住房，經所屬主管部門批准后，納入當地經濟適用住房建設投資計劃，統一管理。

五、經濟適用住房建設中的問題

1. 經濟適用房事實上「便宜」了不少關係戶和富人

經濟適用房「嫌貧愛富」「貴族化」的現象明顯。根據《北京法制報》調查，在經濟適用房小區，帕薩特、雅閣是主流，車主構成複雜、多住大房子。「私車族」在普通住宅小區是惹眼的少數派，很難將其同經濟適用房聯繫在一起。

經濟適用房「僧多粥少」，銷售中出現「貓膩」，富了有「路子」的人。經濟適用房供不應求是不爭的事實，甚至出現消費者為領號購買經濟適用房排隊幾天幾夜的現象。這種排隊分號的銷售方法本身就存在嚴重的漏洞，因為很多人沒有時間排隊但又想買房。這種需求催生了「倒號」現象。經濟適用房一改「大庇天下寒士俱歡顏」的初衷而成為部分中上收入者投資的「天堂」。

2. 一些地方經濟適用住房並不「經濟」，中低收入家庭難以負擔

以四川省成都市為例，2005年4月成都市首次面向全社會發售經濟適用房。此次發售的樓盤包括「光華馨地」「天府名居」和「龍華陽光」。按照規定，年收入3.8萬元以下的家庭才有資格申購。但當時的情況是：一方面，廣大中低收入家庭對經濟適用房翹首以待；另一方面，經濟適用房認購率較低。造成該現象的原因在於這批經濟適用房價格為每平方米2,600～2,800元，而有資格申購的家庭可承受的價位在每平方米1,600～2,000元。即使如此，要一次性拿出全部購房款也讓人頭痛。對這批中低收入家庭而言，銀行按揭貸款的門檻又相對較高。開發商為降低成本，選擇修建電梯公寓，其成本比一般混磚結構每平方米要多1,000元左右。同時電梯公寓給每戶經濟適用房都增加約10平方米的公攤面積，實際上增加了中低收入家庭額外的負擔。

另一現象同樣增加了中低收入家庭的負擔：低利潤「撐肥」經濟適用房，「減肥」刻不容緩。由於經濟適用房相對同區域內的商品房來說價格較低，利潤有限，因此大多數開發商只好將房屋面積擴大，加速資金回籠，以提高資金運轉率來達到追逐更大利潤的目的。一些經濟適用房的建設面積已經完全超出一個城市低收入家庭可以承受的範圍。

因此，經濟適用房有一個「適度保障」的含義。如果在建築標準、配套設施上先把檔次提高了，必然提高成本，導致「不經濟」。但另一方面，片面硬性要求開發商不計成本，也不合理。同時，給經濟適用房的開發提出了問題：開發中可考慮選擇價位更便宜的地段，但不能太偏遠。雖然地段太偏的小區一時便宜，但是百姓入住後的生活成本（交通、購物、小孩上學等）會增加，政府的后期投入（道路、管網等）也不得不考慮。此外，如何對經濟適用房提供個人房貸，也需要有關方面積極協調。如果能有一個長效的涵蓋公積金管理中心、銀行、保險等在內的機制，無疑會為購房者真正買得起房提供更大保障。

3. 一些地方經濟適用住房並不「適用」，其位置和設計不合理，導致經濟適用住房無人喝彩

根據新華社報導，杭州市2005年年初曾發生一起怪事：明明有5萬多住房困難戶急等著購買經濟適用房，但2004年年底，當預登記銷售最後一批2,400多套只要3,000元/平方米的經濟適用住房時，近千套無人登記。其原因就在於位置和設計不合理。

一是這批房子距離市區很遠。雖居住者買房的成本較低，但入住後的綜合生活成本要大幅增加。杭州市這2,400多套經濟適用房源主要是新增

的九堡新江花園小區的房子。這些房子每平方米建築面積售價一般為多層2,470元、高層2,930元。但這批房子距杭州市區較遠，一般都有15~20千米的路程。有資格購買經濟適用房的都是偏低收入市民，不可能購置家用汽車。多數人又都在市區就業，公共交通設施不足，上下班要跑這麼遠的路，要多花錢，不方便。同時，各種配套設施也缺乏，更大幅增加了綜合生活成本。如一位原住延安路現住「北景園」經濟房的退休人員紀先生反應，他經常要看病，還要送孩子上學和走親訪友等，他一人每月就至少增加了三四百元開支。他苦笑著說：「我的退休工資不多，現在還要一半扔在進城來回的路上，這個經濟房一點都不經濟。」

二是這批房子戶型設計過小。據瞭解，這次很多有資格登記購買經濟適用房的人的現住房面積不足48平方米。而政府當初建造這批經濟適用房時，考慮到申購家庭的經濟承受能力差，因此好心地把這批房子都設計成了建築面積為55~60平方米的小戶型。但這偏偏違背了這類困難戶改善居住條件的基本願望。如都市水鄉小區推出的552套房子，每套建築面積為60平方米左右，雖比申請人現居舊房大十幾個平方米，但因是小高層，去掉公攤面積，新舊房子的實用面積就差不多了。兩天僅40多人申請登記。

4. 城市低收入者定義的困難

城市低收入者如何來界定？它對城市居民的覆蓋率有多大？對於低收入者來說，由於低收入者的評估標準是以各地方的具體情況來確定（沒有統一標準）的，這就必然造成不同地方的低收入者評估標準具有巨大的差異性。這種差異性表面上是適應各個地方的實際情況，但是也迫使大量低收入者從一個地方流向另外一個地方，即不斷地向低收入者評估標準較高的地方流動，從而使得低收入評估標準較高地方的人口聚集密度越來越大，從而導致低收入評估標準高的地方的住房矛盾越來越嚴重。

5. 外來暫住人口無緣經濟適用住房

暫住人口是指在某一城市居住半年以上的非本市戶籍人口。以深圳市為例，在深圳市居住3個月以上的非深圳市戶籍人口數量為1,030萬，約為深圳市本市戶籍人口的5倍。在居住人口中，63.7%的人通過租賃方式獲得住房，25.4%由單位提供住房。與其他群體相比，來深圳的農民工住房現狀更差。農民工購買商品房的比例僅為3%左右。暫住人口無緣經濟適用房。2005年深圳市國土資源和房產管理局建議允許暫住人口租住經濟適用房，近年來逐步得到落實。而全國其他絕大多數城市住房體制中至

今依然殘留著針對暫住人員的體制性障礙。

六、經濟適用房「走樣」的原因分析

1. 地方政府過分追求經濟指標

作為經濟適用房，土地是無償劃撥的，相關行政事業性收費也要減免一半。按照規定，對經濟適用房免徵土地出讓金。而土地出讓金恰恰是地方政府收入的重要來源之一。這項明顯有給予中低收入人群福利保障痕跡的政策與地方政府的財源站相對立。因此，地方政府的土地供應並不向經濟適用房傾斜。中低收入家庭想要買到經濟適用房，也就只能畫餅充饑了。

2. 補貼對象存在偏差

國家制定經濟適用房政策的本意是給中低收入家庭予以補貼，以幫助其實現購房意願。然而事實上該政策並不到位，國家因此減少了大量土地轉讓收入和稅收收入，這些利益很多進了高收入家庭和開發商的口袋。雖然國家及地方政府對購房者的申請條件進行了諸多限制，但是許多高收入者卻通過隱瞞現有住房水平，同時取得一張符合規定的收入證明的手段來申請購房。而且購房資格的審核由開發商監理，這導致監理流於形式，因此大量的經濟適用房被富人買走。這種馬太效應對政府的聲譽和社會的穩定極其不利。

3. 開發商追求利潤最大化

儘管《經濟適用住房管理辦法》規定了經濟適用房中、小型面積，規定開發商的利潤應控制在3%以內，但是開發商為了牟取高額利潤，在房屋上大做文章。一些房地產開發商享受政府優惠補貼的同時，利用混淆住房面積概念變相提高房價，或乾脆以普通商品房名義銷售等辦法，使政府的補貼進了自己腰包。部分中低收入者本可享受的住房花落他人，優惠政策也落空。

4. 缺乏監督，助長腐敗行為

開發商在全國各地的經濟適用房領域進行敲詐並得逞，其原因在於經濟適用房的開發得到政府的政策傾斜，為開發商的尋租行為創造了動機。如果經濟適用房政策在操作上缺乏必然而有效的監督機制，極易出現暗箱操作、權錢交易等問題，必然助長腐敗行為的產生。

經濟適用房監督、管理的成本過高也是監管失控的另一重要原因。根據現有的經濟適用房政策，經濟適用房的立項需要政府批准，開發所利用

的土地往往由政府規劃，電網、小區配套設施等的建設需要政府負責，銷售需要政府限價……經濟適用房的監督、管理成本存在於各個環節中。只要一個環節出現問題，很可能會全盤皆輸。由於沒有專門的機構負責經濟適用房的開發建設和分配，有關的職責都由開發商自己承擔，因此實施過程中易發生許多政策上的偏差。

七、經濟適用房的完善之路：從「磚頭補貼」走向「人頭補貼」

針對經濟適用房中出現的一些難以控制的違規現象，全國政協委員、西安市政協原主席傅繼德在 2005 年 3 月全國政協會議上提交了一份《關於停止開發建設經濟適用房》的提案。傅繼德委員認為經濟適用房走到今天，已經違背了該政策的初衷，因此經濟適用房應該停止開發建設，以期形成統一的房地產開發市場，而對於困難戶，按規定選定房屋後由政府直接向其提供經濟補助。而北京市建委開發辦隨后表示，停止建設經濟適用房將導致更多問題，故北京市不會停止經濟適用房的供應。

其實，在房地產業界這兩種觀點一直存在著。用通俗的話概括，就是對困難戶進行「磚頭補貼」還是「人頭補貼」之爭。開發商從政府得到補償金，蓋好房子後，還可以從購買者手裡賺到一筆錢。這種經濟適用房的補貼政策，正是「磚頭補貼」。而傅繼德委員的提議，毫無疑問是一種「人頭補貼」，即由政府出面並認真核實統計，給真正的低收入者發放補貼，然后通過市場體系來解決住房問題。

經濟適用房作為一種福利措施，旨在通過某種政策傾斜，達到擴大住房供給、調節房地產投資結構和啓動市場有效需求的目的。它是基於中國目前特殊的房地產市場和住房市場發展階段的一種政策選擇。然而，經濟適用房能否兼顧效率與公平，還是一個值得探討的問題。國家對經濟適用房進行政策傾斜，而這種操作又缺乏必要的監督機制。許多房地產開發公司打著經濟適用房的旗號爭項目、爭計劃、爭土地、爭貸款，很容易誘發政企間的交易和尋租行為，而使經濟適用房遊離於主體適用範圍之外。此外，即使以開發經濟適用房為目的，許多開發商也把房子越建越大，把銷售目標定位在中等收入家庭。這樣的操作不符合經濟適用房的建設目的和財政補貼的支付原則，即「磚頭補貼」往往在執行過程中補給了不應該受到補貼的人。

從世界各國的住房補貼來看，一般來講，只有在住房極度短缺的情況

下才會實行「磚頭補貼」。在市場經濟運行過程中,「磚頭補貼」有著難以避免的缺陷。為了使政策優惠能按預期的設想轉移到中低收入階層身上,政府需要花費大量精力和成本去監督經濟適用房的流通和分配,而且也給腐敗創造了溫床。政府的責任應該是宏觀調控、經濟管理與產業政策的安排,故過分介入住房市場,有悖住房商品化、市場化的改革目標。而傅繼德委員提議的「政府直接向困難戶提供援助」,是一種「人頭補貼」。這雖然還有待進一步思考,但是可以避免政府對住房市場的直接干預,節約政府巨額的監督成本,提高政府對市場的調控效率。而且,財政補貼直接到達需要補貼的個人,並全部轉化為消費者的福利。這樣,就不會在住房建設階段產生效益流失或被生產者所佔有了。從市場角度出發,「人頭補貼」應該是比較好的選擇。中國應該逐步改變過去重「補磚頭」的觀念,探索「補磚頭」和「補人頭」相結合的住房保障新思路。

在中國從福利分房走向貨幣購房的過程中,住房政策會受到一定階段經濟發展水平的制約。住房問題的徹底解決需要長時間的努力,不可能一蹴而就。但是,我們應該明確房地產市場的發展方向是商品化、市場化,並且在這一背景下重新審視經濟適用房的補貼方式,以實現社會利益最大化。

第三節　廉租房

住房難題幾乎困擾著當今世界所有國家的平民百姓。即使在發達國家,「居者有其房」也並非所有人單靠自己的力量就可以實現的。但在這些國家,政府對廉租房這個重要的民生環節,已經有豐富的經驗及政策供中國政府參考借鑑。在房價高熱的背景下,廉租房被認為是舒緩供求矛盾、填補低價房源缺失裂痕的重要舉措,更是宏觀調控這只大手對高收入、低收入者之間斷層的一次有力「抹平」,尤其體現中央政府關注民生民情、確保「居者有其屋」的決心。

一、國外的廉租房

西方國家一般都實行按高、中、低三種收入分類供應住房的體系。對於低收入者的住房供應,主要採取供應房租屋或政府補貼租金或兩者結合的形式。

1. 英國的廉租房

英國政府（或單位）出錢建設適合低收入者居住的公房，然后用低廉的租金租給經審查合格的低收入者居住。這在英國政府轉換體制的時候體現得尤其突出。在 1980—1990 年的房改中，除了出售公房和提租外，在后期還試圖把廉租屋由政府所有轉為住房協會所有。1989 年英國政府撥出 8 億英鎊給住房協會，讓它去收購地方政府擁有的公房，準備逐步地由住房協會來代替地方政府管住房。由於 1990 年撒切爾夫人辭職，這一轉換沒有繼續完成，英國目前實行的廉租屋較多的還是政府的公房。

在英國，政府有責任向無家可歸者及其家庭和特別低收入家庭或個人提供公共租賃房。政府的這項服務針對貧困線之下的社會群體。租賃公共住房的條件十分嚴格。以曼徹斯特市為例，一個無家可歸者要得到市政府提供的公共租賃房，就首先必須回答他與曼徹斯特市的聯繫，因為只有與曼徹斯特市有某種聯繫的人，才可能得到曼徹斯特市提供的服務。一個人只要滿足以下 4 條中的任意一條，就可以認為他與曼徹斯特市有聯繫：過去 1 年中，他至少在曼徹斯特市生活了 6 個月；過去 5 年中，他至少要在曼徹斯特市生活 3 年；他的父母、兄弟姐妹至少要在曼徹斯特市生活 5 年；他在曼徹斯特市有工作。還有一項富有人性光輝的條款：如果他與英國任何一個市都沒有上述關係之一，或者因為一個非常特殊的原因，他必須住在曼徹斯特市，同樣也可以認定他與曼徹斯特市有聯繫。

假定曼徹斯特市一對低收入家庭夫妻滿足如下條件：年齡在 25～40 歲之間，有一個 3～5 歲的孩子；英國公民，沒有犯罪記錄；身體健康，沒有殘疾，沒有領取政府任何社會福利補貼，沒有獲得任何稅收減免，兩人每週各工作 20 小時，各收入 100 英鎊，交 10 英鎊稅和 2 英鎊養老金，沒有其他經濟來源；原先租賃私人業主的住宅，沒有自己的房地產，也沒有來自房地產的收入。政府提供的周租金為 46.15 英鎊，無須再支付任何額外的租金，同時還可以申請退稅。當然，這個家庭必須支付他們日常使用的水、電、煤氣費。另外，這個家庭也可以繼續租賃私人業主的住宅，但是，他們必須支付超出 46.15 英鎊之外的租金。因此，他們實際上是獲得了政府對低收入家庭的住房補貼。以 2005 年 GDP 計算，英國人均收入為17,867英鎊，而案例中的低收入三口之家的合計收入為10,400英鎊，人均收入僅為3,466英鎊，是英國人均收入的 19%，低於中等收入的 2/3，為貧困線之下的家庭。2005 年，英國生活在貧困線以下的人口約占總人口的 17%，約為1,027萬人。英國市政府公共租賃房的服務對象正是這個

群體。

根據英國的《住宅法》和有關住宅的條令，低收入家庭或無家可歸的家庭所租賃的政府公共住宅起碼要符合以下 9 個最基本的條件：結構穩定，沒有嚴重的不可維修的問題，對居住者的身體健康不會產生影響，採光、保溫和通風沒有問題，供水衛生，炊事設備齊全並有洗碗池和冷熱水管道，有適當的家庭廁所，有冷熱水淋浴設施，有標準的下水系統。

多年來，在經濟住房建設上，英國政府投資採取合作制，即中央政府與地方政府合作、政府和非政府組織合作。在經濟住房建設的政府投資比例上，中央政府占主要部分，地方政府占次要部分。採取這個比例的原因是地方政府可用於這項投資的資金日益不足。除政府投資的 40% 外，剩餘的 60% 由私人建築商、銀行、非營利的住宅社團和私人捐助等配套。採取這種資金比例建成後的住宅大部分進入供租賃的政府住宅系列，收入按比例再分配給投資者。實際上，政府投資主要用於購買和開發土地，而非政府機構的投資用於住宅建設本身。

中央政府投資是通過政府擁有的公共住宅公司或建築協會（如上文提到的英國住房協會）來實施的。這些協會一般按照政府住宅建設指南，把投資按比例用於少於 3,000 人或少於 10,000 人的社區，以保證確實為低收入人口提供基本住宅。對於地方政府和非政府投資來說，在那些地方投資的回收風險要小得多。

2. 美國的廉租房

按照美國 1965 年修訂的《住宅法》，低收入者租住符合政府規定要求的住房，只支付收入 25% 的租金，超過部分由政府付給出租房主。1968 年修訂的《住宅法》又補充規定，對退休老人的房租也實行超過 25% 的部分由政府補貼的辦法。后來政府將低收入家庭支付的收入租金比例提高到 30%。

以紐約市為例，房屋配租包括以下四個環節：第一，紐約市住房局確定 2001 年低收入者住房的標準為月租 500～700 美元。該市的個人出租住房者和出租住房的房屋經營公司，都願意向住房局提供符合該條件的出租住房的資料，便於住房局給他們代理出租而不收手續費。住房出租後由於住房局付大部分房租使他們收租更順利，因此住房局要到提供資料的住房去實地調查，確定住房沒有失修失養，價格也合適時才予以接受，並把它編輯成低收入者出租住房一覽表。第二，住房局每年公布一次低收入線。屬於低收入線下的居民在提供單位的收入證明並經住房局審查合格後，才

能住低收入住房。第三，合格的低收入者到住房局查看出租住房一覽表，從中選出幾套符合自己要求的住房。其選擇原則一般主要是自己上下班方便和社會環境較好，房價並不是第一位的條件。低收入者根據自己選擇的幾套住房，經與房主預約，直接到出租住房的現場去調查和比較。第四，低收入者選中了某一套住宅，即約定該房主共同到住房局去簽訂租賃合同。例如月租700美元，合同規定每月租房者交給房主200美元，住房局每月撥給房主500美元。

美國的廉租房既可以是集中建設在城市的某一區域內，被稱為「共建築」用房，也可以是分散在不同的普通租房戶中，為戶主所有，但接受政府租房補貼。這兩種形式的廉租房戶型多樣，可以滿足大小不同的家庭的需要。其房屋保養程度、居住標準等都與普通出租住宅相同，因此，廉租房並非是貧民窟的代名詞。

美國廉租房由聯邦政府統一審批，程序很嚴格。美國房屋和城市建設部要求低收入者提出書面申請，提供完整真實的收入情況和家庭成員情況，如年齡（適用於老年人）、健康（適用於殘疾人）等。低收入標準以申請人所在地的平均收入為準。政府中的官僚主義，也使得審核過程冗長，很多人在等待名單上排隊數月都得不到答覆。美國共有130萬戶家庭住在廉租房裡。

3. 法國的廉租房

法國可謂是廉租房的天堂。其廉租房發展早，數量也驚人。全法國大約有1/4的人住在廉租房裡。由於法國購置房屋的貸款難求，利率高，財產稅（包括地皮稅、住房稅、空房稅、遺產稅等多種稅收）也高，因此很多人不買房，拿著政府補助住進廉租房後，就不再搬出。在法國，廉租房的基準房租比普通私人住房的房租低一半左右。政府規定，人口超過5萬的城鎮中，廉租房佔全部住房的比例不能低於20%。

與美國不同，法國的廉租房管理和審核權下放到地方政府。在法國，申請人等待的時間要比美國短一些。另一個不同之處是，法國的廉租房租金固定，政府提供補貼，很多人出少量的錢，就可以住上市區內的「天價」豪宅，舒適程度極高。

廉租房的資金主要來自於中央政府和地方各級政府，房屋建成後交給地方政府下屬的廉租房管理辦公室管理。按規定，該辦公室一方面嚴格控制房源，大部分廉租房只租不賣；另一方面對於社會公開廉租房出租情況，接受大眾的監督。除了收入很低的移民家庭或家庭負擔很重的多子女

家庭外，廉租房受益群體的上限是那些收入相對較少的低級別公務員。以2003年為例，申請低租金住房的單身年收入限額，在巴黎、巴黎近郊和巴黎大區為15,248歐元（1歐元約合7.46元人民幣），外地為13,257歐元。三口之家的年收入限額在巴黎和巴黎近郊為29,874歐元，巴黎大區的其他地區為27,393歐元，外地為21,290歐元。

法國政府大力推行廉租房制度，一定程度上遏制了房價過快上漲。

二、中國的廉租房管理

廉租房是指政府以租金補貼、實物配租、租金核減的方式，向符合城鎮居民最低生活保障標準且住房困難的家庭提供社會保障性質的住房。城鎮最低收入家庭廉租住房的保障方式應當以發放租賃住房補貼為主，實物配租、租金核減為輔。租賃住房補貼，是指市、縣人民政府向符合條件的申請對象發放補貼，由其到市場上租賃住房。實物配租，是指市、縣人民政府向符合條件的申請對象直接提供住房，並按照廉租住房租金標準收取租金。實物配租的廉租住房來源主要包括：①政府出資收購的住房；②社會捐贈的住房；③騰空的公有住房；④政府出資建設的廉租住房。2007年8月國務院在《關於解決城市低收入家庭住房困難的若干意見》提出，應多渠道增加廉租住房房源。要採取政府新建、收購、改建以及鼓勵社會捐贈等方式增加廉租住房供應。在小戶型租賃住房短缺和住房租金較高的地方，城市人民政府要加大廉租住房建設力度。新建廉租住房套型建築面積控制在50平方米以內，主要在經濟適用住房以及普通商品住房小區中配建，並在用地規劃和土地出讓條件中明確規定建成後由政府收回或回購；也可以考慮相對集中建設。

（1）租金核減即公房轉化，是指產權單位按照當地市、縣人民政府的規定，在一定時期內對現已承租公有住房的城鎮最低收入家庭給予租金減免。2004年3月1日起施行的《城鎮最低收入家庭廉租住房管理辦法》規定，廉租住房保障面積標準原則上不超過當地人均住房面積的60%。對家庭收入連續一年以上超出規定收入標準的，應當取消其廉租住房保障資格，停發租賃住房補貼，或者在合理期限內收回廉租住房，或者停止租金核減。

（2）廉租房以發放租賃住房補貼為主的主要原因是方便最低收入家庭。如有可能某最低收入家庭住在城東，而其子女在城西上學，有了租金補貼的形式，這位家庭就可以在城西租房子了。同時，房價是商品價，而

且租房者可以有所選擇。這符合住房商品化、市場化的要求。政府的補貼是當著住房者的面寫入合同的，補在明處，有利於樹立政府的良好形象，有利於真正做到政企分開，可以實現精兵簡政。

（3）廉租住房資金的來源及管理。廉租住房資金實行財政預算安排為主、多種渠道籌措的原則，主要包括：一是地方財政要將廉租住房保障資金納入年度預算安排。二是住房公積金增值收益在提取貸款風險準備金和管理費用之后全部用於廉租住房建設。三是土地出讓淨收益用於廉租住房保障資金的比例不得低於10%。各地還可根據實際情況進一步適當提高比例。四是廉租住房租金收入實行收支兩條線管理，專項用於廉租住房的維護和管理。對中西部財政困難地區，通過中央預算內投資補助和中央財政廉租住房保障專項補助資金等方式給予支持。2008年1月1日起，中央財政正式設立中西部財政困難地區及新疆建設兵團廉租房保障專項基金。

（4）廉租住房保障標準。廉租住房保障標準由市、縣人民政府房地產行政主管部門會同財政、民政、國土資源、稅務等有關部門擬定，報本級人民政府批准後公布執行。廉租住房租金標準由維修費、管理費兩項因素構成。單位面積租賃住房補貼標準，按照市場平均租金與廉租住房租金標準的差額計算。

（5）廉租住房制度的保障範圍。根據2007年8月國務院出抬的《關於解決城市低收入家庭住房困難的若干意見》，城市廉租住房制度是解決低收入家庭住房困難的主要途徑。2007年年底前，所有設區的城市要對符合規定住房困難條件、申請廉租住房租賃補貼的城市低保家庭基本做到應保盡保；2008年年底前，所有縣城要基本做到應保盡保。「十一五」末，全國廉租住房制度保障範圍要由城市最低收入住房困難家庭擴大到低收入住房困難家庭；2008年年底前，東部地區和其他有條件的地區要將保障範圍擴大到低收入住房困難家庭。

（6）廉租住房的管理。國務院建設行政主管部門對全國城鎮最低收入家庭廉租住房工作實施指導和監督。省、自治區人民政府建設行政主管部門對本行政區域內城鎮最低收入家庭廉租住房工作實施指導和監督。市、縣人民政府房地產行政主管部門負責本行政區域內城鎮最低收入家庭廉租住房管理工作。各級人民政府財政、民政、國土資源、稅務等部門按照本部門職責分工，負責城鎮最低收入家庭廉租住房的相關工作。

（7）違反有關規定的處罰。最低收入家庭申請廉租住房時違反本規

定，如不如實申報家庭收入、家庭人口及住房狀況的，由房地產行政主管部門取消其申請資格；已騙取廉租住房保障的，責令其退還已領取的租賃住房補貼，或者退出廉租住房並補交市場平均租金與廉租房標準租金的差額，或者補交核減的租金；情節惡劣的，並可處以 1,000 元以下的罰款。享受廉租住房保障的承租人有下列行為之一的，由房地產行政主管部門收回其承租的廉租住房，或者停止發放租賃補貼，或者停止租金核減：①將承租的廉租住房轉借、轉租；②擅自改變房屋用途；③連續 6 個月以上未在廉租住房居住。

以廉租房政策推廣較好的上海市為例，2003 年 4 月，廉租住房的認定標準由人均居住面積 5 平方米以下提高到人均 6 平方米以下。2003 年 12 月，認定標準再一次上調到 7 平方米以下，同時把人均居住面積低於 7 平方米、人均月收入低於 570 元的老勞模和重點優撫對象也納入了廉租住房的解決範圍。

再以成都市為例說明廉租房的補貼標準、補貼條件及申請材料。成都市是全國最早實施城鎮最低收入居民住房保障城市之一。成都市從 2000 年起構建以「發放租金補貼為主，實物配租為輔」的廉租住房保障體系。當年通過兩次電腦現場搖號活動，由市房產局下屬的市住房保障中心向 150 戶住房特困戶提供實物配租。從 2001 年起，成都市開始試行以租金補貼的方式解決住房特困戶問題。根據規定，廉租房申請家庭配租面積的標準為人均住房建築面積 24 平方米（包括原有住房面積），租金補貼標準為每人每月每平方米住房建築面積補貼 4.5 元，即無房戶每人每月補貼額 108 元；有房而人均建築面積不足 16 平方米，按照差額進行補貼。廉租住房申請家庭到市場上租賃適合自己居住的住房。到 2003 年年底，通過以上方式已解決 2,500 余戶最低收入家庭的住房困難問題。2004 年又有 670 戶有望獲得廉租房。

2006 年起成都市申請廉租房租金補貼的四個條件如下：①家庭成員至少兩人具有五城區（含高新區）非農業戶口且實際居住；②家庭年收入符合最低收入家庭標準 22,000 元/年以下；③無居住或人均住房建築面積低於 16 平方米（含 16 平方米）；④家庭人數 2 人以上，家庭成員之間具有法定的贍養、撫養或扶養關係。當年低保戶按照 12 元/平方米補貼，非低保戶則按三個檔次補貼：人均租房面積在 16～19 平方米以內為 9 元/平方米，人均租房面積在 19～22 平方米以內為 8 元/平方米，人均租房面積在 22～24 平方米以內按 7 元/平方米計算。

申請所需提供的資料：①身分證；②戶籍證明（成員卡、登記證）；③婚姻證明；④房產證明（戶口所在地房產證明、單位住房情況證明）；⑤城市最低生活保障金領取情況（或家庭收入證明）；⑥家庭成員之間法定的贍養、撫養或扶養關係證明及其他相關證明。

三、廉租房制度及執行中的問題

1. 住戶分佈太分散

以鄭州市為例，2004 年全市 26 個以實物配租方式住上廉租房的家庭，分佈在市內 26 個地點、26 家社區。為管理這 26 戶的水、電、氣、暖，廉租辦的工作人員每天不知要把鄭州市轉多少遍，花多少路費，而且由於不少「雙困家庭」多年來養成了愛收集垃圾的習慣，居民們並不很歡迎這樣的新鄰居。

為此，市廉租辦決定對實物配租方式進行改革。根據實物配租家庭的實際情況，先選擇一個區，利用其自有土地集中進行一定規模的廉租房建設，相對集中安置「雙困家庭」，集中進行管理。剩餘住房出售後所獲利益還可用於彌補該區廉租辦工作經費的不足。

2. 生活費用「水漲船高」

同樣以鄭州市戶素玲一家來說，新搬進的那套 60 多平方米的廉租住房確實很棒。但以前一家三口在傳達室裡湊合住的時候，什麼費用都不用交，現在除了每月要交十幾元的房租外，還得負擔水、電、氣、暖和物業管理費用。其居住地點的改變也給兒子入學帶來不便。由於以實物配租的廉租戶大多都不具備脫困前景，因此這樣的問題如果不解決就有違政府推行廉租住房制度的初衷。

3. 分配不公平

一方面，廉租房數量對眾多符合條件的貧困家庭來說簡直是杯水車薪；另一方面，分配中又存在諸多不合理之處，廉租房不能堵住那些根本不具備條件的高收入者通過關係獲得房源的漏洞。以昆明市為例，原來修建的安居小區就未能幸免名不副實的厄運，幾乎每一個小區都存在 50% 以上的虛報住戶。更有住戶揭秘：她曾以沒有住房為由從單位順利開具證明，並向房管局某工作人員行賄 4,000 元，終於拿到 90 多平方米的「超標」安居房一套。原昆明市安居處（廉租處）負責人坦言：「安居房審核制度存在難以規避的漏洞。我們只管程序是否合法，卻無法一一審核手續齊全者是否多處占房或者收入偏高。漏洞必須從源頭封殺。」可是這個漏

洞誰來封殺？怎樣封殺？廉租房同樣未能幸免於難。

4. 動態管理很困難

由於廉租住房的保障對象是特定的住房困難、經濟困難的「雙困家庭」，經濟困難是能夠享受到廉租房福利的必要條件，而房管部門對經濟困難家庭的認定必須依據民政部門對其享受社會最低生活保障的認定。一旦脫離這個認定，房管部門很難界定困難家庭的對象。

廉租房有關政策規定，收入一年后超出標準，必須遷出，但如何遷出？如果屆時低收入人群已經超標，總不至於將其硬性趕出。因此科學的退出機制至關重要，這又涉及對住戶的追蹤尋訪，掌握經濟收入來源，讓更多的新興低收入人群有房可住。退房並非簡單的搬遷，更意味著搬出之后仍有房可住，有房可買。可見，廉租房建設已經牽一發而動全身。它呼喚各地政府在建設過程中條分縷析、統籌全局、未雨綢繆。

5. 政府重視不夠，措施不力

對完善多層次的城鎮住房供應體系和健全社會保障制度具有重要意義的廉租房政策的實施卻並不是一帆風順的。從 1999 年 4 月《城鎮廉租住房管理辦法》的出抬，到 2003 年年底住房和城鄉建設部、財政部、民政部、國土資源部、國家稅務總局等五部門出抬的《城鎮最低收入家庭廉租住房管理辦法》為止，只有北京市、上海市、天津市、廣州市、青島市等少數城市進入了建立廉租住房制度的實際操作階段，半數以上的省、市還沒有制定廉租住房的籌集、建設、管理及申請、審批辦法。其原因在於之前的廉租房制度沒有提供穩定的資金渠道，保障方式不完善，而有些地方政府過於關注房地產市場發展對當地經濟的貢獻，忽視了廉租住房制度建設也是重要原因。在 2007 年國務院出抬《關於解決城市低收入家庭住房困難的若干意見》之前，廉租房建設資金的預算尚無法進入地方財政部門的法定增長項目中。在住房公積金增值收益中，有 60% 要被提取為風險準備金，有 30% 被用於管理費的支出，余下的 10% 中有三成要上繳省財政，七成用於廉租房建設。全國絕大多數地區社會捐贈用於廉租房建設的幾乎是空白，其他渠道籌集的資金又具有不確定性。例如，由於有政策卻沒資金，工作停停走走，在 1999 年《城鎮廉租住房管理辦法》出抬后的第五年即 2005 年，昆明市廉租房才艱難破土。

中央政府和地方政府各自在廉租房建設中的責任一直未予以明確。直到 2007 年 8 月，國務院才出抬《關於解決城市低收入家庭住房困難的若干意見》，提出對中西部財政困難地區，通過中央預算內投資補助和中央

財政廉租住房保障專項補助資金等方式給予支持。支持的金額、比例及方式等仍有待具體落實。除資金外，機構設置等亦反應政府重視的程度。以昆明市為例，該市房管局原來設有廉租住房建設管理處。2004年5月，卻以「城市管理職能重心下移」為由，把機構下劃到四個城區，20名工作人員全部分走。而接管工作的四個區並沒有成立相應的廉租處，機構被「掛到了空擋上」，原來的處長改去了檢察隊，副處長被市局借調回去處理安居房產權證辦理的收尾工作，人員四散。該省建設部門的官員對市裡的工作找不到人銜接頗感頭痛。

6. 流動人口被排除在廉租房之外

現在各地推行的廉租房政策都存在著一個趨向，那就是把城市流動人口排除在廉租住房制度之外，這種做法應該改變。因為中國正處於城市化加速的階段，而城市流動人口正是中國城市化進程的主要動力。根據北京市的資料顯示，1995—1999年，在北京市暫住一個月以下的流動人口從5.8%減少為3.8%，下降了2個百分點；暫住一個月至一年的從72.7%減少為67.8%，下降了6個百分點；暫住一年以上的由21.6%上升為了28.4%，上升了6.8個百分點。與此相伴隨的是暫住人口數量上的絕對增長。上海市的流動人口也有著類似的特徵，上海市的流入人口在城市的滯留時間持續延長，想在滬定居的人口也呈上升趨勢，當前居住在家庭戶、集體戶的流入人口中，在上海居住半年以上的流動人口比重從1993年的49%提高到1997年的70.1%，上升了21.1%；居住1～5年的人口占36.34%；準備長期留在上海的人口占24.93%。

與此同時，城市流動人口主要居住地大都位於城鄉接合部，而且由於戶口和經濟條件的限制，他們只能租住。他們在租住地沒有獲得社區歸屬感和認同感，而工作和生活的極不穩定使他們在心理和情感上產生失落感和不安全感。這樣的居住條件還帶來了一系列的社會問題。

由於外來人口大多聚居在城鄉接合部，和當地居民相對分離，這使得他們在生活中很難融入真正的市民社會中，造成了事實上的城市居民社區二元化結構。這種二元結構嚴重影響了農民工在真正意義上轉化為非農業人口。這在客觀上限制了農村城市化的進程，延緩了農村生產力結構、生產經營方式、生活方式、思維觀念向城市趨近的進程。在中國的住房供應體系框架下，廉租房是解決城市流動人口的較好途徑之一。首先，它是存在於我們現有住房供應框架中的，不牽涉到進行過大的制度改革，因此可以較快地開始實施，較快地發揮作用。其次是因為廉租房的來源。中國建

立廉租住房制度的主要渠道有三：一是在公房提租時將一部分困難家庭的住房通過減租歸入廉租住房；二是在二級市場收購舊住房；三是購買、建造新房。廉租房的房源比較廣泛和分散，可以避免社會各階層分區居住等社會問題。讓外來人口、最低收入人群與城市其他居民混住有助於減少治安、教育、醫療等社會問題。

思考題：

1. 中國住房體制改革的方向是什麼？
2. 國外的住房金融政策大致劃分為哪幾類？
3. 何謂住房公積金？中國的住房公積金具有哪些特徵？
4. 住房公積金有哪些作用？
5. 住房公積金的管理體制是怎樣的？
6. 住房公積金的增值收益是如何使用的？
7. 何謂補充公積金？上海市、北京市和江蘇省的補充公積金制度是如何運行的？
8. 中國住房公積金制度中存在哪些問題？
9. 住房公積金制度應如何改革和創新？
10. 新加坡的組屋政策是怎樣的？
11. 日本保低放高的政策是怎樣的？
12. 《經濟適用住房管理辦法》是在何種背景下出抬的？
13. 《經濟適用住房管理辦法》的主要內容有哪些？
14. 國務院《關於解決城市低收入家庭住房困難的若干意見》有何新意？
15. 經濟適用房的有限產權體現何在？
16. 中國現階段經濟適用房建設中存在哪些問題？其原因何在？
17. 如何完善中國的經濟適用房制度？
18. 英國、美國和法國的廉租房分別是如何管理的？
19. 中國現行廉租房政策是如何規定的？
20. 中國廉租房在制度設計和執行中還存在哪些問題？如何解決這些問題？

第十二章 社區養老

第一節 社區養老的基本範疇與社會嵌入理論

一、社區養老的相關定義

1. 社區

所謂社區就是一個小社會。社區不是一個新生的事物，而是一個古老的社會生活單位，它在人類社會生活中自古就有。德國社會學家滕尼斯（Tonnies．F）最早提出社區的概念。他認為社區是指那些由具有共同價值趨向的同質人口組成的、關係親密的、守望相助的、疾病相撫的、富有人情味的社會團體。[1]

20世紀30年代，以費孝通為首的一批燕京大學學生，首先將英文Community一詞譯為中文「社區」。[2] 從那以後，這個譯名在中國社會學界被一直沿用下來。但是隨著多學科研究的發展，不同的學者從不同的角度對社區給出了不同的定義。費孝通認為，「社區是若干社會群體或社會組織聚集在某一地域裡形成的一個在生活上互相關聯的大集體。」方明認

---

[1] F. 滕尼斯. 共同體與社會——純粹社會學的基本概念 [M]. 林榮遠, 譯. 北京：商務印書館, 1999：73.
[2] 唐忠新. 社區服務思路與方法 [M]. 北京：機械工業出版社, 2003：4.

為，「社區是指聚集在一定地域範圍內的社會群體和社會組織，是根據一套規範和制度結合而成的社會實體，是一個地域性社會生活共同體。」吳鐸認為：「社區是一個地域內的主要社會活動或者生活方式基本屬於同一類型的相對獨立的地區性社會。」雖然國內外學者對社區概念的理解各有側重，對社區的定義也有所區別，但是對社區的基本特徵和基本要素還是達成了共識。大部分學者同意社區含有以下因素：①人口的集中；②地域；③勞動分工的互賴體系；④具有文化和社會活動的特質；⑤歸屬感；⑥自我維持與發展。因此，社區包含了五個基本特徵：①社區是一個社會實體。它是由具有一定數量與質量的人口組成的社會組織與地域。②社區是具有經濟、政治、文化、社會整合與協調多元功能的社會組織空間。③社區是人們參與社會生活的基本場所。④社區是以居住聚落為主要形態、以有形生活設施為物質載體、以居民自治為主要組織方式的生活空間。⑤社區是發展變化的。它是一定歷史時期社會生活的縮影。[①]

城市社區在社會學領域是與農村社區相對應的一種社區類型。它是指在城市中被道路環繞的居住地段上，由有特定生活方式並且有成員歸屬感的人群所組成的、相對獨立的社會共同體。結合中國城市特定的「行政區—社區體系」的實際，城市社區範圍可界定為以居委會社區為主的「區—街道—居委會」三級構成的社區體系。

2. 社區養老

基於不同的研究角度，對養老的類型有不同的劃分方法。從養老的經濟保障看，養老類型可以劃分為三種：家庭養老、社會養老及個人儲蓄養老。[②] 家庭養老是指由子女或親屬提供養老經濟保障。社會養老是指以國家建立的養老保險為核心，也包括社會保險、社會福利、社會救助等方面的社會保障制度。個人儲蓄養老是指個人在年輕時進行專項儲蓄或者依靠租金、股票等經濟收入自我養老。

從養老服務提供者的角度，養老類型又分為：家庭養老和社會化養老。這裡的家庭養老是由子女或親屬提供養老服務的養老方式。社會化養老是指養老服務由家庭以外的社會力量來提供服務的養老方式。

從老年人養老的居住地看，養老類型又分為：居家養老和機構養老。這裡所指的社區養老並不是以上幾種分類中的一種。它所指的是老年

---

① 唐忠新. 社區服務思路與方法 [M]. 北京：機械工業出版社，2003：4.
② 陶立群. 中國老年人社會福利 [M]. 北京：中國社會出版社，2002：122.

人居住在家中，以社區為中心，養老服務由以社區為依託的各種社會力量來提供。它是在不考慮養老資金來源的情況下由社區向住家老人（為主）提供養老服務的一種養老方式。社區養老的目的是社區為老人提供各種服務使老人盡可能地居住在自己的家中。

二、社會嵌入理論

社區養老背後的理論基礎是社會嵌入理論。它認為，任何個人都不是孤立的，都是嵌入在特定社會結構和關係網路之中的，通過特定的社會關係網路獲得社會支持以及信息、情感、服務等其他社會資源。

社會嵌入性（social embeddedness），簡稱為「嵌入性」。該理論的代表人物是格蘭諾維特。他繼承和發揚了前人關於嵌入性概念的解釋，並提出自己的觀點。他的嵌入性概念既反對社會化不足的概念，也反對過度社會化的概念。他指出，行動者既不可能脫離社會背景採取行動、做出決策，也不可能是規則的奴隸；相反，行動者在具體的、動態的社會關係制度中追求目標的實現。[1] 因此，嵌入性概念並不完全否定這兩種社會化，而是主張兩者相互支持，主張個體與結構二者之間的融合和互動。

許多傳統的理論認為，人進入老年期后應該以享受為生活目標而不再需要社會化了。傳統社會的老年人具有天然的教化權位。他只對別人施行教化，而自己則絕不會重新面對社會化的問題。然而，社會嵌入理論和現代社會發展證明，老年人仍然需要繼續社會化，其主要的理由之一在於角色的轉換[2]。這種轉換及影響表現為：①勞動角色轉換為供養角色。這容易使老年人產生經濟危機感。②決策角色轉換為平民角色（在家庭中，由「家長」角色轉換為被動接受照顧的角色）。它容易使老年人產生「被拋棄感」和寂寞感。③工具角色轉換為感情角色。工具角色是指人們肩負著一定的社會公職，在社會政治、經濟、文化各領域占據著主體地位。他們所扮演的角色是為了某種特殊的目的，如職業的角色。情感角色是為滿足身心情感的角色，比如在家庭中父母、子女的角色。這種角色的轉換使老年人常常碰到性別、角色模糊的問題以及伴隨產生的老年夫妻之間的衝突。④父母角色轉換為祖父母角色。[3]

---

[1] BURGESS E W. Aging in western societies [M]. Chicago: University of Chicago Press, 1960.
[2] HAVIGHURST R J, R ALBRECHT. Older people [M]. New York: Longmans, 1953.
[3] ROSE A M. A current theoretical issue in social gerontology [J]. The Gerontologist, 1964, 4 (1): 46-50.

除了角色轉換外，老年人還將遭遇多重「突然失去」的威脅，如子女情感支持的突然失去（子女成家分居造成老年人進入「空巢」家庭）、健全身體的突然失去（疾病並可能面臨肢殘或死亡）、配偶的突然失去（喪偶及其帶來的心理健康問題）。[1] 所有這一切對老年人而言都是將要面臨的新問題，都需要通過繼續社會化、加強學習、提高修養和不斷自我調整來予以解決。社區養老是老人繼續社會化的一個很好的平臺。社區為老人提供的各種服務，可以使老人在角色轉換過程中更好地應對，增強社區老人在角色轉換過程中的適應性，減少角色突然轉變的失落感。

第二節　城市社區養老的組織結構與經濟文化基礎

一、社區養老的組織結構

1. 社區養老的管理機構

中國社區養老工作主要由民政部門負責政策的制定和一部分資金的籌集。中華人民共和國民政部是社區養老的頂級主管單位，是中國社區養老的宏觀管理機構。從目前的情況看，社區養老的宏觀管理比較統一，未出現 20 世紀八九十年代社會保險管理中「五龍治水」的狀況。地方民政部主要負責該地區社區養老具體方案的制定。地方對本地區政策的制定有一定的靈活性。例如：項目的設立、受惠對象等都由各地根據自身的經濟社會條件確定。這在一定程度上體現了目前比較流行的福利多元主義思想中的分權。雖然同為民政部門，但是地方與中央的權利有明確的劃分。

專一的管理部門避免了部門之間的互相扯皮，做到了計劃與管理的統一。同時，地方政府又具有社區養老發展的自主性，可以結合各自的優勢和情況制定不同的發展目標。在較早提供社區養老服務的英國，也於 20 世紀 70 年代成立了地方當局的社會服務部，對原來由不同機構提供的一系列「個人性社會服務」進行集中提供[2]，實現了專一式管理與分權管理的結合，保證了社區養老在英國的長效發展。因此說，中國現有的專一管

---

[1] ROSON I. The social context of the aging self [J]. The Gerontologist, 1973, 13 (1): 82-87.

[2] 蘇珊・特斯特. 老年人社區照顧的跨國比較 [M]. 周向紅, 張小明, 譯. 北京：中國社會出版社, 2002: 150.

理部門的管理與分權式管理相結合的管理模式，是社區養老健康發展的制度保障。

2. 社區的功能與地位

前面提到的社區養老的管理機構主要是指中央及地方各級的民政部門。它們是社區養老方針政策及具體制度的制定者。社區養老的具體實施機構是城市中的街道及以下的居委會轄區。社區能否為老人提供服務，有賴於社區的功能與地位。

（1）社區的功能。社區是一種地域共同體。它的功能是不斷發展變化的。總的來說，社區有以下幾種主要的功能：①社會服務功能；②人的社會化功能；③社會參與和社會民主功能；④社會控制和社會穩定功能。[1] 社區服務，即「社區服務功能」的簡稱。社區服務是一個綜合性的概念，其基本含義是指，在政府的資助和政策扶持下，根據居民的不同需求，由政府、社區內的各種法人社團、機構以及志願者所提供的具有社會福利性和公益性的社會服務以及居民之間的互助性服務。這種福利性、公益性的社會服務的本質是無償性的服務，並輔以不以營利為目的的微利、低償性服務。這種社會服務的對象主要是社區中的弱勢群體和優撫對象，也包括社區中的邊緣群體和全體居民。為老年人提供服務是社區服務內容中的一個重要組成部分。[2] 因此，從社區功能來說，社區可以承擔起老年人養老的職能，使老人在自己熟悉的環境中，享受到較為專業的服務。而且，社區具有社會化功能，也為老人的繼續社會化提供了平臺，可以增加老人與家庭以外的其他人或組織的聯繫。

（2）社區的地位。社區養老的參與主體包括政府、社區自治組織、社區非營利組織、社區企業、社區居民、社區服務者。社區作為聯繫這些利益群體的紐帶，必須具有高度的管理能力和協調解決問題的能力。居委會作為社區養老主要的實施單位，在社區養老中擔當了重要的角色。《居民委員會組織法》規定，居民委員會是城市居民自我管理、自我教育、自我服務的民主管理機構。

但是，在實際中，居委會這種群眾自治組織的地位被虛化了。居委會除了按照《中華人民共和國居民委員會組織法》規定的日常工作外，還

---

[1] 張堃，何雲峰. 社區管理概論 [M]. 上海：生活・讀書・新知三聯書店上海分店，2000：9-12.

[2] 張堃，何雲峰. 社區管理概論 [M]. 上海：生活・讀書・新知三聯書店上海分店，2000：11.

要承擔區、街道各部門交辦的名目繁多的工作任務。實際上居委會變成了各級黨委、政府部門工作的承受層、操作層和落實層。工作不堪重負，整日忙於應付。有關部門曾經調查發現，居委會80%的工作都是政府交辦的，多達100多項。結果導致居委會法律地位懸空，不能體現居民的主體意識和參與意識，難以贏得居民的認同。與此同時，居委會很少有權利對社區內所發現的問題進行管理，形成了職權小、管轄面廣、資金嚴重不足的局面。

在這種條件下發展社區養老很可能出現以下問題：①居委會自主權弱化，容易使地方政府為了追求政績，而不考慮實際情況，盲目向居委會下任務，造成服務與需求之間的脫節。一些老人急需的服務不能提供，而另一些資源卻嚴重地浪費。②居委會將發展社區養老當做一種行政性任務，缺少參與的積極性，以一種應付上級檢查的心態完成工作，影響養老服務質量。③長期形成的居委會與居民之間的被動關係，使居民對居委會缺乏信任，極大地影響了居民對社區養老參與的意願。

根據福利多元主義的分權理論，福利服務的行政權不僅要由中央政府下放到地方政府，同時也要從地方政府轉移至社區。因此，社區權利的下放，使社區居委會真正成為自我管理、自我教育、自我服務的群眾性自治組織，是實現社會參與社區養老服務的保障，利於解決社區養老過程中的關鍵問題。否則，社區養老很難形成一個質的飛躍。

二、社區養老的經濟資源

1. 發達國家社區養老的資金來源

社會保障中任何一個項目都需要大量的資金支撐。發達國家提倡並大力發展社區養老。除了人本思想的興起，人口老齡化所帶來的養老資金短缺也是一個不可忽視的原因。由於各國的政治、經濟、文化基礎不同，再加上原有的社會保障體系及保障目標不同，社區養老的建立模式及籌資方式出現了差異。

英國是西方福利國家的典型代表，也是最早出現社區養老的國家。在英國，社區養老也被稱為「社區照顧」。社區照顧實際上分為社區內照顧和社區照顧兩個概念。社區內照顧就是指運用社區資源，在社區內由專業人員進行照顧；社區照顧是由家人、朋友、鄰居及社區志願者提供的照

顧。① 這些服務或免費或收取低廉的費用，且收費標準由地方政府決定。在老年人能夠承擔的範圍之內由老年人自己承擔，不足部分由政府承擔。英國的社區照顧財政上體現了以政府為主的特點。很多服務設施都是由政府資助的，社區、家庭和個人出資較少。

在德國，社區養老主要通過社區服務的形式來表現。「鄰里之家」就是其中的一種。「鄰里之家」是自我經營、自我管理、自負盈虧的社區服務機構，但其服務活動也得到了政府的一定資助與監督。因此，由家庭及個人出資來提供社區服務將是必不可少的。社區養老的資金主要來源於服務收費。

美國一直貫徹「自由主義」的福利政治制度。國家所起的作用最小，主要依賴市場和家庭去提供養老服務。自20世紀80年代以來，聯邦政府所起的作用越來越小；相反，營利部門所起的作用則一直在變大。社區養老服務多是由私人商業部門或非營利部門提供的。私人營利機構的服務收費、政府補貼、慈善事業捐贈構成了美國社區養老服務的多元化資金來源。

日本是亞洲最早進入老齡化社會的國家，也是全球老齡化進程最快、高齡人口比例最高的國家。在日本，社區老人服務中心一直是提供養老照顧的主要渠道。社區養老的形式挺多樣化，依此產生的資金渠道也多樣化。日本現有的四種社區養老組織形式的資金來源都不相同：第一，由政府建立的養老服務機構，大約占總體服務機構的60%～70%，其所需資金來自財政撥款。第二，得到政府部分資助的民間組織，如：社會福利協會、社會福利商社、社會福利法人等，要收取很低廉的費用。第三，志願者。志願者的主要成員是大學生、社區婦女及年紀較輕的老年人。這類服務主要以免費為主，少部分要收很低的費用。第四，企業式的養老服務。企業以保險方式獲取資金，然后以低收費服務於老年人。這種方式的資金主要來自於老年人自身或其家庭。②

表12-1是對美國、德國、英國、日本養老的資金來源情況的概括。

表12-1　　英國、德國、美國、日本社區養老的資金來源

國家	提供服務的機構	基金來源
英國	政府建立的服務機構	財政撥款為主

① 楊蓓蕾. 英國的社區照顧一種新型的養老模式[J]. 探索與爭鳴, 2000 (12).
② 賈曉九. 日本的老年人社會福利[J]. 社會福利, 2002 (6).

表 12－1（續）

德國	社會服務機構	服務收費為主、政府資助為輔
美國	私人營利機構 非營利機構	服務收費 政府補貼、慈善事業捐贈、收取少量的費用
日本	政府建立的服務機構 民間組織 企業式的機構	財政撥款 財政補助、收取非常少的費用 服務收費

　　總體來說，雖然發達國家的社區養老形式上各不相同，但是都在擺脫單一依靠政府財政支出模式，力求社區服務形式多樣化發展的同時，社區養老的資金來源渠道也要向多元化發展。然而不論怎樣，政府財政仍然是社區養老體系建立的堅強后盾。財政撥款、財政補貼、非營利服務機構收取的低廉費用，是社區養老的主要資金來源。我們也可以看出，私營機構、非營利機構、社會服務機構、民間組織這些需要付費的機構所起的作用越來越大。因此，在多元化資金渠道發展的同時，由個人及家庭支付費用將是一個重要的發展趨勢。

　　2. 中國目前社區養老的資金來源

　　中國的社區養老服務是依靠政府資助發展起來的，一直以來多是由政府投資的，但是這種靠政府投資的單一的模式無法滿足社區養老服務日益發展的需要，將會使社區養老處於資金短缺的困境。近年來，各地政府為了妥善安置退休人員，讓老年人度過安詳的晚年，積極地拓寬社區養老的基金渠道，並進行了社區養老資金籌集的各種嘗試。

　　（1）政府財政撥款和財政補助。

　　財政性撥款與財政性補助是中國社區養老的主要資金來源。目前，大部分地區的社區服務設施及服務組織都是由政府出資建立的。同時，政府財政還要負擔特困老人及特困家庭老年人社區養老的資金支出。例如：在汕頭市社區居家養老的試點社區裡，市政規定了有四類人員可以享受由政府出資的免費服務。這四類對象包括：在冊「三無」孤老、低保戶中60歲以上的孤老、孤老優撫對象、五保戶。在有條件的地方，免費的服務擴展到了與殘疾子女生活的老人、低收入孤老、一等以上傷殘軍人、市級以上勞動模範、百歲老人等。在大連市，特困老人社區居家養老經費也主要由各級政府的財政撥款組成。《大連市特困老年人貨幣化養老服務補貼實施意見》規定，居家養老服務補貼標準為：能自理的，每人每月補貼80～150元；介助的（能部分自理的），每人每月補貼150～250元；介護

（不能自理）的，每人每月補貼 250～300 元。由政府出資，以代幣券的形式向特困老人定期發放，老人持券可以到所在社區購買服務。在其他社區養老服務開展較好的地區，特困老人也有相關的優惠政策，但這些服務最終都建立在政府財政的基礎上。

（2）福利彩票。

福利彩票所籌集的福利金主要用於扶老、助殘、救孤、濟困等社會福利事業。2001 年 5 月，民政部制定並出抬了《「社區老年福利服務星光計劃」實施方案》。方案中明確規定了民政部及省級民政部門掌握的絕大部分福利金即 80% 要集中用於「星光計劃」。根據統計，從 2001 年全面實施「星光計劃」以來，政府共投入福利彩票公益金 14.7 億元，用於資助城市社區的老年人福利服務設施、活動場所及農村鄉鎮敬老院的建設。因此可以看出，福利彩票公益金將是中國社區養老發展過程中一個非常重要的基金來源。

（3）社區企業稅后利潤及有償服務收入。

社區企業主要是指社區所辦經濟實體、社會福利企業、民政經濟實體、經營性服務設施等。民政部 2005 年發布的《全國社區服務示範城區標準》，對示範城區要求，居委會所辦經濟年產值的 2% 以上要用於發展社區服務業。同時，區、街道、居委會所屬社區服務單位年產值的 6% 以上要投入自身社區服務業和再發展。這裡所指的社區服務業的服務對象不僅僅指老年人，但老年人作為一個特殊群體成為了服務的重點。

面對人口老齡化的壓力，單純的政府投入已經不能滿足社區服務及老年人的需要，因此，向服務對象收費的收入將是需要探索的社區養老的重要資金來源。汕頭市的一些社區規定，除特困老年人外，其他老年人享受如上門服務、醫療服務、日托服務等都要收取費用。

（4）社會慈善捐贈。

慈善捐贈也是社區養老服務一項重要的資金來源。2006 年 3 月，民政部出抬了關於慈善捐贈的稅收優惠政策。政策規定，對企業、事業單位、社會團體和個人向慈善機構、基金會等非營利機構給予的公益、救濟性捐贈，準予在繳納企業所得稅和個人所得稅前全額扣除。對境外捐贈人無償向受贈人捐贈的直接用於扶貧、慈善事業的物資，免徵進口關稅和進口環節增值稅。這一政策，更進一步地推動了社會對社區養老事業的捐贈，增加了社區養老資金。

3. 中國社區養老經濟資源的特點

從上述分析看，中國社區養老的資金來源主要呈現以下幾個特點：①資金來源由單一化向多元化方向發展；②社區養老服務資金仍以政府財政為主；③福利彩票收入成為社區養老發展的有力資金補充；④社區養老服務收費提上日程。總的來說，養老服務的資金來源在面上已經鋪開，但是具體到每一項資金渠道發展得卻不深入。

民政部出抬的《關於開展養老服務社會化示範活動的通知》將發展老年福利服務的資金列入財政預算，並對社會力量興辦的老年福利服務機構給予政策和資金的扶持。這裡主要是將發展社區服務設施與社區特困老人的服務費用列入財政預算中，並不惠及全體老人。如果將社區養老的對象僅僅限制在特困老人的範圍內，那麼依靠財政為主的資金渠道是可以勉強維持的。但是，要想使其能為所有有需求的老人及家庭提供服務，在現有的經濟條件下，政府財政是無法承擔的。

因此說，依靠政府財政為主的模式的直接后果就是資金短缺，這將會影響中國社區養老的發展。從國外的經驗來看，要想擴大社區養老服務的範圍，需要將養老服務非營利機構引入社區養老體系，應將老年人的服務收費納入社區養老的主要資金來源，以形成養老的服務產業化模式，進而真正解決社區養老資金短缺的問題。

三、社區養老的文化基礎

一種制度能在一個國家中建立並長久地發展，離不開適合制度成長的環境與文化。作為舶來品的社區養老，要融入中國的養老體系中，也需要分析中國的文化氛圍是否適合這種養老方式的發展。

1. 中國傳統養老文化

首先，「孝」文化是中國傳統社會最基本的道德規範，也是養老文化的核心內容。[①] 儒家文化將「孝」道放在了人生道德修養的首要方面，即認為「孝」道是人們天經地義、義不容辭的職責。由「孝」文化引申到了「尊老敬老」這樣一種社會倫理道德。尊老敬老被定格在了一個相當高的高度之上，並受法律保護。

其次，家庭與家庭供養文化。在中國幾千年的農業社會中，傳統的複合家庭一直是社會的主要構成部分。這種家庭的家庭成員由已婚不分家的

---

① 李輝. 論建立現代養老體系與弘揚傳統養老文化 [J]. 人口學刊, 2001 (1).

兄弟與父母構成，家庭機構以父子為軸心，父權是其基本特徵。[1] 中國傳統的家族是由同姓父系宗親組成的、有共同祖先和固定繼嗣原則的血親集團；個體家庭依附於家族，缺乏自身的獨立性；家族內部血緣紐帶堅實、親屬聯繫密切，並有崇拜祖先、敬重尊長、信賴族人的文化傳統，因此供養範圍較寬，涉及的親屬面較廣，不僅家庭成員要互相供養，而且對鰥寡孤獨的老人五服之內的直系和旁系血親也有供養之責。若無五服內近親，鄉里遠親也應供養。

最後，鄰里互助文化。受儒家文化的影響，中國歷來就有鄰里互助的社會道德。如中國古代的《呂氏鄉約》的四大綱領為：德業相勸；過失相規；禮俗相交；患難相恤。這種鄰里互助文化成為發展社區養老的道德基礎。[2]

2. 傳統養老文化與現代養老方式結合

在傳統社會向現代社會推進的過程中以及現代社會保障制度逐步建立和完善的進程中，這些文化思想受到很大的衝擊。核心家庭代替了傳統的複合家庭，鄰里互助也被社會救濟制度所替代。家庭養老功能分解，部分家庭功能走向社會化，家庭為本位的倫理道德觀念融入到了國家本位、社會本位的倫理道德觀念中。但是我們仍無法忽視家庭在老年生活中的重要地位。幾千年的文化不可能在短短幾十年中就完全拋棄，將老年人完全拋向社會也是不合實際的。孝文化、養老敬老、鄰里互助的傳統美德仍廣泛存在於中國廣大人民的觀念中，體現在大多數人的行為上[3]，多數老人希望自己的晚年在家中度過。從 20 世紀中期開始，家庭觀念比較淡薄的西方發達國家，也開始尋求一種家庭與社會相結合的養老方式。經過半個多世紀，社區養老在西方國家有了很大的發展，並在養老體系中起到了重要的作用。

在與中國一樣深受儒家文化影響的日本，大部分老人願意住在家裡養老。依託社區的居家養老方式在日本的養老體系中占主導地位。發達的經濟與傳統的家庭觀念在日本社會中並存，加上人口老齡化的風險，傳統的家庭養老方式受到了挑戰。以居家養老為核心的社會老年服務體系，滿足

---

[1] 鐘永聖，李增森．中國傳統家庭養老的演進：文化倫理觀念的轉變結果 [J]．人口學刊，2000（2）．

[2] 卓越．蘭亞春．社區保障：創新社會保障體系的趨勢選擇 [J]．社會科學戰線，2004（2）．

[3] 康穎蕾，陳嘉旭．試論中國孝文化與養老保障制度 [J]．西北人口，2007（1）．

了家庭成員心理及經濟上的要求。社區成為聯繫家庭與社會的紐帶。日本的社區養老服務體系包括設施服務和家庭看護服務。設施服務是指利用社區設施為居家養老的老年人提供休息、娛樂、保健、康復和護理等服務；家庭看護服務是社區養老體系的重要組成部分。服務對象是社區內生活不能自理、需要生活護理的老年人。日本的社區養老體系，既避免了高福利國家的弊端，又基本上滿足了老年人的福利服務需求，其成果已得到了肯定。與中國有著相同民族習慣和文化傳統的日本在社區養老方面取得的成績也可以說明，中國的文化氛圍是適合發展以居家養老為主的社區養老服務體系的。

第三節　中國城市社區養老發展的需求分析

一、老年人養老供需狀況

從經濟學的角度來看，需求與供給是一對相輔相成的概念。但是社區養老作為一種不完全的服務商品，具有所有社會服務的剛性。因此在經濟條件不充分的條件下，建立社區養老，需要根據老年人及家庭的實際需要設置項目，將有限的資源發揮大的作用。

1. 老人養老需求分析

馬斯洛將人的需求分為五個層次，即生理需求、安全需求、社交需求、受人尊重的需求及自我實現需求。老年人作為一個特殊的群體，也具有這五種需求。不同的是，這個群體又具有一定的需求特性。[①]

（1）生理需求。一般的城鎮老人生理需求都可以得到滿足，但是對於城鎮中的一些特困老人特別是高齡特困老人，如果沒有政府及社會的幫助，那麼最基本的衣、食、住、行都無法滿足。因此，解決特殊老年群體的生理需求也成為社區養老中首先考慮的問題。

（2）安全需求。老年人是弱勢群體，其安全需要較之其他人群更為迫切，尤其是在醫療服務的需求方面。因此，在醫療康復保健方面，老年人希望老有所醫、健康長壽。一旦生病，希望能及時得到治療，能就近看病和看好病；希望生病期間身邊有人護理和照顧；希望有人指導他們加強

---

① 王輔賢．社區養老助老服務的取向、問題與對策研究［J］．社會科學研究，2004（6）．

平時的健康保健，使其不生病或少生病。

（3）社交需求，也稱為歸屬需求。老年人的這一需求也是強烈的，主要表現為：①他們需要家庭的溫暖、子女的孝順，需要享受天倫之樂；②老年人也需要參與社會活動，與鄰里、親友接觸和交流。

（4）尊重需求。一個人在社會上總希望自己有穩定、牢固、強於他人的社會地位，需要自尊和得到他人的尊重。老年人也需要得到別人對他的尊重，他們對於別人對自己的態度尤為敏感。這種尊重需求往往也會延伸為老年人注重自己在知識和修養方面的提高等。

（5）自我實現需求。老年人希望為社會做一些力所能及的事情，充分發揮自己的潛能和餘熱，實現自身的價值或未完成的心願，也從中體驗到成功的喜憂和滿足感。主要表現為老年人退休後的再就業、積極地參加社區及社會事務。

從以上分析來看，老人養老不僅僅需要解決供養問題，而且也要滿足老人的生活、心理需求。根據社會嵌入理論，由於老年人角色的轉換，他們的心理和生理都會發生一定的變化，因此老年人生理和心理方面的需求也應該引起重視。[①] 由於年齡的原因，從工作崗位上退休的老年人的社會職業角色也因此被解除。同時，家庭結構的變遷使老年人喪失了傳統家庭中的權威地位，在生活上一時難以適應。而老年人的親友又日復一日地減少，很難維持正常的社交與人際關係，使老人心理處於孤獨空虛的狀態。老人既不想離開生活的家庭，又需要有人為其提供日常生活的照料服務，因此充分發揮社區和家庭兩方面的作用，為老年人提供一個良好的養老環境則顯得尤其重要。社區養老最大的優勢就是既可以解決老年人的供養問題，也可以滿足老年人的心理需求。

2. 目前中國城市社區養老服務供給類型

社區養老在 20 世紀八九十年代就已經提出，在中國真正有一定的發展是從 20 世紀 90 年代末期開始的。目前，北京市、上海市、廣州市、大連市、青島市等大城市發展很快，都根據當地實際情況建立了一套社區養老辦法。各地提供服務的項目側重點各不相同，但是從提供的服務內容來看，大致分為以下四個方面：

（1）物質幫助。物質幫助不惠及所有老人，主要針對的是三無老人、困難「空巢」老人、殘疾老人及高齡老人等生活上有很大困難的老年人。

[①] 楊宗傳. 居家養老與中國養老模式 [J]. 經濟評論，2000（3）.

各地情況不同，所出現的形式也很不相同。大多數的城市和地區老年人通過資格審核後，由社區直接發放貨幣，根據當地的生活水平及經濟條件決定發放數量，一般在150～500元不等。例如深圳市民政局推出的《深圳市社區居家養老服務實施方案（試行）》中規定：每月給戶籍老人定額補助，覆蓋範圍包括85歲以上的老人、60歲以上非低保對象但生活不能自理的老人、60歲以上分散供養的「三無」老人、低保老人、重點優撫老人、60歲以上的享受低保且生活不能自理的老人。根據不同的標準，老人享受200～500元不等的定額補助用於購買各種養老服務。除了直接的貨幣補助外，還有其他的補助形式，大連市採用了代幣券的形式向特困老人定期發放，老人持券可以到所在社區購買服務；在成都市成華區規定三無老人、困難「空巢」老人、殘疾老人每年免費到助老愛心超市領取200～500元的生活必需品。

（2）生活照顧。目前的生活照顧針對老人的自理情況分為日間照顧和上門服務兩種。日間照顧服務由社區服務中心或社區養老資源站提供場所，老人日間到場所接受照顧，夜間回家；上門服務以家政服務和護理服務為主，包括上門送餐、洗衣、陪護、居室衛生、醫療康復、陪送看病，等等。這些項目在中國發展很慢，由於對除特困老人以外的其他老人要收取一定的費用和宣傳的缺位，還沒有被多數老人認同。

（3）精神慰藉。這項服務主要針對那些無子女的老人及親人不在身邊的老人。主要的形式有社工或社區服務人員定期到老人家中家訪、聊天，一些義工家庭與老人結對子，定期到老人家中聚會等。形式單一、難滿足需求是這項服務的最大缺陷。

（4）生活娛樂。社區中的老年生活娛樂措施惠及所有老人，由國家出資建立或當地政府與社區中的企業共同出資建立。這些娛樂設施一般不收取費用，老年人可以根據自己的興趣愛好選擇。主要包括一些社團（如合唱團、秧歌隊、太極拳社團，等等）、老年大學、老年圖書館等。社區老年生活娛樂目前發展迅速，尤其是在實施「星光計劃」以來，國家投入了大量的資金用於社區老年福利設施。

3. 需求與供給之間的比較

根據前面的內容可以看出，針對老年人的需要，社區養老在服務提供上有了較大發展，提供的服務類型基本涵蓋了老人生活上、精神上、心理上的需求。但是，隨著老年人對社區的依附性越來越強，對社區服務的需

求越來越多①，不少老人對至少一項的社區養老服務有需求。他們對社區養老的需求也日趨多樣化。但是相對於老年人的需要，社區服務與之還有很大的差距（如表12-2所示）。

表12-2　　　　　老年人對養老服務的需求和滿足程度

服務項目	已接受服務（%）	需要服務（%）
定期體檢	7.6	57.8
應急服務	4.0	45.1
家庭病床	14.6	42.4
傳授保健知識	9.3	36.8
托老所	0.5	18.9
入戶家庭照料	3.2	18.7
熱線諮詢電話	0.8	17.4
老年飯桌	0.7	13.9

數據來源：北京市老年學會（家庭養老與社會化服務課題組）。

中國老年人需求與社區提供的服務之間的顯著差距，體現了社區在養老服務上沒有整體的發展思路，服務的種類和內容沒有明顯的主次之分。同時，這也可以說明社區養老在供給方面有很大的發展空間。

二、中國城市老年人的收入狀況和承受能力分析

如前所述，政府財政是目前社區養老的主要經濟支撐，但是政府不可能承擔社區養老的全部費用。隨著老人及家庭對社區養老的認同，社區養老服務中的付費服務也將相應地增加。付費項目的確定及收費標準，將與老年的收入狀況緊密聯繫。因此，有必要分析老年的收入來源及總體的收入水平，確保社區養老項目建立以後有一定的消費群體。

1. 城鎮老年人的主要收入來源

根據中國2000年第5次人口普查的資料，中國城鎮老年人的收入來源有以下幾個方面（如表12-3所示）：

（1）勞動收入，是指到退休年齡後仍在工作的老年人所領取的收入。
（2）退休金，是指辦理了離休、退休或離職手續的人，從原工作單

---

① 王放. 人口老齡化與老年社會服務 [J]. 中國青年政治學院學報, 2004 (3).

位或社會保險部門領取的離退休生活費。

（3）基本生活費，是指不是按工資標準，只是為保證基本生活水平而領取的生活費。它包括因企業停工停產而下崗的職工領取的基本生活費，由民政部門向軍烈屬、五保戶、殘疾人等發放的生活撫恤金等。

（4）家庭其他成員供養，是指被登記人依靠家庭其他成員的收入。

（5）財產性收入，是指通過資金儲蓄、借貸入股以及財產營運、租賃等所取得的利息、股息、紅利、租金等收入。

（6）保險，即只靠從保險公司領取保險金生活。

（7）其他，除以上幾種情況之外的其他生活費來源。

表12－3　　　　　中國城鎮老年人主要生活來源（％）

主要生活來源	市 男	市 女	鎮 男	鎮 女
勞動收入	14.8	5.71	27.40	12.41
退休金	70.88	46.06	44.06	14.83
基本生活費	1.58	3.35	2.24	2.96
家庭其他成員供養	11.36	43.33	23.75	67.35
財產性收入	0.30	0.35	0.31	0.31
保險	0.04	0.05	0.06	0.05
其他	1.04	1.15	2.18	2.09
合計	100.00	100.00	100.00	100.00

數據來源：《中國2000年人口普查資料》（中冊）。

從以上的數據可以看出，中國城市老年人的生活來源相對於傳統的完全由家庭其他成員供養的供養方式發生了很大的變化。退休金成為了城市老年人的主要生活來源，有50％以上的城市老人有退休金。城市男性老年人是自我經濟供養能力最強的群體。這個人群中高達70.88％的老年人主要依靠退休金生活，對家庭其他成員的經濟幫助依賴最少。相對而言，女性老年人特別是城鎮女性老年人對家庭其他成員經濟幫助依賴仍很大，多達67.36％的城鎮女性老年人需要家庭成員的供養。女性老年人的家庭成員供養比例高。除了女性自身的身體條件以外，也與長期以來女性因地位低、受教育和接受勞動技能機會少，從而從事有退休金及勞動收入的工

作的機會就相對要少很多有關。[1] 雖然這種重男輕女的思想在短時間內很難消除，但是隨著實行計劃生育以來人們思想的轉變、教育水平的提高及社會保障事業的發展，今後女性老年人的生活來源方式將有很大的變化，退休金及勞動收入也將成為她們的主要生活來源。

2. 中國城市老年人的承受能力分析

生活來源可以在一定程度上反應老年人的生活狀況。相應地，以退休金作為主要生活來源的老人有相對的經濟自主權，在經濟上較少地依靠子女及親屬，與子女之間的經濟衝突較少。同時生活狀況與社會保險事業的發展也有很大的關係。[2] 以勞動收入為主要生活來源的老人，一般為低齡老人。他們的身體狀況相對較好，加上有自主的生活來源，因此生活也比較滿足。而依靠家庭成員供養的老人的生活狀況與提供經濟來源的家庭成員的收入狀況有很大的關係。因此，其經濟自主權較小，他們是否有能力參加社區養老與家庭成員的意願和經濟狀況相關。領取生活費的老人一般都屬於生活困難老人，他們的生活由國家負擔，因此，這些老人的生活狀況與社會福利事業的發展及社會發展水平密切相關。他們是否願意參加社區養老由當地社區的社區養老事業的發展狀況和社區服務狀況決定。

從表 12-3 的數據可以看出，領取退休金的老人在城市老人群體中的比例最大。隨養老保險覆蓋面的擴大，這一比例也會有很大的提高。因此，對領取退休金老人的收入水平分析，可以一定程度地反應老人的總體承受力。

從表 12-4 和表 12-5 中的數據可以看出：①中國人均離退休費用持續增長；②人均離退休費用及增長速度低於在職職工的平均水平。離退休老人數量及人均離退休費用的持續增加將提升老年人的總體收入水平及承受能力，保證了老年人收入的穩定性及持續性，是社區養老發展的經濟基礎。同時，從資料中也可以看出，中國老年人的總體收入水平偏低，大多數老年人的收入水平及增長速度低於社會平均水平。這在很大程度上決定了老年人口的購買力和消費傾向的相對保守性。[3] 而且，在這裡分析的是經濟條件相對較好的有退休收入的老人，其他老人特別是由家庭其他成員供養及領取基本生活費的老人，對養老服務的購買力將更弱。考慮到老年

---

[1] 朱冬梅. 中國社會保障制度中的性別差異 [J]. 中華女子學院山東分院學報, 2003 (4).
[2] 龍書芹, 風笑天. 城市居民的養老意願及其影響因素 [J]. 南京社會科學, 2007 (1).
[3] 張本波. 中國人口老齡化的經濟社會后果分析及政策選擇 [J]. 宏觀經濟研究, 2002 (3).

人還有其他需要，他們用於社區養老服務的費用將低於其實際收入。也就是說，老人的可支配收入不會完全用於社區養老服務上。

表12-4　中國歷年離退休人員人數、人均離退休費及在職職工的人均工資

年份	1990	1995	2000	2001	2002	2003	2004
年末人數（萬人）	2,270	3,065.5	3,848	3,989.9	4,196	4,496.7	4,648.1
離退休費用總額（億元）	388.9	1,285.9	2,693.6	3,024.3	3,604.3	4,088.6	4,442.1
人均離退休費用（元）	1,713	4,311	7,137	7,717	8,807	9,407	9,715
人均在職職工工資（元）	2,140	5,500	9,371	10,870	12,422	14,040	16,024

註：①本表不包括民政部門和總后事業單位支付離休、退休、退職費的數字。②退休人員中包括退職人員。③在職職工包括國有單位職工、城鎮集體單位職工及其他單位職工。

表12-5　人均離退休費用、人均在職職工工資增長幅度（％）

年份	1995	2000	2001	2002	2003	2004
離退休人員增長幅度	5.7	4.0	3.7	5.2	7.2	3.4
人均離退休費用增長幅度	18.7	8.5	8.1	14.1	6.8	3.3
人均職工工資增長幅度	9.6	10.7	13.8	12.5	11.5	12.4

數據來源：《中國勞動統計年鑒（2005年）》。

雖然中國老年人對社區收費養老服務的承受能力較弱，但是與機構養老相比，社區養老的服務收費標準較低。例如：北京市社區辦的敬老院每收養一位老人比市屬國家辦的老人院要少花費2/3至1/2。[①] 相對來說，以居家養老為主的社區養老服務收取的費用更低。可以說，由於低廉的服務費用，老年人對社區養老服務有一定的購買力。

但是，較弱的費用承受能力也決定了：①社區養老服務特別是收費項目的發展方向要以中低層次的服務為主。盡可能建立在老年人承受的範圍之內，以滿足多數老人的需要。②要調動社會各種力量，為老年人提供服務，大力發展志願者服務隊伍。

---

① 姜向群. 中國老年人社會服務及改革方向 [J]. 人口研究, 1995 (3).

三、中國城市社區養老服務人員

1. 社區養老服務人員類型

目前中國社區養老服務人員主要有以下三類：

（1）社區養老服務專業服務人員。社區養老服務專業服務人員是指受過專門的培訓、具有某方面專業特長、專職從事社區養老服務的工作人員。這些工作人員具有老人護理、理療保健、生活照顧、老人心理學等方面的專業知識，並受過專門的訓練。目前這些人員主要分佈在社區所辦的養老機構中，在社區養老服務人員中的比例非常小。

社區養老中專業人員的優勢在於：第一，服務專業化。由於老年人群體需求的特殊性，專業化的服務更容易滿足需求。第二，提高服務群體素質。雖然專業人員是社區養老服務中的中堅力量，但是他們並不是這一服務的主體。社區養老服務中大多數的服務人員仍然是沒有接受正規訓練的服務者。因此，更多專業人員的加入，可以提高整個社區養老服務水平，提高整體素質。第三，增進老人及家庭對社區養老的信任，提供專業化的服務隊伍、高質量的服務，將會吸引更多的老人加入社區養老中，有利於社區養老的發展。

（2）社區志願者。社區志願者主要是指在不獲得任何物質報酬的情況下，為老年人提供社區養老服務，貢獻個人時間及精力的人。在中國社區養老的發展中，社區志願者也將起到重要的作用。到 2006 年年底，全國共有 1,300 萬人次的志願者為 280 多萬名老人提供了超過 6.3 億小時的志願服務，建立志願者為老服務站 6 萬多個。從目前的情況來看，社區養老服務志願者中大中學生占大多數，還包括了社區各界人士及社區中的低齡老人。志願者為老人提供的服務也多種多樣，包括娛樂活動、講座、親情陪伴、免費的家政服務、免費的身體檢查等一系列活動。社區志願者的出現極大地推動了社區養老事業的發展。

（3）社區中的專職服務人員。專職服務人員是指除專業服務人員、社區志願者以外，領取一定服務費用的服務人員。專職服務人員包括社區中的家政公司、失業人員、享受低保者、其他社區招聘的為社區養老者提供服務的人員及社區中的非營利機構等。

這些人員提供服務的優勢在於：①易於與服務對象溝通。服務人員主要來自於服務的社區，容易與服務對象對相同事物產生共鳴，有利於雙方關係的協調，便於養老服務的開展。②收費相對較低，符合老人及其家庭

的承受能力。③一定程度上解決了社區中經濟困難人群的生活問題。這些人員包括失業人員、享受低保者、失地農民等經濟弱勢群體。社區養老服務，為這些群體提供大量的工作崗位，解決了這部分群體的就業問題。④可以保持服務人員的長期性和穩定性。目前，他們是社區養老服務提供的主體。

2. 社區養老服務人員存在的問題

中國社區養老的服務人員隊伍，在形式上實現了調動社會各界力量參與社區養老的目標。但是實際上，服務人員還存在著很多問題。這些問題將影響社區養老的發展。社區養老能否健康發展有賴於這些問題的解決。問題主要存在於以下三個方面：

（1）社區養老服務人員專業化程度低。專業服務人員的數量少，難以滿足需求。到2005年年底，全國取得養老護理員資格的為老服務人員只有近2萬人。與此同時，志願者及社區專職服務人員接受專業化培訓的機會少，因而這些人員缺乏養老服務專業知識。

（2）社區志願者服務存在著管理混亂、志願者服務組織建設不完善等很多問題。由於流動性大，社區志願者之間或與服務對象、服務機構之間的關係鬆散。這造成管理存在難度，造成運作機制缺乏制度化、規範化。同時，社區志願者隊伍普遍不夠壯大，也成為社區養老服務發展的制約因素。

（3）社會成員的參與度不高。由於養老服務特別是老人護理工作存在臟、累、責任重等特點，再加上收入低和社會地位低，很多社會成員不願參與。其結果是：一方面，大量老人在尋找家庭以外的照顧；另一方面，社區中存在著大量的閒散勞動力。

人力資本是推動社區養老事業發展的基本因素。總體來看，中國社區養老服務調動了專業服務人員、社區志願者、社區專職服務人員等社會群體，形成了以專職服務人員為主體，志願者隊伍為支撐，專業服務人員協助的服務模式。但是，從整體上來看，社區養老服務人員都存在人員短缺、管理無序、專業化程度低等問題。這些問題的出現將影響社區養老的發展。因此，社區養老服務人員的建設，將是社區養老發展及推廣過程中重點解決的問題。

第四節　中國城市社區養老的試點探索

一、中國城市社區養老的兩個經典案例

隨著社會現代化的發展、老齡社會的到來，老齡問題異常突出，廣大老年人的養老問題成為迫切需要解決的問題。雖然目前還存在著很多問題，但是從宏觀、微觀方面來說，中國城市已具備了發展社區養老的一些條件，即一定程度上可以大力發展社區養老。2006 年民政部出抬了《關於開展全國養老服務社會化示範單位創建活動的通知》，將中國 31 個省市的 60 個城市社區指定為首批全國養老服務社會化試點單位。以居家為基礎、以社區為依託、以機構為補充的養老服務體系成為這次試點單位積極提倡的養老模式。試點單位的具體實踐經驗，成為社區養老可行性的實踐基礎。各地社區養老的實踐情況讓我們看到了發展社區養老的曙光。在選取的這兩個案例中，成都市成華區是這次試點單位之一，寧波市海曙區是其他發展較好地區的代表。他們的發展狀況可以在一定程度上反應出中國社區養老的情況。

1. 寧波市海曙區的社區養老狀況[1]

寧波市海曙區是人口老齡化比較嚴重的地區，現有 60 歲以上老人 5.3 萬名，占總人口的 17%，且每年以 1 至 2 個百分點的速度遞增。雖然海曙區不是中國養老服務社會化示範單位，但是由於其嚴重的老齡化問題，政府也在積極地尋求解決老年服務問題的出路。海曙區的社區養老模式，大體有以下幾個特點：

（1）由政府出資，幫助高齡困難老人安享晚年。2003 年，海曙區政府組織建立了全區老人情況的數據庫，掌握了老年人家庭的底數，實行動態管理。2003 年上半年，政府推出了「政府購買服務」這一新型養老服務模式，在 17 個社區進行試點，對 100 多名高齡、獨居的困難老人，由政府出資購買服務，社區落實家庭服務員，每天上門服務 1 小時，服務成本為每人每年 2,000 元。2004 年，海曙區再次將這一養老服務模式在全

---

[1] 根據《關於海曙區社會化居家養老工作的指導性意見》（海政辦〔2004〕第 29 號）及《海曙 65 個社區推行居家養老模式》（寧波日報，2005.11.08）整理。

區 65 個社區中全面推廣，並將所需的資金 150 萬元列入區政府年度財政預算。海曙區規定，凡是轄區內高齡、獨居的困難老人，都可享受這一服務模式。目前海曙區共有 600 余名老人享受了此類服務。

(2) 建立「義工銀行」，以自己今天的服務，換取明天他人的服務。海曙區建立了一支居家養老義工隊伍。這支隊伍以退休人員為主，有 429 名成員，按照自願參加、自由退出的原則，義務對獨居困難老人進行上門服務。義工隊伍由社區居委會與區敬老協會共同管理。經區敬老協會統一培訓的義工，發給《居家養老義工服務卡》，每天對服務內容、時間、體會等進行記錄。每隔 3 個月，由區敬老協會會同社區居委會，在聽取服務對象及有關方面意見的基礎上，按 4 個檔次評定其服務質量。按照「服務今天，享受明天」的原則，區敬老協會逐一記錄義工服務時間和服務質量，統一入檔。若干年后，當義工本人需要服務時，可提出申請，由市敬老協會統一調度義工為其提供相應的養老服務。義工服務對象主要是政府購買服務以外的 800 余名空巢獨居困難老人。

(3) 由個人購買服務，建立非營利性居家養老服務機構。目前，海曙區已在各個社區全面推行了這一新型的社會化養老方式。居家養老個人購買服務是指參照政府出錢為特困老人和特困殘疾人購買上門服務的方式，由老人、老人子女或社會熱心人士出資，區敬老協會和社區運作，社區居家養老服務員上門服務。每小時收費 6.6 元，其中 1.1 元用於服務員買保險。

(4) 讓行動方便的老年人，走出小家庭，融入社區大家庭。2003 年政府出資 300 余萬元，相繼在有條件的社區建起了一批「日托夜歸」的居家養老服務中心。中心內除了以成本價供老人用膳的食堂外，還設有娛樂室、按摩健身室、閱覽室等。為了鼓勵更多的老年人參加，海曙區還進一步完善了社區老年協會等民間組織，把老年人組織起來。同時海曙區還普遍實行與醫療機構「聯姻」，舉辦各種知識講座，吸引老年人參加，提高他們的生活質量。

2. 成都市成華區的社區養老狀況

作為全國養老服務社會化示範單位的成華區，老齡化問題也異常嚴重，全區常住人口 60 萬人，其中 60 歲以上的老年人 8 萬人，占 13%。近年來，成華區結合區情實際，把養老服務作為社區服務的特色重點和構建和諧社會的重要舉措。政府部門與社會組織協同配合，發展以居家養老為主的社區養老服務。與寧波海曙區的社區養老服務不同，成華區養老服務的服務

對象主要是三無老人、城市孤老和空巢老人，主要有以下三個特點：

（1）實行政府購買服務，建立專職與志願相結合的養老護理隊伍。對沒有入住福利院的三無老人、城市孤老和空巢老人，由民政部門與品牌家政公司、勞務公司合作，建立了成華區彩霞助老服務社。由政府購買服務，招聘年齡在40～50歲，富有愛心的下崗失業人員和失地農民，為散居五保老人和困難「空巢」老人開展「鐘點工」式家政服務。每名服務員為15～25名貧困老人提供服務，月收入可達到500～800元。這既解決了失業、失地人員再就業，又為老人提供了愛心服務，實現了「一種崗位，兩種關愛」。

（2）建立全程式居家養老服務平臺。在社區建立老年學校、老年活動中心（站）、老年康復中心、助老愛心超市、「空巢」老人愛心俱樂部。通過與駐區單位開展共駐共建活動，利用閒置土地和廠房，建立起126個小型分散、方便適用的老年福利服務設施，因地制宜地為老人提供生活照料、文化娛樂、康復醫療、體育健身等多方面服務，逐步形成完整的社區居家養老服務體系。

（3）開展家庭式的居家養老服務。將照顧對象、彩霞助老服務員、社區工作者、志願者等原來單一的敬老個體與老人編織成為一個個「親情之鏈」，組成「幸福家庭」。「家庭成員」定期到老人家中看望老人，使這些沒有子女或子女不在身邊的老人享受到家庭的溫暖。區民政局、區慈善會為每個家庭發愛心卡，三無老人、困難「空巢」老人、殘疾老人憑卡可每年免費到助老愛心超市領取200～500元的生活必需品；對行動不便的老人開設「愛心家庭病床」，社區衛生服務中心按時上門巡查、輸液、打針；安裝愛心門鈴或「一鍵式」求助呼叫系統，在遇到緊急情況或需要服務時，老人可不出家門就得到快捷的救助。

二、中國城市發展社區養老的經驗及反思

1. 先進地區發展社區養老的經驗

從以上地區發展社區養老的情況看，基本做到了養老服務的社會化，實現了利用家庭和社區兩種資源來滿足老人物質上、精神上的需求。寧波市海曙區和成都市成華區，是社區養老發展速度較快的社區。雖然單純地分析這兩個地區有一定片面性，但是我們也可以從中看出中國示範單位及其他社區養老發展較快地區的情況，從而為中國社區養老在全國的推廣起到了一定的示範作用。他們成功的經驗有：

(1) 政府政策支持。社區養老的發展需要政府的大力支持。從社區養老實施的情況來看，政府在計劃立項、財政補貼、設施建設規劃、土地劃撥、房屋租購、減免稅費等方面，結合本地實際制定了具體的扶持保護政策，從政策上保證了社區養老的發展。特別是在財政支出中，將社區養老服務資金歸入了當年政府的財政預算，實行按人頭、按項目專項撥款，防止了養老服務資金使用的無序與浪費。

政府職責明確是發展社區養老的基礎。從社區養老實施的情況來看，政府是社區養老政策的制定者和監督者，形成了政府領導、民政主管的管理模式。

(2) 社會參與。社會參與包括社區中企業、民營非營利組織、非政府組織、社區居民的參與。從以上兩區的情況來看，社會參與在養老服務提供上起到了極大的作用。海曙區積極動員社區老人參與社區養老，形成了以退休老人為主的社區服務隊伍。成華區的社會參與範圍更加廣泛。不僅社區志願者成為社區養老的參與主體，而且社區中與民政部門聯合的家政公司、勞務公司承擔了居家養老的五保老人與困難「空巢」老人的養老照顧服務。社會參與，打破了國家對福利服務提供的壟斷，實現了國家、企業、社區、個人共同參與，使一直以來被忽視的社區資源得到了有效的利用。

(3) 構建全方位的養老服務體系。老人需求的多樣性，要求養老服務體系要全方位。海曙區與成華區在發展以居家養老為主的社區養老過程中，都將對老人的上門生活照料放在了首位，並積極探索加強老人與社區聯繫的方法來滿足老人的精神、心理需求。

2. 中國社區養老發展先進地區的特殊性

社區養老發展較快地區及試點地區的經驗，可以給社區養老在全國的推廣提供一定的模式與選擇，使其他地區在發展過程中少走彎路。但是由於中國社區養老的發展時間很短，現在的發展情況也只能說明這些地區的發展勢頭良好，並不能確定它的長效性。而且我們也要看到，這些地區有一定的特殊性：

(1) 社區或社區所在城市的經濟情況好。從《首批全國養老服務社會化示範活動試點單位名單》來看，在 31 個省、自治區、直轄市試點的 60 個單位中，35 個是省會城市的社區，其他 25 個社區及養老機構也分佈在全國經濟發達城市。還有一些並不是示範單位，但社區養老服務發展得較好的社區，例如，海曙區。這些社區大多都集中在北京市、上海市、廣

州市及一些沿海經濟發達地區。由此可見，這些社區的經濟條件遠遠高於全國的平均水平，地方財政充足。

（2）社區自身的福利設施比較齊全。社區養老發展的一些福利設施，例如，老年活動室、老年大學、社區志願者隊伍等，並不是在短期內可以發展起來的。從這些發展快的社區來看，在國家開始提倡養老服務社會化以前，就有一些養老福利設施或社區就已經開展了一些針對老人的服務。因此，這些社區在硬件上就有發展社區養老的優勢。

（3）社區居民對社區養老的認識程度較深。大城市及經濟發達地區，為人們提供了大量信息，因此人們接受新事物的能力較強，思想比較開放。社區養老是一種新事物，其發展受到當地社區居民對社區養老認識程度的影響。社區養老發展較快地區主要集中在大城市及經濟發達地區。人們接受新事物的能力強，再加上當地政府的大力宣傳，人們對社區養老的認識程度很容易提高，易於接受。從發達地區的這些特殊性可以看出，社區養老在這些地區可以有良好的發展趨勢，並不能說明在社區養老的推廣過程中也會有這種發展勢頭。他們的經驗在向全國特別是一些經濟上欠發達、人們思想上較保守的地區推廣的過程中很容易遇到困難。社區養老要在全國城市全面地發展，將面臨很多的問題。

3. 社區養老在全國推廣過程中可能會遇到的問題

我們在前面兩章分析宏觀、微觀條件時提出的問題，是中國城市發展社區養老過程中普遍存在的問題。試點地區對這些問題也有了一些探索性的發展，但是要在全國推廣這些經驗，仍會遇到很多困難。

（1）資金問題。這裡的資金問題與本章第二節分析的資金來源的問題不同。這裡的資金問題主要是來自兩方面的：第一，地方財政資金短缺。由於地區間經濟發展的不平衡，各地區財政收支也不同。社區養老中的政府財政支出大部分來自地方財政，因此，地方財政短缺的地區，很可能在社區養老財政投入中大打折扣。第二，老人及家庭對付費服務的購買力不足。這很容易造成的局面就是，特困老人靠財政解決養老服務問題，中高收入家庭的老人靠自己提供服務費用，而在這中間的一批既有服務需求而又沒有經濟實力的老人將成為社區養老發展中的空白帶。

（2）服務人員問題。從第三節的分析我們可以看出，社區養老的服務人員存在著很多問題，試點地區也在探索解決的方法，但是並沒有形成完整的發展思路，只是在摸索中前進。較成功的是對服務人員的「時間儲蓄」，但是在推行過程中由於沒有一定的標準，很可能形成一種形式上

的模仿。

（3）老年人及家庭思想轉換問題。雖然中國已經將養老服務社會化作為一項重點工作來抓，但是很多長期依賴於家庭來提供全套養老服務的老人，對社區養老缺乏瞭解。即使是在社區養老有很大發展的地區這種現象仍然存在。雖然社區養老並不像機構養老一樣要求老人要與家庭分開，但是長期以來的養老觀念，使老人及家庭一時之間很難接受養老服務從家庭向社區轉移。

社區養老是在人口老齡化問題嚴重的情況下，國家積極倡導的養老方式。試點地區及發達地區在社區養老方面有了很大的進展，並開始積極探索適合本地區的發展模式，但是社區養老要真正能在全國城市推廣還有很大的難度。試點地區的發展由於其特殊性並不能代表整個社會的發展情況，但這還是可以表明中國社區養老發展有一定的現實可行性。社區養老的進一步發展，需要相關問題的解決。

第五節　中國城市社區養老發展的對策

由於社區養老具有低投入、高回報的特點，加上它既適應了中國人民傳統的道德觀念，又可滿足老年人物質上、生活上、精神上的多種需要，再加上通過對一些地區社區養老發展情況的分析，我們可以看到社區養老將在社會進步過程中，成為中國一種主要的養老方式。但是這只是發展的一種趨勢。要回答社區養老是否能在中國生根、發芽，是否能成為普遍存在的一種養老方式這個問題，除了一段時間后通過試點地區成果驗證，還需要盡力消除社區養老發展過程中的一些障礙，保證試點地區的成功和在全國各地的推廣。社區養老是長期而艱鉅的工作。它不僅僅從縱向上需要政府上下級之間的通力配合，還需要在橫向上社會各界的廣泛支持。針對社區養老宏觀、微觀條件的分析及現實推廣的一些問題，社區養老的發展需要一系列政策的落實並重點注意下列問題。

一、發展中國城市社區養老的政策建議

1. 社區權力的下放

社區主要是由以居委會社區為主的區—街道—居委會三級構成的社區體系。居委會作為社區養老的重要服務單位，要擺脫原來自治地位被虛化

的情況，需要社區權力的下放。下放的權力主要包括以下兩方面：

（1）資金權利的下放。政府或有關單位在交給社區工作任務的同時，要將此項工作的經費交給社區。這在社區養老服務中表現為，政府要把社區養老服務所劃撥的資金直接交給社區自己管理，政府只對資金的使用情況進行監督，資金的使用由社區自主安排。而對於社區養老服務的其他費用來源，如分支產業的社區服務項目上交的管理費、社會服務募捐收入中的部分資金、其他社會捐贈等費用，由社區管理並自主使用。

（2）落實管理權的下放。社區本身就是一個城市居民自我管理、自我教育、自我服務的民主管理機構。由於長期以來社區管理上的行政色彩，雖然社區有自我管理的權力，但沒有落到實處。因此，為加大城市社區建設，政府應轉變職能，將重心下移，使工作進社區，將基層管理與服務的職能落實到社區，服務到居民，而不是把工作推給社區。在社區養老中，社區要積極協調社區中各個主體之間的關係，負責管理社區養老服務的總體事務，自主開展各種活動，調動社區中的財力、物力、人力發展社區養老服務，使社區真正成為居民的「頭」，而不是政府的「腿」。

2. 拓寬養老資金渠道

中國社區養老發展是多渠道的發展模式，但是從現實的情況來看，政府的財政仍然是社區養老發展的支柱。隨著社區養老在全國的推行，這種主要依靠政府財政來發展的模式會面臨很大的挑戰。借鑑國內外發展社區養老的經驗，除了政府的財政資助，增加社區養老的資金主要從以下兩方面做起：

（1）繼續擴大宣傳力度，鼓勵社會各界積極關注養老事業，爭取更多的社會力量來援助老人。通過向社會呼籲，籌集捐款，鼓勵社會團體、企事業單位和個人向社區養老服務機構捐資、捐物或提供無償服務。充分發揮慈善機構的作用，像慈善會、紅十字會、志願者協會等慈善組織可以從社會募集資金來資助社區養老，以補充社區養老資金。例如，中國香港公益金就是香港目前最主要的撥款組織。公益金通過不斷舉辦活動，積極鼓勵全港市民支持福利服務，募集捐款，以照顧社會中的弱者。中國內地特別是經濟不發達地區應發展慈善公益事業，運用種種機制，鼓勵發展慈善事業，切實提高慈善公益組織的社會地位。

（2）加快社區養老服務產業化進程。社區養老服務的產業化是指社區養老服務工作從行政性經營到市場化經營、從事業化管理到企業化管理、從非經濟實體到經濟實體、從財政維持到自負盈虧的過程。社區養老

服務既要提倡志願服務、立足奉獻、無償服務，也要遵循市場經濟的價值規律，尋求產業化的發展道路，為社區養老服務的開展奠定物質基礎。

3. 加快服務人員隊伍建設

養老服務具有所有服務行業的特點。它需要人與人之間的接觸與交流。人力資本是推動社區養老發展的重要因素。服務人員隊伍在社區養老中出現的問題，嚴重制約著社區養老的發展。解決這些問題需要從以下兩方面做起：

（1）加強服務人員專業化培養。

第一，大力培養從事社區養老服務工作的專業人才。從亞洲四個新興國家和地區社會工作發展情況來看，新加坡、韓國、中國香港、臺灣非常重視社會工作專業教育，在其社會工作計劃中包括提供專業證書教育和學士、碩士、博士學位教育。1961年，隨著社會工作教育培訓基金的設立，中國香港也開始在社會工作專業教育方面發展了許多高質量的專業學位教育計劃。中國內地社會工作教育還處於初級階段。許多高校才剛剛開設社會工作課程，與社會工作教育發展成熟的國家和地區相比還有很大的差距。我們要借鑑這些地方的先進經驗，應加強高層次人才的培養，選擇若干有實力的高校院系，積極試點社會工作高級人才的培養，培養一支具備現代社區老年服務理念、知識、方法和技巧的專業的社區服務工作隊伍，促進中國社區養老服務事業健康有序地發展。

第二，加強非專業服務人員培養的工作力度。為中國社區養老提供服務的三類人員中非專業人員的專業水平差，這影響到了社區養老的發展。對這些人員的培訓，可以採取兩種方式：一是在擁有社區工作專業的大中專院校，開辦社區工作專業培訓班或進修班，設立相關的培訓內容，如社區養老服務組織管理、老年心理知識以及老年醫療護理常識等內容，對那些年紀較輕、文化程度較高的專職服務人員進行培訓，從而提高他們的知識水平和服務水平。二是對社區中的老年服務人員及志願者，由社區工作管理機構聘請社區工作方面的專家進行授課。傳授社區養老服務的知識、方法與技巧，使他們在從事社區服務工作時更加科學、規範。

第三，建立社區服務從業人員的資格認證制度。從國際經驗來看，1970年以來，英國社會工作教育一直由政府財政支持的「社會工作教育訓練中央委員會」負責管理。二十多年來，這個組織批准了兩種專業資格證書：社會服務證書（CSS）和社會工作資格證書（CQSW）。到20世紀80年代末，被社會服務部門雇用的社會工作者中超過85%的人都取得

了專業（職業）資格。社會工作資格證書訓練課程由能授予學士學位的高等教育機構提供，而社會服務證書訓練課程由繼續教育學院提供。1995年這兩種資格證書被一種單一的國家職業資格證書所取代。這種革新使人們認識到朝專業化方向發展的趨勢。①

專業化發展是一種趨勢，但考慮到中國經濟水平低和社區養老服務人員的總體水平差的現實，實行國家統一的資格認證制度也不合實際。國家可以根據不同的培訓程度，發放等級不同的資格證書。一是對專業服務人員，發放高等教育機構資格認證，也可稱為高級資格證書；二是對在大中專院校經過培訓的專職服務人員，發放中級資格證書；三是對在社區工作管理機構接受培訓的人員，發放初級資格證書。初級資格證書是社區服務人員上崗的准入標準。不論是社區志願者還是社區中的閒散勞動力，只有經過社區工作管理機構的培訓才可以上崗。持有資格證書的服務人員，在變換服務社區時可以免受培訓。建立這項制度，旨在規範社區工作隊伍的職業技能，從而提高社區工作的職業聲望，使更多的人參與到社區養老服務中。

（2）規範社區志願者隊伍。通過以上對志願者的專業化培訓和資格認證可以一定程度上解決志願者養老服務的專業化問題。社區養老志願者管理的規範、隊伍的擴大，要從以下三個方面做起：

第一，積極推進和完善社區志願者登記註冊制度。2005年9月，國務院出抬的《中國社區志願者註冊管理辦法》，彌補了中國社區志願者管理工作的空白。社區志願者的服務對象主要是社區中的弱勢群體，老年人是其中之一。由於志願者隊伍來源廣泛，在註冊登記時，要完善對志願者的意願及服務特長與其希望提供的服務等相關信息的登記。社區要對登記在冊的志願者根據其年齡、職業、專長及可以為老人提供服務的時間等對養老服務志願者進行分類，使志願者盡可能發揮各自的專長，提高服務效率。政策鼓勵或財政支持社區志願者進行網路註冊登記，特別是經濟條件落后的社區要給予財政補貼。

第二，引導社區養老志願者服務的發展。志願服務的本質特徵是當事人自願，但志願服務事業的發展卻不能完全依靠志願服務本身，需要政府引導志願服務的發展。所謂「引導」就是不拘泥於完全內生的「自願」，通過倡導和培育，促進志願服務的發展。在這方面，社區基層組織要敏銳

---

① 柳丞，柳浪．當代國際社會工作［M］．北京：中國社會出版社，2002：200．

地發現志願者的潛在力量，及時地進行宣傳，吸引更多的人參加志願者服務。把社區中的學校、工廠、機關單位作為重點的宣傳陣地，定期到這些單位進行宣傳，增加人們對社區養老志願者服務的認識，使人們對志願者服務由瞭解、熟悉、認同到最後參與。放棄原來「運動式」公益服務的傳統做法，用逐漸引導的方式，維持養老服務志願者隊伍的壯大。

第三，建立社區養老志願者服務激勵制度。建立社區養老志願者服務激勵制度也是增加社會對志願者服務隊伍的認識、擴大志願者服務隊伍的有力手段。志願者服務是一種無償的、無私的奉獻，但並不是說志願者不應該有任何回報，對其不能有一定的激勵措施。志願者服務的回報主要不是直接的物質激勵，而是多種形式的綜合性、間接性和長期性的回報。志願者表彰是中國長期以來存在的一種精神激勵方式，這是有效的。社區養老發達地區也開始探索與將來獲得的服務相掛勾的「時間儲蓄」模式。對養老服務志願者的這些激勵政策不僅僅是為了滿足個人利益，更多的是體現社會對這種行為的肯定和鼓勵。這些激勵制度應該是一種常規化的、規範化的方式，要通過國家法律、政府規定和社區約定等方式將其確定下來。

二、中國社區養老發展過程中要注意的問題

1. 建立社區養老項目應注意的問題

社區養老服務的最終目標就是為老年人提供服務，建立適合老年人需要的社區養老項目。通過前面的分析可以看到，社區養老項目要從物質、精神各個方面滿足老年人的需求。根據目前的經濟水平，項目建立時也要有一定的先後和緩急，不可以一窩蜂地硬上項目。因此，在建立時要注意以下問題：

（1）養老項目的建立首要考慮高齡老人及病殘老人的需要。國際上通常將65歲定為老年人需要社會提供服務，並獲得關照的界限。根據老人的健康行為的特徵，可將老人分為四個年齡段：45～59為老年前期（這是世界衛生組織專為發展中國家而設的）；60～74歲為年輕老年；75～89歲為中老年；90歲以上為老老年。中國老年人的退休年齡為男55～60歲，女50～55歲。因此，除一些身體狀況嚴重差的人以外，中國老年前期的人一般都處於勞動狀態，不屬於養老的範圍。相應地隨著年齡的增長，老年人的身體狀況日益下降，需要社會提供服務且獲得關照的可能性越來越大。雖然中老年和老老年人群在社會中的比例相對較小，但是由於其生活

自理能力不斷下降，給家庭及社會帶來的負擔日益加重。這些老齡老人及病殘老人成為了養老服務最需要關心的群體。因此，社區中養老項目的建立首先要考慮高齡老人及病殘老人的需要。

第一，老年護理項目是社區養老中的首要問題。老年護理項目由社區服務人員提供。服務的項目包括收拾房間，買菜做飯，陪伴老人以及看護剛剛出院或不能自理的老人，照顧老人洗澡穿衣、服藥，等等。工作時間根據老人的自理能力、身體狀況及老年人和家庭成員的負擔能力來確定，可以是每天幾個小時、每週幾次或一週七天每天24小時。「三無」老人的護理費用由社區及國家財政共同負擔；對家庭生活困難和享受國家低保政策的老人，在收費上要給予一定的優惠。

第二，老年應急服務系統也是社區養老中重要的服務項目。應急服務系統的模式多種多樣：可以在老人家中安裝呼叫機，老人們足不出戶就可以通過呼叫網路享受送貨上門、家務料理及醫療救治等服務；也可以在社區中設立24小時值班熱線電話，老人在需要時撥打熱線電話來滿足需要；還可以安裝一些其他的報警回應系統使老人在需要幫助和發生危機的時候及時尋求幫助。各個社區可以根據自己社區的經濟情況和社區的特點來選擇具體的系統模式。

第三，對高齡老人的上門探望活動尤其重要。高齡老人多行動不便或有疾病。老人的活動範圍多在家中，與外界的接觸較少。因此應組織社區服務人員定期探望高齡老人和病殘老人。通常老人本身就是很好的探望者，社區中也可以組織年輕老人和身體狀況好的老人作為探望者。探望者與老人一起做些老人們喜歡或需要的事情，如一起玩牌或下棋，一起看電視，聊天，等等。對於沒有親人和朋友在身邊的老人，探望者對老人就顯得更加重要。定期探望這一服務項目豐富了老人們的精神生活，有益於老人們的心理健康。

（2）構建社區養老項目要合理分配資源。雖然社區養老項目的構建要首要考慮高齡老人及病殘老人的需要，但是社區養老的最終目標是為社區中所有有需要的老人提供服務，將家庭照顧功能全部或部分接過來，使老人盡可能地長時間生活在家中養老。如前面所述，社區主要是由以居委會社區為主的區—街道—居委會三級構成的。社區養老的發展需要三層單位之間通力配合，養老項目的構建也要做好各個單位的分工。

第一，具體的、成本較小的項目由居委會社區提供。居委會是社區養老的最基礎的操作單位，是社區養老體系中的「前沿陣地」。養老服務的

大多數項目都是在居委會轄區內操作。這些服務的共同特點是：服務人數多、服務提供頻繁、項目建立的成本較小、較易操作。這些服務具體來說主要包括：①生活幫助，如照顧者幫助老人洗澡、穿衣、吃飯、刷牙等；②家務幫助，如做飯、洗衣、清掃房間、維修一些設施等；③出行幫助，如幫助購物、交各種費用、郵寄包裹等；④情感幫助，通過上門探望老人，從情感上消除老人的孤獨感；⑤社區服務中心的幫助活動，如建立老人活動室、集體食堂、求助服務中心、衛生保健服務中心等。

第二，街道和區做好社區養老配套設施及大型項目的管理。由於居委會的規模較小，一般在1,000～3,000戶，因此即使在居委會轄區內建立面面俱到的養老項目，也無法有效地利用，無法形成規模效應。區和街道在人力、物力、財力上明顯優於居委會轄區，某些項目僅依靠居委會的力量是很難建立的。因此，社區養老項目的建立要上下級配合，合理利用資源，在以居委會轄區為社區養老基本單位的基礎上，街道和區兩個層面做補充，形成上下層之間的有效配置。

這就需要集中各個小區的力量，在區或街道的統一領導下，在區裡或街道中開辦規模較大的社區服務機構。機構主要為各個居委會轄區提供社區養老服務，並開辦一些單個轄區無法獨立提供或沒有必要獨立提供的服務，如：服務人員的專業培訓工作、社區中應急系統的管理、服務人員服務費用的制定等，並由區或街道統一管理。同時，機構以街道為單位建立老人日托中心（老人白天或者家中沒有親人的時候在中心與其他老人一起度過，晚上再回到家中）、社區醫療服務中心（社區醫療服務中心與社會醫療保險相連接，老人可以就近就醫）。雖然機構養老院不是社區養老的內容，但是鑑於社區中仍然有些收入高、思想比較開放的老人願意到養老機構中養老，機構養老院也將成為社區養老的配套設施，以區為單位建立的養老機構也將是未來社區養老的一個重要組成部分。

總之，社區養老項目在「區—街道—居委會」之間的合理分配關係到資源的利用效率，也關係到老人及出資者的切身利益。

2. 協調社區養老各主體之間的關係

社區養老的主體由三個部分組成：養老服務的提供者，包括社區服務機構、社區中的非營利組織、私營機構及個人；養老服務的享受者，也就是社區中享受服務的老人；養老服務的管理者。社區養老服務的提供部門之間及提供者之間的關係都應協調，以便為老人提供有效、適當的服務。為了達到預期的效果，尋求不同的協調方法以提高服務水平是必不可少的。

（1）協調社區組織與服務提供者部門之間的關係。有些社區養老服務部門是由社區組織建立的，但是加快養老服務產業化進程后，私營機構及其他由社區組織管理的非營利機構將成為社區養老服務的主體。因此，社區組織與服務提供部門之間的交流或合作就顯得很重要。

社區組織和服務提供者之間的交流合作可以通過以下方式來完成：共同制訂服務計劃、服務手冊；共同商討責任的分擔方式；共同商討服務使用者和照顧者之間交流的形式及重大事件解決方案。

（2）用協議的方式固定老人服務。為了有助於各方合作以及保證形式多樣的老人服務順利進行，協議安排是必需的。這種協議主要是指為老人提供的服務，特別是向一些有特殊需要的老人提供的服務及向一些情況比較特殊的老人（如由國家供養的「三無老人」、低保老人等）提供的服務，要通過協議方式固定下來，使提供的服務具有合理性、連續性和秩序性。

（3）加強各部門之間的信息交流。對政策制定者、服務提供者、照顧工作者而言，為了確保相關人員能夠獲知有關服務提供範圍、授權標準以及服務提供資格確認等方面的信息，信息交換和傳播是必不可少的。可以通過機構間的會議、信息的指引和展示、共同的資源庫等來完成各部門之間的信息交流。

（4）加強服務人員之間的聯繫。社區養老的服務人員分為三類：專業服務人員、志願者及專職服務人員。由於服務人員的來源比較廣泛，他們各自的知識背景、生活經歷不同，因此很可能在提供服務時他們就服務事項產生很大的差異。為了使提供服務的個人之間能夠有效地合作並負擔協調的責任，加強服務人員之間的交流與聯繫是需要的。增強他們之間的溝通和合作，可以通過提供相同背景的培訓、組織一些需要共同參與的活動（如舉辦運動會、棋牌比賽等）來實現。

3. 注意社區養老中的性別差異問題

對於社區養老服務，性別差異非常重要。這是因為婦女預期壽命比男性長，但是不如男性健康。在生活不能自理老人中，女性的比例要高於男性，照顧的需要也更大。同時，婦女的收入較低，由子女或配偶供養的概率較大。中國城市中有近45%的女性老人需要家庭其他成員的供養，而男性老人僅有11.36%。由於就業差距，女性參加社會保險的參保率低，也就意味著女性享受社會保險的人數少於男性，享有退休金的女性老人只是享有退休金男性老人的60%左右。再加上男性與女性的收入差異及退休年齡的差異造成女性繳納的社會保險費少，也意味著女性退休后養老金

低於男性。

社區養老普遍推廣之后，養老服務的收費也將成為必然的發展趨勢。鑒於女性老人的退休收入低、被供養的比例高，女性老人是否願意參加，是否有能力參加社區養老將成為社區養老發展過程中的一大問題。因此，需要協調社區養老中的這種性別差異，盡量使社區有需要的老人都包括在社區養老的範圍中。

(1) 從政策上保證女性就業。由於就業及工資的差異，女性在參加社會保險的概率和獲得保險金多少方面與男性存在差異。為了消除這種差異，就需要從社會政策上入手，包括就業政策、教育政策、培訓政策等，從而提高女性勞動競爭力和就業率，使女性在年老後獲得更多的保障。

(2) 為女性年輕老人提供更多參加照顧服務的機會。年輕老人可以成為社區養老服務的提供者。為了使沒有收入的女性年輕老人在身體情況差或生活不能自理的情況下獲得更多的服務，社區有必要為這些人提供更多參加照顧服務的機會。服務報酬可以是向服務提供者發放服務費，也可以是用時間累積的方式，根據提供的服務時間來確定以後享受免費服務的時間。

(3) 對付費項目在到達一定年齡後給予優惠。老人在達到一定年齡（如80歲或85歲）後，在享受付費項目時，要給予一定的優惠。這部分費用由社區或者國家來補貼。由於女性的壽命明顯高於男性，這一政策也是傾向於女性老人的一種措施，從而保證每個老人都老有所養。

(4) 無收入老人的社區養老與子女的社會養老金掛勾。應探索老人養老服務由子女社會養老保險金支付的發展新思路。這主要是指對於老人無收入，而子女的生活狀況也困難的家庭，子女可以用自己養老金個人帳戶中的資金為父母支付社區養老服務費用。為了防止騙保事件的發生，個人帳戶中的資金不能直接發放到個人手中，服務費用直接由子女繳納保費的社保部門定期向為老人提供服務的社區服務中心支付。由於女性老人由家庭成員供養的比例高，這些政策也有利於女性老年人參加社區養老。

4. 注意社區養老中的地區差異問題

目前社區養老服務發展較好的地區都是一些經濟基礎好、人民生活水平高、養老設施比較完善的地區。但是我們發展社區養老的目的是要在全國範圍內推廣。地區間經濟、資源發展的不平衡，將成為社區養老發展的重要制約因素。因此我們一定要注意這種差異，國家要積極引導不發達地區社區養老的發展，並在政策上給予一定傾斜。這主要體現在以下兩個

方面：

（1）加大中央政府的財政支出。在經濟發達地區，地方財政比較充足，社區中的企事業單位較多，除了中央財政對這些地區發展社區養老的支持外，地方財政、企事業單位的捐贈也是社區養老發展的資金支持。而不發達地區地方財政相對不足，而且老人對社區養老付費項目的承受能力更弱，中央財政有必要對這些地區加大資金投入，保證這些地區的老人也可以享受社區養老服務。

（2）對服務提供機構給予優惠的政策。雖然中央政府對不發達地區的財政傾斜是必需的，但是依靠財政來謀發展並不是發展的長久之策。地方政府要借鑑全國養老服務社會化示範單位的經驗，對養老服務業的發展在計劃立項、財政補貼、設施建設規劃、土地劃撥、房屋租購、減免稅費等方面都給予一定的政策扶持，並通過社會力量來發展社區養老。

5. 社區養老要注意家庭、社區、機構之間關係的協調

目前，對解決中國人口老齡化問題形成的共識是：從中國的國情出發，採取國家、社會、家庭和老年人共同負擔的原則，建立完善的現代養老體系。[①] 所謂「現代養老體系」，是一種以養老文化為依託，以各種養老模式為框架，在一定社會發展階段中，建立老年人口經濟保障、身心健康和尊嚴生活的支持系統。[②] 這個系統適應現代社會的經濟、文化特徵，主要具有三方面的功能：首先，是老年人口的基本經濟或物質保障；其次，為老年人提供日常生活照料和情感寄託的人力資源；最後，是養老體系順利運行的社會條件，包括法律制度保障和道德文化環境。這三個方面相互關聯、相互制約。因此，一種單一的養老方式不能構成現代養老體系的全部。

社區養老採取現代養老方式與傳統養老文化相結合的方式，是比較適合中國國情的養老方式，但是在發展過程中並不能認為單一的社區養老就可以滿足中國老年人的需要。在鼓勵社區養老發展的過程中，並不能排斥其他養老方式的發展，相反需要各種養老方式的協調發展。

（1）以社區養老為契機，繼續弘揚傳統養老文化。養老功能在家庭和社會之間的轉移、替代和擴展是一個歷史的必然。社會化養老方式是社會發展的必然，但是在幾千年的養老文化的背景下及現有的社會經濟條件下拋棄這種固有的養老方式是不合實際的。反而在家庭規模日益縮小、年

[①] 劉花，巴喜榮. 中國人口老齡化的幾點思考 [J]. 學習論壇，2003（10）.
[②] 李輝. 論建立現代養老體系與弘揚傳統養老文化 [J]. 人口學刊，2001（1）.

輕一代受西方文化影響加深的情況下，大力弘揚家庭養老文化成為當務之急。這裡所指的社區養老主要是指老年人的居家養老。因此，在鼓勵社區養老的同時，要大力宣揚傳統的養老文化，採取措施鼓勵子女與老年人一同生活。

這裡所指的子女與老人一同生活並不是說老年人的養老服務完全由家庭成員來負擔，主要是使老人得到足夠的精神安慰。老人身體狀況較好時，養老服務主要由家庭成員來負擔，老年人也可以參加社區組織的服務活動；老年人在生活不能完全自理及完全不能自理的情況下，可以根據家庭成員的時間及精力來選擇養老服務是由家庭還是由社區來提供。為了鼓勵子女與老年人共同生活，國家也要給予家庭一定的優惠條件，如：對購買大面積房屋的補貼、小區物業管理的優惠、在為與子女同住的老人提供收費服務時也可給予優惠。總體來說，就是採取各種措施保證這種傳統養老文化的發展，保證國家和社會的長治久安。

(2) 優化機構養老，共擔養老職責。機構養老由於其老人養老的成本高、缺乏親情支撐、經營模式單一等缺點，受到了社會各界的批判。但是我們也不能將思路僅僅局限於原有的經營和管理模式。對於高收入的老人，要思考如何才能滿足他們的各方面需求。因此，要將機構養老轉變為「創造環境，提供服務，按需供給」的新模式。

第一，轉變老齡產業投資模式。投資是一切產業的源頭，老齡產業也不例外。老年公寓投資形成 以社會民間為主體、政府投資為輔的多元結構。政府主要在土地與稅費政策上給予一定的傾斜。中國老齡產業投資走「三三制」，這是今後發展的主要方向。所謂「三三制」，即國內民間資本、社會資本和老年個人資本。政府職能主要是運用政策槓桿協調多元資本，優化投資結構。

第二，轉變養老院經營模式。目前，全國無論公辦或民辦的養老機構，都是靠「數床位」來維持生存，靠入住老人數量來增加經濟收益。這必然會帶來兩個負面效應：其一是擴大面積，增加床位，帶來投資過大的問題；其二是產出率低、回收期長，導致民間資本不願進入老齡市場。老齡產業需要有新的增長點。拿房地產業來說，老人住宅的要求是無障礙、方便、安全、舒適，而無障礙住宅只有在老年公寓裡實現。現在的住宅普遍無法改造成為無障礙型；老年「過剩房」的老齡市場交易，也能夠帶來邊際效應。此外，還有老齡飲食服務、自助旅遊、保健醫療等服務需要進一步開展。要運用現代科學理念與方法系統，整合各種資源，發展老齡產

業，開發邊際效益，形成「反哺機制」，變輸血機制為造血功能。

第三，培訓專業人才，提高服務人員的綜合素質，擴大就業面，開發就業崗位，促進地方就業，形成兩個良性循環——養老院生存發展的良性循環、地方就業的良性循環。

（3）家庭、社區、機構之間的互動。家庭養老、居家養老、社區養老和機構養老有所區別，但它們之間沒有明顯的界線，體現的是家—社區—機構之間互動的趨勢。這種互動的實質就是在調動各方面力量的同時，鞏固和發展家人、鄰居、朋友、義工以及面對相同問題的人們之間傳統人際網路在養老中的作用，實現專業服務、傳統家庭和社會網路的融合。[①]

老人在家中可以接受子女的照料，也可以接受社區入戶服務。老人在機構中養老，也不能缺少家人的親情關懷。社區養老服務中心可以派遣護理員到有困難的老人家裡；也可以白天將生活不能自理的老人接到服務中心，晚上再送回去；還可以把生活不能自理的老人接到社區服務中心進行短期護理。另外，辦在社區中的機構養老中心，也可以實現家庭成員與機構之間的良性互動。社區養老服務將連接家庭和機構，撐起親情養老和精神贍養的一片藍天。

思考題：

1. 何為社區？社區養老是指什麼？
2. 社會嵌入理論對於社區養老有何觀點？
3. 中國社區養老的組織結構是什麼？
4. 國內外社區養老的經濟資源包括哪些方面？
5. 中國社區養老的文化基礎有哪些？
6. 中國社區養老的需求狀況如何？
7. 現階段中國城市老人的收入對社區養老的承受能力如何？
8. 中國目前社區養老服務人員分為哪幾類？其現存問題主要有哪些？
9. 成都市成華區和寧波市海曙區在發展社區養老方面有何經驗做法？其特殊性何在？
10. 社區養老在全國推廣會遇到哪些問題？
11. 你對中國發展社區養老的政策有何建議？
12. 中國社區養老的發展要注意解決哪些問題？

---

① 程賢文．「家庭—社區—機構」互動型養老［J］．經濟工作導刊．2001（7）．

第十三章 社區衛生服務

第一節 社區衛生服務的相關概念

一、社區衛生服務

社區衛生服務是社區建設的重要組成部分，是在政府領導、社區參與、上級衛生機構指導下，為合理使用社區資源和適宜技術而開展的有效、經濟、方便、綜合、連續的基層衛生服務。它以基層衛生機構為主體，以全科醫師為骨幹，以人的健康為中心、家庭為單位、社區為範圍、需求為導向，以婦女、兒童、老年人、慢性病人、殘疾人等為重點，以解決社區主要衛生問題、滿足基本衛生服務需求為目的，融預防、醫療、保健、康復、健康教育、計劃生育技術服務等為一體。

二、醫學模式

醫學模式是以一定的思想觀點和思維方式去研究醫學的屬性、職能和發展規律的，是對健康和疾病的總體特徵及其本質的哲學概括，也是人類防治疾病和獲取健康的經驗總結。醫學模式隨醫學進步而發展、演變，現在正處於生物醫學模式向現代生物─心理─社會醫學模式轉變的過程中。醫學模式的轉變對醫學科學研究、醫療衛生事業的發展和醫學教育方向等

將產生重大而深刻的影響。

三、現代醫學模式提出了社區衛生服務的要求

現代醫學模式概括了影響人類健康和疾病的全部因素，從醫學的整體性出發，分析了生物、心理和社會因素對健康和疾病的綜合作用，突出了社會因素的決定作用。現代醫學模式要求預防醫學更新醫學觀念，將生物醫學預防擴大到社會預防。發展社區衛生服務是實現這一目標的主要途徑。社區衛生服務是以解決社區衛生問題為目標，融預防、醫療、保健、康復、健康教育和計劃生育技術服務為一體的綜合衛生服務。它對於保護和促進健康、提高生活和環境質量、發揮預防醫學效能將產生積極深遠的作用。有人稱社區衛生這一變革為人類第三次衛生革命（第一次衛生革命以防治傳染病和寄生蟲病為主要目標，第二次衛生革命的目的則以防治心腦血管病、惡性腫瘤、糖尿病等現代慢性病為主）。中國學者提出的「大衛生」觀念，認為作為社會事業一部分的衛生事業要納入國家發展規劃，政府應承擔責任，社會各部門應積極配合，人人參與，才能使醫學社會化，進而實現社會預防和社會保健的目標。

四、公共衛生及突發性公共衛生事件

所謂「公共衛生」就是以預防醫學的理論、觀點和技能為基礎，對預防疾病、促進人群健康所採取的社會性實踐，也稱公共衛生措施。突發性公共衛生事件包括：甲類傳染病出現、乙類傳染病明顯升高、新傳染病出現、不明原因疾病暴發、各類自然災害過程或發生后疾病暴發流行、各類中毒出現、免疫接種出現群體副反應、醫院內感染事件等。應對突發性公共衛生事件的公共衛生措施包括基礎性公共衛生措施和應急性公共衛生措施。前者包括建立和完善各級衛生監督和疾病預防控制機制，建立與公共衛生事件有關的責任網、信息網和緊急救助網，加強基礎衛生設施建設，保護環境，建立和健全飲用水、食品等的監督和管理制度，開展病媒昆蟲、鼠及其病媒動物的監控，健全愛國衛生運動制度，開展計劃免疫和預防接種，開展健康教育和全民健身運動等。后者包括緊急啓動「三網」、制訂防治方案、建立技術保障系統和后勤保障系統等，並在實踐中不斷完善應對突發性公共衛生事件的應急機制。

五、全科醫生

全科醫生是經過全科醫學專業培訓，臨床技能全面、醫德高尚的高素

質基層醫療保健人才。全科醫生富有獨立的工作能力，對個人、家庭及社區提供便捷又廉價的防、治、保、康全方位的優質服務。在開展全科醫療服務中，如果沒有具有活力的全科醫生作為堅實的基礎，工作將缺乏生氣和動力。那種單純的專科醫療服務體系，勢必造成醫療秩序的混亂，也沒有任何國家的經濟能夠負擔得起。

英國皇家全科醫學院對全科醫生的定義為：在家庭、診所或醫院裡向個人和家庭提供人性化、初級、連續性醫療服務的醫生。全科醫生由於長期在基層工作，累積了豐富的實踐經驗，因此瞭解人們的心態、人際交往、疾病的來龍去脈。他們是初級醫療保健的專家。全科醫生面對的不僅僅是有疾患的人，並且包括廣大的健康人群。他們可利用社區的一切資源，如政府、民政、慈善以及企業團體、居委會等，解決患者的具體困難。他們根據疾病的需要可將其妥善地轉入專科或大醫院診治，全面協調醫患之間的關係，為患者負起全程的責任。

（一）全科醫生應具備的特點

（1）綜合性的知識：全科醫生應掌握全面的基礎和臨床醫學的基本知識，除此還應瞭解社會學、心理學、政治、法律、社會經濟學甚至宗教知識，以便解決各個個體的身心疾患和群體的健康衛生問題等。

（2）高尚的素質：全科醫生肩負生命週期健康照顧的重擔，對每一個人都有高度的責任感和同情心，對每一問題需始終站在公正的立場上。他們常常會遇到一些棘手的問題，必須具備有冷靜的頭腦、良好的思想境界，甚至具有政治家的智慧，洞察眼前所經歷的一切事物，調節人們的情緒，使人們思想平靜、生活安逸、工作舒暢、精神愉快。因此，他們除具有好的醫學才能外，還必須有高尚的人品、良好的修養，即全科醫生一生需不斷進取。

（3）豐富的生活經驗：全科醫生面臨的是疾病和生活交織的問題。這些問題是醫學知識與社會常識、人文科學邊緣的接合。他們生活在社區，距居民最近，不是在高牆內的醫院，而是不時地介入個人和家庭之中，最能瞭解人們的生活情境，瞭解個人的心願和家庭狀況，從實踐中能獲得豐富的生活經驗。正是這些，豐富了他們的頭腦，使其對問題有深刻的認識，並具有較強地解決問題的能力。

（4）卓越的管理才能：全科醫生以病人為中心，維護患者的利益，站在較高的層次觀察和解決社區內個人和家庭的問題，並且對整個社區衛生狀態進行監測，隨時提出干預措施，與有關部門（政府、企業、慈善

等部門）進行協商共管。他們堅守自己的工作崗位，更是要進行細緻的業務、人事、經濟管理，因此在其工作中施展了卓越的管理才能。他們也只有具有這種才能，方能當好一個全科醫生。全科醫生由於對醫療和醫療費用的卓越管理，獲得了醫療保健「守門人」的專業稱號。

（5）執著的科學精神：隨著日新月異的知識更新，人民醫療保健需求的不斷提高，全科醫生為滿足社區和個人的需要，必須對各門學科不斷地進行學習和研究。只有具有謙虛的作風和嚴謹的科學態度，對不斷進展和變化的科學和社會知識孜孜不倦的學習，才能處理好社區和人群的健康問題，也才能成為一個合格的全科醫生。

（二）全科醫生的業務範疇

全科醫生的業務範疇包括：

（1）門診形式處理常見病、多發病及一般急症；
（2）對危重急症進行院前處理；
（3）心理諮詢，對個人及家庭問題的處理；
（4）傳染病的管理及處理；
（5）建立家庭病床，上門向家庭病人提供服務；
（6）家訪或為老人提供方便服務；
（7）婦幼保健、老年人保健；
（8）健康教育及健康促進；
（9）社區大衛生管理，包括疾病監測（地方病、職業病、傳染病、多發病）、多發病危險因素調查、飲食衛生、公害等管理；
（10）協調病人轉診、會診、諮詢專家以及提供醫療救濟和支持；
（11）社區人群週期性健康檢查；
（12）對本部門進行管理；
（13）個人學習、進修學術交流、會議等。

由此可見，全科醫生是受過全科訓練的具有初級保健特長的醫生。一位全科醫生大約可管理1,000～3,000人。他與專科醫生協作完成醫療保健的Ⅰ、Ⅱ、Ⅲ級防治。世界衛生組織研究認為，醫療系統全科與專科醫生的比率為1:1較為合適，而某些國家則認為全科醫生應多一些。

第二節　社區衛生服務的發展

一、國外的社區醫療

1. 英國社區醫療模式

英國實行國民健康保健制度（National Health Service，NHS）即免費醫療制度。該制度體系建立於1948年，經歷六十多年的發展與完善，已經成為英國福利制度中的一項特色工程。NHS旨在為英國全體國民提供免費醫療服務。在英國，無論是億萬富翁還是身無分文的流浪者，只要需要醫療支持，都能得到相關服務。在整個國家醫療服務體系中，衛生部是最高決策和管理部門，負責統籌規劃英國的整體醫療發展藍圖，負責醫療服務戰略制定和管理。

NHS由英國各級公立醫院、各類診所、社區醫療中心和養老院等醫療機構組成，構成了英國醫療體系的基本單位，被稱為聯合體。英國大多數城市和大型市鎮都有自己的醫院聯合體。這些醫療單位能夠提供國民日常所需的醫療服務，滿足大多數患者的需要。

NHS分為三層管理等級。第一層為社區基礎醫療系統。社區診所24小時提供最基本的保健服務，包括醫療保健和社會關懷在內的綜合服務機構。一般常見病患者就醫必須先到基本醫療點就診，然後根據病情的需要，醫師決定是否將把患者轉診到上一級醫院。這樣一種體系在很長一段時間裡發揮了重要作用，一度被英國人標榜為「西方最完善的醫療服務體系」。

第二層為地區醫院。地區醫院通常就是該地區的醫療中心。有的地區有好幾家，由同一管理層管理。地區醫院接診從第一級機構轉診來的患者。

第三層為教學醫院。教學醫院以緊急救治重大疑難病的醫院為主。一級醫療機構在轉診的時候如果認定病情複雜，可以直接轉給三級，而二級醫療機構也可以轉診給三級。

英國現在的社區衛生服務在國際上都位居前列。社區醫療是國家醫療服務體系的最大組成部分，其運行經費約占其總預算的75%。每個社區公民都有專門的家庭醫師（即全科醫生，General Practioner，簡稱GP），

負責基本醫療服務。在英國，每位居民或外國人都要在社區醫療所登記註冊，然后工作人員會指定一名家庭醫師。你登記的健康檔案將傳給家庭醫師，同時工作人員會發給你一張保健卡及保健醫師的電話，你有事可隨時隨地與你的家庭醫師聯繫。社區家庭醫師對每戶人家的健康狀況也了如指掌，日常生活中感到身體不適者可預約家庭醫師。對行動不便者，家庭醫師也可上門出診。家庭醫師的角色就如同國內社區醫院、鄉鎮衛生院和單位醫務室保健醫生。

預防保健是家庭醫師最主要的任務之一。通常一名社區醫師負責為1,500～3,200人服務。社區醫師的報酬與每月診治疾病的人次或預防保健任務掛勾，同時社區醫師也可以接受私人醫療服務，故社區醫師平均年薪7萬～10萬英鎊，有的一年能得到25萬英鎊的年薪。這種薪金水平超過在大學教學醫院的同級醫師，因此許多大醫院醫師都願意到社區診所工作。社區診所醫師要經過大醫院正式培訓5年以上，拿到全科醫師資格證書后才能到社區診所工作。英國的家庭醫師職位競爭非常激烈，許多醫學生和年輕醫師都願意到社區醫院去當家庭醫師。這樣就確保了社區醫師的業務水平，同樣也能留住人才使其在社區醫院工作。由此看來，經濟槓桿對醫師分流起重要作用。

如果患者需要到上一級醫院去檢查或進一步治療，社區醫師就會給患者寫轉診單，並且幫患者預約好專科門診和檢查時間，患者憑轉診單才能到二級、三級醫院診療，急診除外。

2. 丹麥社區的健康服務

丹麥各社區都成立了24小時家庭關照呼叫中心，建立起了家庭呼叫系統，由社區聘用的護士和家庭服務人員晝夜值班。社區護士可以根據居民的要求24小時隨叫隨到。服務內容包括諮詢、打針、包紮傷口、插入導尿管、照顧病人服藥等。服務方式可以是臨時呼叫，也可以是按計劃定期訪問。

67歲以下的居民可以到社區中心或社區殘障者中心申請家庭護士；67歲以上的居民可以直接到社區養老與關懷辦公室申請家庭護士。老弱病殘者可以在社區中心申請得到一個日間呼叫電話。特別需要及時幫助的居民還可以在家中安裝一個緊急呼叫電話。申請電話呼叫和接受家庭護士服務都是免費的。

丹麥社區健康服務的形式多種多樣，其他服務還有：

（1）急救車服務。所有居民在遇到突發疾病、意外事故、受傷或分

娩等情況時都有權享受急救車服務。急救車在呼救后10分鐘之內就會趕到。急救車配備有醫療設備和一名醫生、一名急救助理。丹麥的急救電話是112，不收取任何費用。

（2）家庭牙科服務。哥本哈根和腓特烈斯貝的社區居民都可以享受這項服務。無論因何種原因不能到牙科診所的人都可以約請牙科醫生到家中來看病。病人通過社區中心、社區護士或養老院等預約登記即可。家庭牙科服務隸屬於丹麥牙齒保健協會，在協會登記註冊通常每年需要交350克朗，此后的檢查和治療就全部免費了。

（3）臨終關懷。丹麥社區允許提供家庭臨終關懷，即當醫院的治療已經無效的時候，允許病人選擇留在醫院或回到家中。如果回家，病人的親屬可以通過申請在家中陪伴與照料他，並享受關懷津貼，作為收入減少的補償。關懷津貼通常是疾病津貼的1.5倍，但不能超過關懷者的正常收入。此外，社區還開辦了一些臨終關懷院，垂危病人可以申請進入臨終關懷院或私人療養院的臨終關懷病房。哥本哈根有兩家社區臨終關懷院，塔根大街186號還有一家私人療養院設有臨終關懷病房。這樣做的目的是給病人以最好的照顧，減輕病人的痛苦。臨終關懷院不收取任何費用，私人療養院收取一定的膳食和洗衣房費用。

（4）職場保健。哥本哈根有一個職場健康中心。該中心專門負責哥本哈根公共部門和私人公司的保健，為職員提供健康諮詢並舉辦各種活動和講座。其內容有食療、減肥、鍛煉、戒菸、戒酒、個人健康評估以及如何緩解工作壓力、增強工作滿意度等。

（5）心理健康服務。保持心理健康對現代人來說具有越來越重要的意義。心理疾患治療在現代社區服務中也具有越來越重要的地位。丹麥的自殺率在歐洲首屈一指，每年平均有1,600人死於自殺，另有1.5萬人企圖自殺，其自殺死亡率是交通事故死亡率的一倍。從這個數字足見心理疾病對人的影響。目前，哥本哈根的社區精神疾病中心有11家之多。這些中心利用懇談、講座、休閒活動等各種方式為社區居民提供心理諮詢，排解心理壓力。

（6）其他特殊的健康問題——愛滋病、酗酒、避孕。哥本哈根專為愛滋病患者開設了一條電話服務熱線。任何人都可以通過這條熱線就有關愛滋病的問題進行諮詢。服務熱線於每天9點到23點開通，週末也不休息。個人還可以通過熱線進行預約，以獲得特別輔導。

哥本哈根性病門診部可以做HIV匿名檢測。檢驗結果3個工作日便

可拿到。門診部還可以對個人進行個別輔導講解。此外，丹麥國家醫院傳染病科、維茲奧勒醫院傳染病門診部都可以做 HIV 匿名檢測。

哥本哈根門診部和其他醫院開設有 5 個酗酒診療科，對酗酒者給予治療和幫助，提供建議。接受治療的人既可以直接前往，也可以選擇匿名治療。

在丹麥，任何人，包括青少年，都可以免費獲得關於避孕的信息和建議，通過自己的家庭醫生或另外選擇醫生來瞭解避孕方法、性傳播疾病的預防以及墮胎的知識。哥本哈根有一家性與社會協會。它開辦的診所也提供這方面的諮詢，並且為 7～10 年級的學生開辦性知識班，講解避孕方法等。哥本哈根還開設了一條為青年人服務的性知識幫助熱線和一個幫助網站。這些服務也都是免費的。

實際上，社區健康服務是丹麥醫療保健制度的重要組成部分。丹麥醫療保健制度的特點是將權利下放到每一個社區政府。國家、郡、社區三級政府緊密合作，確保醫療保健制度完整而無懈可擊。中央政府通常只負責制定總政策，郡政府負責運作公共醫院，社區則承擔著初級保健的重任。

社區初級醫療保健是丹麥醫療保健制度的基礎和支柱。它包括通治各科的普通開業醫生、專科醫生、牙醫、理療醫生和社區政府雇傭的家庭護士。根據國家醫療補貼計劃，這些醫生、護士的收入大部分由政府負責支付，因此居民看病基本免費。

在丹麥，社區中約有 3,200 名普通開業醫生。每個年滿 16 歲的公民都有權選擇一位自己的開業醫生。移居丹麥的外國人或從外國遷回丹麥的本國人需要等候 6 個星期方能享受這項福利。通科醫生通常是固定幾年不變的，能夠做到對病人家庭遺傳病史、個人病史、個人身體全面情況都心中有數。社區居民有了健康問題都要首先找他診視。他可根據情況治療或推薦病人去看專科門診，還可為病人聯繫家庭護士及其他社區保健服務。家庭醫生提供免費的晝夜服務。因此丹麥人親切地把他稱為「家庭的守護神」。

丹麥的醫療保健服務分為第一組和第二組。公民可以自由選擇是加入第一組還是加入第二組；如果不選擇的話，便自動成為第一組的成員。第一組的人只能在距離自家住宅不超過 5 千米的診所選擇一位家庭醫生，第二組的人則可以自由選擇家庭醫生，但要自己承擔一部分費用。在一個組裡待滿 12 個月以後可以重新換組。16 歲以下沒有獨立生活能力的孩子和父母擁有同一個家庭醫生，年滿 16 歲以後就可以選擇自己的家庭醫生了。

第十三章　社區衛生服務

經過家庭醫生推薦，病人可以到專科門診或醫院去看病。丹麥約有800位專科醫生、8,800位在醫院就職的醫生以及2,300名護士。他們向病人提供醫療和護理，而病人無須付錢。醫院一張病床一天費用在3,000~4,000丹麥克朗，但全部由公共福利機構擔負。實際上，丹麥人看病的費用約85%由國家出，只有牙病、理療、麻醉藥品等的少量費用由個人負擔。

牙科保健是社區初級保健的一個重要內容。丹麥約有3,400名牙科醫生。在哥本哈根，有近50家牙科門診部，凡不滿18歲的孩子都享受免費的牙齒保健。哥本哈根有專門的兒童與青少年牙齒保健服務門診部。門診部會定期通知孩子們去做牙科檢查和治療。第一次檢查從兒童年滿18個月時就開始了。丹麥人可以自由選擇社區牙科門診部或者是私人牙科醫生，二者都是免費的。①

二、發展中國社區衛生服務的意義

在中國現階段大力發展社區衛生服務具有重大意義：

第一，它是提供基本衛生服務，滿足人民群眾日益增長的衛生服務需求，提高人民健康水平的重要保障。社區衛生服務覆蓋廣泛、方便群眾、能使廣大群眾獲得基本衛生服務，也有利於滿足群眾日益增長的多樣化衛生服務需求。社區衛生服務強調預防為主、防治結合，有利於將預防保健落實到社區、家庭和個人，提高人群健康水平。

第二，它是深化衛生改革，建立與社會主義市場經濟體制相適應的城市衛生服務體系的重要基礎。社區衛生服務可以在基層解決廣大居民的多數基本健康問題。積極發展社區衛生服務，有利於調整城市衛生服務體系的結構、功能、佈局，提高效率，降低成本，形成以社區衛生服務機構為基礎，大中型醫院為醫療中心，預防、保健、健康教育等機構為預防、保健中心，適應社會主義初級階段國情和社會主義市場經濟體制的城市衛生服務體系新格局。

第三，它是建立城鎮職工基本醫療保險制度的迫切要求。社區衛生服務可以為參保職工就近診治一般常見病、多發病、慢性病，幫助參保職工合理利用大醫院服務，並通過健康教育、預防保健，增進職工健康，減少發病。這既保證基本醫療，又降低成本，符合「低水平、廣覆蓋」原則，對職工基本醫療保險制度長久穩定運行，起重要支撐作用。

---

① 楊敘. 丹麥社區的健康服務［J］. 社區，2003（21）.

第四，它是加強社會主義精神文明建設，密切黨群干群關係，維護社會穩定的重要途徑。社區衛生服務通過多種形式的服務為群眾排憂解難，使社區衛生人員與廣大居民建立起新型醫患關係，有利於加強社會主義精神文明建設。積極開展社區衛生服務是為人民辦好事、辦實事的德政民心工程，充分體現全心全意為人民服務的宗旨，有利於密切黨群干群關係，維護社會穩定，促進國家長治久安。

第五，發展社區衛生服務可以優化衛生資源配置，成為有效解決群眾看病難、看病貴問題的切入點。近年來，中國衛生事業發展中一個突出問題是衛生資源配置不合理，優質資源過度向大醫院集中，城市大中型醫院集中了大量的高新醫療設備和優秀醫護人才，而基層衛生資源則嚴重不足。目前，全國社區衛生服務中心和服務站僅占城鎮醫療衛生機構總數的8.9%，衛生技術人員數占2.7%。社區衛生服務的覆蓋面小，醫護人員數量不足，服務設施和設備匱乏，服務質量難以取得群眾信任。因此，大中型醫院吸引了大量常見病、多發病患者，門診治療人滿為患，而社區衛生服務機構很少有患者就診。社區衛生服務的發展則可扭轉這種局面。

三、中國社區衛生服務發展的歷史與規劃

早在1997年，中共中央、國務院在《關於衛生改革與發展的決定》中提出：改革城市衛生服務體系，積極發展社區衛生服務，逐步形成功能合理、方便群眾的衛生服務網路。基層衛生機構要以社區、家庭為服務對象，開展疾病預防、常見病與多發病的診治、醫療與傷殘康復、健康教育、計劃生育技術服務和婦女兒童與老年人、殘疾人保健等工作。要把社區醫療服務納入職工醫療保險，建立雙向轉診制度。有計劃地分流醫務人員和組織社會上的醫務人員，在居民區開設衛生服務網點，並納入社區衛生服務體系。城市大醫院主要從事急危重症和疑難病症的診療，結合臨床實踐開展醫學教育和科研工作，不斷提高醫學科技水平，還要指導和培訓基層衛生人員。1999年，衛生部印發了《關於發展城市社區衛生服務的若干意見的通知》。2002年，衛生部又印發了《關於加快發展城市社區衛生服務的意見的通知》。

從1997年以來，社區衛生服務開始在一些地區試點。在總結各地試點經驗和問題的基礎上，2006年國務院成立了以國務院副總理吳儀為組長的城市社區衛生工作領導小組，加快了社區衛生服務推廣的步伐。同年2月21日，國務院出抬的《關於發展城市社區衛生服務的指導意見》提

出了中國社區衛生服務發展的規劃。2015年，中國制定了《全國醫療衛生服務體系規劃綱要》（2015—2020年）。

1. 發展社區衛生服務的指導思想、基本原則和工作目標

（1）指導思想。以鄧小平理論和「三個代表」重要思想為指導，全面落實科學發展觀，堅持為人民健康服務的方向，將發展社區衛生服務作為深化城市醫療衛生體制改革，有效解決城市居民看病難、看病貴問題的重要舉措，作為構建新型城市衛生服務體系的基礎，著力推進體制、機制創新，為居民提供安全、有效、便捷、經濟的公共衛生服務和基本醫療服務。

（2）基本原則。堅持社區衛生服務的公益性質，注重衛生服務的公平、效率和可及性。堅持政府主導，鼓勵社會參與，多渠道發展社區衛生服務。堅持實行區域衛生規劃，調整現有衛生資源並輔以改擴建和新建，健全社區衛生服務網路。堅持公共衛生和基本醫療並重、中西醫並重，防治結合。堅持以地方為主，因地制宜，探索創新，積極推進。

（3）工作目標。到2020年，在每個街道辦事處範圍內或3萬～10萬居民居住區域內規劃設置1所社區衛生服務中心。

2. 推進社區衛生服務體系建設

（1）堅持公益性質，完善社區衛生服務功能。社區衛生服務機構提供公共衛生服務和基本醫療服務，具有公益性質，不以營利為目的。社區衛生服務機構要以社區、家庭和居民為服務對象，以婦女、兒童、老年人、慢性病人、殘疾人、貧困居民等為服務重點，以主動服務、上門服務為主，開展健康教育、預防、保健、康復、計劃生育技術服務和一般常見病、多發病的診療服務。

（2）堅持政府主導，鼓勵社會參與，建立健全社區衛生服務網路。地方政府要制定發展規劃，有計劃、有步驟地建立健全以社區衛生服務中心和社區衛生服務站為主體，以診所、醫務所（室）、護理院等其他基層醫療機構為補充的社區衛生服務網路。在大中型城市，政府原則上按照3萬～10萬居民或按照街道辦事處所轄範圍規劃設置1所社區衛生服務中心，根據需要可設置若干社區衛生服務站。社區衛生服務中心與社區衛生服務站可實行一體化管理。社區衛生服務機構主要通過調整現有衛生資源，對政府舉辦的一級、部分二級醫院和國有企事業單位所屬醫療機構等基層醫療機構進行轉型或改造改制設立。現有衛生資源不足的，應加以補充和完善。要按照平等、競爭、擇優的原則，統籌社區衛生服務機構，鼓

勵社會力量參與，充分發揮社會力量舉辦的社區衛生服務機構的作用。

（3）建立社區衛生服務機構與預防保健機構、醫院合理的分工協作關係。調整疾病預防控制機構、婦幼保健院等預防保健機構的職能，適宜社區開展的公共衛生服務交由社區衛生服務機構承擔。疾病預防控制機構、婦幼保健院等預防保健機構要對社區衛生服務機構提供業務指導和技術支持。實行社區衛生服務機構與大中型醫院多種形式的聯合與合作，建立分級醫療和雙向轉診制度，探索開展社區首診制試點，由社區衛生服務機構逐步提供大中型醫院的一般門診、康復和護理等服務。

（4）加強社區衛生服務隊伍建設。加強高等醫學院校的全科醫學、社區護理學科教育，積極為社區培訓全科醫師、護士，鼓勵高等醫學院校畢業生到社區衛生服務機構服務。完善全科醫師、護士等衛生技術人員的任職資格制度，制定聘用辦法，加強崗位培訓，開展規範化培訓，提高人員素質和專業技術能力。要採取多種形式鼓勵和組織大中型醫院、預防保健機構、計劃生育技術服務機構的高、中級衛生技術人員定期到社區衛生服務機構提供技術指導和服務。社區衛生服務機構要有計劃地組織衛生技術人員到醫院和預防保健機構進修學習、參加學術活動。鼓勵退休醫護人員依照有關規定提供社區衛生服務。

（5）完善社區衛生服務運行機制。政府舉辦的社區衛生服務機構屬於事業單位，因此要根據事業單位改革原則，改革人事管理制度，按照服務工作需要和精幹、效能的要求，實行定編定崗、公開招聘、合同聘用、崗位管理、績效考核的辦法。對工作績效優異的人員予以獎勵；對經培訓仍達不到要求的人員按國家有關規定解除聘用關係。要改革收入分配管理制度，實行以崗位工資和績效工資為主要內容的收入分配辦法，加強和改善工資總額管理。社區衛生服務從業人員的收入不得與服務收入直接掛勾。

（6）各地區要積極探索建立科學合理的社區衛生服務收支運行管理機制，規範收支管理，有條件的可實行收支兩條線管理試點。地方政府要按照購買服務的方式，根據社區服務人口以及社區衛生服務機構提供的公共衛生服務項目數量、質量和相關成本核定財政補助。尚不具備條件的可以按人員基本工資和開展公共衛生服務所需經費核定政府舉辦的社區衛生服務機構財政補助，並創造條件完善財政補助方式。各地區要採取有效辦法，鼓勵藥品生產經營企業生產、供應質優價廉的社區衛生服務常用藥品，開展政府集中採購、統一配送、零差率銷售藥品分開試點。

(7) 加強社區衛生服務的監督管理。規範社區衛生服務機構的設置條件和標準，依法嚴格社區衛生服務機構、從業人員和技術服務項目的准入，明確社區衛生服務範圍和內容，健全社區衛生服務技術操作規程和工作制度，完善社區衛生服務考核評價制度，推進社區衛生服務信息管理系統建設。加強社區衛生服務的標準化建設，對不符合要求的社區衛生服務機構和工作人員，要及時調整，保證服務質量。加強社區衛生服務執業監管，建立社會民主監督制度，將接受服務居民的滿意度作為考核社區衛生服務機構和從業人員業績的重要標準。發揮行業自律組織在提供服務、反應訴求、規範行為等方面的作用。加強藥品、醫療器械管理，確保醫藥安全。嚴格財務管理，加強財政、審計監督。

(8) 發揮中醫藥和民族醫藥在社區衛生服務中的優勢與作用。加強社區中醫藥和民族醫藥服務能力建設，合理配備中醫藥和民族醫藥專業技術人員，積極開展對社區衛生服務從業人員的中醫藥基本知識和技能培訓，推廣和應用適宜的中醫藥和民族醫藥技術。在預防、醫療、康復、健康教育等方面，充分利用中醫藥和民族醫藥資源，充分發揮中醫藥和民族醫藥的特色和優勢。

3. 完善發展社區衛生服務的政策措施

(1) 制定實施社區衛生服務發展規劃。地方政府要制訂社區衛生服務發展中長期規劃和年度發展計劃，將發展社區衛生服務納入當地國民經濟和社會發展規劃及區域衛生規劃，落實規劃實施的政策措施。在城市新建和改建居民區中，社區衛生服務設施要與居民住宅同步規劃、同步建設、同步投入使用。市轄區人民政府原則上不再舉辦醫院，著力於發展社區衛生服務。

(2) 加大對社區衛生服務的經費投入。各級政府要調整財政支出結構，建立穩定的社區衛生服務籌資和投入機制，加大對社區衛生服務的投入力度。地方政府要為社區衛生服務機構提供必要的房屋和醫療衛生設備等設施，對業務培訓給予適當補助，並根據社區人口以及服務項目和數量、質量及相關成本核定預防保健等社區公共衛生服務經費補助。政府舉辦的社區衛生服務機構的離退休人員費用，在事業單位養老保障制度改革前，由地方政府根據有關規定予以安排。地方政府要根據本地實際情況進一步加大力度安排社區公共衛生服務經費，並隨著經濟發展逐步增加該經費。中央財政從2007年起對中西部地區發展社區公共衛生服務按照一定標準給予補助。中央對中西部地區社區衛生服務機構的基礎設施建設、基

本設備配置和人員培訓等給予了必要支持。

（3）發揮社區衛生服務在醫療保障中的作用。按照「低水平、廣覆蓋」的原則，不斷擴大醫療保險的覆蓋範圍，完善城鎮職工基本醫療保險定點管理辦法和醫療費用結算辦法，將符合條件的社區衛生服務機構納入城鎮職工基本醫療保險定點醫療機構的範圍，將符合規定的醫療服務項目納入基本醫療保險支付範圍，引導參保人員充分利用社區衛生服務，探索建立以社區衛生服務為基礎的城市醫療救助制度。

（4）落實有關部門職責，促進社區衛生服務發展。各有關部門要切實履行職責，共同推進社區衛生服務發展。

衛生部門負責制定社區衛生服務發展規劃、准入標準和管理規範，制定社區公共衛生服務項目，加強行業監督管理。按照國家有關規定，組織開展社區衛生服務從業人員崗位培訓和繼續教育。

機構編製部門牽頭研究與制定政府舉辦的社區衛生服務機構人員編製標準。

發展改革部門負責將社區衛生服務發展納入國民經濟和社會發展規劃，根據需要安排社區衛生服務機構基礎設施建設投資。價格部門研究制定社區衛生服務收費標準和藥品價格管理辦法。

教育部門負責全科醫學和社區護理學科教育，將社區衛生服務技能作為醫學教育的重要內容。

民政部門負責將社區衛生服務納入社區建設規劃，探索建立以社區衛生服務為基礎的城市醫療救助制度，做好社區衛生服務的民主監督工作。

財政部門負責制定社區衛生服務的財政補助政策及財務收支管理辦法。

人力資源和社會保障部門負責完善全科醫師、護士等衛生技術人員的任職資格制度，制定社區全科醫師、護士等衛生技術人員的聘用辦法和吸引優秀衛生人才進社區的有關政策。該部門負責制定促進城鎮職工基本醫療保險參保人員到社區衛生服務機構就診的有關政策措施。

建設（規劃）部門負責按照國家有關標準，將社區衛生服務設施納入城市建設規劃，並依法加強監督。

人口和計劃生育部門負責社區計劃生育技術服務的指導和管理。

食品藥品監管部門負責社區衛生服務所需藥品和醫療器械的質量監督管理。

中醫藥部門負責制定推動中醫藥和民族醫藥為社區居民服務的有關政

策措施。

簡言之，中國政府正大力倡導的社區醫院呈現以下特點：具有社會公益性質，屬於非營利性醫療機構；以3萬~10萬居民為服務對象規劃設置社區衛生服務中心，根據需要可設置若干社區衛生服務站；提供常見病、多發病的診療、護理以及診斷明確的慢性病治療等；每萬名居民配備2~3名全科醫師、1名公共衛生醫師，護士和醫護按1:1配備；實行按項目收費，也可以對一般常見病、多發病採取按病種收費等方式；在藥品價格方面，降低藥品加價率，鼓勵廉價藥品的使用；將符合條件的社區衛生服務機構納入定點範圍，將符合規定的社區衛生服務項目納入支付範圍；與大醫院合作，實行雙向轉診、通用病歷、專家定期坐診等。

四、中國社區衛生服務的發展規模

截至2006年年初，全國95%的地級以上城市、86%的市轄區和一批縣級市開展了城市社區衛生服務。全國已設置3,400多個社區衛生服務中心、近1.2萬個社區衛生服務站，創建了108個全國社區衛生服務示範區。以社區衛生服務中心為主，社區衛生服務站為輔，醫療診所、醫務室為補充的社區衛生服務體系框架，正在大中型城市逐步形成。但是從總體來看，全國的社區衛生服務仍處於初創階段，與廣大人民群眾的需要存在很大差距，社區預防保健、提供基本醫療服務方面難以滿足廣大群眾的要求。

到2006年年底，全國已設立2.3萬個社區衛生服務中心（站）。其中，社區衛生服務中心2,077個，社區衛生服務站20,579個。與2005年相比，社區衛生服務中心（站）增加了5,528個。2006年社區衛生服務中心提供門診8,147萬人次，住院43萬人；平均每個機構年提供門診3.9萬人次，住院207人；平均每個醫生每日擔負診療12.8人次。社區衛生服務站提供門診9,379萬人次，平均每站提供門診4,558人次，平均每個醫生每日擔負診療13.0人次。

第三節　社區首診制、雙向轉診制與首席醫師制

一、社區首診制的定義

首診制就是指患病先到社區，由社區醫生來把關，社區解決不了的再到大醫院。西方發達國家普遍開展了社區首診。這種分級醫療的模式，主要是為了理性地利用醫療資源和醫療服務，合理降低醫療成本和醫療費用。到 2010 年各方面條件比較完善了，大部分地方應該可以建立社區首診制，這是發展社區衛生的努力方向。只有做到首診，才能合理利用衛生資源。但目前還只能在部分地區進行試點。2007 年開始，北京開始推行無保障老人在社區衛生服務中心首診的制度，一些城市如江蘇省南京市等地要求城鎮居民醫療保險的參保人實行社區首診。另有一些地區如深圳市、四川省南充市對參加大病醫療保險的農民工採取該制度。

二、實現社區首診制需要解決的問題

現在的主要病原仍然在三甲醫院，社區醫院較少，如果強制性推出社區首診制顯然不合適。社區首診負責制是一個間接的過程。首先，應該提高社區衛生服務站和服務中心技術人員的水平，改善社區醫療條件。舉例說，心臟病是老年人的常見病，犯病一般都在夜裡，而且情況非常緊急，社區醫院晚上又不開門，病人只有自己到大醫院去。其次，社區衛生服務中心和三甲醫院要實現業務的資源對口。最後，採用經濟手段分流患者，確確實實讓患者在社區看病的價錢比較便宜。

三、農民工與社區首診制

2006 年 2 月 21 日，國務院出抬的《國務院關於發展城市社區衛生服務的指導意見》提出大力發展社區衛生服務的方針。隨後，國家衛生部、國務院體改辦、國家計委、民政部、財政部、原人事部、原勞動保障部、住房和城鄉建設部、稅務總局、藥品監管局、中醫藥局等眾多部門出抬了支持政策。同年 6 月 22 日，勞動和社會保障部發布了《關於促進醫療保險參保人員充分利用社區衛生服務的指導意見》。社區衛生服務大有一蹴而就之勢。勞動和社會保障部亦要求各地「要結合社區衛生服務事業發

展，積極探索切實有效的農民工就醫管理方式，以方便參保農民工就醫。」在此原則的指導下，少數地方進行了探索。如四川省南充市規定：農民工按照就近的原則每年在城鎮職工醫療保險定點的社區衛生服務中心、一級及以下醫院中選擇一家首診醫療機構並報醫保經辦機構登記。參保農民工非急診疾病先到首診醫療機構就診，因病情需要轉診轉院的，由首診醫療機構出具證明，經醫療保險經辦機構審核同意后辦理。深圳市外來工大病醫療保險也在充分利用社區衛生服務的基礎上大大降低了醫療成本。

　　誠然，分佈在城市社區的醫療衛生機構，也可作為農民工看病的便利資源。由於目前農民工獲取的相關衛生信息很少，大多數人並不瞭解當地衛生服務機構的分佈狀況和功能定位，一想到看病，就想到大醫院和高額醫療費用，因此很難有效利用這些衛生資源。事實上，社區衛生服務機構是面向轄區內所有居民的，不論年齡、身分都可以獲得服務，費用也相對較低。因此，應該加大宣傳力度，鼓勵農民工根據自身經濟條件，充分利用社區醫療資源。然而是否需要硬性地指定農民工在社區醫院首診，卻值得商榷。中國的社區衛生服務是「雷聲大，雨點小」。《國務院關於發展城市社區衛生服務的指導意見》制定的工作目標是，到2010年，全國地級以上城市和有條件的縣級市要建立比較完善的城市社區衛生服務體系。顯然，社區衛生服務不是所有地區都可實現的。事實上，北京市等地社區衛生服務的試點證實，社區醫療機構的醫療設施跟不上，醫療技術無法保證，雙向轉診不具操作性，首診制還有漫長道路要走，目前只能將無子女的孤寡老人定為首診制的對象。其他城市社區醫療的步伐更滯后於北京市。在此條件下，指定農民工在社區醫院首診是充分利用社區醫療資源的體現抑或是對農民工的歧視？這需要進一步研究。從一個角度看，指定首診醫院限定了農民工醫療機構的選擇權，還有可能延誤治療；而個別地方將農民工生病報銷目錄中限制在社區用藥目錄的規定則直接降低了農民工的醫療保障待遇水平。

四、上海市為鼓勵病人在社區衛生服務中心就診採取的措施

　　為鼓勵病人在社區衛生服務中心就診，2006年12月26日上海市衛生局、上海市醫療保險局、上海市財政局、上海市物價局和上海市信息化工作委員會聯合出抬了《本市市民社區就診和定向轉診普通門（急）診

診查費減免試行辦法》，規定各二級、三級醫療機構要在切實做好定向轉診病人普通門（急）診診查費減免工作的同時，建立接收定向轉診病人的「綠色通道」，為定向轉診病人在掛號、檢查、住院等方面提供適當的優先服務，安排本院主治及以上專業技術職稱的醫師接診，做好接診病人的院內分診。

五、雙向轉診的定義

雙向轉診是規範基層醫療機構與上級醫療機構（大中型醫療機構）之間病人有序流動的管理制度。雙向轉診制度的建立和實施，可以有效地規範醫療服務流程，有利於實現「小病在社區、大病到醫院、康復回社區」的分工合理的醫療服務格局。

衛生部發言人則將雙向轉診制度解釋為：社區衛生服務機構與區域大中型綜合醫院、專科醫院簽訂協議，讓一般常見、多發的小病在社區衛生服務機構治療，大病則轉向二級以上的大醫院，而在人醫院確診后的慢性病治療和手術後的康復則可轉至社區衛生服務機構。這樣，就可以實現「小病不出社區，大病及時轉診」。雙向轉診制度是與分級醫療聯繫在一起的，其核心是兩者明確各自的職能，形成優勢互補，而不是相互搶奪醫療市場。

許多國家和地區均實行雙向轉診制度，臺灣的全民健保項目也是規定雙向轉診的。雙向轉診制度在中國一些省市的實施，在解決群眾看病難、看病貴方面體現出積極的社會意義。

1. 解決群眾看病難問題

「大醫院人滿為患，社區中心冷冷清清」一直被認為是看病難的癥結所在。雙向轉診制度在這方面體現出明顯的優勢。以往患者得了重病或遇上疑難雜症，到大醫院找專家看病深感不便。推行「雙向轉診」后，大醫院往往對掛勾的社區中心輸送、預約的患者都開通了「綠色通道」。群眾對於看病難的不滿有所緩解。6 年前，上海在全市社區衛生服務中心就醫的病人，僅占全市門診、急診總量的 28%，而實施雙向轉診制度后的 2005 年，全市門急診總人次逾一億，其中在全市 227 所社區衛生服務中心就診的病人達 3,600 萬人次，增加了近 1,000 萬人次，占全市的門診、急診總量的 36%，提升 8 個百分點。在上海市六醫院與徐匯區 11 所社區衛生服務中心實行雙向轉診后，2005 年病人平均住院天數從 15.7 天降至 13.3 天，全年多診治了 6,350 位病人。

2. 減緩醫療費用增長的速度

大醫院和社區衛生服務機構的醫療費用普遍有很大的差別。2005年南京市衛生局的一項調查顯示，南京市社區衛生服務機構人均門診費53元，人均住院費1,920元，分別為大醫院門診和住院費的1/3和1/5。而高血壓、糖尿病等慢性疾病治療費尚不及大醫院的1/2。實行雙向轉診制度，可以使患者看病費用大幅下降。例如，上海岳陽醫院的腦出血或腦外傷病人以往術後要在該院治療3個月以上，平均醫療費用為4萬～5萬元。2004年8月與虹口區9家社區衛生服務中心建立「雙向轉診」網路後，這些患者在平穩度過急性期（約1～1.5個月）後，及時轉入社區衛生服務中心進行後續康復，可節省醫療費用1.5萬～2萬元。2005年全年中，該院「雙向轉診」病人共達214位，其中轉出住院病人55位，接受各社區中心轉診入住病人159例。在床位沒有增加的情況下，平均住院天數比上一年度縮短了2天，每位轉診患者平均可節省20%～30%的醫療費。

3. 醫療資源整合得到有效利用

中國醫療資源分佈的不均衡，集中體現在醫療資源的地域分佈和各等級醫院的設備、高等級人才的分佈不平衡上。大量的優質醫療資源集中在經濟發達地區和大城市，各種高精尖的儀器設備、專家教授也多就職於大城市的高等級大醫院中。居民對社區衛生人員、技術、服務缺乏必要的信任和認可。這已經嚴重制約了當前社區衛生事業的發展。實行雙向轉診制度後，大醫院會定期派醫務人員到對口的社區醫院蹲點，採取培訓、進修、講座、帶教等方式，加強對社區醫療人才的培養，並鼓勵優秀人才向社區流動，提升社區醫院的醫療水平，使當地居民願意上社區醫院就診。石家莊市要求市直醫療機構要與基層醫療機構簽訂幫扶協議，免費為基層醫療機構培訓業務骨幹，採取長期進修或短期培訓的方式，輪訓基層衛生技術人員。石家莊市要求建立市、縣、鄉「三點一線」聯繫制度，上級醫療機構醫務人員定期到幫扶對象轄區進行巡診、義診，定期舉辦講座，提供技術支持，幫助基層醫療單位解決醫療技術難題。石家莊市還成立「石家莊市醫療服務專家會診中心」和「網上會診高速公路」，建立區域醫療諮詢平臺，加強垂直醫療機構資源整合。

六、雙向轉診行為需要規範

目前，已有許多地區實現了雙向轉診制度。雙向轉診行為需要規範，

才能健康發展。

1. 雙向轉診的基本原則

雙向轉診應當遵循一些基本原則：①患者自願的原則；②分級管理原則；③患者病情與醫院專科特色相結合的原則；④設備通用、技術共享的原則；⑤無縫式連續管理的原則；⑥規避醫療服務市場壟斷的原則。

2. 雙向轉診的條件

需明確雙向轉診的條件，包括上轉條件和下轉條件，以規範轉診行為並保護患者利益。

3. 雙向轉診需要政策支持

政策支持是引導患者接受雙向轉診的重要手段。醫保的地域性限制、醫療費用報銷比例、計算機系統互通、轉診標準確定、檢查結果互認、合作醫院服務質量有效監控、醫療事故和過錯處理措施和會診費用標準等問題制約著雙向轉診工作。廣東省在醫院之間建立了統一有效的治療標準：病人可先在基層醫院完成術前檢查，再通過電話預約轉至省人民醫院救治、做大手術。石家莊市規定，上轉來的患者可在接診醫院免收掛號費、診查費，減免住院床位費、物理檢查費，優先就診等。同時，規定各接診醫療機構不得做不必要的重複檢查。

七、雙向轉診需要解決的問題

2007 年北京市、上海市、青島市、廣州市、武漢市等城市開始嘗試雙向轉診制度。雙向轉診容易出現「向上轉容易，向下轉困難」：社區衛生服務中心對無法接診的重症患者，會很快將其轉入大醫院；而大醫院一般會待病人完全康復後，才讓他出院。「向下轉」之所以不暢，一方面是由於病源的多少直接影響醫院的收入，另一方面也是由於社區醫院設備技術上有時無法滿足病人康復需要。比如，社區衛生服務配備常用藥品有 312 種，這和大醫院的藥品種類相差很遠，一些患者需要的藥在社區根本找不到；再如檢測設備問題，社區衛生服務中心（站）檢查設備跟不上，大醫院不承認一些檢測結果。2007 年 4 月起，北京市衛生部門只是初步明確了雙向轉診的標準，即社區不能確診的疑難複雜病例、有手術指徵的危重病人等須向大醫院「上轉」；大醫院中一般常見病和多發病、診斷明確且需要長期治療的慢性病患者則可轉往社區醫院繼續治療。但是，雙向轉診要想走得更遠，還有許多「細活」要做，比如各個病種轉診的具體標準、醫療保險的順利銜接等。

在觀念、制度上存在「瓶頸」。觀念方面，如市民對社區醫院的技術水平不太信任，一些大醫院的醫生不太情願出診；機制方面，如驗單檢查無法互認，相當部分患者轉診后仍需重新檢查等。

雙向轉診的層次與內涵應在實踐中不斷完善與深化。大醫院與社區醫療機構的互動，不僅體現在為患者看病方面，而且要拓展到教學、科研、醫療管理等方面。政府應組建專門的管理協調機構，搭建支援與受援雙方對話與溝通的平臺。目前，北京市東城區、西城區等均成立了社區衛生服務管理中心，統籌、規劃、管理、組織、協調包括「雙向轉診」在內的社區衛生服務工作。

雙向轉診是一系統工程，最終實現仍有漫長道路。首先，要在社區培養合格的全科醫師。其次，要充分利用社會資源如各大醫院離退休專家等。最後，應充分依託大醫院專家的幫助，使社區門診逐步規範。以北京市為例，第一階段是試點，最少需要3~4年來實現第一批的雙向轉診。政府要分派任務給大醫院，令其負責社區中心技術和人才的培養等，讓老百姓認可社區醫院。再經過兩批、三批的帶動，逐漸覆蓋到整個北京市。

八、醫護人員管理的變化

1. 上海市社區衛生服務中心引進首席醫師制

上海市社區衛生服務中心建立首席醫師制度。首席醫師由二級、三級醫院派出的醫務人員或服務中心內部具有本科以上學歷和主治醫師以上職稱的人員擔任，負責開展業務培訓，指導全科醫生的診療工作，審核定向轉診和雙向轉診，讓高年資的醫生坐堂，對服務中心的醫療質量進行把關。

2. 北京市社區醫生巡診制度

醫生改坐診為親自上門巡診，在北京市東城區更有制度上的保證。巡診次數越多，工作量就會越高，鼓勵社區醫生上門巡診。新型社區衛生服務模式鼓勵社區醫生外出巡診、包戶到人，以方便社區患者，特別是行動不便的老人，而就診者則不用因此繳納額外費用。巡診次數和醫生待遇掛勾，是為了提高社區醫生的工作積極性。巡診的工作量計分是坐診的三倍。醫生坐診一次得0.25分，而上門巡診一次就能得0.75分。

3. 石家莊市推行社區責任醫生制

2007年3月28日，石家莊市開始在全市社區衛生服務機構推行社區責任醫生制度，力爭達到每一個家庭都擁有社區責任醫生，實現「小病在社區、大病進醫院」的就醫模式。

社區責任醫生制度，就是將社區衛生服務站的醫務人員進行資源整合，按照服務區域範圍進行劃片，每個醫生負責各自區域內居民健康的服務活動。社區責任醫生的主要職責是：服從社區衛生服務機構的管理，按規定做好管轄區內的居民建檔、疾病分類、慢性病管理、重點人群的登記造冊及相關資料的填寫和補充。熟悉管轄區域的範圍、家庭戶數、居民健康狀況。有計劃地進行每月一次社區巡診，開展健康諮詢服務，為居民提供身體、心理、社會行為等方面的健康和醫療幫助。與居委會共同組織每月一次的健康教育。每週進行一次重點人群訪視，對轄區內殘障、行動不便患者或危重病人，要及時提供上門服務。及時掌握居民的健康和患病治療信息，及時為居民提供相應的健康服務，包括提出康復計劃等。

　　石家莊市要求各社區衛生服務機構要在各個樓院設置「社區責任醫生」的明示標志，將社區責任醫生的資格、職稱、服務項目、聯繫電話等印製成名片，發放到每一個社區、每一個家庭中。只要居民有健康或就醫方面的需求，可撥打電話，尋求責任醫生的幫助。

　　4. 北京市對社區護士統一考核

　　社區護士是社區衛生服務專業隊伍建設的重要組成部分，社區護士承擔著社區人群的預防保健、健康教育、慢性病護理管理、兒童和婦女和老年等人群護理及疾病康復等任務，與全科醫師、防保醫師和其他社區衛生技術人員共同實現社區衛生服務「六位一體」的功能。北京市在全國首次對社區護士實行統一的培訓標準、統一教材、統一考核、統一發證和任職資格制度。北京市要求社區護士必須通過理論和技能考核，取得社區護士的崗位培訓考試合格證書，二次考試不合格將轉崗分流。到 2010 年還未取得崗位培訓考試合格證書者，將不能繼續聘用社區衛生服務的相應工作崗位。社區護士技能操作考核重點是測血壓、無菌技術、各種注射、導尿術等技能。

　　2006 年 12 月 23—24 日北京市在全市開展了首次社區護士的技能考核。

第四節　藥品採購制度的改革

一、藥品傳統集中招標採購模式的利與弊

　　中國公立醫療機構的藥品招標採購始於 1993 年，河南省首開先河。

为了降低醫院採購成本，杜絕假劣藥品進入市場，糾正藥品購銷活動中發生的「吃回扣」等不正之風，河南省實行了醫院藥品集中定點採購，使得醫院的藥品採購成本3年降了15%，而通過計算機網路進行交易的方式也逐漸盛行。隨后，上海市浦東區也實行了醫院藥品進場公開採購制度，貨比三家，集中交易，保證醫院的藥品進價越來越便宜。隨著2000年《中華人民共和國招投標法》的實施，集中採購和招標開始掛鉤。2000—2001年，國務院辦公廳、衛生部、國家經貿委、國家計委、藥品監管局陸續出抬了大量政策，推行醫療機構的藥品集中招標採購制度。

2000年3月，海南省6家三甲醫院率先在網上進行藥品集中招標，共採購100多個品種，打響了藥品集中招標採購模式在國內的第一槍。藥品集中招標採購制將很多臨床用藥價格拉下了一大截。例如哈藥集團製藥總廠生產的「頭孢曲松鈉」在海南中標價從6年前的33元降到了2.9元，降幅達91%左右。同時，山東省羅欣「頭孢哌酮鈉」在海南從33.06元降到8.69元，降幅為73.7%。麗珠集團「鹽酸左氧氟沙星」從58.68元降到16.17元，降幅達72%。2001年9月中旬，衛生部等六部門在海南召開藥品招標採購工作現場辦公會。兩個月后，衛生部、國家食品藥品監管局、國務院糾風辦等六個部門聯合出抬《醫療機構藥品集中招標採購工作規範（試行）》，並在全國推行該模式。藥品採購實行地市級招標和省級招標兩種方式。

2004年4月前後，因該模式運行成本太高等問題，中國醫藥商業協會等13家行業協會聯名上書國務院，呼籲暫緩推行這一工作，以減輕企業負擔。2004年9月，在多方調研之后，衛生部、國家發改委等六部委再度聯合發出《關於進一步規範醫療機構藥品集中招標採購的若干規定》。但后來320號文並未能有效執行。由於種種複雜矛盾交織，藥品集中招標採購模式沒有最終實現「減少流通成本」「讓利於老百姓」兩個初衷，國家不得不在各地開始又一輪新模式試點。2006年國家已不再要求各地執行統一的招標模式，而是放權給地方去探索行之有效的辦法。在此背景下先後出現「四川掛網限價模式」「雲南宣威模式」「上海閔行模式」「上海松江模式」和「南京藥房託管模式」等，藥品流通領域興起一場波及全國的「革新運動」。

二、政府集中採購模式

著名的雲南宣威模式、銀川模式、上海閔行模式、北京市的「零差

率」銷售都屬於政府集中採購模式行為。

1. 雲南宣威模式

雲南省宣威市是全國首個藥品採購放棄跟標的縣級市。從 2004 年下半年開始，雲南省宣威市放棄了跟標——跟隨並依照上級藥品招標價格為參照採購藥品，把全市所有定點醫療機構的常用藥品捆綁在一起競價，由市衛生局藥品配送中心直接與供藥方談判並開展招投標，創造性地進行了招標採購的嘗試。

當地政府採取三輪競價、一輪議價的程序，把價格壓到合理水平，同時要求醫療機構必須100%使用中標藥品。通過衛生局的配送中心，通知兩家中標公司，要求其一週之內必須上門配送醫院所用藥品。醫院須按時結算藥品貨款。作為合同三方中的一方，當地衛生局負責監督醫院與公司各自的責權落實。明確競標價即採購價，無須中標方再行「打點」醫療機構，使該市藥品中標價格比省集中招標價格降了35%。

宣威模式的招標採購就此形成。從 2004 年下半年實施后，宣威市所有官辦醫療機構進藥均通過衛生局藥品配送中心向中標的雲南科匯公司申購，這大幅降低了藥價。

2. 銀川模式

政府全額撥款、藥品「零利潤」銷售、「六統一」品牌經營等是富有特色的銀川模式。衛生部把銀川市在發展社區衛生服務中取得的成功經驗向全國推廣。

2005 年 7 月，銀川市衛生局在全國首開先河，對社區衛生機構藥品實行集中議價採購，統一價格「零利潤」銷售。243 種基本常用藥品總體平均價格比醫院降低了38.15%，比藥店降低了5.52%，低廉的價格給居民帶來實惠。為了滿足需求，后來新增了 200 多種藥品。這樣低的利潤自然無法給社區衛生服務機構發工資，但銀川市衛生局決定對市屬各醫院承辦的社區衛生服務機構管理模式進行調整，實行統一管理。這次調整的內容包括：社區衛生服務機構自主經營、自負盈虧，而各醫院不得再向社區衛生服務機構收取管理、設備折舊等費用。對於社區衛生服務機構開展的公共衛生服務，除基本醫療以外，其他由市衛生局根據其所提供的公共衛生項目、服務人口數量及服務質量等統一考核，根據結果以政府購買的方式予以補助。這些補助由社區衛生服務機構自行支配。每個服務機構的人員配備按《銀川市社區衛生服務准入標準》執行。

銀川市將社區衛生服務網路納入新型城市衛生服務體系進行規劃建

設，確定社區衛生服務機構的公益性地位，以政府舉辦為主，加大對社區衛生的投入，對市屬醫院設立的社區衛生服務機構實行全額預算撥款，統一補助政策和工資發放項目；政府對社區衛生服務機構的公共衛生服務按項目進行購買，確保計劃免疫、婦幼保健、慢性病管理、家庭健康管理等公共衛生服務落到實處。

同時通過實現標示、形象、功能、理念、模式、價格的「六統一」，建立起銀川市社區衛生服務的品牌和文化，吸引居民到社區衛生服務機構接受服務。

3. 上海閔行模式

上海市閔行區改革的重點在醫藥分家。上海市閔行區的醫改始於2005年8月。「聯合選擇、集中簽約、統一支付、政府監管」是閔行區醫改模式的宗旨。聯合選擇，意味著原來在閔行區各醫院所使用的4,000多個藥品品規，在按照「一品一規一廠一供應商」原則選擇最經濟、最合理的藥品后，最后精簡出來的只有1,900多個；統一支付，由原來的醫院分別支付，變為利用第三方電子商務平臺由政府統一支付；醫院的藥品收入統一上繳財政之后，財政再根據業務量等因素向醫院撥款，實現收支兩條線。閔行區這一試點模式被譽為對醫藥分家的嘗試。這個模式極大地消滅了商業環節的「貓膩」，使供貨商從原來的40家通過招標變為10家，並通過企業上報「商業折扣」來規避醫藥促銷，並且加強監管，規範一系列的藥品購銷行為。

閔行模式的另一個重要作用在於擠出從前流入個人腰包的中間費用后上交給國家。而杜絕醫藥代表促銷的方法除了篩選出最經濟的藥品目錄之外，還有一點就是中間費用的運用。在藥品招標中，企業必須報出自己以往在醫藥銷售中留出的促銷費用，這往往是醫生的回扣來源。杜絕促銷的另外一個機制是政府加強監管。在閔行區的醫院，用量前10位的藥品以及醫務人員必須備案並公示。另外，閔行衛生局還實行有獎舉報制度，對舉報者嚴格保密，並給予精神及物質獎勵。獎勵額可以按照查實藥品促銷費的1~5倍發放。

除了採購權上交，各個醫院的支付權也被集中到了閔行區財政。每個月，醫院的訂單經過上頭的採購小組審核之后提供給供貨企業。在結算的時候，採購小組對上月的採購、配送和貨款及發票信息進行匯總確認之后，由區財政統一進行結算支付，取代了各醫院的分別結算。而醫院的所有藥品收入，也統一匯總到區財政中，根據醫院的工作量、公共衛生服務

量進行再分配。關於怎麼分配，閔行區衛生局確定了一道公式，其中工作量、公共衛生服務量是正性指標，此後還要推出負性指標，根據正負指標綜合核算。如果醫院的工作完成了，滿意度達不到90%，那麼財政撥款就要打折扣，這就是所謂負性指標的一部分。

閔行模式還不是完全意義上的醫藥分家。在中國醫療體制的宏觀背景之下，作為一個省市下面的一個基層衛生部門，能制定出這樣的制度已屬難能可貴。公辦醫療機構的利潤來源應該完全來自財政，而不應該從藥品裡面有所得。如果說賣藥的收入上繳財政之後再返還醫院，那麼實際上這種改革還不是很徹底。但是即便在美國這樣的發達國家，要做到醫院在售藥上沒有利潤，理論上行得通，在現實上也很難做得到。閔行區能夠切斷部門利益，探索現有框架下盡可能的一種制度來防止醫療腐敗，這是它的可貴之處。另外閔行區提出一個問題——政府剝奪了醫院的採購權，那麼誰來監督醫院的採購專用帳戶？如果說以往的操作模式存在一定的腐敗，那麼採購集中之後又怎麼防止集中的腐敗呢？

閔行區推行的醫改政策曾經引起了廣泛的關注，也遭受到來自多方的壓力。曾有多名學者到閔行區調研，但當後來上海市松江區醫改模式被熱炒時，有學者認為此舉可被看作是：在不同的試點過後，當地政府要推行的是更加溫和的「松江模式」。

4. 北京市實行社區衛生服務機構常用藥品「零差率」銷售

自2005年12月25日起，全市2,600多家社區衛生服務機構全面實行「零差率」銷售，312種社區常用藥以統一購入價出售，此舉給病人帶來大約36.1%的優惠幅度。這一舉措的實施，進一步保證居民用藥的安全、有效、經濟、便捷。

在市政府成立的由九個委辦局組成的北京市社區衛生服務藥品和醫用耗材政府集中採購領導小組的領導下，北京市醫療機構藥品集中招標採購中心於2015年12月中旬圓滿完成「2006年北京市社區衛生服務藥品政府集中採購」工作，並制定了《2006年北京市社區衛生服務藥品政府集中採購成交品種目錄》。到2007年上半年，312個通用名的藥品、923個品規的社區常用藥已經確定。根據估計，藥品的最終平均降價幅度可達到21.1%，較上一年度為居民多讓利3億元左右。

為改革社區衛生服務體制，北京市衛生局提出「社區醫改，藥品先行，抓住藥品零差率這個牛鼻子」的思路，把社區用藥作為改革的「突破口」，將社區群眾治療常見病、多發病、慢性病的常用藥品納入政府集

中採購範圍，實行「政府集中採購，統一配送，零差率銷售」，改變過去「以藥養醫」的狀況，讓利於民，使社區衛生服務中心（站）在用藥花費方面比大、中型醫院更具明顯優勢，從而吸引更多群眾到社區醫療機構就診，實現「小病到社區，大病到醫院，康復回社區」的社區衛生服務的發展目標。

此次社區衛生服務機構藥品機制改革的最顯著特點是突出以政府為主導；政府出資、政府採購、政府管理；建立統一的政府採購系統、監管體系；政府階段性購買代理機構服務；政府用財政預算安排購買藥品；不向企業收取任何費用，確保代理機構的中立性，體現出公平性、公益性的原則。

此次政府集中採購，政府採取生產企業「打包」報價的方式，即「組合報價」，一個生產企業將多個品種，依照通用名組合成「包」，每個「包」按照政府測定的價格總體降低20%報價，一個「包」的產品不能少於5個。

另外，此次「政府集中採購，統一配送，零差率銷售」突出了社區用藥特點。在對18區縣部分有代表意義的社區衛生服務中心（站）臨床用藥情況的詳細調研的基礎上，由富有臨床經驗的社區一線專家集體討論，確定能夠覆蓋社區常見病和多發病的300多種通用名的藥品及其臨床實用劑型規格並納入採購範圍。這既滿足了社區群眾一般用藥需求，又防止了企業通過奇異劑型和規格變相提高藥價。這些藥以治療常見病、多發病和慢性病為主，約占社區全部用藥金額的85%。

這次集中招標採購，還建立起了一個社區藥品統一配送體系。市藥監局共遴選出5家市級配送企業，最終有15個區縣選擇北京醫藥股份有限公司，3家選擇嘉事堂藥業股份有限公司作為其唯一一家市級配送企業。

以北京市門頭溝區社區為例，其衛生服務藥品零差率銷售工作突出了四個特點：

一是因地制宜，整合資源。針對門城地區社區衛生服務中心設置相對集中的特點，整合資源，新組建了集預防保健、診療、康復、健康教育、后勤保障等功能為一體的「門城社區衛生服務中心」。

二是細緻準備，宣傳到位。制訂了藥品零差率銷售工作的實施方案；組織了各社區衛生服務中心（站）負責人的集中學習，對相關人員進行了培訓；製作了宣傳展板48張、「社區用藥」印章48枚；印製並發放了市區宣傳品4萬余份。

三是多方合作，保證實施。協同一、二級配送商深入每個社區衛生服務中心（站）調查藥品盤點等準備情況，並進行網路維護，以保證社區衛生服務站實現網路購藥。

四是責任明確，加強監管。社區衛生工作領導小組分級負責轄區內社區藥品和醫用耗材的採購、配送、銷售，採用全過程的監督管理；聘請了人大代表、政協委員和群眾代表參與平時的現場監督。各級政府相關部門通過社區採購供應管理信息系統，對社區醫療機構的日常購銷工作實行網上監管。

三、掛網限價模式

1. 掛網限價模式減少招標代理費開支

在傳統集中招標採購運行的數年間，遭受業界非議最多的就是藥品招標代理商。不少藥品經營企業反應，由於中標之後，仍需進行「二次公關」，企業銷售成本並不比以前少，反而多出了一塊代理服務費。

2006年5月，北京市已將招標代理費從0.5%下調到0.3%。按北京120億元的採購金額計算，代理服務費用縮減約2,400萬元。另外，頗受中央政府青睞的掛網限價模式已經繞開原有的第三方代理服務商，由接受限價或競價條件的藥廠直接上政府網參與競爭。2007年招標代理服務業務量大幅削減。占國內招標採購代理業務70%的海虹控股已開始醞釀業務轉型，從招標採購代理機構向純粹的第三方醫藥電子商務平臺過渡。

新業務現在面臨的最大問題就是，繞過藥批後，醫院能否及時支付藥費。2006年濟南市、青島市等地相關部門已成立「集中結算辦公室」，要求醫院在指定銀行開立「藥品採購專戶」，藥品採購資金先由銀行墊付70%、醫院承擔30%，之後銀行再從醫院收入帳戶中扣除。

2. 四川省藥品掛網限價模式

從2005年開始，四川省在全國率先探索藥品上網限價競價、陽光採購新模式。將所有採購品種都放到網上，凡招過標的藥品都以上次中標價為限。過去未參加過招標的，專利藥以最高零售價7.5折的價格掛網，原研藥和國內仿製GMP藥均以最高限價6.5折掛網。改革初期，四川省這一做法曾遭到了一些跨國藥企強烈反對，有200多個新品種無人投標。但四川省的藥品招標系統受到了國家監察部、衛生部的充分肯定。國務院糾風辦先後3次邀請他們參會交流。2006年衛生部號召全國向四川省學習，國內共有17個省市赴川取經。2005年就實現了3個批次的藥品上網限價

競價銷售，208家醫療機構實現了上網採購。實行上網限價競價採購後，不同廠家的藥品完全憑藉價格與服務的競爭，進入醫院。同類藥品不同的品種、同品種不同的廠家，全部上網，各個環節、各類信息都在網上公示，購銷雙方在網上公開公平交易，政府監管部門和社會公眾也可以在網上對藥品交易的全過程進行監控。這大大提高了藥品交易的透明度，給企業創造了公平競爭的條件。傳統招標中，一個品種一般只有一個廠家中標。而上網採購是只要符合要求都可以，有的品種甚至可以7個廠家都中標，保證了競爭的公平公正。根據四川省藥招辦測算，2004年集中招標，中標率僅20%，許多企業空手而歸。2006年，上網藥品確認率達到70%~80%。

藥品上網交易取代了反覆招標，企業負擔大大減輕，企業只要遞交一套資料就行。企業申報上網藥品，只需遞交必要的資料。平臺通過國家食品藥品監督管理局的數據庫對申報企業、擬上網的藥品進行資質審核。只要資質合格、無違規記錄、低於限價報價，即可進入平臺上網銷售。每個上網藥品只交納180元的計算機信息處理費，不再交納其他任何費用。2005年僅上網交易服務費一項，企業全年少交1,700萬元。

3. 廣東省藥品網上「陽光採購」

繼四川省之後，廣東省在2007年1月份正式實施《廣東省醫療機構藥品網上限價競價陽光採購實施方案（試行）》。與2005年試行「掛網限價」模式的四川省一樣，廣東省此次掛網採購的具體做法也是：先成立一個政府經辦機構即「廣東省醫藥採購服務中心」，通過「廣東省醫藥採購平臺」網路系統，進行藥品限價競價、藥品電子商務交易。廣東省的做法包括以下內容：

一是由藥品生產企業直接投標。為了壓縮中間環節，此次改革一改以往由經銷商參加投標的方式，而是由藥品生產企業直接投標。生產商根據自己的發展需要，決定產品的價格及競價策略，最終決定產品的命運。此次掛網採購有飛躍性的改進，過去廣東省有23個招標主體，每次招標都要動用四五十人，標書疊得如小山一樣高。現在全部統一到網上採購，不用奔赴各地與不同代理機構協調，大大節省了企業招標成本。

二是首創「不限價不競價品種」入圍規則，為廉價老藥開闢「綠色通道」。近年來，質優價廉的老藥在市場上難覓蹤影的事件頻頻發生，其原因就是利潤微薄，很多企業不願生產。為了調動企業積極性，讓廉價老藥重出江湖，廣東省2007年已有5,395種廉價老藥，由生產企業報價後

直接掛網提供給醫療機構採購。廣東省內的醫療機構已經開始採購廉價老藥。對於限價競價藥品，引入市場競爭機制優勝劣汰。根據一種藥品國家規定的價格、歷年在廣東省的銷售價格以及它在 15 個省市的銷售價格，制定出一個最高限價，廠家之間在限價的前提下進行競爭。共有 33,521 個品規參與報價。按不同劑型、規格和質量層次，設立不同競價組。同競價組 3 個及其以上廠家限價競價品種於 2007 年 2 月 28 日至 3 月 2 日進行了 3 輪競價，共有 22,495 個品種參與了競價，競價入圍的有 13,406 個品種規格，入圍率 59.59％，入圍品種平均降價率為 40.39％。

　　三是讓專家參與選藥殺價。為了擠掉藥品水分，廣東省首創了專家選藥殺價的價格談判機制。首先是專家評審投票。廣東省組織了 102 個藥學、醫學專家，分兩組，對同競價組 1～2 個廠家的議價品種中屬政府定價而且報價不高於最高歷史中標價的品種進行了篩選，有 934 個品種直接入圍。專家認為還有降價空間的 7,484 個議價品種進入「人機對話」環節。專家在網上與藥企「討價還價」，經過此番「砍價」，有 6,376 個品種入圍，入圍率 85.2％，大部分名優品種均已入圍，藥價平均降幅為 10.31％。「人機對話」談判結束后，同競價組 1～2 個廠家的議價品種中不接受「人機對話」談判入圍建議價格的 1,300 多個品種，進入面對面談判。另外還有 1,000 多個品種進入重點監控限額採購目錄。從 2007 年 3 月 21 日起的一個星期時間內，完成了 3 輪面對面談判。第一輪談判是對同競價組報價之比兩倍或兩倍以上的品種進行專家與企業面對面談判，最后 121 個入圍，26 個進入重點監控限額採購，有 23 個品種在這一輪被淘汰。第二輪則是對納入重點監控限額採購目錄中降價幅度最小的 5％ 的品種進行面對面談判，有 40 多家企業的 47 個品規參與。由於進口名牌藥的比例很大，加上廠家的強勢堅持，最后僅有兩家被淘汰，其餘則全部進入重點監控限額採購目錄。第三輪談判則是針對無限價品種，也就是劑型奇特、報價虛高的「翻新老藥」，由專家與企業談判之后確定是否入圍。

　　四是首創「兩票制」規範流通環節。以前藥品配送環節繁瑣，比如一個東北藥品從廠家出來是 5 元，到北京市的一級經銷商變成了 10 元，再到海南省的二級經銷商漲到了 20 元，轉到廣州市三級經銷商可能已是 50 元，等這個藥品到了中山市的某家醫院賣給病人時已經 80 元了。這些經銷商大部分連倉庫都沒有，根本不具備基本的配送能力，就靠開發票提成賺錢。為了規範流通領域，廣東首創了兩票制，也就是藥廠開發票給配送商，配送商再開發票給醫院，其實質是中間只允許存在一個配送商，兩

次開票完成藥品從出廠到患者手中，大大縮減了中間環節。在兩票制格局下，藥廠肯定要找配送實力強的經銷商。在 2007 年報名的 2,000 多家經銷商中，大配送公司不愁沒單接，但很多不具備配送能力的開票公司被淘汰。不過也有業內人士分析，根據方案中的要求，本次報名的 2,000 家商業公司中真正具備藥品配送能力的只有 30% 左右。兩票制一旦推行，將全面推動廣東省藥品經銷商的重新洗牌。

五是重罰，保障監管成效。在過去的藥品招標採購中，企業故意報低價格，中標后卻不供貨的現象時有發生。對此廣東省規定，如果企業入圍后卻不供貨，將嚴肅處理，取消其掛網資格。掛網採購是對藥品集中招標採購模式的改革，是一種全新的探索，但任何改革都不可能畢其功於一役，廣東省會在不斷摸索中加以完善。通過推行掛網採購，經過幾輪砍價，儘管還未能完全擠干藥價虛高的水分，但是已基本摸出藥品價格底細，可以為將來物價部門準確定價提供參考。

六是重點監控進口藥。在三輪面對面談判中，有眾多大牌外資藥廠參與的第二輪談判引起很大爭議。外資企業談判陣容強大，不肯降價，如治乳腺癌藥物赫賽汀22,538.21元/支，一個療程需要 30 萬元，實屬「天價藥」。最終企業填報的確認價格是22,538元，只是象徵性地去掉小數點后面的 0.21 元。在談判現場，這些進口藥品生產企業的代表多以專利產品、在治療領域不可替代性或以進口的口岸價高為擋箭牌，拒絕接受談判專家降價的建議，且態度強硬。參與談判的 47 家企業除了兩家被淘汰之外，其餘的藥企沒有接受降價建議，但這些天價進口藥品並沒有被直接淘汰而是進入重點監控限額採購行列。原因是：由於這些藥品獨有的療效和市場需求，談判專家不忍心將其「踢」出廣東市場，但是醫療機構必須將其納入重點監控品種，對其採購數量和價格都必須進行監督。

七是「猛砍」報價虛高的翻新老藥。進入第三輪談判，面對一些藥品改頭換面，以新劑型出現，報價虛高，專家毫不留情。廣西省某藥廠生產的「阿米卡星」洗劑報價 36.3 元/瓶，遠高於同類產品。該企業代表稱，該產品以前是針劑，現在是水溶劑，產品升級使成本增加了。主談判官直說，水溶劑技術含量比針劑還低，對比你的成本和報價，有大幅降價空間。企業代表強調，我們加了一個噴頭，使用起來更加方便。主談判官不為所動：「我告訴你，一個噴頭才 1.3 元，如果價格不合適，就會失去廣東市場。」企業代表說，最低 25.6 元。專家又給了一次報價機會，企業降到23.6 元，最終在確認價格一欄中填報 23.6 元。一藥多名、品規混亂

現象泛濫，如：阿奇黴素有商品名97個，左旋氧氟沙星有商品名92個，頭孢哌酮鈉、舒巴坦鈉有商品名75個，克林黴素有商品名66個，加替沙星61個，頭孢他啶59個，克拉黴素53個，頭孢曲松50個等。專家擔憂：這樣的現象極有可能導致醫生重複用藥、患者重複購藥、重複用藥，從而危及患者的用藥安全和身體健康，甚至危及公眾的生命安全。加快治理「一藥多名」的混亂現象，規範醫療機構用藥範圍，逐步建立以省為範圍的藥品目錄已經刻不容緩。

4. 藥品招標掛網不能唯價格是從

所謂「藥品招標掛網」，就是政府把統一採購藥品信息掛在互聯網上，制定出最高價格後，各制藥企業根據自己的情況在網路交易平臺展開競價，以出價最低者中標。此舉意在增加政府招標的透明度，減少藥品招標中間環節，從而降低藥價。

客觀地看，藥品招標只是醫療體制改革中的一個方面。藥品招標解決不了「以藥養醫」、看病難、看病貴等問題。醫藥分業、醫和藥收支兩條線、政府補貼等政策，都會對藥品招標產生影響。只有國家的相關配套政策和藥品招標舉措一同發揮作用，才能從根本上解決看病貴的問題。在新醫改方案出抬前，僅靠降低藥品的價格，對解決看病貴問題的影響力是有限的。

中國醫藥行業存在技術含量低、產品同質化情況嚴重的問題。企業要從低水平的競爭中脫穎而出，研發創新能力就顯得尤為重要。國家對於自主創新問題也日益重視，出抬了一系列的優惠政策給予大力扶持。研發創新實力是藥品生產企業最重要的核心競爭力。具有創新優勢企業的價值將在未來逐步得以體現。只有更多具有核心競爭力的藥品出現，更多的品牌藥品出現，實現產品規模化生產，擴大市場佔有率，減少流通環節，降低生產、經營成本，藥品的價格才會真正下降到合理水平。

藥品集中招標採購的本意是讓消費者享有藥費降低的實惠，在藥品企業之間形成充分的市場競爭。這是政策制定者的初衷，但在執行中走了樣。一切以低價格為原則，一切以低價格為藥品競價入圍的依據。部分地區對於產品入圍的評定完全忽視了產品質量，違背了應當遵循「質量優先、價格合理、行為規範」的原則。單純以價格來選標，使一些質量管理嚴、產品質量好、具有良好品牌的大型企業很容易被排除。這樣有些藥品的療效就得不到保證，影響人民的用藥安全，更影響著醫藥市場的健康發展。因此，有關部門應建立健全優勝劣汰的競爭機制，提供公平競爭的客觀環境。在藥品掛網招標工作中，充分考慮藥品質量、市場佔有率、藥

品療效、企業規模等因素，真正使質優價廉的藥品得以中標。

四、藥房外包

根據醫院是否參與利潤分配，產生了南京藥房託管運動和北湖模式的區別。

1. 北湖模式

醫藥不分、以藥養醫是導致藥價居高不下的主要癥結。武漢市在建立社區衛生服務網路的基礎上，在北湖街社區衛生服務中心試行醫藥分家，其做法的核心是「醫院不再參與藥品利潤分配」。

2005年年初，武漢市通過公開招標，對社區衛生服務中心實行藥品統一配送。此舉使藥價降低了20%左右。之后北湖街社區衛生服務中心與醫藥公司簽訂合作協議。該協議規定，在保證臨床用藥需求、保證藥品價格等於或低於社會知名平價藥店售賣的藥品的前提下，藥房交由醫藥公司獨立經營管理，社區衛生服務中心不再參與藥品利潤的分配，藥房經營業績好壞與社區衛生服務中心無關，醫生開藥多少也與藥房無關。實行藥房外包后，藥價平均降幅達45%左右。

這一實踐證明，截斷「以藥養醫」后，反而實現了「以藥興醫」。通過平價藥房吸引患者，增大門診量、增加醫療服務收入來提升盈利水平。這實現了患者、醫院、藥店三方受益：居民買藥費用下降，醫院日門診量由原來30人次增加到100人次，藥店日銷售額由「分家」前的1,000元增至近1萬元。同時，醫藥分家糾正了過去各個環節上存在的不正之風，讓患者成為最大受益者，這是其改革成功的重要標志。

2. 南京藥房託管運動

南京藥房託管運動實行的是「二權分離」和「三個不變」。2006年5月，南京市政府決定在全市13個區近200家醫院全面推行該制度，其中包括所有的一級醫療機構和50%的二級醫療機構，並於2007年下半年開始繼續擴展到三級醫療機構。具體做法是，由中標的大型醫藥商業企業對試點醫院進行藥房託管，實行「二權分離」和「三個不變」：所有權與經營權分離，所有權歸醫院，經營權交給企業；藥房的產權、藥劑科的職能和藥房人員的身分不變。所有藥品由中標商業公司配送供應。醫院每年從藥房銷售收入中提成30%～35%作為補償。

简單地說，藥房託管模式就是醫院自己不再招標採購藥品，而是把藥品的採購權委託給一家醫藥公司，由醫藥公司代為招標採購，醫院和醫藥

公司雙方按比例分配藥費收入，雙方各自拿出5%直接讓利於患者，把藥費最終降下來。該模式斬斷了醫院和藥品的利益關係，使老百姓的藥價逐漸降下來，使醫療機構原有的業務收入未受影響，使企業也有利可圖，因此受到不少人的青睞。然而，「藥房託管」只是把經營權和管理權交給託管單位，相關配套改革措施很難徹底實施。因此，「藥房託管」只能是醫藥分家的過渡模式。根治藥價虛高的問題，還需要多管齊下，通過深化體制改革推進。

五、藥品招標應重點破解企業的規避行為

近年來，隨著各地新一輪醫療改革的開展，掛網招標、集中藥品招標、藥房外包等一系列降低藥價改革措施相繼出抬。新一輪的藥品招標改革如何才能還原藥價本色呢？有關藥品專家建議，藥品招標應加強招標后的管理，著力防止企業規避行為產生。當前藥品集中招標企業規避嚴重，藥品招標中一些企業以「新藥、特藥」的形式繼續生產、經銷高價藥品，而一些臨床證明療效好、質量高、價格低的「普藥、老藥」，因其利潤微薄，在招標採購中又競相降價，最終無奈退出市場；有的生產、經營企業為爭取中標數量，盲目壓價、惡意殺價，造成部分中標藥品配送困難，甚至無人配送。

集中招標5年來，每年有6,000種左右的所謂「新藥」上市。在「新藥」中有大量的獨家規格、獨家劑型以及原研製藥品、單獨定價藥品，規避招標，進入議價，其價格難以下降。有關專家分析，對藥品招標缺乏全程監督是造成藥品越招越貴的主要原因。當前中國60%的藥品價格由藥品生產企業自主確定。在市場經濟條件下，企業為了追求利潤最大化，抬高藥價不可避免。而企業的任意定價行為沒有受到應有的監督和制約，致使藥價居高不下。

缺乏科學、規範的藥品招標機制是難以抑制藥價虛高的主要原因之一。藥品招標在中國已經實行了五六年。由於醫療機構一直是招標主體，醫療機構既是藥品招標規則的制定者，又是執行者，難以避免暗箱操作等不正之風，一些不法行為反而因此披上了合法的外衣。最終的結果不是「一招就死」就是藥價越招越貴。

招標只是藥品招標工作的一個環節。藥品招標工作還有配送環節、使用環節。招到低價藥後，醫藥企業是否願意按質按量予以配送？醫院是否會對招標藥品「招而不用」？這些都是藥招工作需要統籌的問題。

新一輪的藥品招標機制改革要真正降低藥價，必須建立一套系統的藥品招標、使用、監督體系。

首先，進一步完善相關法規。其次，對相關企業應該實行准入原則，保障藥品安全有效。再次，藥品招標應有一定的集中度。當前，各市縣甚至各醫療機構實行單獨招標，藥品招標程序複雜，手續繁多，工作量大，招投標人及政府部門要投入大量的人力、物力、財力，這使得企業投標成本劇增，也為人為操作提供了更多的可能。最后，必須對藥品招標實行全程監督，不僅要監督藥品招標，也要監督藥品的定價、銷售等招標藥品后續管理環節。

思考題：

1. 何謂社區衛生服務？
2. 何謂醫學模式？
3. 為何現代醫學提出了社區衛生服務的要求？
4. 公共衛生和突發性公共衛生事件分別指什麼？
5. 何謂全科醫生？
6. 英國和丹麥的社區醫療模式是怎樣的？
7. 發展社區醫療在中國有何重大意義？
8. 中國社區衛生服務的規劃是怎樣的？
9. 北京市社區衛生服務實踐有何經驗？
10. 上海市社區衛生服務實踐有何經驗？
11. 中國原有的社區衛生服務存在哪些不足？
12. 何謂社區首診制？社區首診制需要解決哪些問題？
13. 你是如何看待農民工社區首診制的？
14. 何謂雙向轉診？實行雙向轉診有何意義？
15. 目前中國的雙向轉診需要解決哪些問題？
16. 為了滿足社區衛生服務的發展要求，醫護人員需要做出怎樣的變化？
17. 藥品傳統集中招標採購模式的利與弊分別表現在哪些方面？
18. 舉例說明各地興起的藥品的政府集中採購模式。
19. 舉例說明藥品的掛網限價模式並評述該模式。
20. 評述藥房外包方式。
21. 藥品招標的重點是什麼？

第十四章　教育福利

第一節　國外的教育福利

一、國外中小學生的福利

1. 日本中小學生的免費營養午餐和牛奶供給制度

日本針對中小學生推行營養午餐供給制度。1954年日本政府制定的《學校餐飲供給法》規定，全國施行義務教育制的學校（包括中小學、特殊教育學校等）都必須實施「學校餐飲供給制度」。其目的在於：希望能夠幫助學生養成正確的日常飲食習慣；豐富校園生活；培養學生開朗的性格；確保飲食生活合理化；改善營養結構；促進身體健康；引導學生正確理解糧食的生產、分配及消費過程。到1970年，幾乎日本所有的小學都採用該制度。到1975年以後，實施該制度的中學超過80%。截至2005年5月，日本已在3.4萬所學校為1,048萬中小學生供給營養午餐，普及率達93%以上。

此外，日本還向學生實行牛奶供應。雖然歷史較短，但是覆蓋率達到93%。1957年，學校供給牛奶制度作為應對乳製品需求變化的調整對策，在日本中小學開始實施。自1970年起，除部分地區外，日本學校供應的牛奶全部變為鮮牛奶。

日本政府對營養午餐和牛奶供給實行補貼：日本學校的營養午餐和牛奶供給，從試點到推廣，每個階段都有國家和地方財政支持。在學校午餐供給方面，政府補助金額大約占50%左右，費用來源主要由國家財政、地方政府財政、市町村財政三部分組成。如日本東洋中小學校營養午餐，家長負擔費用的數額一般為：小學低年級占48.51%，小學中年級占48.7%，小學高年級占48.78%，中學占48.67%。有一些學校，午餐供給完全由政府補貼。

　　在學校供給學生牛奶方面，日本政府主要採用了「菜單式」補貼方法，即按照每瓶200毫升的單價進行補貼。例如，1980年每瓶牛奶單價為36.30日元，其中政府補貼5.80日元，占15.98%；家長實際負擔30.50日元，占84.02%。近年來，雖然日本在學校供給學生牛奶方面的政府補助有所減少，但是2005年國家財政支出補助金仍達到31.67億日元，相當於2.3億元人民幣。總之，在日本，每年不論是營養午餐還是牛奶供給，其費用中有相當比例是由政府以「政府補助金」形式補貼到每個中小學生身上的。中小學校普遍配有營養師，並且營養師的學歷至少是大學專科，畢業后須經過兩年培訓，方有資格上崗。學校營養師受人尊敬，享受國家公務員待遇，負責午餐的調配和實施以及向學生進行營養知識和飲食衛生知識教育，具體指導學生用餐。[①]

　　2. 印度中小學生的福利

　　作為與中國國情相似的發展中人口大國，印度政府也一直將全民普及義務教育作為各項工作的重中之重。按規定，印度初等教育採取10+2的教育體系，其中1到5年級為小學，6到8年級為初中，9到10年級為高中。在12年教育當中，1年級到8年級為全免費的義務教育，9年級以上會收取相應的學費。數額根據印度各邦的發展水平及福利狀況而各不相同，具體從每年48盧比到360盧比不等（10盧比約合人民幣1元）。從1年級到8年級，學校不會向學生收取任何學費，其教材也是由政府專門撥款購置並向學生免費提供的。除此之外，每位在校的學生每年還可以免費領取冬、夏以及春秋季三套校服。在小學階段，每個學生還可以有一份政府提供的2盧比的免費午餐，而6年級以上的學生不再享受此待遇，需自行從家裡帶飯。在義務教育階段，學生唯一需要負擔的費用是每月12盧比的「政府福利基金」。也就是說，學生每年只需交144盧比，折合成人

---

① 胡承康. 學校供給營養餐：日本的強國戰略 [J]. 新教育, 2006 (4).

民幣還不到 30 元。而且此項收費一般也不必再上交給政府，而是由學校自主地在小規模維修校舍、舉辦文體活動中使用。

此外，在印度南部一些經濟較為發達的邦還規定：為那些只有一個孩子，而且是女兒的家庭提供孩子直到研究生的免費教育。還會從高中起給這些獨生女兒發放獎學金。對於那些只有兩個孩子並且都是女兒的家庭，政府也將免除其中一個女兒的全部教育費用。[1]

3. 英國中小學生的福利

英國的公立中學全部實行免費教育，學生不必交納學雜費、教材費、書本費。學生上課使用的各科教材均由學校統一發放。學生具有課本的使用權，但沒有所有權。一般來說，英國中學課本只在課上使用，許多科目下課后教師就將課本收回，學生不必帶教科書回家；而學生課下可閱讀的書目很多，不必去死啃教科書。英國人有勤儉節約的好傳統，學生的一套教材常常可供幾屆學生反覆使用。

英國的每個中學都有自己的圖書館和網路中心。學生進校后可免費辦理一張磁卡借書證。憑此卡學生可最多借閱 4 本圖書，期限為 4 周。在校學生還可隨時免費上網，免費設立自己的郵箱。英國的中學一般為 9 點上課，3 點放學，每天上 5 節課。圖書館每天早晚各延長開放一兩個小時，為學生的閱讀創造了條件。為方便學生上網查閱資料，學校計算機教室的電腦可供學生隨時使用。另外，每個教室都安裝有數臺電腦，可供學生利用課間或沒課的時間上網。對於學生在網上查閱的資料，如果願意下載，學校可為其免費提供複印紙張。英國中學生上課所用的筆記本、作業本、學習資料及卷子紙張，也是由學校免費提供的。每學期開學，各科教師都發給每位學生一個新本，如果學生用完了可向教師提出再領新本。

為保證每個學生都能受到教育，英國政府實行對困難家庭的補助政策。凡處於失業靠領取救濟金生活或收入在最低生活線以下的家庭，學校均可免費為其子女提供午餐。當然，審批程序是十分正規和嚴格的。學校對新入本校的學生會及時發放申請困難補助的書面表格與材料。[2]

4. 泰國為每名小學生提供一臺筆記本電腦

泰國時任總理他信 2006 年宣布了一項雄心勃勃的計劃：從當年 10 月開始，將向全國的上百萬名小學生提供廉價的筆記本電腦。這一計劃是在

---

[1] 陳繼輝. 印度八年義務教育只收 240 元 [J]. 陝西教育，2006 (1).
[2] 李素菊. 英國的中學教育 [J]. 思想政治課教學，2004 (11).

美國麻省理工的媒體實驗所提出的「每個孩子一臺筆記本電腦」計劃基礎上制訂並宣布的。該計劃宣稱，向全世界每個孩子提供一臺免費電腦，價值 100 美元，由政府買單，因此該計劃又被稱為「100 美元電腦計劃」。

2005 年，他信與「每個孩子一臺筆記本電腦」計劃的發起人尼古拉·尼葛洛龐帝教授見面之後，泰國政府最終接納了這一計劃。他信還表示，除了泰國以外，還有包括中國和巴西等國家對這一計劃感興趣，並簽署了協議。這 100 美元的筆記本電腦造價低廉並且以學習作為其設計目的，因此它的運行費用很低。這一筆記本電腦採用免費的 Linux 操作系統，以閃存來代替硬盤儲存資料，同時可以用拉伸式手動發電裝置來為筆記本電腦供電。[1]

二、國外高等教育福利

1. 印度高等教育福利

印度高校分為中央大學、邦立大學、國家級學院和準大學（準大學不享受政府的財政撥款）四類。各高校按科類、專業和層次實行差別收費。印度公立高校一直實行低收費政策，把高等教育視作社會福利事業，其收費標準上調幅度很小，甚至有的學校幾十年沒有調整標準。尼赫魯大學和德里大學為中央大學，由印度大學撥款委員會直接撥款。2006—2007 學年尼赫魯大學本科生和碩士生年學費為 216 盧比，雜費為 114.5 盧比。根據印度 2005—2006 年度政府工作報告，印度人均年收入為 17,823 盧比，學雜費占人均收入的 1.8%。德里大學法學院本科生學費為 180 盧比；孟買大學屬於邦立大學，校本部第一學年碩士生學雜費為 2,226 盧比；德里工學院為印度憲法規定的國家級學院類型，1961 年由印度議會通過《工學院法》而設立，2006—2007 學年本科年學費 2.7 萬盧比。雖然德里工學院等六所理工大學學院也是國家共辦的，但是由於其教學科研水平被認為與麻省理工學院齊名，學生未來有理想的工作，因此吸引眾多學生報考，收費相對較高。印度理學院（設在班加羅爾）是《印度大學撥款委員會法》確認的享有大學的學術地位和特權的「準大學」類型，只招收研究生。2006—2007 學年碩士生年學費為 4,000 盧比，但該校每個學生每月都享受 5,000～10,000 盧比的獎學金，繳費也只是象徵意

---

[1] 中國新聞社. 泰國為每名小學生提供一臺筆記本電腦 [J]. 基礎教育，2006 (9).

義了。①

  2. 英國大學生資助政策

  作為世界上第一個高福利國家，英國一直奉行凱恩斯主義，提供從「搖籃到墳墓」的社會福利。英國政府在 20 世紀 50 年代到 20 世紀 80 年代的 30 年中，實施「免費加助學金」的高等教育財政制度。即由政府為所有大學提供財政撥款，為所有全日制大學生支付大學學費，並且為貧困學生提供解決生活費問題的助學金。

  20 世紀 70 年代中期的中東石油戰爭使英國與其他發達國家一樣遭受嚴重的經濟和財政危機。「免費加助學金」的大學生資助政策受到質疑。1990 年英國正式開始實施「繳學費上大學，貧困學生貸款加補助」的資助方式。但貸款回收遇到很多困難，這使得國家不得不改進貸款政策。在此期間，倫敦經濟學院 N. 巴爾教授（Prof. N. Barr）、I. 克勞福德先生（Mr. I. Crawford）及倫敦大學教育學院 M. 伍德霍爾博士等一批著名學者反覆呼籲，應該建立「按收入比例還貸」（contingent loan repayment）的助學貸款，使學生在有能力還貸的時候按收入高低還款。與此同時，改用「稅收系統或者國民社會保障系統來回收貸款」，以確保貸款的回收。

  在過去二十多年中，英國改變了「免費上大學加助學金」的政策，分三步走，建構起「先上學、后付費」的「學生貸款與助學金混合資助」體系。其內涵是：所有大學生都可以貸款付學費，畢業就業后按收入比例還貸，由稅務部門回收貸款。特別困難的學生還可以申請生活費貸款和助學金。政府還對師範生等給予專業津貼，吸引出身貧寒但學業優秀的學生學習社會急需的專業。如果學生畢業后從事「社會回報」高而「個人回報」少的工作，或者離校后一直從事低收入工作，甚至失業，那麼政府和社會就應該中止他們還款，甚至應該向他們提供失業救濟和專業津貼。

  根據「社會回報與個人回報」的原則，英國政府設定了大學畢業生還貸的收入門檻，2006—2007 年為年收入 15,000 英鎊。如果畢業生年收入未達到 15,000 英鎊，那麼學生當年就不必還貸。此外，英國政府還依據這一原則，為學習師範課程和護理課程的學生設立了「教師培訓津貼」和「健康護理津貼」以吸引優秀學生學習這些專業，以保持英國整個社會的基礎教育質量和醫療護理質量。如果一個大學畢業生經常處於失業狀態或者年收入經常低於 15,000 英鎊，那麼當這名畢業生達到 65 歲時，政

---

① 劉立柱，鐘磊. 印度高等教育福利化對中國的啟示 [J]. 教育研究，2007 (2).

府就將為他（她）核銷，並支付剩餘的債務。

英國現行的「按收入比例還款的助學貸款」包括「學費貸款」和「生活費貸款」兩個部分。「學費貸款」的貸款金額取決於大學的收費標準，學生的貸款直接轉給學生所在大學。每個全日制註冊學生都有權借貸「學費貸款」（tuition loan），從而實現了「先上學，后付費」和「保證不讓貧困學生無法入學」的資助政策目標。「生活費貸款」（maintenance loan）是一項「按家庭貧困程度提供的貸款」（means-tested loan），即學生能夠獲得的貸款金額，需要按家庭收入、大學所在地生活費標準和住校與否三大指標來評定。

針對助學貸款的回收，目前各國學者和世界銀行等國際組織公認的有效機制是，通過稅收系統或者養老保險系統來回收助學貸款資金。

除了大學生助學貸款，英國最重要的、涉及學生比例最大的政府資助就是助學金。為所有全日制本科及45%的本科以下程度的大學生提供數量不等的生活費、助學金。此外，英國政府還向特殊學生群體提供「特殊助學金」（特殊助學金的最高金額與助學金相同）「殘疾學生助學金」「學生子女稅收減免」「教師培訓津貼」（teacher training bursary）和「健康護理津貼」等資助。

與助學金相比，「教師培訓津貼」相當充裕。所有小學教育專業的師範生（教育學士及教師證書課程）都能夠獲得包括學費和生活費在內的6,000英鎊。所有中學教育專業的師範生（學士學位加一年本科后教師教育證書課程或者榮譽學士學位課程）都能獲得9,000英鎊的專業津貼。如果本科學習其他專業，畢業后接受一年制的「本科后教師教育證書課程」，學生則可以免除學費，並獲得1,200英鎊的「教師培訓津貼」。[1]

3. 阿根廷監獄大學

德沃托大學教育中心是阿根廷著名的監獄大學。它自成立以來育人無數，迄今已培養出2,000名大學生，其中80多人獲得了法律、心理學、社會學和經濟學等方面的碩士學位。該大學幫助囚犯重塑尊嚴，讓他們在被稱為「死亡之谷」的監獄中重建人生計劃。監獄大學教育是一個比「加重刑罰」更有效的育人方法。監獄大學裡畢業的學生再犯罪的概率很小，只有3%。囚犯在這裡學到的不僅是專業知識，還有堅定的人生價

---

[1] 張民選. 英國大學生資助政策的演進與啟示［J］. 比較教育研究，2007（5）.

值觀。[1]

第二節　中國中小學生的「兩免一補」

一、「兩免一補」的定義

「兩免一補」是對農村義務教育階段家庭經濟困難學生免費提供教科書，免雜費並逐步補助寄宿生生活費的一項政策。

2001年，按照《中華人民共和國義務教育法》的要求，國家明確提出「兩免一補」的政策，每年拿出1億元，作為家庭經濟困難學生上學的補助。為保證助學金制度的順利實施，國務院要求各級政府都要建立助學金專款。此外，中央財政每年還另外拿出1億元（2002年為2億元，2003年為4億元）用於向未完成「普九」任務的國家扶貧開發工作重點縣和中西部農村地區貧困中小學免費提供教科書。2003年，《國務院關於進一步加強農村教育工作的決定》提出，要建立健全資助家庭經濟困難學生就學制度。其目標是：爭取到2007年全國農村義務教育階段家庭經濟困難學生都能享受到「兩免一補」，努力做到不讓學生因家庭經濟困難而失學，並力爭到2010年在全國農村地區全部實行免費義務教育。為此，國家從2004年秋季新學期開始，再次大幅度增加中央財政專項資金。以2005年為例，中央和地方財政對中西部地區共安排「兩免一補」資金72億元，其中免費教科書資金為30.4億，免雜費資金為30.6億元，寄宿生生活補助資金近11億元。2005—2007年，中央財政安排227億專項資金，將免費教科書發放範圍擴大到中西部農村義務教育階段全部的家庭經濟困難學生，同時推動地方政府逐步落實免雜費和補助寄宿生生活費的責任。2005年基本對中西部農村400萬義務教育階段貧困學生實行了免雜費、免書本費、補助寄宿生生活費，實現了「兩免一補」目標。各地在實施中因地制宜，不斷發展該制度，如重慶市的「三免一補」、包頭市的「四免一補」等。2008年春季學期起全國所有農村地區義務教育階段學校免除書費，城市義務教育免除學雜費。

2007年11月，財政部、教育部發布的《關於調整完善農村義務教育

---

[1] 佚名. 阿根廷監獄大學育人有方[J]. 教育雙周刊, 2006 (3).

經費保障機制改革有關政策的通知》提出了以下措施：

(1) 進一步落實農村義務教育階段家庭經濟困難寄宿生的生活費補助政策。

對於中西部地區，參照各地現行政策和生活水平，中央出抬農村義務教育階段家庭經濟困難寄宿生的生活費基本補助標準，從2007年秋季學期起執行。具體標準為：小學生每生每天補助2元，初中生每生每天補助3元，學生每年在校天數均按250天計算。享受寄宿生生活費補助的家庭經濟困難學生的比例，由省級財政、教育部門根據當地實際情況確定。中央財政對中西部地區按照基本標準的50%給予獎勵性補助。中西部地區地方財政應承擔的50%部分，由省級財政統籌落實。中西部地區可在中央確定的基本標準的基礎上，根據實際情況調高標準。調高標準所需資金，由地方財政負責解決。

從2007年秋季學期開始，東部地區也應加大落實農村義務教育階段家庭經濟困難寄宿生生活費補助政策的力度，其所需資金主要由地方財政自行承擔。根據東部地區各省市政策落實情況及其財力狀況等因素，中央財政給予適當獎勵。

(2) 向全國農村義務教育階段學生免費提供教科書，提高中央財政免費教科書補助標準，推進教科書循環使用工作。

從2007年秋季學期開始，向全國農村義務教育階段學生免費提供國家課程的教科書，其所需資金由中央財政承擔。從2008年春季學期開始，免費提供地方課程的教科書，其所需資金由地方財政承擔。

從2008年春季學期起，中央財政進一步提高國家課程免費教科書的補助標準，同時建立部分科目免費教科書的循環使用制度。為保證循環使用教科書的質量，中央財政每年按照循環使用教科書書款的一定比例安排資金，用於循環教科書的補充更新。

(3) 提高中西部地區部分省份農村義務教育階段中小學的生均公用經費基本標準，提前落實基準定額。

從2007年開始，對中西部地區農村義務教育階段中小學的生均公用經費基本標準，小學低於150元或初中低於250元的省份，分別提高到150元和250元（其縣鎮標準相應達到180元和280元）。2008年，中央出抬農村義務教育階段中小學公用經費基準定額，分兩年將基準定額落實到位。2008年和2009年，每年落實公用經費基本標準與基準定額差額的50%。中央與地方的經費分擔比例，仍按《國務院關於深化農村義務教

育經費保障機制改革的通知》（以下簡稱《通知》）的規定執行。

（4）適當提高中西部地區農村義務教育階段中小學校舍維修改造的測算單價標準。

2007年起，提高中西部地區農村義務教育階段中小學校舍維修改造的測算單價標準。中部地區每平方米由300元提高到400元，西部地區每平方米由400元提高到500元。在此基礎上，對校舍維修改造成本較高的高寒地區等，進一步提高測算單價標準。中央與中西部地區的經費分擔比例，仍按《通知》的規定執行。對東部地區，根據其財力狀況以及校舍維修改造成效等情況，中央財政繼續給予適當獎勵。

（5）對中部地區享受西部大開發政策的243個縣（市、區）執行西部地區有關政策。

從2007年起，在中部六省享受西部大開發政策的243個縣（市、區），免除農村義務教育階段學生學雜費和提高農村義務教育階段中小學公用經費保障水平所需資金，按照中央與地方8∶2的分擔比例執行。243個縣（市、區）的具體範圍，按照《國務院辦公廳關於中部六省比照實施振興東北地區等老工業基地和西部大開發有關政策範圍的通知》的規定執行。

二、「兩免一補」的申請程序

①學生提出申請並填寫申請表；②到村（居）委會簽署意見；③學校進一步核實調查，初步確定受助對象；④學校將貧困學生名單、貧困情況、減免的具體項目與金額等張榜公示7天，以接受社會和群眾監督；⑤公示無異議后，學校將核實的貧困學生名單，連同申請表上報教育部門；⑥學校對貧困學生實行動態管理，並根據貧困程度的變化適時進行調整。

三、「兩免一補」對象的界定標準

享受「兩免一補」待遇的對象包括：①持有農村特困戶救助證的家庭子女；②農村人均年收入低於882元的家庭子女；③父母有重大疾病並喪失勞動能力的貧困學生；④父母離異或喪父、喪母等原因造成家庭經濟困難的學生；⑤由突發事件導致家庭貧困的子女；⑥接受特殊教育的學生；⑦由建設徵地導致農村家庭人均耕地面積大量減少且造成家庭經濟嚴重困難的學生；⑧當地政府規定的其他需要資助的學生。

近年來,「兩免一補」的對象範圍不斷擴大,突破了原來貧困家庭的範圍。一些地方所有農村和城市中小學生免除書費,並全面實施「兩免一補」。2006年6月全國人大常委會對《中華人民共和國義務教育法》進行修訂,明確規定九年義務教育階段學費、書雜費全免,各地於當年9月1日起陸續實施。

如從2006年秋季開學起,北京市對遠郊農村地區義務教育階段學生全面實行「兩免一補」政策,減免費用由市、區縣財政各分擔50%。該政策主要包括三方面內容:一是對10個遠郊區縣公辦義務教育學校就讀的、有本市農村戶籍的學生免收教科書費;二是對有本市農村戶籍的山區學生、城鄉低保家庭學生、殘疾學生(含隨班就讀)每人每年提供300元助學補助;三是對10個遠郊區縣公辦義務教育學校中農村戶籍的住宿生、特教學校住宿生、城鄉低保家庭的住宿生免收寄宿費,每人每月發放100元伙食補助。

從2007年春季學期起,「兩免一補」政策在天津全市範圍全面實行。

2007年9月3日是廣東農村義務教育一個標誌性的日子。1,000多萬農村義務教育階段的孩子都在開學時領到了一套免費教材。這正式宣告了廣東省農村義務教育階段「收費」時代的終結。廣東省成為在全國率先實現真正意義上的農村免費義務教育的省份。

自2007年9月1日起,珠海市翻開了新的一頁:全市推行12年免費義務教育,對象是擁有該市戶籍、就讀於市內公辦及民辦普通中小學和中等職業學校的學生。與全國範圍內實施的九年制義務教育相比,珠海市將義務教育範圍擴大到高中三年,即高中階段(含普通高中、職業高中、技工及中專)學生免交學費,但仍需交書雜費。

四、實施「兩免一補」政策的重大意義

從宏觀角度看,對農村義務教育階段貧困家庭學生實行「兩免一補」政策,是黨中央、國務院踐行「三個代表」重要思想和執政為民理念的具體體現,是解決「三農」問題的重大舉措,是促進農村義務教育持續健康發展的措施。「兩免一補」政策體現了黨中央、國務院對農村義務教育的高度重視和對農村困難群體的親切關懷。認真落實好這項政策,對於促進農村稅費改革,減輕農民負擔,加快貧困地區脫貧致富步伐,鞏固農村義務教育「以縣為主」的管理體制,加快農村義務教育事業的發展,具有十分重要的意義。

從學校的微觀角度看,「兩免一補」至少有以下三大好處:一是卸掉了收費負擔;二是減輕了「保學」(即保證學生的就讀率)負擔;三是減輕了信用負擔。過去學生家長對收費抱怨很多,影響了學校和教師的聲譽,也影響了他們在學生中的形象,不利於引導和培養學生。現在取消了所有的收費項目,學校一心一意辦學,教師一心一意教學,形象好了,在學生中的影響力和號召力也更強了。

五、「兩免一補」政策落實情況的監督

一是加強專項資金管理。中央免費教科書專項資金統一納入省級財政國庫管理,實行分帳核算,集中支付。二是加大督查力度。省財政廳、省教育廳將不定期檢查各地「兩免一補」工作的實施情況,加強對操作程序、資金管理等環節的監督檢查,杜絕違法違紀行為。如2005年10月份,國家教育督導團派出3個督察組赴湖北省、湖南省、黑龍江省、雲南省、陝西省和甘肅省六省對「兩免一補」工作執行情況進行了專項督導檢查活動。三是接受社會監督。各市州、縣(市、區)要開設「兩免一補」舉報電話,接受群眾監督。

六、「兩免一補」實施中的問題

貧困學生數量大,一些家庭經濟困難的學生無法享受到國家的資助。由於能享受「兩免一補」的學生人數與貧困學生人數相比,缺口較大,一些地區出現了部分學生享受免教科書、部分學生享受免雜費、部分學生享受寄宿生生活費補助或輪流享受「兩免一補」補助資金的現象。

民辦學校學生應該享受「兩免一補」這個說法已經得到了各級政府和輿論的廣泛認可。然而,什麼樣的民辦學校的學生能夠享受到「兩免一補」這個問題仍然是一個問題。目前出現了兩種不同的觀點。一種是以全國人大代表、國家督學胡平平為代表的觀點,民辦學校可以享受「兩免一補」,但必須按照《中華人民共和國民辦教育促進法》相關規定辦,即只有接受政府委託的民辦學校才能享受「兩免一補」。一種是以浙江大學民辦教育研究所所長吳華為代表的觀點,即不論學生是在公辦學校上學還是在私立學校上學,都應該享受國家財政的優惠政策。而在執行過程中,各省市的情況不太一樣。

由於體制不暢,直到2006年國家尚未將所屬農墾系統的中小學納入「兩免一補」補助範圍,這就造成了地方農墾總局自行解決「兩免一補」

補助資金。如海南省農墾總局2006年需自行解決「兩免一補」的預估資金約7,000萬元，大大加重了墾區的經濟負擔，不利於墾區的健康穩定發展。①

一些地方外來務工人員子女不能享受該政策。2005年國務院發布了43號文件。該文件明確規定，在義務教育方面，外來務工子女和城市學生享受同等待遇。但由於外來務工人員流動性大，因此會有一些區別。北京市規定，外來務工的人員有證件，像暫住證，證件齊全就有同等的政策。

資助對象的界定標準有待明確。調查發現，學校對孤兒、軍烈屬、殘疾、單親等優先資助對象之外的資助對象的認定難以到位。例如，2005年安徽省淮北市對於「絕對貧困家庭界定標準即年人均純收入645元以下」的規定難以操作。學校對學生的家底不是十分瞭解，不利於實際的操作執行，從而對資助對象難以實施動態管理。②

地方配套資金到位難，政策難以完全兌現。免教科書費和免雜費這兩個大頭已由中央和省兩級足額、及時撥付到位，「一補」需要地方政府配套解決。但部分縣財政較為困難，拿不出這筆資金開展「一補」。不少縣市採取權宜措施，先由學校墊付，待具體的政策出抬後再撥款給學校。而學校因經費緊缺，往往無動於衷。由於「一補」資金沒有到位，部分受益對象找學校、找領導討說法，有的家長甚至認為學校截留資金挪作它用了。在實施過程中，地方各級政府所要承擔的財政責任標準不明確、不統一。內蒙古自治區明確規定：免費教科書全部由中央財政負擔，免雜費所需資金全部由自治區財政負擔；生活補助費全部由盟市、旗縣兩級財政分別負擔。廣西壯族自治區則規定：免雜費所需經費由自治區和各市、縣共同負擔，其中自治區財政負擔35%，市縣兩級財政負擔65%。這樣，市、縣兩級在「兩免一補」中除了負擔65%的免雜費，還得負擔免費提供地方教材的責任和全部貧困農村寄宿生生活費補貼。河北省在落實地方「兩免一補」專項資金時，只強調縣級政府要切實負起資助農村義務教育階段經濟困難學生的責任，沒有明確應承擔的比例。寧夏回族自治區在要求各地政府安排專項資金用於「兩免一補」外，還要求各學校要建立義務教育階段資助貧困生制度。學校每年要從雜費收入中拿出10%用於資

---

① 張雪. 推行「兩免一補」政策實施的建議 [J]. 財政監督，2006 (5).
② 鄔合新. 實施農村義務教育「兩免一補」存在的問題與對策 [J]. 淮北職業技術學院學報，2006 (6).

助貧困生。僅 2004 年，寧夏回族自治區從中小學雜費收入中就拿出 1,399 萬元用於補充「兩免一補」的經費。①

「兩免一補」教材的發行與現行教材發行體制相互衝突，產生了許多新問題。「兩免一補」的新政策明確規定，免費教科書實行政府採購，由省級教育廳、財政廳聯合成立免費教科書採購辦公室，並且強調採購應充分引入和培育競爭機制。這裡就有幾個矛盾：第一，形成了兩種教材供應渠道，一是由免費教科書採購辦公室採購「兩免一補」教材；二是現行的新華書店發行非「兩免一補」學生的教材。第二，同一種教科書兩種價格。政府通過招標採購的教科書與通過新華書店發行的教科書必須是同樣的教材，但是不會是同樣的價格。因為政府採購教材價格必須要低一些，通過新華書店徵訂的教材價格肯定要高一些，否則還有必要搞政府採購嗎？人們會如何評價這種教材價格體系？第三，教材選用與教材採購結合在一起，能否預防腐敗？按文件規定：教材選用是在省級教育行政部門指導下，以地級市為單位進行的；雖然表面上以地級市為單位進行選用，但畢竟脫離不了省級教育部門的指導；在教材採購中，規定以省教育部門和財政部門聯合組成免費教材採購辦公室，負責免費教材採購工作。這樣，採購資金與採購標的直接連接在一起容易滋生腐敗。第四，以免費教材的選用權統治中小學教材選用權。按政策規定，教材選用工作在省級教育行政部門統籌指導下，以地市為單位進行。選用經濟適用型還是彩色版教材要從實際出發。但政策又規定同一個地區只能採用一個版本，各學校同一年級的學生不論是否享受國家免費教科書的資助，各科目必須使用相同版本的教科書。通常情況下，免費教科書只能選用經濟適用型教材，那麼教材也只能選用經濟適用型了。也就是說，免費教科書採用什麼版本，其他教科書只能跟著使用什麼版本。這與當前選用制度和推廣使用彩色版教材都是相互矛盾的。②

此外，補助家庭經濟困難寄宿生生活費政策落實不夠理想。免費教科書政策覆蓋面較小，尚未做到循環使用。一些地方公用經費補助標準仍然偏低。高寒邊遠地區校舍維修改造長效機制落實困難等新問題開始出現。

在「兩免一補」款項的發放中，存在著許多暗箱操作，把真正的貧困生拒之門外，他（她）們依舊讀不起書，上不起學。這主要表現在以

---

① 楊錦興．推進「兩免一補」出現的新問題［J］．全球教育展望，2005（11）．
② 楊錦興．推進「兩免一補」出現的新問題［J］．全球教育展望，2005（11）．

下幾個方面：

（1）學校領導大搞特殊化，一手遮天，一人說了算，拿著扶貧款想給誰就給誰。

（2）不下戶瞭解實際情況，僅憑村（居）委會一紙證明確定免補對象，但證明很多時候都不代表事實。

（3）部分領導、教師作風腐化，大搞人情關係，把親戚、朋友的子女想方設法寫入「貧困」名單。絕大多數家庭富裕的孩子反成了「貧困」生，套取「兩免一補」款。

（4）有的學校變著花樣，把「兩免一補」款當成獎學金，故意提高門檻，以學生學習成績的高低發放，對貧困學生不聞不問。

（5）對上虛報領得多，對下瞞報發得少，拿著「兩免一補」款，大吃大喝。

（6）不公示或虛假公示走過場，上欺騙國家，下欺騙學生和家長。

（7）挪用「兩免一補」資金。2005年秋，陝西省橫山縣教育局給粉房臺小學撥付了1.94萬元「兩免一補」資金。校長楊增權卻擅自將其中的1.04萬元挪作他用，為在校生購買校服，引起了當地群眾的強烈不滿。

（8）一些學校今天開個培補班，明天來個贊助費，非把那些免去的錢又一一刮回而后快，把免補的錢又收上來。比如現在的農村中小學多數都不具備寄宿條件，卻要硬扣免補的錢逼學生在學校食宿。

（9）資金到位後不及時發放給學生，總考慮以後還要收某某費而先扣發或延期發放。

（10）把「兩免一補」作為交換條件與學生談判，逼學生承諾本期一定要做到多優秀，給學生增加精神枷鎖。

（11）圖省事而將名額平均分配到各班。

（12）公示受助學生有損學生和學生家長的尊嚴。有些貧困學生寧願不要「兩免一補」的資助，也不同意被公示。

七、完善「兩免一補」政策的措施

實施「兩免一補」政策，各地必須樹立大局意識，避免可能出現的問題，把「兩免一補」政策落到實處。具體建議是：

（1）嚴把貧困生資格認定關。各地在對上報的貧困生進行資格認定時一定要實事求是，認真負責。由當地財政、教育、民政、紀檢監察等部門聯合組成貧困生資格認定專班，實地深入所在學校、村組、家庭，嚴格

進行資格審查，並將貧困生的詳細情況上榜公示，公開舉報電話，嚴防弄虛作假。

（2）對貧困生實行動態管理。建立貧困生檔案資料庫，即時掌握貧困生家庭的收入狀況和經濟承受能力。對貧困生家庭收入有所增加並能夠承受子女上學所需費用的，要在下一學期及時取消其貧困生資格。

（3）確保地方「一補」資金配套落實到位。各地財政部門要從大局出發，積極優化調整財政支出結構，從嚴控制一般支出，擠出財力保證「一補」資金配套發放到位。

（4）實行免費教科書政府採購。對免費教科書實行省級集中採購，統一發放，在政府採購過程中要切實做到公開透明、客觀公正，努力減少中間環節耗費，提高資金使用效益，確保把有限的資金足額用到貧困學生身上。① 倡導教科書循環使用制度，提高教科書利用價值。

（5）改革「一手甩」的辦法，加大中央、省級財政的投入力度。一方面，中央、省級財政應進一步加大對中西部經濟欠發達地區「兩免一補」的投入力度。充分考慮這些地區的實際困難，增加財政轉移支付資金，對免雜費和資助貧困寄宿生生活費給予適當的補助。另一方面，實行按比例分擔。即按照「省級補助一部分、縣級承擔一部分」的辦法，根據各縣市的財力情況和義務教育階段「兩免一補」總額分類進行補助。「兩免一補」中的「兩免」資金要全額到人，「一補」資金應由省級和縣級按比例分擔。②

（6）強化資金管理，建立「直通」撥款機制。目前，中央財政免費教科書資金統一納入財政國庫管理，實行分帳核算、集中支付，封閉運行。地方「一免一補」資金也相應實行了專戶或專帳管理。但在基層，上級部門下撥的「兩免一補」資金，往往不是通過教育主管部門進入撥入學校，而是先進入鄉鎮財政帳戶再轉發。這往往會造成資金的二次截留，延緩發放。建議在大力推行「鄉財縣管」的同時，對「兩免一補」專項資金採取專款專用的「直通車」方式，一撥到底，直撥學校，以免產生越是貧困地區，補助資金被政府部門截留、緩撥的現象越嚴重的問題。③

---

① 李文里，王勇，龔景煜. 如何把「兩免一補」政策落到實處[J]. 預算管理會計月刊，2005（5）.
② 玫昆侖. 縣級農村義務教育「兩免一補」存在的問題與對策[J]. 地方財政研究，2006（2）.
③ 張雪. 推行「兩免一補」政策實施的建議[J]. 財政監督，2006（5）.

第三節 中國高等院校的「獎貸助補減」

近年來，中國政府對高等學校學生的教育福利體系進行了不斷的改革。除可以享受寒暑假回家火車票減半、教育存款免繳存款利息稅等多種福利外，目前高等院校貧困學生還可以享受到國家「獎貸助補減」的福利政策。該制度是資助貧困生的一項重要制度。獎，是指在學校設立各種形式的獎學金，用以支持家庭經濟困難、學習優秀的學生和學習農業、師範、體育、航海、民族等特殊專業的學生。貸，是指由金融機構針對高校學生開展的各種助學貸款。助，是指在學校的教學、科研、管理及校園環境維護等方面，為經濟困難的學生設立一些勤工助學的崗位，讓他們通過從事一定時間的勞動，獲得一定的報酬，以貼補其在學習期間的一些開支。補，是指困難補助。每年中央和地方政府，都撥出一定的專款，對經濟困難學生進行補助。國家還規定高校每年都要從所收取的學費中提取10%左右的資金，用於困難學生的補助。減，是指減收或免收學費。國家已做出規定，對學習農業、師範、體育、航海、民族等特殊專業的學生減免學費。同時，還要學校對家庭經濟困難的學生視情況不同減收或免收學費。[1] 新的資助政策體系建立後，中國高等教育將形成國家獎學金、國家勵志獎學金、國家助學金、國家助學貸款和勤工助學等多種方式並舉的資助政策體系。其中，解決家庭經濟困難學生學費、住宿費問題，以國家助學貸款為主，以國家勵志獎學金等為輔；解決生活費問題，以國家助學金為主，以勤工助學等為輔。中等職業教育形成以國家助學金為主，以學生工學結合、學生頂崗實習、學校減免學費等為輔的資助政策體系。

一、國家獎學金

國家獎學金是中央政府自 2002 年 9 月 1 日起對家庭經濟困難、品學兼優的全國普通高等學校全日制在校本專科生提供的無償資助。其目的在於幫助家庭經濟困難的普通高等學校學生順利完成學業，激勵家庭經濟困難的普通高等學校學生勤奮學習、努力進取，促進學生在德、智、體、美等方面得到全面發展。其資助對象為全國普通高等學校的家庭經濟困難、

---

[1] 時正新. 中國社會救助體系研究 [M]. 北京：中國社會科學出版社，2002：143.

品學兼優的全日制本專科學生，包括當年考入普通高校的全日制本專科生以及在校全日制本專科生。申請的基本條件包括：①熱愛祖國，擁護中國共產黨的領導；道德品質優良；②自覺遵守憲法和法律，執行大學生守則和學校規章制度，生活儉樸；③身體健康；④在校期間學習成績優秀或全國統一高考成績優秀；⑤家庭經濟困難。高等學校可按照國家獎學金基本申請條件制定相應的綜合測評辦法，並根據學生家庭經濟狀況、思想品德、學習成績、體育鍛煉、校規校紀等具體指標對學生進行考核。

國家獎學金分為兩個等級。全國每年定額發放給45,000名學生，其中10,000名特別優秀的學生享受一等獎學金，標準為每人每年6,000元；35,000名學生享受二等獎學金，標準為每人每年4,000元。國家獎學金獲得者減免當年的全部學費。2007年起，國家獎學金獎勵標準提高至每人8,000元，人數增加到5萬人。

2007年對高校中品學兼優的二年級以上（含二年級）的在校貧困學生（含高職、第二學士學位）新設國家勵志獎學金，資助比例達3%，每人每年5,000元。國家勵志獎學金適當向國家最需要的農林水地礦油核等專業的學生傾斜。中央部門所屬高校國家勵志獎學金所需資金由中央負擔。地方所屬高校國家勵志獎學金所需資金根據各地財力及生源狀況由中央與地方按比例分擔。其中，在西部地區，不分生源，中央與地方的分擔比例為8:2。在中部地區，生源為西部地區的，中央與地方的分擔比例為8:2；生源為其他地區的，中央與地方的分擔比例為6:4。在東部地區，生源為西部地區和中部地區的，中央與地方的分擔比例分別為8:2和6:4；生源為東部地區的，中央與地方的分擔比例根據財力及生源狀況等因素分省確定。人口較少民族家庭經濟困難學生資助資金全部由中央負擔。鼓勵各地加大資助力度，超出中央核定總額部分的國家勵志獎學金所需資金由中央給予適當補助。省（區、市）以下分擔比例由各地根據中央確定的原則自行確定。[①] 國家勵志獎學金每學年評選一次，實行等額評審。每年9月30日前，學生根據國家勵志獎學金的申請條件，向學校提出申請。報經高校主管部門批准後，高校於每年11月30日前將國家勵志獎學金一次性發放給獲獎學生，並記入學生的學籍檔案。

從2007年開始，中央與地方還共同設立國家助學金，用於資助普通

---

① 《國務院關於建立健全普通本科高校高等職業學校和中等職業學校家庭經濟困難學生資助政策體系的意見》（2007年5月19日）。

本科高校、高職校全日制本專科在校生（含高職、第二學位）中家庭經濟困難學生和中等職業學校所有全日制在校農村學生及城市家庭經濟困難學生。國家助學金資助面平均約占全國普通本科高校和高等職業學校在校生總數的20%，平均資助標準為每人每年2,000元。具體標準為每人每年1,000～3,000元，可以分為2～3檔。國家助學金每學年評定一次。每年9月30日前，學生根據國家助學金的基本申請條件，向學校提出申請，各高校於當年11月15日前完成評審。國家助學金按10個月發放，高校按月將國家助學金發放到受助學生手中。

中等職業學校國家助學金（簡稱中職助學金）的資助對象是具有中等職業學校全日制正式學籍的在校一、二年級所有農村戶籍的學生和縣鎮非農戶口的學生以及城市家庭經濟困難學生。資助標準為每人每年1,500元。中等職業教育國家助學金覆蓋所有實施中等學歷教育的公辦和民辦職業學校，具體包括普通中專、成人中專、職業高中、技工學校、職業技術學院附屬的中專部和中等職業學校等。但上述學校必須經政府有關部門根據國家有關規定批准，並已在省級教育行政部門備案。《中等職業學校國家助學金管理暫行辦法》規定，中等職業學校國家助學金資助對象覆蓋所有在校一、二年級農村戶籍的學生、縣鎮非農戶口的學生和城市家庭經濟困難學生。三年級學生將通過工學結合、頂崗實習獲得一定報酬，用於支付學習和生活費用。

根據國家獎學金申請條件，高等學校學生個人向所在學校提出申請（可每年連續申請），並提交《國家獎學金申請表》。國家獎學金按年度申請和評審，每年10月開始受理申請，當年12月底前評審完畢。

國家獎學金的評審程序如下：

（1）財政部根據各中央主管部門和省（自治區、直轄市）（以下簡稱省）所屬普通高等學校上一年的全日制在校本專科生人數，於每年9月1日前確定各中央主管部門和省國家獎學金的推薦名額；各中央主管部門和省財政廳（局）（會同教育主管部門）按照財政部確定的國家獎學金推薦名額，確定各高校國家獎學金的推薦名額，對重點高校和師範、農林、民族、體育、航海、水利、地質、礦產、石油等專業的學生占在校生比例較大的高校適當傾斜。

（2）各高校學生將個人的申請材料於每年10月1日前提交給所在學校，由學校在限額內等額評審後，於每年10月31日前將推薦名單及有關材料按照隸屬關係分別報送中央主管部門或省教育主管部門審核。省教育

主管部門將審核意見報省財政廳（局）復核。各中央主管部門和省財政廳（局）於每年11月15日前，將復核後的獲國家獎學金的學生名單備案表報財政部備案。

財政部按照國家獎學金推薦名額，確定各中央主管部門和省國家獎學金預算。在接到國家獎學金學生名單備案材料后，財政部於1個月內將國家獎學金預算下達給各中央主管部門和省財政廳（局）。各中央主管部門和省財政廳（局）通過省教育主管部門將資金撥給高校，由高校統一發放給獲國家獎學金的學生。

國家獎學金實行公示制。各高校應堅持公開、公平、公正的原則，在向中央主管部門和省教育主管部門報送評審名單及有關推薦材料之前，應將評審名單向全校師生公示，以防止不正之風，杜絕弄虛作假行為。

各省、自治區、直轄市及計劃單列市由本級財政安排專項資金，參照本辦法設立本地區的政府獎學金，可將該獎學金稱為「XX省（市、區）政府獎學金」。具體資助人數及實施細則，由各省自定。地方所屬高校國家勵志獎學金所需資金根據各地財力及生源狀況由中央與地方按比例分擔。人口較少民族家庭經濟困難學生資助資金全部由中央負擔。

二、國家助學貸款

截至2007年3月末，全國已有24個省（市）開展了生源地助學貸款業務，其中有13個省市出抬了生源地助學貸款管理辦法。到2007年上半年，全國包括生源地助學貸款在內的其他助學貸款余額達到34.3億元。這已成為國家助學貸款的有益補充和銀行系統資助家庭經濟困難學生的重要組成部分。

1. 國家助學貸款的利與弊

國家助學貸款是黨中央、國務院在社會主義市場經濟條件下，利用金融手段完善中國普通高校資助政策體系，加大對普通高校貧困家庭學生資助力度所採取的一項重大措施。國家助學貸款是由政府主導，財政貼息，財政和高校共同給予銀行一定風險補償金，銀行、教育行政部門與高校共同操作的專門幫助高校貧困家庭學生的銀行貸款。借款學生不需要辦理貸款擔保或抵押，但需要承諾按期還款，並承擔相關法律責任。借款學生通過學校向銀行申請貸款，用於彌補在校學習期間學費、住宿費和生活費的不足，畢業後分期償還。

國家助學貸款業務主要由高校根據實際情況為貧困學生統一辦理。學

生考上大學可通過「綠色通道」按時報到，通過學校向銀行提出貸款申請。申請材料包括：國家助學貸款申請書；本人學生證和居民身分證複印件（未成年人提供法定監護人的有效身分證明和書面同意申請貸款的證明）；本人對家庭經濟困難情況的說明；學生家庭所在地有關部門出具的家庭經濟困難證明。

中央部門所屬普通高校畢業生到西部地區和艱苦邊遠地區基層單位（指縣級以下機關、企事業單位和艱苦地區的艱苦行業）就業，服務期在3年以上（含3年）的，其在校學習期間獲得國家助學貸款本金及其全部償還之前產生的利息將由中央財政代為償還。同時，各省（自治區、直轄市）要參照辦法規定的原則，制定吸引和鼓勵高校畢業生在本轄區艱苦邊遠地區基層單位就業的國家助學貸款代償資助辦法。

中國的國家助學貸款制度於1999年初步確立。1999年5月13日中國人民銀行、教育部、財政部聯合發布了《關於國家助學貸款的管理規定（試行）》。2004年秋季，新的國家助學貸款規定開始在全國普通高校全面實施。新規定的不同之處在於：

(1) 延長了學生貸款的還款年限。改變了原有自學生畢業之日起開始償還本金、4年內還清的做法，實行借款學生畢業後視就業情況，在1至2年內開始還貸、6年內還清的做法。如果借款學生畢業後自願到國家需要的艱苦地區、艱苦行業工作，服務期達到一定年限後，經批准可以獎學金方式代償其貸款本息。

(2) 貼息方式的變化。在校期間利息由財政補貼，畢業後開始計付利息。國家助學貸款的財政貼息方式有變化：改變原有在整個貸款合同期間，對學生貸款利息給予50%財政補助的做法，實行借款學生在校期間的貸款利息全部由財政補貼，畢業後全部自付的辦法，借款學生畢業後開始計付利息。借款學生在辦理畢業或終止學業手續時，應當與經辦銀行確認還款計劃。還款期限由借貸雙方協商確定。若借款學生繼續攻讀學位，要及時向經辦銀行提供繼續攻讀學位的書面證明，財政部門繼續按在校學生向其實施貼息。借款學生畢業或終止學業後1年內，可以向銀行提出一次調整還款計劃的申請，經辦銀行應予受理並根據實際情況和有關規定進行合理調整。貸款還本付息可以採取多種方式，可以一次或分次提前還貸。提前還貸的，經辦銀行要按實際期限計算利息，不得加收除應付利息之外的其他任何費用。

(3) 經辦銀行的確定由國家指定商業銀行改為招標。經辦國家助學

貸款的銀行原來由國家指定商業銀行辦理，后改為由政府按隸屬關係委託全國和各省級國家助學貸款管理中心通過招標方式確定。

（4）建立風險補償機制，風險補償專項資金由財政和高校各承擔一半。為鼓勵銀行積極開展國家助學貸款業務，按照「風險分擔」原則，建立國家助學貸款風險補償機制。按隸屬關係，由財政和普通高校按貸款當年發生額的一定比例建立國家助學貸款風險補償專項資金，給予經辦銀行適當補償，具體比例在招投標時確定。國家助學貸款風險補償專項資金由財政和普通高校各承擔50%。每所普通高校承擔的部分與該校畢業學生的還款情況掛鈎。風險補償專項資金由各級國家助學貸款管理中心負責管理。財政部門每年將應承擔的資金及時安排預算；按照普通高校隸屬關係和財政部門有關規定，在財政部每年向普通高校返還按「收支兩條線」管理的學費收入時，各普通高校承擔的資金由財政部門直接撥給教育主管部門。各級國家助學貸款管理中心在確認經辦銀行年度貸款實際發放額后，將風險補償資金統一支付給經辦銀行。

（5）加強貸后跟蹤管理。在享受政策優惠的同時，借款學生將受到更嚴格的還款約束。對普通高校實行借款總額包干辦法。普通高校每年的借款總額原則上按全日制普通本專科生（含高職學生）、研究生以及第二學士學位在校生總數20%的比例、每人每年6,000元的標準計算確定。國家助學貸款管理中心以國家助學貸款學生個人信息查詢系統為依託，進一步完善對借款學生的信息管理，對借款學生的基本信息、貸款和還款情況等及時進行記錄，加強對借款學生的貸后跟蹤管理，接受經辦銀行對借款學生有關信息的查詢，並將經辦銀行提供的違約借款學生名單在新聞媒體及全國高等學校畢業生學歷查詢系統網站上公布。

在享受政策優惠的同時，借款學生將受到更為嚴格的還款約束：連續拖欠貸款超過一年且不與經辦銀行主動聯繫的借款學生姓名及公民身分證號碼、畢業學校、違約行為等按隸屬關係提供給國家助學貸款管理中心，經辦銀行將不再為其辦理新的貸款和其他授信業務。借款學生畢業時，學校應在組織學生與經辦銀行辦理還款確認手續後，方可為借款學生辦理畢業手續，並將其貸款情況載入學生個人檔案；積極配合經辦銀行催收貸款，負責在1年內向經辦銀行提供借款學生第一次就業的有效聯繫地址；學生沒有就業的，提供其家庭的有效聯繫地址。

銀行為防止學生欠貸，設定了兩個2%的限度，即一所高校所辦助學貸款中，若到期不還款的人數或不良貸額超過總數的2%，原則上銀行

將停止向該高校放貸。以南京師範大學為例，2005年該校助學貸款中不良貸款有9萬多元，學校只好先行墊付一點。

雖然各地都在積極推進國家助學貸款工作，但是銀行一方面擔心風險問題，另一方面覺得手續繁瑣，導致其積極性受到影響，尤其是不少地方民辦高校不能找到助學貸款的合作方。此外，貸款進展很不平衡，名牌高校貸得多，一般高校學生很少或幾乎貸不到；經濟發達地區相對較好，而越是經濟發展較慢地區，需要貸款學生人數較多，卻反而進展較慢。

2. 國家助學貸款引入保險機制

雖然2004年國家對助學貸款政策在風險補償機制等諸多方面進行了重大調整，但是問題並未得到徹底解決。在當年承辦銀行招標中，多個省份出現流標。根據教育部的統計，國家助學貸款發放比例始終未能達到國家要求的20%。一般商業性助學貸款則從2004年以後就已經基本停辦。要提高中國助學貸款的覆蓋率，要改變商業銀行參與積極性不高和惜貸的現狀，關鍵是解決國家助學貸款政策中存在的風險防範的制度性缺陷問題，建立一套完整的風險管控長效機制，科學合理地實現還貸風險的轉移和分擔。其中通過引入保險機制對貧困家庭學生等弱勢群體提供助學貸款的信用擔保，從而改變目前的運行模式，是完善中國助學貸款制度為數不多的選項之一。在此背景下，「學貸險」應運而生。

作為一個保險產品要收取保費，同時承保並不是單純地意味著保險公司代學生歸還貸款，而是在助學貸款風險管控機制中添加一個參與者。多方共同參與建設貸款學生信息管理平臺，借助個人徵信系統、第二代居民身分證系統和勞動人事部門的勞動合同鑒證和備案管理系統等，及時掌握違約學生真實信息，降低追償成本。此外，還可發揮再保險的二次保障功能，通過向國內和國外的再保險公司的分保，將助學貸款的違約風險再次轉移和分散，同時也引入更多的機構來關注和參與助學貸款的推進，降低違約率，讓更多學生受益。

為了保證國家對貧困學生資助政策的實施，保險業2006年就在雲南省、江蘇省、四川省和河南省等省開展了助學貸款信用保險的試點，全年共為3萬多名學生提供了助學貸款保險，承擔相關的保險責任達2億元。同時，通過保險業的積極參與，還突破以往風險補償金使用的政策性障礙。2007年8月，中國農業銀行雲南省分行拓東支行接到了華安保險雲南分公司對其投保的「學貸險」的首次賠付2.14萬元。這開出了全國保險公司因助學貸款違約向銀行賠付的第一單，也標誌著助學貸款引入商業

保險化解信貸風險的模式取得了實質性進展。業界認為，此創新模式有可能使因高風險而被銀行視為畏途的國家助學貸款峰回路轉。

然而，在信用保險助學貸款模式中，雖然承擔了全部信貸風險的保險公司制訂了相應的風險管控方案，但是由於目前中國個人信用信息登記、披露制度仍然不完善，要保證保險公司將該項業務長期健康地進行下去，國家必要的政策扶持以及相應機制和體制的進一步完善，是不能缺少的。

3. 生源地信用貸款的探索

生源地信用助學貸款是近年各地探索出的比較符合金融屬性、具有商業可持續發展的一個助學貸款品種，在身分認定、信用約束等方面有突出優勢，是原有國家助學貸款形式的有益補充，是國家助學貸款的有機組成部分。2007年，新疆維吾爾自治區、內蒙古自治區、江蘇省、貴州省、雲南省、浙江省、甘肅省、山東省、江西省開展了生源地貸款試點工作。

與高校國家助學貸款相比，生源地助學貸款的特點主要體現在：一是學生在當地貸款，當地銀行比較容易調查學生家庭經濟困難的情況，操作比較方便，成本較低；二是學生在當地就可以取得貸款，在入學前就可獲得國家的資助，順利到校報到入學；三是由於貸款發生在生源所在地，學生還款便於跟蹤和管理，比原有高校國家助學貸款更加靈活。

生源地信用助學貸款有四個特點：一是信用貸款無須擔保，僅要求學生父母或法定監護人與學生組成共同借款人。對學生家庭經濟情況的認定在當地完成，更準確快捷，將學生與家庭「綁定」也有助於降低還款風險。以前一些地方自行開展了生源地貸款，必須要有擔保人，但困難學生在鄉村有時很難找到合適的擔保人，最終享受不到貸款。因此，新的辦法由「擔保貸款」變為「信用貸款」，取消擔保人，以借款人信用來擔保。二是貸款期限長。每年申請的貸款原則上不超過6,000元。貸款利率按中國人民銀行同期公布的同檔次基準利率執行，不上浮。從貸款到還貸最長期限可達14年。貸款期限更加合理，更加符合助學貸款的實際。三是面向所有正式錄取的全日制本專科生，不區分高校新生和在校生，首次將民辦高校和獨立學院納入助學貸款範疇。四是貼息和風險補償金全部由國家或地方財政承擔，減輕了高校的經濟負擔。對於考入中央高校的學生，其貸款利息由中央財政承擔。對於考入地方高校的學生，跨省（自治區、直轄市）就讀學生的貼息全部由中央負擔；在本省（自治區、直轄市）高校就讀的，其貸款利息由地方財政負擔。為化解貸款中可能出現的風險，國家還專門為生源地信用助學貸款特別建立了風險補償專項資金，其

比例按當年貸款發生額的15%確定，由中央財政和地方財政合理分擔。對於考入中央高校的學生，其風險補償金由中央財政承擔。對於考入地方高校的學生，跨省（自治區、直轄市）就讀的，其風險補償金由中央負擔；在本省（自治區、直轄市）高校就讀的，其風險補償金由中央和地方分擔。其中，在中西部省份，中央與地方各分擔50%。在東部省份，按國家助學金資金分擔政策逐省確定分擔比例。同時根據各省財力狀況、高校在校學生人數等因素設定調整系數。

在生源地信用助學貸款的過程中，縣級資助管理中心至關重要。按照2007年8月13日財政部、教育部、國家開發銀行聯合下發的《關於在部分地區開展生源地信用助學貸款試點的通知》，各地縣級教育局必須要求成立學生資助管理中心。在縣級教育行政部門成立資助中心，是做好生源地信用助學貸款試點工作的前提，也是貫徹落實新資助政策體系整體工作的必然要求。在整體資助工作方面，縣級資助中心不僅在生源地信用助學貸款工作中承擔著學生家庭經濟狀況的認定、貸款需求的編製、貸款的申請和初審以及將來的催還貸款等工作，而且還承擔著中等職業學校國家助學金的管理。高校和中職學生家庭經濟狀況等基礎信息的收集、整理、匯總等工作十分重要。但根據初步瞭解，各地落實情況差距較大，還有一些地方沒有成立機構，工作推進速度偏慢，沒有達到預期目標。因此，各地縣級教育行政部門是否成立了資助中心並很好地承擔起上述工作，將直接影響到新資助政策的落實尤其是生源地信用助學貸款工作的持續開展。

根據2007年出抬的《國家開發銀行生源地信用助學貸款管理暫行辦法》，申請生源地助學信用貸款的學生家庭必須具備以下條件：

(1) 無不良信用記錄。

(2) 學生父母或其他法定監護人的戶籍在本縣。

(3) 家庭經濟困難，符合以下特徵之一，被視為全部收入不足以支付學生在校期間完成學業所需的基本費用：①農村特困戶和城鎮低保戶；②孤兒及殘疾人家庭；③遭受天災人禍，造成重大損失，無力負擔學生費用；④家庭成員患有重大疾病；⑤家庭主要收入創造者因故喪失勞動能力；⑥無穩定收入的單親家庭；⑦老、少、邊、窮及偏遠農村的貧困家庭；⑧父母雙方或一方失業的家庭；⑨家庭年現金總收入低於8,000元人民幣；⑩其他貧困家庭。

助學貸款屬於政策性貸款，而經辦助學貸款業務的金融機構過少。目前農村信用社是轄區唯一發放生源地助學貸款的金融機構。目前農村信用

社發放生源地助學貸款，在資金、利率等方面並不享受助學貸款補貼、補償等優惠政策。可從以下幾個方面完善生源地助學貸款制度：

（1）國家應加大對發放生源地助學貸款的金融機構的扶持力度，給予享有國家商業銀行發放助學貸款的一切優惠政策，包括中央和地方財政統籌安排貼息資金、免徵國家助學貸款利息收入營業稅、呆壞帳核銷等國家助學貸款的優惠政策。同時，開展生源地助學貸款招投標工作，利用市場機制推動助學貸款良性發展。對開辦生源地助學貸款的農村信用社，最好由省級政府統一對照國家助學貸款政策規定，以轉移支付形式給予減免所得稅、貼息和支付風險補償金等優惠政策，為信用社減少后顧之憂，借政府之力推動生源地助學貸款業務的發展，提高農村信用社開辦生源地助學貸款業務的積極性，使這一利國利民的助學政策更好地得以實施。

（2）加大對開辦生源地助學貸款的農村信用社的資金支持。助學貸款是一項長期工程，資金占用期限較長。對於資金短缺的農村信用社，可由中國人民銀行給予專項再貸款資金支持，還可與政府部門攜手，爭取其他渠道的資金支持，提高對生源地貧困學生的資金支持率。在確保貧困家庭大學新生不失學的同時，進一步擴大幫扶範圍，使在校大學生也能得到幫扶。

（3）建立生源地助學貸款風險補償機制。參照國家助學貸款風險補償專項資金管理辦法的規定，探索建立生源地助學貸款風險補償機制，按照「風險分擔」的原則，由財政部門按助學貸款發生額的一定比例，建立生源地助學貸款補償專項資金，向農村信用社給予適當補償，進一步降低農村信用社貸款風險。

兩種助學貸款政策有機銜接，有利於減輕生源地農村信用社的資金壓力，使其繼續發揮對貧困生入學的資金支持作用，在學生入學後則轉而由國家助學貸款給予資金支持。這樣可以減輕學生家長的償債壓力，以便騰出資金和精力發展生產，從根本上改善自身的生活條件。生源地農村信用社也可以集中力量使有限的資金更好地發揮支持社會主義新農村建設的作用。①

三、學費減免

隨著中國普通高等學校招生和畢業生就業制度改革的深入，普通高等

---

① 潘鋒．生源地助學貸款的困惑［N/OL］．金融日報，2007—08—21．

學校中部分學生確因經濟條件所限，在交納全部學費方面存在困難。為使這部分學生（以下簡稱困難學生）不因此影響學業，在收取學費的普通高等院校中，對困難學生實行學費減免政策。

(1) 減免學費的條件。國家對部分確因經濟條件所限，交納學費有困難的學生，特別是其中的孤殘學生、少數民族學生及烈士子女、優撫家庭子女等，實行減免學費政策。其中對在校月收入（包括各種獎學金和各種補貼）已低於學校所在地區居民的平均最低生活水準線、學習和生活經濟條件特別困難的學生免收全部學費；對其他一般困難的學生可適當減收部分學費。具體減免辦法由省級教育、物價、財政部門制定。

各高等學校執行原勞動和社會保障部等六部門下發的《關於加強國有企業下崗職工管理和再就業服務中心建設有關問題的通知》，對生活特別困難的下崗職工子女就學，經企業、街道出具證明，應酌情減免學費。

(2) 減免學費的額度由各高等學校根據本地區省級教育行政部門的有關規定及本校的實施辦法，結合學生本人表現及經濟狀況，在認真調查的基礎上，逐一審核、研究決定，並可根據實際情況及時進行調整。

(3) 減免學費的管理。各高等學校要根據國家及本地區省級教育行政部門的有關規定，結合本校的實際情況，制定本校的實施辦法，並報學校的主管部門備案。各高等學校有權對享受減免學費的學生及其家庭的經濟情況進行抽查。對弄虛作假者，除需全額補交減免的費用外，還應視情況給以必要的紀律處分。各高等院校要在招生前向社會公布包括減免學費在內的各類資助困難學生的有關規定，採取有效措施，向社會進行宣傳，消除經濟困難考生及其家長的疑慮，保證合格新生按規定入校學習。減免學費是資助經濟困難學生接受高等教育的一項重要措施。各高等學校應根據本校實際，與其他有關政策統籌安排。

從2007年起，對教育部直屬師範大學新招收的師範生，實行免費教育。

四、中國高校學生資助體系的問題及對策

中國現有的高校資助體系使得不少貧困生難以享受到這一優惠政策，而一些不應該享受資助的學生卻遲遲沒有退出資助行列，占用了名額。現有的高校資助體系存在以下問題：

(1) 貧困生信息不暢，評定標準滯后。目前各高校對學生經濟情況的瞭解，還僅限於學生入學時的《家庭經濟狀況調查表》或者生源地一

些部門的一紙證明，入學后也只能依靠對學生日常生活的觀察。信息不對稱的情形經常發生，對於什麼樣的家庭經濟狀況可以定為貧困以及如何評定貧困的等級，標準不統一。不少地方和高校沒有依據變化了的經濟情況來調整這些標準，導致貧困生資助覆蓋面變小變窄。

（2）資助體系分散，資金分配不均。作為國家整個貧困生資助體系的直接執行人，高校大多按照相關規定分散執行獎助學金、助學貸款、勤工助學、學費減免等政策，而缺乏一整套針對學生個體的幫困助學方案，以致各項措施交叉執行，出現重複資助、覆蓋面過窄等分配不均衡現象。經常出現大家都關注個別最困難的學生，而使個別困難學生的受助總額大大超過本身資助需求的情形。同時，其他困難學生則得不到應有的資助，最終影響了貧困生資助活動的公平與公正。

（3）資金來源狹窄，資助力度有限。從現在高校助困的幾個渠道來看，由於近年來招生規模基本穩定，學校學費收入不會有多少波動，因此提取10%的增長比例的可能性不大。在社會資助方面，從近幾年的數字看，上升的幅度也不是太明顯，而且社會團體、個人捐贈具有不可控因素。政府資助和助學貸款應該是助困資金新的增長點，暴露出資金來源狹窄的問題。

（4）貸款門檻過高。國家助學貸款的出現，大大緩解了高校助學方面的壓力，但是，貸款本身的門檻過高，一定程度上將部分急需資助的貧困生拒之門外。根據介紹，申請助學貸款必須要學生提供成績單，而且不能有不及格的科目。南京師範大學2006年800多名學生申請助學貸款就有100多人因為這一規定而沒有獲得貸款。

針對上述高校助學體系中暴露出的諸多問題，應從以下四方面採取措施，以解決高校貧困生助學面臨的難題：

（1）加大政府財政助困投入。因為高校學費收入比較固定，按規定從其中提取10%的助困資金也就相對固定，而自籌資金的浮動也不會太大。唯一能增長且比較可控的渠道就是政府財政投入了。一方面是增加國家和省級獎助學金額度，另一方面適當提高用於申請助學貸款的風險補償金的分攤比例。

（2）建立評定機制，設計資助規劃。各校助學資金基本能覆蓋到每個貧困生頭上，但是每人獲得的資助有多有少，差距比較大，有的能拿到幾千元，而少的只有幾百元，相差很大。應採取對學生進行家訪或委託進行家庭情況調查等形式，摸清學生真實家庭經濟情況，並按照事前制定好

的標準對其貧困程度進行評定、建立檔案。經過評定后，為每一位受助學生的具體情況設計一份完整的資助計劃，並監測其在校期間的整個受助過程。資助計劃包含學生基本信息以及其可能獲得的所有資助項目。將包括獎助學金、助學貸款、勤工助學和減免學費等在內的貧困生資助項目全部歸入資助計劃，並統一實施監測，保證工作更加有效、更具有針對性，避免因管理分散而產生的資助金額不均衡的情況，保證分配公平、有效，保證公正、公開地實施助困活動。

(3) 建立普惠式社會救助機制。現在的助困體系中有不少政策是有條件的，而不是針對所有貧困生的，比如獎學金針對成績好的學生，成績差的貧困生享受不到；助學貸款需要成績單，不能出現不及格的情況。這些政策把一些成績不好的貧困生擋在門外，減少了他們受資助的機會。因此，應設立一個普惠式的社會救助機制，只要是家庭經濟困難的學生都可享受。

(4) 探索多種資助形式。除了現有的資助形式外，還應該多探索新的或是豐富已有的助困形式，比如助學貸款。到 2007 年江蘇開辦了農村信用社生源地貸款業務，效果很好，但其他省份不多。另外，生源地貸款如果能擴大到其他商業銀行的話，效果會更好。[①] 金融機構結合自身特點，加快推出更多符合學生需求特點的商業性助學貸款產品，進一步完善內控制度，加強貸款管理，防範助學貸款風險。同時，要加強與保險機構合作，探索將保險引入助學貸款業務的新途徑，有效轉移和防範助學貸款風險。中國人民銀行各分支機構要督促經辦機構把助學貸款的還貸信息及時納入個人徵信體系。從道德規範和制度建設兩方面同時推進，減少助學貸款的違約風險，營造有利於助學貸款業務可持續發展的輿論環境並建立社會信用體系。

思考題：

1. 日本的中小學生有哪些福利？
2. 試述印度、英國和泰國中小學生的福利。
3. 試述印度和英國的高等教育福利。
4. 何謂「兩免一補」？其對象包括哪些？在中國實施「兩免一補」有何重大意義？

---

① 王駿勇，廖君，茆琛. 高校貧困生資助需補強「四大軟肋」四舉措化解 [EB/OL]. [2007－03－05]. http://news.163.com/07/0305/09/38QF5K5C000120GU.html.

5. 目前「兩免一補」實施中存在哪些問題？
6. 應如何完善「兩免一補」政策？
7. 高等院校的「獎貸助補減」分別指什麼？
8. 何謂國家獎學金、國家勵志獎學金、國家助學金和中職助學金？
9. 敘述中國國家助學貸款制度的發展過程並論述其利與弊。
10. 如何看待「學貸險」？
11. 如何探索中國生源地信用貸款？
12. 如何管理高校的學費減免？
13. 中國高校貧困學生資助體系存在哪些問題？對策是什麼？

參考文獻

［1］陳達文. 非營利機構與社會各界的互惠夥伴關係——香港公益金的經驗［M］//楊團. 福利社會化：上海與香港社會福利體系比較. 北京：華夏出版社，2001.

［2］陳銀娥. 社會福利［M］. 北京：中國人民大學出版社，2004.

［3］Dalmer D. Hoskins, et al. 21世紀初的社會保障［M］. 侯寶琴，譯. 北京：中國勞動社會保障出版社，2004.

［4］F. 滕尼斯. 共同體與社會——純粹社會學的基本概念［M］. 林榮遠，譯. 北京：商務印書館，1999.

［5］何增科. 公民社會與第三部門［M］. 北京：社會科學文獻出版社，2000.

［6］關信平. 社會政策概論［M］. 北京：高等教育出版社，2004.

［7］賈徵. 社區服務與社會保障［M］. 北京：中國勞動與社會保障出版社，2001.

［8］柳丞，柳浪. 當代國際社會工作［M］. 北京：中國社會出版社，2002.

［9］陸士禎. 兒童社會工作［M］. 北京：社會科學文獻出版社，2003.

［10］馬洪路. 中國殘疾人社會福利［M］. 北京：中國社會出版社，2002.

［11］Neil Gilbert. 社會福利的目標定位——全球發展趨勢與展望

[M]．鄭秉文，等，譯．北京：中國勞動社會保障出版社，2004．

［12］孫光德．社會保障概論［M］．北京：中國人民大學出版社，2004．

［13］Roland Sigg, et al．地球村的社會保障——全球化和社會保障面臨的挑戰［M］．華迎放，等，譯．北京：中國勞動保障出版社，2004．

［14］時正新．中國社會救助體系研究［M］．北京：中國社會科學出版社，2002．

［15］蘇珊·特斯特．老年人社區照顧的跨國比較［M］．周向紅，張小明，譯．北京：中國社會出版社，2002．

［16］唐忠新．社區服務思路與方法［M］．北京：機械工業出版社，2003．

［17］陶立群．中國老年人社會福利［M］．北京：中國社會出版社，2002．

［18］田東海．住房政策：國際經驗借鑑和中國現實選擇［M］．北京：清華大學出版社，1998．

［19］王婷．中國財政社會保障資金管理營運全書［M］北京：中國物價出版社，2001．

［20］吳東民，董西明．非營利組織管理［M］．北京：中國人民大學出版社，2003．

［21］吳忠澤．社團管理工作［M］．北京：中國社會出版社，1996．

［22］徐永翔．社會福利政策導論［M］．上海：華東理工大學出版社，2003．

［23］閻青春．社會福利與弱勢群體［M］．北京：中國社會科學出版社，2002．

［24］楊偉民．社會政策導論［M］．北京：中國人民大學出版社，2005．

［25］楊團，張秀蘭．當代社會政策研究［M］．2版．北京：中國勞動社會保障出版社，2007．

［26］俞可平，等．中國公民社會的興起與治理的變遷［M］．北京：社會科學文獻出版社，2002．

［27］張塱，何雲峰．社區管理概論［M］．上海：生活·讀書·新知三聯書店上海分店，2000．

［28］張蘊嶺．北歐社會福利制度及中國社會保障制度的改革［M］．

北京：經濟科學出版社，1993.

[29] 鄭功成. 社會保障學 [M]. 北京：商務印書館，2000.

[30] 鄭功成. 中國社會保障制度變遷與評估 [M]. 北京：中國人民大學出版社，2002.

[31] 鄭功成. 社會保障學 [M]. 北京：中國勞動社會保障出版社，2005.

[32] 鐘仁耀. 社會救助與社會福利 [M]. 上海：上海財經大學出版社，2005.

[33] 陳繼輝. 印度八年義務教育只收 240 元 [J]. 陝西教育，2006 (1).

[34] 陳鵬. 廉租房：呼喚真正的「廉租」[N]. 經濟參考報，2005 – 06 – 18.

[35] 程賢文.「家庭—社區—機構」互動型養老 [J]. 經濟工作導刊，2001（7）.

[36] 鄧躍林. 英國社區醫療模式值得借鑑 [N]. 健康報，2007 – 05 – 22.

[37] 丁鋒.《基金會管理條例》修改綜述 [N]. 中國社會報，2004 – 03 – 20.

[38] 丁偉. 教育部副部長張保慶解讀：國家助學貸款新規定新在哪？[N]. 人民日報，2004 – 09 – 01.

[39] 丁煜，葉文振. 城市老人對非家庭養老方式的態度及其影響因素 [J]. 人口學刊，2001（2）.

[40] 董山峰. 確保為中低收入群眾造福——建設部部長汪光燾談經濟適用住房 [N]. 光明日報，2004 – 05 – 24.

[41] 杜鵬. 中國老年人主要生活來源的現狀與變化 [J]. 人口研究，2003（11）.

[42] 杜宇，等. 住房公積金：要走的路還很長 [N]. 經濟日報，2005 – 04 – 01.

[43] 郜合新. 實施農村義務教育「兩免一補」存在的問題與對策 [J]. 淮北職業技術學院學報，2006（6）.

[44] 關志強，張苗. 怎樣「激活」社區衛生服務 [N]. 健康報，2007 – 05 – 12.

[45] 胡承康. 學校供給營養餐：日本的強國戰略 [J]. 新教育，

2006（4）.

［46］胡德榮. 上海明確社區衛生機構定向轉診標準［N］. 健康報, 2007－03－27.

［47］黃國文, 張繼東. 杭州：經濟適用房緣何不經濟［N］. 經濟日報, 2005－01－07.

［48］黃玲. 經濟適用房緣何不「經濟」［N］. 四川日報, 2005－04－13.

［49］付培玲. 美國、日本農民組織的若干情況［J］. 世界農業, 1991（1）.

［50］和諧社區課題組. 居家老人生活及居家式社區養老需求研究［J］. 成都理工大學學報：社會科學版, 2006（12）.

［51］黃庭鈞. 住房公積金制度亟須再創新［N］. 經濟參考報, 2005－03－24.

［52］賈曉九. 日本的老年人社會福利［J］. 社會福利, 2002（6）.

［53］姜向群. 中國老年人社會服務及改革方向［J］. 人口研究, 1995（3）.

［54］卡佳. 美國退休社區與居家援助養老［J］. 社區, 2004（12）.

［55］康穎蕾, 陳嘉旭. 試論中國孝文化及養老保障制度［J］. 西北人口, 2007（1）.

［56］立亮. 未擁有完整所有權, 經濟適用房「有限產權」詳解［N］. 法制日報, 2007－09－03.

［57］李輝. 論建立現代養老體系與弘揚傳統養老文化［J］. 人口學刊, 2001（1）.

［58］李桂茹. 深圳市有關部門建議允許暫住人口租住經濟適用房［N］. 中國青年報, 2005－03－24.

［59］李素菊. 英國的中學教育［J］. 思想政治課教學, 2004（11）.

［60］李文玉, 王勇, 龔景煜. 如何把「兩免一補」政策落到實處［J］. 預算管理會計月刊, 2005（5）.

［61］梁小琴. 網上採購幫了大忙［N］. 人民日報, 2007－03－22.

［62］梁新穎. 家庭養老社會化探路［J］. 社會科學輯刊, 2000（4）.

［63］林衛萍. 住房公積金制度應當改革［N］. 中國保險報, 2007－08－01.

［64］劉浩遠. 「保低放高」保障居者有其屋［N］. 經濟參考報,

2007－05－29．

［65］劉花，巴喜榮．中國人口老齡化的幾點思考［J］．北學習論壇，2003（10）．

［66］劉立柱，鐘磊．印度高等教育福利化對中國的啟示［J］．教育研究，2007（2）．

［67］龍書芹，風笑天．城市居民的養老意願及其影響因素［J］．南京社會科學，2007（1）．

［68］羅霞．海口住房公積金運用率極低 5 億餘元公積金躺在銀行睡覺［N］．經濟參考報，2006－10－24．

［69］馬昌博．張偉華案：個人「私利」與部門「均沾」［N］．南方週末，2004－04－19．

［70］馬昌博，蘇永通．利益糾葛下的中國彩票業［N］．南方週末，2007－04－19．

［71］玫昆侖．縣級農村義務教育「兩免一補」存在的問題與對策［J］．地方財政研究，2006（2）．

［72］潘鋒．生源地助學貸款的困惑［N］．金融日報，2007－08－21．

［73］彭興庭．從「磚頭補貼」走向「人頭補貼」［N］．中國青年報，2005－03－14．

［74］［日］合津文雄．日本社會福利政策變革的新趨勢［J］．北京大學學報，1999（6）．

［75］［日］堀內生太郎．日本基金會的歷史與發展［J］．國外社會科學，2007（4）．

［76］時正新，陳日發，任振興．福利彩票：中國特色的社會募捐形式［J］．中國民政，2000（1）．

［77］沈潔．本世紀末福利改革的主要動向及其啟示［J］．華中師範大學學報：人文社科版，1999（6）．

［78］申琳．南京推行「政府養醫」［N］．人民日報，2007－04－19．

［79］蘇晶．從美國經驗反思中國的房地產政策［J］．西部論壇，2006（9）．

［80］孫炳耀．澳大利亞非營利組織及其對中國的啟示［M］//楊團．非營利機構評估：上海羅山市民會館個案研究．北京：華夏出版社，2001．

［81］田晶．中國行業協會資源獲取機制研究［J］．華東理工大學學

報，2002（3）.

［82］田先梅. 中國的老年照顧需求與實現方式探討［J］. 山西高等學校社會科學學報，2006（7）.

［83］仝春建. 保險能否讓助學貸款不再尷尬［N］. 中國保險報，2007-08-01.

［84］王放. 人口老齡化與老年社會服務［J］. 中國青年政治學院學報，2004（3）.

［85］王輔賢. 社區養老助老服務的取向、問題與對策研究［J］. 社會科學研究，2004（6）.

［86］王惠敏. 烏魯木齊「圍剿」造假提現［N］. 人民日報，2004-12-22.

［87］王敬誠. 法國的廉租房［N］. 市場報，2004-07-23.

［88］王先益. 老年人特殊需要分析［J］. 市場與人口分析，1999（5）.

［89］王偉. 日本家庭養老模式的轉變［J］. 日本學刊，2004（3）.

［90］夏英，牛若峰. 中國農村合作經濟組織改革和發展的思路［J］. 中國農村經濟，1999（12）.

［91］肖雲. 中國城市家庭養老與社區養老服務［J］. 渝州大學學報：社會科學版，2002（12）.

［92］謝然浩. 住房公積金管理風險尚存［N］. 經濟日報，2004-02-15.

［93］徐政. 中國青年政治學院學報［J］. 經濟研究，2006（5）.

［94］閻明復. 美國慈善事業的考察報告［J］. 社會保障制度，2001（10）.

［95］喻勁猛. 昆明市廉租房艱難破土［N］. 中國青年報，2005-03-29.

［96］席恒，王滿倉. 日本「介護保險」對中國養老保險制度的啟示［J］. 社會保障制度，2002（1）.

［97］楊蓓蕾. 英國的社區照顧一種新型的養老模式［J］. 探索與爭鳴，2000（12）.

［98］楊晨光. 財政部教育部有關負責人解讀生源地助學貸款［N］. 中國教育報，2007-09-05.

［99］楊錦興. 推進「兩免一補」出現的新問題［J］. 全球教言展

望，2005（11）．

［100］楊宗傳．居家養老與中國養老模式［J］．經濟評論，2000（3）．

［101］伊密．社區——接過家庭照顧功能的第一棒［J］．人口與經濟，2000（3）．

［102］張本波．中國人口老齡化的經濟社會后果分析及政策選擇［J］．宏觀經濟研究，2002（3）．

［103］張春豔．居家養老研究綜述［J］．武漢科技大學學報：社會科學版，2007（1）．

［104］張繼紅．中國非政府組織法律規制問題研究［J］．政法論叢，2004（4）．

［105］［美］斯蒂文·羅伯茨．日本護理保險制度的現狀［J］．張愷，王霞，譯．編譯參考，2000（11）．

［106］張麗霞．公眾的愛心空間到底有多大［N］．中國社會報，2004－05－29．

［107］張莉，陳蕾，江沂，等．一個上海，三種模式［N］．醫藥經濟報，2006－12－22．

［108］張民選．英國大學生資助政策的演進與啟示［J］．比較教育研究，2007（5）．

［109］張雪．推行「兩免一補」政策實施的建議［J］．財政監督，2006（5）．

［110］張永興．調查顯示：新加坡84％的人安居政府組屋［N］．經濟參考報，2007－05－29．

［111］張志峰，王樂文．武漢、西安也有公積金造假提現［N］．人民日報，2004－12－22．

［112］趙宗祥．藥品招標掛網不能唯價格是從［N］．中國醫藥報，2007－03－12．

［113］鄭建娟．中國社區養老的現狀與發展思路［J］．商業研究，2005（12）．

［114］鄭翔．英國城市居民住房供應和保障政策及其對中國的借鑑［J］．住房保障，2007（4）．

［115］中國新聞社．泰國為每名小學生提供一臺筆記本電腦［J］．基礎教育，2006（9）．

［116］鐘永聖，李增森. 中國傳統家庭養老的演進：文化倫理觀念的轉變結果［J］. 人口學刊，2006（2）.

［117］朱冬梅. 中國社會保障制度中的性別差異［J］. 中華女子學院山東分院學報，2005（4）.

［118］朱衛國. 基金會管理條例透視［N］. 中國社會報，2004-03-20.

［119］曾志禄. 內地博彩發展現狀研究［J］. 澳門理工學報，2003（1）.

［120］資中筠. 散財之道——美國現代公益基金會述評［M］. 上海：上海人民出版社，2003.

［121］卓越，蘭亞春. 社區保障：創新社會保障體系的趨勢選擇［J］. 社會科學戰線，2004（2）.

［122］BURGESS E W. Aging in western societies［M］. Chicago：University of Chicago Press，1960.

［123］HAVIGHURST R J, R ALBRECHT. Older people［M］. New York：Longmans，1953.

［124］Rose A M. A current theoretical issue in social gerontology［J］. The Gerontologist，1964，4（1）.

［125］ROSON I. The social context of the aging self［J］. The Gerontologist，1973，13（1）.

［126］SALAMON L. M. American nonprofit sector：a primer［M］. New York：Foundation Center，1992.

國家圖書館出版品預行編目(CIP)資料

中國社會福利概論 / 胡務 主編. -- 第二版.
-- 臺北市：財經錢線文化出版：崧博發行, 2018.12
　面；　公分

ISBN 978-957-680-314-7(平裝)

1.社會福利 2.文集 3.中國

547.07　　　　107019961

書　　名：中國社會福利概論
作　　者：胡務 主編
發行人：黃振庭
出版者：財經錢線文化事業有限公司
發行者：崧博出版事業有限公司
E-mail：sonbookservice@gmail.com
粉絲頁　　　　　網　址：
地　　址：台北市中正區延平南路六十一號五樓一室
8F.-815, No.61, Sec. 1, Chongqing S. Rd., Zhongzheng
Dist., Taipei City 100, Taiwan (R.O.C.)
電　　話：(02)2370-3310　傳　真：(02) 2370-3210
總經銷：紅螞蟻圖書有限公司
地　　址：台北市內湖區舊宗路二段 121 巷 19 號
電　　話:02-2795-3656　傳　真:02-2795-4100　網址：
印　　刷：京峯彩色印刷有限公司（京峰數位）

　　本書版權為西南財經大學出版社所有授權崧博出版事業有限公司獨家發行電子書及繁體書繁體版。若有其他相關權利及授權需求請與本公司聯繫。

定價：650元

發行日期：2018 年 12 月第二版

◎ 本書以POD印製發行

［116］鐘永聖，李增森. 中國傳統家庭養老的演進：文化倫理觀念的轉變結果［J］. 人口學刊，2006（2）.

［117］朱冬梅. 中國社會保障制度中的性別差異［J］. 中華女子學院山東分院學報，2005（4）.

［118］朱衛國. 基金會管理條例透視［N］. 中國社會報，2004－03－20.

［119］曾志禄. 內地博彩發展現狀研究［J］. 澳門理工學報，2003（1）.

［120］資中筠. 散財之道——美國現代公益基金會述評［M］. 上海：上海人民出版社，2003.

［121］卓越，蘭亞春. 社區保障：創新社會保障體系的趨勢選擇［J］. 社會科學戰線，2004（2）.

［122］BURGESS E W. Aging in western societies［M］. Chicago：University of Chicago Press，1960.

［123］HAVIGHURST R J, R ALBRECHT. Older people［M］. New York：Longmans，1953.

［124］Rose A M. A current theoretical issue in social gerontology［J］. The Gerontologist，1964，4（1）.

［125］ROSON I. The social context of the aging self［J］. The Gerontologist，1973，13（1）.

［126］SALAMON L. M. American nonprofit sector：a primer［M］. New York：Foundation Center，1992.

國家圖書館出版品預行編目(CIP)資料

中國社會福利概論 / 胡務 主編. -- 第二版.
-- 臺北市：財經錢線文化出版：崧博發行, 2018.12

　面；　公分

ISBN 978-957-680-314-7(平裝)

1.社會福利 2.文集 3.中國

547.07　　　　107019961

書　　名：中國社會福利概論
作　　者：胡務 主編
發行人：黃振庭
出版者：財經錢線文化事業有限公司
發行者：崧博出版事業有限公司
E-mail：sonbookservice@gmail.com
粉絲頁　　　　　網　址：
地　　址：台北市中正區延平南路六十一號五樓一室
8F.-815, No.61, Sec. 1, Chongqing S. Rd., Zhongzheng
Dist., Taipei City 100, Taiwan (R.O.C.)
電　　話：(02)2370-3310　傳　真：(02) 2370-3210
總經銷：紅螞蟻圖書有限公司
地　　址：台北市內湖區舊宗路二段 121 巷 19 號
電　　話:02-2795-3656　傳真:02-2795-4100　網址：
印　　刷：京峯彩色印刷有限公司（京峰數位）

　　本書版權為西南財經大學出版社所有授權崧博出版事業有限公司獨家發行電子書及繁體書繁體版。若有其他相關權利及授權需求請與本公司聯繫。

定價：650元

發行日期：2018 年 12 月第二版

◎ 本書以POD印製發行